权威·前沿·原创

皮书系列为

“十二五”“十三五”“十四五”时期国家重点出版物出版专项规划项目

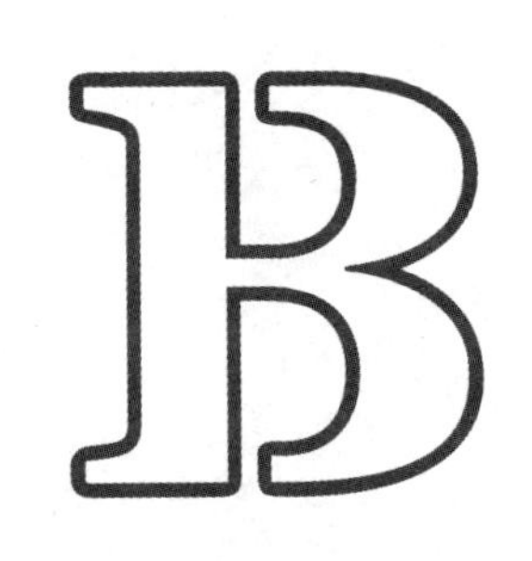

智库成果出版与传播平台

河南创新创业发展报告

（2025）

ANNUAL REPORT ON INNOVATION AND ENTREPRENEURSHIP DEVELOPMENT OF HENAN (2025)

深化创新创业体制机制改革

主　　编／喻新安　胡大白　杨保成
执行主编／于善甫　郭军峰　郑　月
副 主 编／张志娟　刘晓慧　豆晓利　张　冰

社会科学文献出版社
SOCIAL SCIENCES ACADEMIC PRESS (CHINA)

图书在版编目(CIP)数据

河南创新创业发展报告. 2025：深化创新创业体制机制改革 / 喻新安，胡大白，杨保成主编. -- 北京：社会科学文献出版社，2025. 6. -- (河南双创蓝皮书).

ISBN 978-7-5228-5464-9

Ⅰ. F279. 276. 1

中国国家版本馆 CIP 数据核字第 20253GT165 号

河南双创蓝皮书

河南创新创业发展报告（2025）

——深化创新创业体制机制改革

主　　编 / 喻新安　胡大白　杨保成
执行主编 / 于善甫　郭军峰　郑　月
副 主 编 / 张志娟　刘晓慧　豆晓利　张　冰

出 版 人 / 冀祥德
组稿编辑 / 任文武
责任编辑 / 刘如东
责任印制 / 岳　阳

出　　版 / 社会科学文献出版社 · 生态文明分社（010）59367143
地址：北京市北三环中路甲 29 号院华龙大厦　邮编：100029
网址：www. ssap. com. cn
发　　行 / 社会科学文献出版社（010）59367028
印　　装 / 天津千鹤文化传播有限公司

规　　格 / 开 本：787mm × 1092mm　1/16
印 张：27　字 数：404 千字
版　　次 / 2025 年 6 月第 1 版　2025 年 6 月第 1 次印刷
书　　号 / ISBN 978-7-5228-5464-9
定　　价 / 98. 00 元

读者服务电话：4008918866

河南创新创业发展报告（2025）
编　委　会

主编简介

喻新安 经济学博士，教授，研究员，河南省政协常委、学习和文史委副主任，河南省社会科学院原院长、首席研究员，河南省高校智库联盟理事长，河南中原创新发展研究院、河南新经济研究院首席专家，国家统计局“中国百名经济学家信心调查”特邀专家。享受国务院政府特殊津贴专家，曾获“河南省跨世纪学术带头人”、“河南省优秀专家”、“河南省杰出专业技术人才”、第二届（2012）“河南经济年度人物”称号。先后在河南省委党校、河南省社科联、河南省社会科学院工作。兼任河南省社科联副主席、中国区域经济学会副会长、中国工业经济学会副理事长，河南省“十五”至“十四五”规划专家委员会成员，第三、四届皮书学术评审委员会委员。主持国家级、省部级课题30余项，公开发表论文400余篇。出版著作30多部，获省部级社会科学特等奖、一等奖、二等奖20余项。

胡大白 黄河科技学院创办人、董事长，教授，中国当代教育名家，享受国务院政府特殊津贴专家。第十届全国人大代表，第九届河南省人大代表，河南省第七、八、九、十次党代会代表，曾任中国民办教育协会监事会主席、河南省民办教育协会会长，现任名誉会长。曾荣获“中国十大女杰”“全国三八红旗手”“60年60人中国教育成就奖”“中国好人”“中国好校长”“世界大学女校长终身荣誉奖”“河南省劳动模范”“河南省道德模范”“河南省优秀共产党员”“改革开放40周年影响河南十大教育人物”“新中国成立70周年河南省突出贡献教育人物”等荣誉称号。从事民办高校管理工作，致力于创新创业理论研究、民办高等教育理论研究等，担任《河南创新创业发展报告》主编、《河南民办教育发展报告》主编。出版著作7部，主持“民办高校实施内涵式发展的战略研究”等省部级及以上课题10余项，发表论文60余篇，获第六届河南省发展研究奖一等奖、河南省哲学社会科学优秀成果奖二等奖等。

杨保成 教授，美国康涅狄格大学化学专业博士、弗吉尼亚大学工商管理硕士。回国后担任黄河科技学院副院长，河南省学术技术带头人，中国人民政治协商会议第十二届、十三届郑州市委员会常务委员，兼任欧美同学会2005理事会理事，中国与全球化智库常务理事，河南省青年科技工作者协会副会长，河南省院士专家工作促进会常务理事。先后获得“河南省教育厅高校科技创新人才”“河南青年五四奖章标兵”“河南省民办教育优秀校长”“郑州市民办教育杰出人物”“郑州市科技领军人才”“郑州市专业技术拔尖人才”等，入选教育部“新世纪优秀人才支持计划”；担任河南省民办高校中第一个省级重点实验室——河南省纳米复合材料与应用重点实验室主任、第一个省级国际联合实验室——河南省小分子新药研发国际联合实验室主任、河南省高校工程技术研究中心主持人、河南省创新型科技团队负责人等。在 *Advanced Materials*, *ACS Nano*、*Advanced Functional Materials*, *Journal of the American Chemical*, *Small* 等国外知名期刊发表学术论文80余篇。完成国家自然科学基金、省部级及以上项目10余项，获发明专利2项；获得包括河南省科学技术进步奖在内的地厅级及以上奖励20余项。

序

河南中原创新发展研究院对河南创新创业的研究已持续九年。第九部“河南双创蓝皮书”以“深化创新创业体制机制改革”为主题，综合反映我们的研究成果。全书包括总报告、环境篇、产业篇和主体篇四个部分，力求多维度、全方位展现2024年以来河南省在推进创新创业体制机制改革方面的总体态势与显著成就，为进一步激发创新创业发展新动能，加快培育新质生产力和谱写中国式现代化建设河南篇章提供坚实的理论支撑与智力支持。

党的二十届三中全会明确提出了“构建支持全面创新体制机制”的指导思想。深化创新创业体制机制改革，对于推动经济社会高质量发展，提升国家创新体系整体效能，应对全球科技竞争和挑战以及促进社会公平正义和民生改善具有重大的意义。于河南而言，深化创新创业体制机制改革对于河南抢抓科技革命历史机遇，融入国家战略科技力量体系，推进中国式现代化建设河南实践，补齐河南科技创新短板弱项意义重大。

近年来，河南省委省政府深入贯彻落实党中央决策部署，在深化改革和创新创业创造上奋勇争先，不断强化教育、科技、人才在现代化建设全局中的基础性、战略性支撑作用，全省创新创业体制机制改革不断取得新突破、新成效。2024年以来，河南为进一步培育创新创业新动能，激发创新创业活力动力，不断深化创新创业领域改革，在资金支持、税收优惠、人才引进、知识产权保护等方面出台和实施了一系列政策措施，形成了法律法规、政策文件、行动方案相衔接的政策体系，为创新创业提供了全方位的制度支撑和政策支持，绘就了建设国家创新高地的“规划图”、“路线图”和“施工图”。全省科技创新实力大幅提升，创新主体持续壮大，创新创业载体能级不断提升，创新创业生态持续优化。新质生产力在中原大地蓬勃兴起，河南发展的综合竞争力、科技硬实力、硬核支撑力不断增强，全省创新创业体制机制更优、主体更强、要素更活、生态更好、活力更足的生动画卷正徐徐铺展。

当前，河南在以创新创业引领经济高质量发展的过程中，面临着新形势、新要求和新机遇，为进一步深化创新创业体制机制改革，需遵循党的二十届三中全会所指的方向，以新型举国体制为契机，抢抓科技革命机遇，统筹推进教育、科技、人才一体发展，积极融入国家战略科技力量体系。河南需要针对全省创新创业体制机制领域面临的难点堵点，立足新形势新要求，把握新方向新机遇，深化“三足鼎立”创新大格局体制机制，健全科创平台体制机制，强化企业创新主体地位机制，优化人才引育体制机制，完善成果转化体制机制，健全科技金融体制机制，全面激发创新创业活力动力，推动经济社会高质量发展，为谱写中国式现代化河南篇章提供有力支撑。

“河南双创蓝皮书”以“深化创新创业体制机制改革”为主题，围绕营商环境综合配套改革、人才培养机制、科技成果转化机制、科技创新生态、战略性新兴产业、现代农业产业体系、产学研融合机制、企业科技创新能力等关键领域进行深入分析，提出河南进一步深化创新创业体制机制改革的对策建议，以期为河南在深化改革和创新创业创造上奋勇争先提供理论和实践依据。

喻新安

摘　要

本书是第九部对河南省创新创业情况进行跟踪研究的年度蓝皮书，由黄河科技学院、河南中原创新发展研究院组织创研。该书以“深化创新创业体制机制改革”为主题，力求多维度、全方位展现2024年以来河南省在推进创新创业体制机制改革方面的总体态势与显著成就，为进一步激发创新创业发展新动能，加快培育新质生产力和谱写中国式现代化河南篇章提供坚实的理论支撑与智力支持。全书分为总报告、环境篇、产业篇和主体篇四个部分。

第一部分为总报告。总报告由两个报告组成。《河南省创新创业体制机制改革的形势分析与政策取向》深入剖析了河南省创新创业体制机制改革取得的主要成效与亟待解决的突出问题，在此基础上，以前瞻性的视角展望了改革的前景，提出了一系列具有前瞻性和实操性的政策建议，旨在为河南创新创业体制机制改革提供方向性指引。《河南省城市创新能力评价报告（2025）》则通过创新投入、创新产出、企业创新、创新环境和创新绩效五个维度的实证分析，对河南省18个省辖市的创新能力进行了全面而深入的评估，得出河南省18个城市的创新能力评价得分，不仅揭示了各地市在创新领域的优势与短板，更为制定差异化的城市创新发展战略提供了科学依据。

第二部分为环境篇。该部分聚焦河南省创新创业体制机制改革所面临的环境，围绕营商环境综合配套改革、要素市场化配套改革、制度型开放深化、城乡融合发展体制机制完善、科技成果转化机制改革等关键领域，系统研究了这些环境因素对创新创业的促进作用与制约因素，并提出了相应的对策建议，旨在进一步优化河南创新创业的外部环境，激发市场活力，促进创新资源的高效配置与利用。

第三部分为产业篇。作为推动河南经济高质量发展的核心动力，该部分选取绿色低碳产业、战略性新兴产业、未来产业、传统产业及现代农业等关键领域，深入探讨了这些产业在创新创业体制机制改革中的亮点、难点与发展路径，旨在促进河南产业结构的优化升级，加速构建现代化产业体系。

第四部分为主体篇。该部分以河南省内企业、高校、科研院所等创新主体为切入点，深入分析了以企业为主导的产学研融合发展机制、专精特新“小巨人”企业创新能力提升、高校科技创新体制机制改革及上市企业科技创新能力提升等关键议题，不仅揭示了各创新主体在创新创业体制机制改革中的实践探索与成功经验，更提出了一系列针对性强、操作性强的对策建议，旨在为河南深化创新创业体制机制改革提供参考与借鉴。

关键词： 科技创新　深度融合机制　协调机制　现代化河南

目 录

Ⅰ 总报告

Ⅱ 环境篇

Ⅲ　产业篇

Ⅳ　主体篇

皮书数据库阅读**使用指南**

总 报 告

B.1 河南省创新创业体制机制改革的形势分析与政策取向

河南中原创新发展研究院课题组*

摘　要： 深化创新创业体制机制改革，对于推动经济社会高质量发展，提升国家创新体系整体效能，应对全球科技竞争和挑战以及促进社会公平正义和民生改善都具有重大的意义。近年来，河南省委省政府深入贯彻落实党中央决策部署，深入推进创新创业体制机制改革，全省创新创业政策法规体系持续完善，科技创新实力大幅提升，创新主体持续壮大，创新创业载体能级不断提升，创新创业生态持续优化。面对新一轮科技革命和产业变革的加速演进，河南省在深化创新主体引育机制、高端人才培育机制、平台载体承载

* 课题组组长：喻新安，博士，河南中原创新发展研究院院长、河南省高校智库联盟理事长，主要研究方向为区域经济、产业经济。课题组成员：于善甫，黄河科技学院河南中原创新发展研究院副院长，教授，主要研究方向为区域经济、创新创业；郭军峰，黄河科技学院河南中原创新发展研究院教授，主要研究方向为产业发展、国际贸易；张志娟，黄河科技学院河南中原创新发展研究院教授，主要研究方向为区域经济、产业创新；刘晓慧，黄河科技学院河南中原创新发展研究院教授，主要研究方向为产业集群；豆晓利，黄河科技学院河南中原创新发展研究院教授，主要研究方向为区域经济、创新创业。执笔人：于善甫、郭军峰、张志娟。

机制、科技成果转化机制、创新生态体制机制改革方面仍面临诸多亟待破解的难题。鉴于此，需要立足新形势新要求，把握新方向新机遇，从构建“三足鼎立”创新格局、健全科创平台体制机制、强化企业创新主体地位、优化人才引育体制机制、完善成果转化体制机制以及健全科技金融体制机制等层面着手，进一步深化河南省创新创业体制机制改革，激发全社会创新创业活力，推动经济社会高质量发展，为推进中国式现代化建设河南实践提供有力支撑。

关键词： 创新创业 体制机制改革 河南省

一 河南省创新创业体制机制改革的主要成效

近年来，河南始终将创新作为高质量发展与现代化建设的首要驱动力，持续强化前瞻性谋划与系统性布局。如今，“三足鼎立”的科技创新格局已充分彰显引领作用，关键核心技术攻关成果丰硕，科技创新对产业创新的引领取得重大突破。同时，高等教育“三个调整优化”稳步推进，科研人才队伍不断壮大，创新发展综合配套改革持续深化，国家创新高地和重要人才中心建设迈出坚实步伐。

（一）政策法规建设持续完善

河南高度重视创新创业工作，在资金支持、税收优惠、人才引进、知识产权保护方面出台了一系列政策措施，形成了法律法规、政策文件、行动方案相衔接的政策体系，为创新创业提供了全方位的制度支撑和政策支持，绘就了建设国家创新高地的“规划图”、“路线图”和“施工图”。

1. 组织体系日趋成熟

河南省将创新驱动、科教兴省、人才强省战略置于“十大战略”之首，致力于建设国家创新高地和全国重要人才中心。为此，河南省成立了由省委书记和省长共同担任双主任的省委科技委员会，全面加强对科技创新工作的领导。通过高规格召开科学技术奖励大会，充分发挥激励导向作用，推动科技创新工作不断深入。2021～2023 年，河南先后召开 14 次科创委会议和 4 次科技委会议，研究 103 个重大议题，统筹解决河南省全局性、长远性的重大科技创新问题。同时，河南省还建立健全部门间横向沟通、省市县纵向联动工作机制，探索建立科技服务综合体，加强对高校、科研院所、企业等创新主体的常态化服务。

2. 政策框架渐趋完善

河南省出台了一系列涵盖财政税收、投资融资、营商环境、建设用地、产权保护、人才培养、产业发展等多个方面的政策文件，形成了较为完善的大众创业扶持政策体系框架。自 2016 年起连续推出 7 轮科技创新政策包，通过构建“1+3+N”立体化政策矩阵，形成了以《河南省创新驱动高质量发展条例》为核心，以《关于加快推进郑洛新国家自主创新示范区建设的若干意见》《中原科技城发展规划》为配套的三大专项政策体系，并围绕人才引育、成果转化、金融支持等领域细化 32 项实施细则。2022 年实施的“科技创新十大工程”中，明确提出“政策先行区”建设目标，率先在郑洛新国家自主创新示范区开展“政策沙盒”试点。2023 年发布的“科技创新政策包 3.0”中，新增“颠覆性技术创新专项”“未来产业培育计划”等 6 项政策，政策更新迭代速度加快。

3. 法治建设稳步推进

河南省积极推进创制性立法、“小切口”立法，为创新发展提供法治保障。先后出台了《河南省科学院发展促进条例》《河南省中原科技城总体规划管理条例》《河南省中原农谷发展促进条例》《河南省医学科学院发展促进条例》等法规。自 2023 年 1 月 1 日起开始施行的《河南省创新驱动高质量发展条例》，作为河南支撑保障实施创新驱动、科教兴省、人才强省战略实施的一部综合性法规，从总则、创新平台、创新主体、创新人才、创新项目、科技成果转化、创新环境、法律责任等方面，明确支持保障科技创新的制度机制和法治环境。在科技成果转化方面，该条例完善科技成果转移转化体系，赋予高校院所等科技成果自主权，赋予科学技术人员职务科技成果所有权或长期使用权，并完善科技成果评价制度。

4. 制度创新成效显著

河南省全面梳理部门权责清单，向开发区下放相应的审批权限，实现“办事不出区”，营商环境得到明显优化。通过管理体制、运行机制、人事薪酬等方面的改革，推动了开发区的转型升级。在《河南省创新驱动高质量发展条例》中提出要加大财政科技投入，构建多层次科技金融体系，为科技创新提供更加充足的资金支持。河南省还积极推动高水平开放型科技合作生态建设，利用对外合作产生的积极外溢效应激发省内科技创新的内生动力。河南省在创新创业政策体系建设、法律法规建设和制度创新方面采取了全面而有力的举措，为创新创业提供了有力支撑和保障，也为全国其他地区提供了有益的借鉴和参考。

（二）科技创新实力大幅提升

河南瞄准国家战略需求和产业发展方向，持续加强基础研究和原始创新能力建设，关键核心技术不断实现突破，初步打造了中原科技城、中原医学科学城、中原农谷三足鼎立的创新高地，跑出了科技创新河南“加速度”，国家创新高地和重要人才中心建设迈出坚实步伐。

1. 科研投入力度持续加大

随着创新驱动战略的持续实施，河南省研发经费投入持续加大。2016~2022 年，河南省研发经费支出连续 7 年增速超 10%，2023 年，全省共投入研发经费 1211. 66 亿元，同比增长 6. 0%，在全国排第 11 位，是研究与试验发展经费超过千亿元的 12 个省份之一。至此，河南连续三年研究与试验发展经费投入超千亿元。2023 年河南省研究与试验发展经费投入强度为 2. 05%，比上年提高 0. 09 个百分点（见图 1）。2020~2022 年，河南财政科技支出分别突破 200 亿元、300 亿元、400 亿元大关，2023 年达到 463. 8 亿元，同比增长 13. 3%，高出全省一般公共预算支出增幅 9. 4 个百分点，科技支出占比 4. 19%，超过全国平均水平。

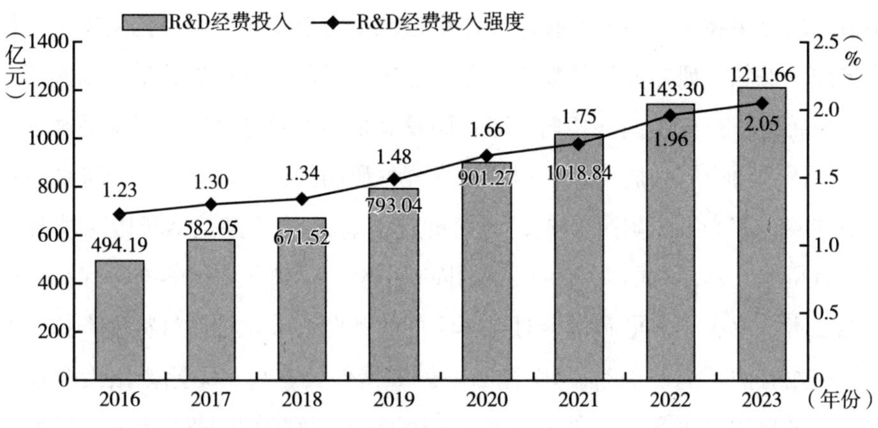

图 1　2016~2023 年河南省 R&D 经费及投入强度

资料来源：《河南统计年鉴（2024）》。

2. 科研产出质效双提升

近年来，河南科技创新成果丰硕。2023 年，全省技术合同成交额达 1367.4 亿元，同比增长 33.4%，是 2020 年的 3.6 倍。2024 年上半年，全省技术合同成交额达 884 亿元，同比增长 45%，远超全国平均水平。截至 2023 年底，全省有效发明专利数达 83127 项。2023 年，河南省万名就业人员有效发明专利数同比增长 21.96%，获得省级科学技术奖励数同比增长 6.37%，万人技术合同登记额同比增长 68.57%，科技活动产出指数得分达到 75.26 分，较上年提高 6.08 分。在高校学科建设方面，全省高校 5 个学科进入 ESI 全球前 1‰，80 个学科进入前 1%。同时，上海交通大学郑州研究院、北京理工大学郑州研究院揭牌运行。在 2023 年度国家科学技术奖励大会上，河南获得国家科学技术奖 15 项，其中主持 7 项、参与 8 项，较 2020 年度实现了“量质齐升”。《河南省区域科技创新评价报告 2024》显示，2023 年河南省科技创新水平指数得分达到 77.21 分，较 2022 年提高了 5.13 分。此外，河南大力推动产学研协同创新，引导规上企业与高校共建 1503 家研发中心，获得国家重点研发计划立项 76 项，实施省重大科技专项 78 项，攻克了一批重大技术难题。

3. 关键核心技术不断突破

河南省聚焦国家战略需求和重点产业布局，在种质资源创新、智能装备制造、新能源技术、新材料技术等多个领域全力攻坚，取得一批关键核心技术突破。例如，研制开发的集成电路用超纯化学品、多波长数字光刻照明及曝光系统等，打破了国外长期垄断；研发制造的世界首台硬岩泥水平衡顶盾机，巩固了河南省在盾构领域的领先优势；研制的世界首台 252 千伏真空环保断路器，核心技术国际领先；培育的芝麻新品种“豫芝 NS610”填补了国内宜机收芝麻品种的空白；研发的固态电池、钠离子电池等新一代高性能储能技术，解决了发电和用电时空不匹配的问题；碳化硅新材料生产技术的开发应用打破了国外垄断；5G 光网络关键器件及材料、无氨氮钼冶金技术等达到世界领先水平。此外，新乡经开区与中国移动共同打造的“新乡市数字化转型促进中心”，借助龙头企业的技术优势，构建了以区块链、物联网、大数据平台等技术为核心的基础架构与产业应用技术一体化的数字科技城。

4.“三足鼎立”创新格局全面成势

河南积极对接国家战略科技力量，构建了中原科技城、中原医学科学城和中原农谷“两城一谷”三足鼎立创新格局。2023 年，中原科技城在全国 348 个同类科技城中的排名上升到第 19 位，前移了 12 个位次。中原医学科学城建成临床研究所 10 个，入驻生物医药企业 54 家，落地转化 85 个高科技项目，引聚长江学者、国家杰青 33 人，组建 PI 团队 66 个，聘任 6 位院士为首席科学家。中原农谷入驻省级以上科研平台 53 家、种业企业 76 家，培育新品种 122 个。目前，“两城一谷”已成为河南创新资源的强磁场、创新人才的集聚地、创新动能的主引擎。

5. 创新平台体系能级不断提升

2021 年以来，河南着力打造“高水平研发机构+中试基地+成果转化示范区+技术转移转化中心”的创新体系。一体推动省科学院重建重振与中原科技城、国家技术转移郑州中心“三合一”融合发展，依托省科学院创新平台建设研发实体 42 家，总数居全国省级科学院首位。相继建设嵩山实验室、神农种业实验室、黄河实验室、龙门实验室等省实验室 20 家，产业研究院 40 家，中试基地 36 家，创新联合体 28 家。截至 2023 年底，全省拥有国家级重点实验室 13 个、国家级工程技术研究中心 10 个、省新型研发机构 140 家、省重点实验室 251 个、国家级创新平台 172 家，共建有 1503 个校企共建研发中心、17 个高校科技成果转化和技术转移基地，初步形成了“强核心、多基地、大开放、大协作、网络化”的创新格局。

（三）科技创新主体持续壮大

企业是创新投入、研发活动、成果转化的主力军，也是当前区域竞争的关键焦点和创新政策的支持重点。河南持续强化企业创新主体地位，推动各类创新要素向企业集聚，为科技型中小企业、高新技术企业提供全流程全要素服务，活力迸发的创新主体规模持续壮大，2023 年，河南省规上工业企业研发活动覆盖率达 70.9%。

1. 科创企业财政金融支持持续优化

河南省通过政府投资基金、财政补助和金融信贷等手段，为科创企业提供全方位支持。截至 2023 年底，河南省推动三只政府基金累计完成项目投资 114 个，投资金额约 19 亿元。同时，设立总规模 130 亿元的中原医学科学城生物医药产业发展基金、中原科技城科创基金和中原农谷投资基金，助力构筑“三足鼎立”科技创新大格局。此外，河南省通过财政补助，用足用好企业研发后补助政策工具，推动规模以上工业企业研发活动全覆盖和高新技术企业培育。2022 年统筹企业研发补助资金 4.73 亿元，对 9231 家企业给予后补助支持。在金融信贷方面，充分运用“科技贷”政策工具，截至 2023 年底，已有 17 家合作银行开展“科技贷”业务，共支持科技型中小企业和高新技术企业 806 家（次）55.61 亿元。

2. 各类创新型企业发展态势强劲

依托“微成长、小升规、高变强”创新型企业梯次培育机制，组织实施创新龙头企业树标引领行动、高新技术企业提质增效和科技型中小企业“春笋计划”，搭建形成全省创新型企业“百千万”梯次培育格局。截至 2023 年底，全省共有创新龙头企业 116 家、“瞪羚”企业 454 家、高新技术企业 1.2 万余家、科技型中小企业 2.6 万家。全省制造业单项冠军企业达到

51家，居全国第8位，国家级专精特新“小巨人”企业达到394家。超聚变、华兰疫苗、致欧科技等5家企业进入胡润全球独角兽榜。2021年以来，共有24家科技型企业在境内成功上市。企业作为创新要素集成、科技成果转化的生力军，创新主体地位进一步稳固。

3. 创新联合体培育力度持续加大

自2022年以来，河南聚焦国家重大需求和本省部分重点产业集群遴选布局了两批次共28家创新联合体。涵盖数字孪生、电子信息、生物医药、先进制造等8大重点支持产业领域，联合高校、科研院所65家，带动产业链上下游企业151家，承担省级以上科技项目136项。预计到2025年，全省主导产业、战略性新兴产业和未来产业优势领域实现创新联合体建设全覆盖。2023年，河南省有R&D活动单位9055个，其中企业有R&D活动单位8665个，占全社会有R&D活动单位数的95.7%，开展技术创新的企业占比达到26.6%，比上年提高0.8个百分点。从R&D经费投入看，各类企业R&D经费1049.82亿元，占全省R&D经费的比重为86.6%，对全省R&D经费投入增长的贡献率为83.8%。

4. 创新人才引育力度不断加大

河南坚持把人才引育作为基础性、战略性工程，制定实施人才引、育、用、留一揽子政策措施，营造“近悦远来”的人才环境，实施“中原英才计划”，稳步推进顶尖人才突破、领军人才集聚、青年人才倍增行动等“八项行动”。2021~2023年，累计引进顶尖人才30人、领军人才387人、博士及博士后1.6万人，目前，全省人才总量超过1410万人。2023年，全省遴选中原学者9人、中原科技创新领军人才48人、中原科技创业领军人才20人，新建院士工作站5家、中原学者工作站30家、杰出外籍科学家工作室20家。2021年以来，先后有23位两院院士受聘担任高校、科研院所、省实验室主要负责人。2023年，河南新晋两院院士3人、外籍院士3人，目前，在豫两院院士达到47人。

（四）创新创业载体能级提升

近年来，河南省通过一系列举措，不断提升创新创业载体的能级和水平，形成了“核心+基地+网络”的创新格局，为创新创业提供了坚实支撑。

1. 创新创业孵化平台建设成效显著

河南省深入推进大众创新创业，加快培育经济新动能，通过提高创新服务资源集成度，不断拓宽入孵企业融资渠道，提升项目孵化成功率，探索出了一条具有河南特色的双创载体差异化、专业化发展之路。截至 2024 年 10 月，全省共建设省级及以上科技企业孵化载体 563 家，其中国家级 153 家。省级以上科技企业孵化载体场地面积达 554. 8 万平方米，在孵企业及团队 3. 86 万家，提供就业岗位近 25. 46 万个，拥有有效知识产权 6. 52 万项，其中发明专利 6756 项。2024 年 7 月，工业和信息化部公布的国家级科技企业孵化器 2022 年度考核评价结果中，河南共有 59 家国家级科技企业孵化器参评，参评数量居全国第 7 位，优秀数量紧随江苏、广东之后，居全国第 3 位。

2. 科技创新园区发展态势强劲

河南省的科技创新园区已成为推动区域经济发展的重要引擎。以郑洛新国家自主创新示范区为例，2022 年其研发费用、专利授权数量和有效发明专利授权数量增速均超过 10%，体现了对科技创新的高度重视和持续投入。河南自贸试验区累计入驻企业超过 12 万家，2022 年实际利用外资 7803. 5 万美元，同比增长 33. 7%；进出口 624. 9 亿元，同比增长 4. 7%，在吸引外资、促进外贸等方面成效显著。此外，河南省在高新区建设方面也取得了显著成就，国家级高新区数量达到 9 家，居中部地区第 2 位、全国第 5 位。

3. 智慧岛双创载体推广成效突出

智慧岛作为“双创”载体的重要组成部分，其建设和推广成效显著。2022 年，智慧岛注册企业新增 872 家，同比增长 49%，其中科技型企业数量达到 638 家，新增私募基金类企业 35 家。根据《加快推进智慧岛建设实施方案》，河南省计划到 2025 年建成 30 个以上智慧岛“双创”载体，培育 50 家上市企业，引进培育 400 个具有核心竞争力的创新型企业。这些目标的实现将进一步提升河南省创新创业载体的能级，形成市场活力和社会创造力竞相迸发的创新生态小气候。

4. 创新平台体系不断完善

河南省通过构建多层次产业科技创新平台，推动开发区内制造业创新中心、技术创新中心、企业技术中心等创新平台建设，集聚了一批全国重点实验室、新型研发机构和中试基地。同时，河南省还推动开发区与高校、科研机构、创新平台加强常态化对接，完善科技成果“转化—孵化—产业化”机制，促进园区、城区、校区联动。此外，河南省还推动开发区数字化迭代升级，实现规模以上工业企业数字化改造全覆盖。

（五）创新创业生态持续优化

近年来，河南省通过一系列创新举措，持续优化创新创业生态，激发了全社会的创新活力，成效显著，主要体现在以下三个方面。

1. 创新创业文化与生态建设成效显著

河南省通过举办创新创业大赛、论坛、培训等活动，大力弘扬创新文化，激发社会创新活力。2023 年，全省举办各类创新创业活动 1200 余场，参与人数超 50 万人次，营造了浓厚的创新文化氛围。同时，河南省评选出一批“瞪羚”企业、专精特新“小巨人”企业，为创新创业树立了榜样。此外，新郑、巩义等 8 个县市入选“2022 年度全国科技创新百强县市”榜单，进一步提升了河南省的创新创业生态。

2. 科技金融服务体系不断完善

河南省通过建设科技金融在线服务平台，实现了企业融资需求发布、对接、展示和业务办理的全线上化，有效缓解了企业融资难题。同时，推出“科技贷”业务，设立科技信贷准备金，对银行贷款损失进行补偿，截至 2023 年，累计放款 524 家（次），金额达 23. 34 亿元。此外，通过优化业务流程、设立“绿色通道”，进一步加快了审批放款进度，为科技型企业提供了更加便捷的金融服务。

3. 知识产权保护与创新创业服务持续优化

河南省制定出台《河南省数据知识产权登记办法（试行）》，规范数据知识产权登记行为，促进数字经济发展。2023 年 12 月，河南省被确定为全国第二批数据知识产权试点地方。2022 年，河南省专利授权量达到 135990 件，有效发明专利达到 67164 件，体现了科技创新的活跃度。在创新创业服务方面，河南省搭建了“郑惠企”政策服务平台，累计发布政策 1884 条，直接兑付企业资金 83.7 亿元。推广“郑好融”综合服务平台，入驻用户 94.7 万家，为企业授信 627 亿元。此外，河南还通过优化科研经费管理、完善人才激励机制等措施，为创新创业提供了良好的政策环境和制度保障。

（六）创新创业活力竞相迸发

近年来，河南省通过一系列创新举措，激发了全社会的创新活力，取得了显著成效，主要体现在以下三个方面。

1. 创新创业活动蓬勃发展

河南通过优化高校结构布局、学科学院和专业设置，理工农医本科类专业招生占比提高到 54.8%，为创新创业培养了更多专业人才。同时，河南依托“7+28+N”产业链群，汇聚了全省 70%以上的重点创新平台，创造了 80%以上的进出口总额和 60%以上的规上工业产值。2023 年，全省规上工业战略性新兴产业、高技术制造业增加值分别同比增长 10.3%、11.7%，拉动作用显著。此外，河南还通过举办“豫见上海”“豫见杭州”等省际人力资源合作活动和各类创新创业大赛，搭建广阔的创业平台，优化创新创业环境。

2. 科教协同赋能创新发展能力大幅提升

河南完善科教协同育人机制，调整高等教育结构布局，全面提升人才自主培养水平和质量。全省高校数量由 2021 年初的 151 所增加到 2023 年的 174 所，居全国第 1 位。省属高校 81 个学科进入 ESI 全球前 1%，居全国第 5 位。全省高校成立 48 家产业学院、15 家产业研究院、7 家未来技术学院，建设省级重点现代产业学院等特色专业学院 231 个。此外，河南还围绕重点产业链组建 37 个行业产教融合共同体。

3. 科技成果加速转化

河南围绕传统产业迭代、新兴产业抢滩、未来产业破冰，持续推动创新链和产业链深入融合。2021 年以来，河南引导规上工业企业与高校共建 1503 家研发中心，2023 年全省规上工业企业研发活动“四有”覆盖率达 72.73%。布局 41 家省产业研究院，启动重大技术攻关项目 319 个。建设 50 家省中试基地，累计转化科技成果 391 项。2023 年，河南专利授权量达 109957 件，其中发明专利授权量为 17531 件，同比增长 20.3%。此外，河南还布局建设了 21 家省级科技成果转化示范区，构建了“1+4+N”技术转移体系。

二　河南省创新创业体制机制面临的突出问题

作为中部崛起的重要支点，近些年来河南在创新创业体制机制改革领域取得了显著进展，正积极投身到创新创业的大潮中，力求通过体制机制改革激发创新活力，推动经济高质量发展。然而，河南依然面临着整体效能偏弱、高端人才短缺、科研成果转化效率偏低等诸多挑战。中国科学技术发展战略研究院发布的《中国区域科技创新评价报告 2023》显示，河南省在 2012 年的综合科技创新水平指数为 41.18 分，2023 年提升为 58.70 分，排名从全国第 22 升至第 17。排名虽然有所提升，但综合科技创新水平与上海、北京、广东、江苏、浙江等地区相比，河南省的分数相对较低。2023 年，河南综合科技创新水平指数较全国平均水平（77.13 分）低了 18.70 分，在中部六省中排第 5 名，这表明其科技创新的整体实力还有待提升。

（一）创新主体引育机制依然不畅

1. 龙头企业规模与带动能力不足

龙头企业在产业链中具有引领作用，其规模和创新能力直接影响着整个产业的发展水平。河南在高新技术企业数量上虽有一定优势，但在龙头企业规模和带动能力上与先进地区存在较大差距。2023 年河南省高新技术企业数量达到 1.38 万家，虽居中部六省第 2 位，但营收超百亿元的龙头企业仅

11 家，仅为湖北（19 家）的 58%、安徽（15 家）的 73%，更远低于广东（68 家）和江苏（54 家）。以新能源汽车产业链为例，河南动力电池本地配套率仅为 32%，关键部件，如电控系统、智能芯片等依赖长三角地区的供应。相比之下，安徽通过引入比亚迪、蔚来等企业，本地配套率提升至 62%，有效推动了新能源汽车产业的发展。江苏则依托宁德时代常州基地实现配套率 78%（见表 1）。

表 1　2023 年部分省份创新主体能级对比

单位：家，%

指标	河南	湖北	安徽	湖南	江西	山西	江苏	浙江	广东
营收超百亿元高企	11	19	15	9	6	4	54	48	68
独角兽企业	0	2	1	0	0	0	16	12	24
产业链本地配套率	32	48	62	35	28	23	78	65	82

资料来源：根据相关省份 2024 年统计公报整理而得。

2. 中小企业创新动力薄弱

中小企业是创新的重要力量，但河南的中小企业在创新投入和知识产权产出方面表现不佳。这不仅削弱了企业的市场竞争力，也影响了河南整体的创新活力。河南中小企业在研发投入和专利产出上仍有较大的提升空间，反映出其在创新动力和创新能力上的不足。河南省规上工业企业研发投入强度为 1.25%，低于全国均值（1.45%），且 65%的中小企业无持续研发投入，显著高于广东（28%）和浙江（25%）。在知识产权产出方面，河南科技型中小企业户均专利数为 2.1 件，仅为浙江（5.3 件）的 40%。针对某装备制造企业调研显示，其研发投入占比（0.8%）仅为江苏同类企业（3.2%）的 1/4。这表明河南中小企业在创新投入和知识产权产出方面与发达地区存在较大差距，创新动力不足。

3. 产学研协同机制缺位

产学研协同是推动科技创新和产业发展的关键，但河南在这一机制上存在明显短板。高校和科研机构的科技成果难以有效转化为现实生产力，导致大量科研成果外流，甚至落地其他省份。2023 年，河南省高校科技成果本地转化率不足 30%，而武汉理工大学对湖北汽车产业的技术贡献率达 58%，浙江大学支撑浙江数字经济的技术转化率超 70%。郑州大学在新型半导体材料领域拥有深厚的研究基础和创新能力。该校研发的新型半导体材料技术具有高性能、高可靠性等特点，尤其在关键应用领域展现出了巨大的市场潜力。然而，由于本地缺乏中试平台和产业配套环境，该技术未能在河南本地实现产业化落地。这反映出河南在产学研协同机制方面存在明显短板，高校和科研机构的科技成果难以有效转化为现实生产力。

（二）高端人才培育机制有待完善

高端人才是科技创新的核心力量。目前，河南在高端人才培育机制方面仍面临诸多挑战，顶尖人才储备不足，人才结构性流失严重，人才培养与产业需求错配等问题亟待解决。这些问题不仅影响了河南的科技创新能力，也制约了其经济的高质量发展。

1. 顶尖人才储备断层

河南在两院院士数量和高层次人才密度上存在不足，两院院士数量为 27 人，仅为湖北的 32.5%（83 人）、江苏的 22.9%（118 人），直接影响了其在前沿科技领域的竞争力。在人工智能领域，河南高层次人才密度为 0.8 人/万人，仅为广东的 25%（3.2 人/万人）。2023 年“全球高被引科学家”榜单中，河南仅入选 6 人，而湖北、广东分别达 29 人和 67 人。这表明河南在顶尖人才储备方面与先进地区存在较大差距，影响了科技创新的引领能力。目前，河南省每万名就业人员中 R&D（研究与试验发展）人员 29.2 人，仅相当于全国平均水平的 47.2%；在豫全职两院院士仅 24 名，占全国总数的 1.4%，远低于江苏（102 名）、湖北（80 名）、陕西（66 名）、浙江（55 名）、安徽（38 名）、湖南（35 名）；国家杰出青年科学基金获得者数量仅占全国总数的 0.03%。尤其是当前河南省对本地企业急需的数字技术、创意设计、互联网、新零售等新赛道人才的吸引力不足，制约了企业向新经济、新赛道拓展升级。

2. 人才结构性流失严重

人才流失问题不仅影响了河南的创新基础，也制约了新兴产业的发展。河南“双一流”高校毕业生留豫就业率为41%，显著低于武汉（63%）、合肥（58%）。电子信息领域硕士及以上人才净流出率达38%，而传统产业人才过剩率达24%。对比深圳“孔雀计划”累计引进海外人才超1.5万人，河南“中原英才计划”引进人数不足2000人。这种人才结构性流失不仅削弱了河南的创新基础，也影响了新兴产业的发展。《中国统计年鉴2024》数据显示，2023年，河南城镇非私营单位就业人员、私营单位就业人员平均工资和总平均工资分别为84156元、48841元和66499元，在全国31个省（区、市）中分别排名倒数第1、倒数第2和倒数第1，其中，河南的平均工资水平更是远远落后于全国平均水平近1/3。

3. 人才培养与产业需求错配

人才培养与产业需求的错配是河南面临的重要问题之一。高校和职业院校的专业设置与市场需求不匹配，导致毕业生难以满足企业的实际需求。例如，河南高校人工智能专业毕业生数量不足产业需求的1/3，而职业院校数控技术毕业生的对口就业率仅为45%。这种错配不仅浪费了教育资源，也影响了产业的升级和发展。相比之下，广东通过“工匠精英”计划，实现了95%的精准输送，为产业发展提供了有力支撑。河南省高等教育经费占GDP比重（1.8%）低于湖北（2.3%）、浙江（3.1%）。

（三）平台载体承载机制尚待健全

近年来，河南在平台载体承载机制建设方面取得了一定进展，但与发达地区相比，仍存在重大科创平台能级不足、孵化载体运行效率低下、区域创新资源分布失衡等问题，亟待进一步健全和完善。

1. 重大科创平台能级不足

多年来，河南省工业规模稳居全国第5位，但各类国家级创新平台只有172家，与先进省份存在较大差距，仅相当于安徽的81.9%。其中，体现原始创新能力的国家重点实验室河南省仅有16家，仅占全国总量的3%，远低

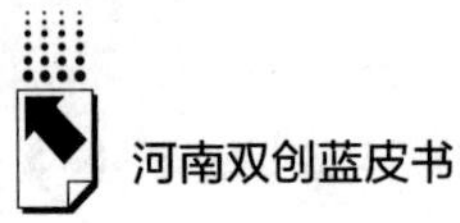

于北京（136 家）、上海（44 家）、江苏（39 家）、广东（30 家）、湖北（29 家）、陕西（26 家）。河南省尚未建成国家大科学装置，而安徽已布局全超导托卡马克（EAST）等 4 个装置。河南省级重点实验室年均经费为 1200 万元，仅为江苏的 34%（3500 万元），导致 32%的设备更新周期超 5 年。这表明河南在重大科创平台的建设投入和支持力度上与先进地区存在较大差距，影响了科技创新的能级和效率。

2. 孵化载体运行效率低下

河南国家级孵化器在孵企业毕业率为 18%，低于湖北（25%）和浙江（32%）。46%的孵化器依赖场地租金盈利，而深圳 78%的孵化器通过“投资+服务”模式盈利。某郑州生物医药孵化器因缺乏专业导师团队，企业存活率不足 40%。这说明河南的孵化载体在运营模式和专业服务能力上存在不足，难以有效支持初创企业的成长和发展。为提升孵化载体运行效率，河南需要优化孵化器运营模式，鼓励采用“投资+服务”模式，提升盈利能力和可持续发展能力。同时，加强专业导师团队建设，为在孵企业提供精准的创业指导和技术支持。

3. 区域创新资源分布失衡

郑洛新三市集聚了全省 61%的研发投入和 73%的高新技术企业，而豫东、豫南地区高企密度不足全省均值的 30%。对比江苏苏南（高企密度 12.5 家/万人）、苏中（高企密度 8.2 家/万人）、苏北（高企密度 4.1 家/万人）的梯度格局，河南尚未形成协同创新网络，区域创新资源分布极不均衡，影响了全省整体创新能力的提升。目前，河南正在加强区域协同创新，推动创新资源向豫东、豫南等薄弱地区倾斜。例如，通过建设“智慧岛”双创载体、推动开发区整合扩区等方式，提升区域创新承载能力。同时，建立区域创新合作机制，促进郑洛新等核心城市与周边地区的协同发展。

（四）双链融合深度广度仍待拓展

1. 产业链创新链协同不足

河南省战略性新兴产业增加值占比 25%，低于安徽（27%）和湖北

（28%）。在传感器产业链中，河南 MEMS 传感器设计环节技术依存度高达 75%，而苏州工业园区已实现全链条自主可控。这表明河南在产业链的关键环节仍依赖外部技术，自主创新能力不足，影响了产业链的整体竞争力。河南需要进一步加强产业链与创新链的协同，通过政策引导和资源配置，推动产业链上下游企业的创新合作，提升产业链的自主可控能力。

2. 数字化转型进程滞后

河南智能制造示范企业数量为 372 家，仅为广东（1865 家）的 20%，规上工业企业数字化研发设计工具普及率为 58%，低于浙江的 82%。此外，河南工业互联网平台建设滞后，尚未培育出类似广东树根互联的头部平台。数字化转型是提升产业链效率和竞争力的关键，河南需要加快智能制造和工业互联网平台的建设，推动企业数字化转型，提升产业链的智能化水平。

3. 产业集群创新效能偏低

郑州智能终端产业集群年研发投入强度为 1.8%，仅为深圳电子信息集群（4.5%）的 40%，单位面积专利产出量为 0.7 件/平方公里，仅为苏州纳米新材料集群（4.2 件/平方公里）的 17%。这表明河南产业集群在创新投入和产出方面与先进地区存在较大差距，创新效能有待提升。河南需要进一步优化产业集群的创新生态，加强创新平台建设，提升企业的创新能力和知识产权产出水平。

（五）成果转化机制改革有待深化

河南在科技成果转化机制改革方面取得了一定进展，但仍面临诸多挑战，尤其是在中试环节、技术交易市场和收益分配机制等方面，亟待进一步深化和完善。

1. 中试环节“死亡之谷”凸显

中试环节是科技成果转化的关键阶段，但河南在此环节存在明显短板。目前，河南的专业化中试基地数量为 23 个，仅为广东的 39%，且设备利用率不足 50%。这种不足导致一些具有潜力的科技成果无法顺利实现产业化。例如，某高校的钠离子电池技术因缺乏中试条件，被迫以 200 万元转让给江苏企业，而该技术产业化后估值超20亿元。这不仅反映了河南中试基地数量和设备利用效率的不足，也凸显了中试环节在科技成果转化中的重要性。

2. 技术交易市场发育不全

技术交易市场的不完善也是制约河南科技成果转化的重要因素。2024年，河南的技术合同成交额为1759亿元，仅为广东的15%。此外，河南的单项技术合同平均金额为85万元，不足江苏的40%。技术经纪人持证人数也仅为浙江的22%。这些数据表明，河南在技术交易市场的规模、交易金额和专业人才方面都与发达地区存在较大差距，影响了科技成果的高效转化和市场化。

3. 收益分配机制激励不足

收益分配机制的不完善也影响了科研人员的积极性。河南高校成果转化收益中科研人员分配比例为50%~70%，低于深圳的90%以上。此外，某省属科研院所的审批流程复杂，需经12个部门盖章，转化周期长达14个月，比深圳同类项目多9个月。这种复杂的审批流程和较低的收益分配比例，不仅增加了科研人员的负担，也削弱了他们参与成果转化的动力。

（六）创新生态环境建设亟待提质

河南在创新生态建设方面取得了一定进展，但仍面临诸多挑战，尤其是在科技金融支撑体系、创新要素流动以及营商环境制度性成本等方面，亟待进一步优化。

1. 研发经费投入相对不足

河南作为一个经济大省，其研发投入与经济大省地位不匹配，全省研发经费投入规模相对较低。2023年，河南省地区生产总值达到59132.4亿元，占全国的4.57%，居全国第6位。然而，河南的研发经费仅为1211.7亿元，仅占全国的3.63%，居全国第11位；研发投入强度仅为2.05%，低于2.65%的全国平均水平，居全国第17位，与中部六省当中的湖北（2.52%）、湖南（2.57%）、安徽（2.69%）相比仍显不足（见表2）。在财政科技投入中，2023年河南省财政科技支出为463.8亿元，同比增长

13.3%，高出全省一般公共预算支出增幅 9.4 个百分点，科技支出占比 4.19%，超过 2022 年 3.85%的全国平均水平。但财政科技支出规模与广东的 980.46 亿元、浙江的 787.48 亿元、江苏的 761 亿元以及安徽的 535.3 亿元相比，仍有不少差距。这种资金支持的不足限制了基础研究和前沿探索的深度与广度，影响了科技创新能力的提升。

表 2 2023 年全国和部分省份地区生产总值和研发经费情况

单位：亿元，%

地区	地区生产总值	全国排名	研发经费	全国排名	研发投入强度	全国排名
全国	1294272	—	33357.1	—	2.65	—
广东	135673	1	4802.6	1	3.54	4
江苏	128222	2	4212.3	2	3.29	5
浙江	82553	4	2640.2	4	3.20	6
湖北	55804	7	1408.2	7	2.52	10
湖南	50013	9	1283.9	9	2.57	9
安徽	47119	11	1264.7	10	2.69	7
河南	59132	6	1211.7	11	2.05	17
江西	30209	15	604.1	17	1.88	18
山西	25698	20	298.2	20	1.16	24

资料来源：《中国统计年鉴（2024）》。

2. 科技金融支撑体系薄弱

科技金融是推动科技创新的重要支撑，但河南在该领域的表现与发达地区存在较大差距。《中国区域科技创新能力评价指数报告（2023）》数据显示，河南的风险投资机构管理规模为 850 亿元，仅为广东（1.2 万亿元）的 7%，这表明河南在吸引社会资本投入科技创新方面的能力较弱。同时，河南在科创板上市企业数量上也明显落后，仅有 3 家，仅为江苏的 3%。江苏的科创板上市公司数量位居全国第 1，达到 98 家。此外，河南科技型中小企业的信贷获得率仅为 58%，较浙江低 24 个百分点。浙江通过优化金融政策和服务体系，将科技型中小企业的信贷获得率提升至 82%，有效缓解了企业的融资难题。

3. 创新要素流动存在壁垒

创新要素的高效流动是区域协同创新的关键，但河南在这方面面临诸多障碍。《中国区域科技创新能力评价指数报告（2023）》统计数据显示，河南的技术成果跨省输出比例仅为28%，低于湖北的45%和安徽的39%。这种差距不仅影响了河南的科技成果转化效率，也限制了其与周边省份的协同创新能力。以郑州某AI企业为例，由于缺乏资质互认，该企业在进入武汉市场时需重新认证，增加了超过300万元的成本。这种资质互认的缺失，不仅增加了企业的时间和经济成本，也削弱了河南企业在省外市场的竞争力。

4. 营商环境制度性成本偏高

营商环境的优劣直接影响到企业的创新活力和市场竞争力。河南在高新技术企业认定方面，企业需提交28项材料，远高于浙江“最多报一次”模式的12项。这种烦琐的认定流程增加了企业的行政成本，降低了企业的创新积极性。某新材料企业测算显示，在河南的制度性交易成本占总营收的3.2%，而苏州工业园仅为1.5%。这种较高的制度性成本不仅削弱了企业的盈利能力，也影响了河南对高端制造业和高新技术企业的吸引力。

三　河南省创新创业体制机制改革的前景展望

当前，河南在以创新创业引领经济高质量发展的过程中，面临着新形势、新要求和新机遇，需遵循党的二十届三中全会所指引的方向，以新型举国体制为契机，进一步深化创新创业体制机制改革，抢抓科技革命机遇，统筹推进教育、科技、人才一体发展，积极融入国家战略科技力量体系，并补齐科技创新短板，激发创新创业活力，推动经济社会高质量发展，为推进中国式现代化建设河南实践提供有力支撑。

（一）深化创新创业体制机制改革的新形势新要求

1. 深化创新创业体制机制改革是河南抢抓科技革命历史机遇的必然选择

当前，世界百年未有之大变局加速演进，新一轮科技革命和产业变革深入发展，人工智能、量子科技、生物科技等前沿技术实现多点突破，引发链式变革，推动全球产业结构、经济形态和人类生活方式深刻调整，全球科技创新进入前所未有的密集活跃期。与此同时，科学研究范式正在发生深刻变化，学科交叉融合程度不断提高，战略导向、数据驱动成为科技创新的重要方式。这使科技竞争在各主要国家竞争中的重要性明显提升，世界各主要强国都加大对基础研究的资源投入和组织保障力度，力求在可能出现颠覆性技术的领域抢占先机。河南省作为我国的经济大省，必须深化创新创业体制机制改革，强化有组织的基础研究，着力提升原始创新能力，并建立适应创新创业者的科技创新生态，以应对新一轮全球科技革命和产业变革带来的机遇和挑战。一方面，通过深化创新创业体制机制改革，能够构建完善科技创新组织方式和治理模式，在教育领域、科技领域、人才领域形成更加健全的体制机制，不断拓展科学研究的深度广度，有利于催生更多原创性颠覆性前沿性技术，增强河南科技竞争力引领力。另一方面，通过深化创新创业体制机制改革，可以强化企业在创新中的主体地位，充分发挥市场在创新资源配置中的决定性作用，促进科技与经济紧密结合，有助于河南构建更加完善的创新创业生态。

2. 深化创新创业体制机制改革是河南融入国家战略科技力量的重要保障

当今世界，国际形势严峻复杂，科技强国竞争激烈，全球产业链供应链深度调整，个别国家拉起科技铁幕、构筑小院高墙，意图通过“科技脱钩”阻碍我国科技进步，维护其科技霸权，迟滞我国发展。国家战略科技力量代表了国家科技创新的最高水平，对解决制约国家发展和安全的“卡脖子”难题，掌握创新主动权、发展主动权至关重要。因此，面对不断升级的外部打压，应对的关键是强化国家战略科技力量，背后真正较量的是谁的制度更优越。对于作为中国重要省份的河南而言，其科技创新能力直接影响到国家整体科技实力，必须要抓住制度建设这条主线，深化创新创业体制机制改革，使创新创业体制机制快速适应全球化新形势下的国际变局，提高科技原始创新能力和产业竞争力，为河南实现高质量发展、更好融入国家战略科技力量提供制度保障。一方面，通过积极争创国家级创新平台，持续推进省实验室体系建设，力争河南创新平台体系高效率落地、高标准建设、高效能运转，以有效提升河南基础研究能力、原始创新能力、服务发展能力，为河南融入国家战略科技力量提供技术支撑。另一方面，通过创新人事薪酬制度、科研组织方式，积极探索更加科学的激励机制和分配机制，可以破除创新创业体制机制障碍，更好激发留豫人才活力，为河南融入国家战略科技力量提供人才支撑。

3. 深化创新创业体制机制改革是推进中国式现代化建设河南实践的必由之路

中国式现代化是人类历史上规模最大、难度最高的现代化。实现中国式现代化的艰巨性在于我国必须在自然资源、环境等要素约束的情况下，通过后发国家的和平崛起，实现 14 亿人口的共同富裕。这就要求我国必须摆脱产业对自然要素的高度依赖，以科技创新赋能全要素生产率提高，依托新质生产力建设现代化产业体系，创造高度发达的生产力，满足人民群众对美好生活的需要。新质生产力作为生产力发展的新质态，具有创新和质优的特点，如果不能及时构建和完善与新质生产力相适应的创新创业体制机制，我国就难以完成经济增长方式的转变，加大落入中等收入陷阱的可能性，影响我国基本实现社会主义现代化的节奏。因此，发展新质生产力必须形成与之相适应的新型生产关系，通过构建创新创业体制机制，破除新质生产力发展过程中的难点问题；同时，创新驱动本质就是人才驱动，高尖端技术和高质量人才充分契合新质生产力的创新和质优特点，科技体制、教育体制以及人才机制的改革与创新，可以为新质生产力发展不断提供全新动能。在此背景下，作为经济大省的河南也必须构建与新质生产力相适应的新型生产关系，不断深化创新创业体制机制改革，让优质生产要素向新质生产力领域优化配置，不断推动产业、模式、动能向新发展，进而推动中国式现代化建设河南实践迈上新台阶。

4. 深化创新创业体制机制改革是补齐河南科技创新短板弱项的关键举措

近年来，河南省锚定“两个确保”，坚持把创新摆在发展的逻辑起点，深入实施创新驱动、科教兴省、人才强省战略，创新体系不断完善，创新动能明显增强，创新成果持续产出，创新发展全面起势，国家创新高地和重要人才中心建设迈出坚实步伐。但从总体看，河南省科技创新整体实力还不够强，与发达地区相比仍存在较大差距，主要表现为科技管理体制机制不健全，科技创新政策体系不完善；全社会研发投入偏低，强度偏弱；科技创新型企业数量少，大多数企业科技创新原动力不足，缺乏平台、人才保障和技术储备；高层次创新平台、重大科技基础设施较少，吸纳和集聚高端人才能力不强等，这都与河南省创新创业体制机制尚不健全息息相关。因此，河南必须深入推进创新创业体制机制改革，健全科技创新保障体系，优化科技创新生态环境，强化企业创新主体地位，推进高水平人才队伍建设，提升科技开放合作水平，加快形成适应新时代科技创新发展需要的实践载体、制度安排和良好环境，为补齐科技创新短板弱项提供制度支撑。

（二）深化创新创业体制机制改革的新方向新机遇

1.党的二十届三中全会为河南深化创新创业体制机制改革指明了新方向

围绕抢抓科技革命历史机遇，推动河南深度融入国家战略科技布局，加速现代化河南高质量发展进程，并着力补齐科技创新短板弱项，党的二十届三中全会为河南深化创新创业体制机制改革指明了方向。

一是推进科技与经济深度融合。通过修订《中华人民共和国促进科技成果转化法》、实施相关规定以及制定转移转化行动方案等举措，有效激发科技成果转移转化活力。试点实施科技成果所有权与长期使用权的改革、科技成果评价体系优化以及职务科技成果管理创新，打造连接技术市场和资本市场的全国性综合服务平台，加快形成全国统一、互联互通的技术交易市场。

二是统筹优化科技创新体系。加快完善体系化布局，加速构建以国家实验室为引领，以河南省重点实验室为基础的实验室体系。以制度建设为核心，全面规划技术创新全链条管理，系统配置创新资源。聚焦河南省战略和产业需求，鼓励企业参与重大创新，支持领军企业组建创新联合体，共同推进全链条创新从基础到产业化。

三是持续提升科技资源配置效率。整合科技计划，建立统一的科技管理平台，委托专业机构管理项目，强化资源统筹与战略聚焦。科研项目资金管理改革简化预算流程，提升间接费用与绩效激励，试点经费“包干制”，并赋予科技领军人才更大自主权，以优化科研经费服务人的创造性活动。

2. 新型举国体制为河南以深化科技改革赋能创新发展提供了新契机

新型举国体制融合政府主导作用与市场决定的双重优势，秉持技术与市场经济效益并重的原则，聚焦关键技术攻关这一核心任务，显著提升了关键核心技术攻关能力和基础研究原始创新能力，为河南深化科技改革赋能创新发展提供了新契机。

一方面，优化重大科技创新组织运作机制，强化关键核心技术研发与突破。以科技创新组织机制优化，促进科技创新力量整合、要素高效配置及人才团队的协同合作，从而强化组织效能，集中力量攻克关键技术。促进市场资源配置的决定性作用与政府组织协调的有机结合，建立符合科技创新规律的资源配置模式，并针对不同创新任务采取灵活的管理方式和科研单位配置，以增强创新协同性，最大化利用科技创新资源。构建科技安全风险预警和应对体系，健全科技社团管理制度，预测识别关键风险，强化科技社团在决策沟通中的桥梁作用。

另一方面，优化科技计划管理流程，强化基础科学、前沿交叉学科及重点关键领域的前瞻性布局。多方面系统性改革基础研究体制机制，包括科技计划、组织、投入、选题、评价等，推动有组织科研范式转变，鼓励科研人员探索未知，并配置资源投入与监管评价机制作为保障。加大对基础研究的支持力度，改革课题选题机制，着重在高风险等“无人区”投入更多资源，提升对从事基础研究“冷板凳”人员的保障水平。同时，借助科学管理与政策支持，强化各方协调配合，统筹科技力量协同创新。

3. 双链深度融合为河南深化创新创业体制机制改革指出了新路径

在全球经济一体化和新技术革命的背景下，双链融合作为一种创新驱动的战略纽带，将创新链的科技研发优势与产业链的市场应用优势紧密相连，推动科技创新和产业创新深度融合，加快科技成果转化，为河南深化创新创业体制机制改革指出了新路径。

一是强化企业创新主体地位。着力构建科技领军企业培育机制，打造以企业为主导、产学研深度融合的创新体系。支持有能力的民营企业承担重大攻关任务，推动高校及科研院所采取“先用后付”的模式，促进科技成果向中小微企业转移扩散，有效降低技术获取门槛，并通过资源共享和优势互补，加快新技术市场验证与应用。

二是深化科技成果转化机制改革。加强科技成果转化，将科技成果应用到具体产业及产业链上。强化国家技术转移体系建设，出台转化政策，布局验证平台，优化应用政策。同时，赋予科研院所和科技人员更大自主权，特别是在科技成果转化收益分配上，建立专门管理制度，深化科技成果赋权改革。

三是构建适配科技创新发展的科技金融机制。加大对国家重大科技任务和科技型中小企业的金融扶持力度，优化长期资本投入政策措施，健全科技保险体系，提高外资在华投资便利性。通过引导基金、融资担保、保险等金融手段分散风险，促进投资机构向长期、耐心、战略资本转型。

4. 统筹推进教育科技人才体制改革为河南深化改革指明了着力点

统筹推进教育、科技、人才体制改革有助于打破教育、科技、人才壁垒，促进各领域要素自由流动与高效对接，促进资源高效配置，提升自主创新能力，适应新时代发展需求，为河南省深化改革指明了着力点。

一是优化高等教育布局。针对不同类型的高校实施改革，依据科技发展态势以及国家战略需要，灵活调整学科布局，优先增设急需专业，加大对基础学科、新兴学科及交叉学科的投入，强化杰出人才培育。同时，完善科技创新机制，提升科技成果转化效能。

二是完善人才自主培养机制。出台更积极开放的人才政策，加快国家战略人才建设，培养战略科学家、科技领军人才及卓越工程师等，强化人才素质培养。健全青年创新人才发掘、挑选及培育的完整体系，全方位保障青年人才在薪资、福利等各方面的待遇。深化人才评价改革，破除“四唯”“五唯”，赋予科学家更大自主权，建立以创新能力、科技成果质量以及贡献度为导向的评价体系。

三是完善引进人才支持保障机制。立足当下人才发展战略需求，统筹规划引进人才支持保障机制，进一步优化海外高端人才引进策略，构建具有国际竞争力的人才服务与支持体系。大力拓展国内人力资源行业的国际视野，持续强化其专业素养，加强海外科技人才引进，增强全球人才竞争力，并探索建立高技术人才移民制度，以壮大我国科技人才队伍。

四　河南省创新创业体制机制改革的对策建议

针对河南省创新创业体制机制领域面临的难点堵点，需立足新形势新要求，把握新方向新机遇，锚定“三足鼎立”创新格局体制机制、科创平台体制机制、企业创新主体体制机制、人才引育体制机制、成果转化体制机制、科技金融体制机制等关键领域，进一步深化创新创业体制机制改革，全面激发创新创业活力动力。

（一）构建“三足鼎立”创新格局，强化创新策源能力

围绕创新创业体制机制改革，河南省正以构建环省科学院、环省医学科学院及环国家生物育种产业三大创新生态圈为核心，深化“三足鼎立”创新大格局。通过完善“两城一谷”体制机制，激发创新潜能，加速成果转化，打造河南省的创新策源地与最高峰，为河南省创新创业体制机制改革提供强大支撑。

一是推动中原科技城聚能增效。强化高能级创新资源集聚机制，引导省市重大科技基础设施和重点实验室项目向中原科技城倾斜。同时，构建协同创新体系，由省科学院引领，携手高校院所、头部企业、产业基金等，共建中原科技城项目资源库，促进资源共享与优势互补。此外，完善“一事一议”资金保障机制，为重大项目及产业发展提供有力支撑，全面深化创新创业体制机制改革，激发科技创新活力，加速科技成果转化，助力中原科技城成为创新驱动发展的新高地。

二是推动中原医学科学城架梁立柱。完善“基地+平台+企业”创新体

系建设机制，重点支持国家医学中心、国家中医医学中心及中国医学科学院河南基地建设。同时，谋划构建质子/重离子医疗中心、人体泛蛋白修饰组学等技术平台，吸引高端医疗装备、创新药物等领域的领军企业入驻。以创新创业体制机制改革，激发医学科学城创新活力，加速生物医药大健康产业集聚，打造河南省医疗健康产业创新高地。

三是推动中原农谷蓄势突破。完善中原农谷种业研发创新机制，构建“生物育种+种质资源保护利用+创新平台+种业企业”科研组织体系。同时，谋划种业创新领域的重大科技专项和重点研发项目，促进全省种业科研资源的优化配置和集中布局。以创新创业体制机制改革，激发中原农谷创新活力，加速种业科技成果转化，打造覆盖全领域、具有国际竞争力的种业创新生态，引领河南省现代农业高质量发展。

（二）健全科创平台体制机制，强化平台载体支撑

以科技自立自强为任务，积极争创国家级重大创新平台，稳步推进省实验室体系建设工作，对省中试基地等创新平台进行合理布局优化，构筑高能级创新平台体系。同时，深化创新创业体制机制改革，提升河南省创新体系整体效能，为科技创新与创业发展注入强劲动力，推动河南省创新生态持续优化升级。

一是健全国家级重大创新平台建设机制。主动对接国家战略科技力量，以政策优惠、资金支持等手段，助力嵩山等省级实验室成功纳入国家实验室基地范畴，筑牢创新发展的坚实基础。同时，积极推进国家重点实验室重组工作，简化流程、加强协调，确保在豫国家重点实验室全部参与并成功入列。此外，整合优质创新资源，加速推进隧道掘进装备等国家技术创新中心的创建，激发创新创业活力，推动创新生态的持续繁荣与优化。

二是完善省实验室体系管理机制。加强省实验室服务保障，提升建设管理运行水平，力求在高端人才引育、创新成果产出及科技成果转化上取得突破。同时，构建省实验室中期评估机制，确保省实验室高标准建设、高水平运行。此外，健全省级重点实验室优化重组机制，聚焦学科建设、人才培育

和产业链提质，高标准推进嵩山、黄河、龙湖现代免疫等实验室建设，不断提升创新支撑能力，为创新创业提供强大动力。

三是优化省级创新平台创建机制。聚焦重点产业链，积极推进省中试基地建设，加快构建覆盖全省各区域、各产业链的中试基地网络体系，为创新成果转化提供有力支撑。同时，依托行业龙头骨干企业和科研优势突出的高校、科研院所，组建符合产业转型升级需求的省技术创新中心。此外，建立健全省工程技术研究中心建设管理机制，强化考核评价管理制度，实现动态管理，提高平台运行效率，为创新创业营造良好环境，加速科技成果向现实生产力转化。

（三）强化企业创新主体地位，激发企业创新活力

企业作为科技创新活动的主导者和实践者，加强企业主体地位，进一步激发企业创新活力，是全面提升河南省创新体系效能，加快建设科技强省的核心基础。深化创新创业体制机制改革，有助于打破束缚，促进创新要素向企业集聚，释放企业创新潜能，为河南省提升创新体系效能奠定坚实基础。

一是要以促进创新主体培育壮大为导向，高质量高标准推进规模以上工业企业全面参与研发活动。高标准制定并推动规上工业企业研发活动全覆盖工作细则，以研发投入占比或增速为基准对重点企业开展奖补。扩大惠企财政经费“直通车”制度试点范围，切实落实企业研发费用加计扣除、高新技术企业所得税减免、基础研究投入税收优惠等财税政策。针对研发投入高的企业，提供“一对一”“手把手”精准培训，确保科技惠企政策全面享受。此外，采用“编制在高校院所，工作在企业”模式，有效引导高层次人才向企业流动。

二是加强创新型企业培育孵化。探索设立创新联合体产学研联合基金，加强以企业为主导的产学研深度融合。推动科技型中小企业扩容提质，支持地方政府对表现优异的科技型中小企业实施奖励措施。加强大学科技园、科技企业孵化器与众创空间等孵化载体建设，打造优质创新创业生态。此外，积极承办中国创新创业大赛有关赛事，加强对在国家赛入围获奖企业的奖

励，营造浓厚的创新氛围，激发全社会的创新创业活力。

三是大力发展政策性科技金融，激发企业创新活力。深入推进科技金融机制改革，加快构建以股权投资为主、“股贷债保”协同联动的金融服务体系，为创新创业提供多元资金支持。研究设立省级天使投资母基金，引导更多资金流向早期科创企业。同时，提高对种子期、初创期科技型企业“科技贷”损失补偿比例，支持科技型企业发展壮大。对“专精特新”企业单列贷款规模，并提供定制化信贷产品组合，精准满足其融资需求，全方位推动科技企业创新创业。

（四）优化人才引育体制机制，加强人才要素保障

完善全面灵活的人才政策体系，优化人才引育体制机制，强化人才要素保障与创新创业体制机制改革之间的深度融合。以改革人才引育体制机制吸引更多高端人才和创新团队来豫就业，促进人才资源的高效配置与利用，有效破解人才发展瓶颈，激发人才的创新活力，为河南省推动人才工作高质量发展提供坚实保障。

一是以高端人才引育为抓手，强化本土创新人才培育。强化顶尖人才培养，打造顶尖人才高地，对优秀专家建立人才信息库，为其量身定制可持续性支持服务。同时，以更大规模、更有力的举措推进中原英才计划，从中遴选培育科技创新创业等领域的领军人才，发挥引领示范作用。进一步优化青年科技人才的发掘、扶持与激励机制，确保省杰青、优青等项目能够惠及更广泛的青年人才，并探索长期稳定的支持模式。此外，积极探索由高端人才牵头，组建跨单位联合、产学研融合、多学科交叉的创新团队，打破创新壁垒，汇聚各方优势资源。

二是突出高端紧缺人才引进。编制急需紧缺高端人才岗位目录，绘制高端人才分布地图，为用人单位精准“靶向引才”提供依据。举办重点创新人才招才引智专场等活动，依托国家重点实验室等高水平科研平台，加大对院士、国家杰青、长江学者等高端紧缺人才和实用领军人才的柔性用才、项目引才力度。针对高端人才引进，实行“一事一议”及“一人一策”，确保

满足各类人才需求。同时，重视海外优秀科技人才引进，全方位汇聚人才资源。

三是优化人才发展环境，建设高素质科技人才队伍。大力推动科技人才评价改革试点的实施，加快构建以创新价值、能力、贡献为导向的科技人才评价体系，充分调动科技人才的创新发展活力。同时，强化科技人才管理服务，对在豫院士、国家杰青、中原学者等高层次人才，实行动态管理、高效服务和精准培养，深入开展科技人才基层服务等活动。此外，建设高端人才工作站，搭建起企业与高端人才间科技攻关、人才培养、产品研发的服务平台，推动产学研深度融合，助力创新创业蓬勃发展。

（五）完善成果转化体制机制，加速科技经济融合

科技创新是经济高质量发展的“关键变量”，成果转化则是其中重要的“传导机制”。完善成果转化体制机制，可以有效打通成果转化堵点难点，提高科技成果转化效率，不断激发创新创业活力，进而有力推动创新创业体制机制改革，加速科技与经济融合。

一是完善全省技术转移体系建设顶层设计。紧紧锚定全省技术转移体系的整体构建，以国家技术转移郑州中心为核心引领，以河南省技术交易市场为重要支撑，以郑州中心各分中心为区域枢纽，以省技术转移示范机构为网络节点，搭建覆盖全省的高水平技术转移服务体系，推动全省各地市互联互通，线上线下融合互动。

二是完善科技成果转移转化链条。围绕河南省区域发展战略和产业发展需求，重点选择工作主动性和积极性高、科技成果转移转化服务能力强、科技成果产业化效益显著、具有辐射带动作用的创新资源集聚载体开展省级示范区建设；基于河南省“7+28+N”产业链群，探索建立一批省级概念验证中心，强化科技成果转化前端赋能；持续建设省中试基地，为河南省科研阵容补齐“中场”厚度，形成从基础研究到产业化全链条的闭环。

三是创新科技成果赋权改革。持续推进职务科技成果赋权改革和单列管理改革，完善职务科技成果资产管理模式，指导高校、科研院所等试点单

位，探索形成符合科技成果转化规律的国有资产管理单列模式；组织开展试点绩效评估，结合实际逐步扩大全省赋权试点范围；制定“河南省促进科技成果转移转化行动方案”，加快释放激励科技成果转移转化的政策红利。

四是全方位优化科技成果转化生态。发挥省科技成果转移转化公共服务平台作用，加强成果需求智能匹配和精准推荐，促进科技成果供需双方精准对接；支持国家高新区等挖掘和构建多元化应用场景，发挥应用场景对科技成果转移转化的牵引作用；常态化开展河南科技成果博览会、科技成果直通车等活动，拓展科技成果线上线下对接服务，打造科技成果转移转化活动品牌。

（六）健全科技金融体制机制，赋能产业创新发展

科技创新对经济高质量发展的重要性日益凸显，科技金融成为推动科技创新的有力支撑。健全完善同科技创新相适应的科技金融体制机制，有利于河南加快形成同新质生产力更相适应的生产关系，也为河南推动创新创业体制机制改革提供金融制度支撑，对进一步促进“科技—产业—金融”良性循环具有重要意义。

一是加强对科技企业全链条、全生命周期金融服务。针对初创期科技企业，根据其成立期限短、规模相对小、轻资产占比大、资金需求度高以及风险程度较高的特点，可加强对省级天使投资母基金、省级产业投资基金的支持，提高“科技贷”损失补偿比例；针对成长期科技企业，根据其已具有一定商业模式和盈利水平的特点，可加强专利权质押融资、商标权质押融资、订单融资等科技信贷服务；针对成熟期科技企业，可鼓励金融机构积极满足其合理的融资需求，强化综合金融服务，支持企业优化融资结构。

二是构建丰富的科技金融产品体系。推动金融机构聚焦河南省科技型企业融资需求，探索建立以知识产权、人力资本为核心的企业科技创新能力评价体系，构建适应科技型企业特点的信贷审批流程和信用评价模式；引导河南省金融机构积极开展知识产权质押贷款、供应链融资、股权质押融资业务，创新发展“研发贷”“科创积分贷”“科技人才贷”“贷款+外部直投”

“贷款+认股期权”等弱担保、信用类产品。

三是打造科技、产业与金融良性互动生态。加强科技咨询、科技创新评价标准、知识产权交易、信用信息系统等基础设施建设，为各类金融服务更加标准化、精准化提供支持；完善风险分担机制，有效发挥政策性融资担保体系的增信、分险和引领功能，着力解决市场的科技创新风险规避问题；充分考虑科技金融的发展规律，强化科技创新的金融风险防范，提高监管的包容性。

参考文献

王凯：《政府工作报告——2025 年 1 月 18 日在河南省第十四届人民代表大会第三次会议上》，河南省人民政府网，https：//www. henan. gov. cn/2025/02-05/3119670. html。

陈劲主编《中国创新发展报告（2023~2024）：迈向高水平科技自立自强》，社会科学文献出版社，2024。

关成华、赵峥、刘杨等：《中国城市科技创新发展报告（2023~2024）》，科学技术文献出版社，2024。

王玲杰、杨东风主编《河南创新发展报告（2024）》，社会科学文献出版社，2023。

喻新安、胡大白、杨保成主编《河南创新创业发展报告（2024）》，社会科学文献出版社，2024。

中国科学技术发展战略研究院：《中国区域科技创新评价报告 2023》，2023。

苏长青、王承哲、闫万鹏主编《河南人才发展报告（2024）：加速形成远悦近来的人才生态》，社会科学文献出版社，2024。

卢现祥、朱迪：《中国制度性交易成本测算及其区域差异比较》，《江汉论坛》2019 年第 10 期。

李玉楠、孟舒慧、刘锦等：《河南省科技创新发展评价指标体系研究》，《科学技术创新》2023 年第 26 期。

温毓敏：《河南省科技型中小企业创新发展问题与对策》，《上海商业》2023 年第 1 期。

B.2

河南省城市创新能力评价报告（2025）

河南中原创新发展研究院课题组*

摘　要：　河南省锚定谱写中国式现代化建设河南篇章，深入实施创新驱动、科教兴省、人才强省战略，全省科技创新能力持续提升，新质生产力培育明显加快。课题组构建了由5个一级指标、30个二级指标组成的河南省城市创新能力评价指标体系，并利用统计数据进行评价，郑州、洛阳和新乡保持河南省城市创新能力的前列。课题组建议，河南省城市应持续优化创新体系布局，夯实企业创新主体地位，加快新产业新赛道培育，畅通创新成果转化通道，不断壮大科技创新人才队伍，营造一流创新发展生态。

关键词：　创新能力　创新生态　产业升级

一　2024年河南省科技创新发展回顾

2024年，河南深入实施创新驱动、科教兴省、人才强省战略，围绕国家重大战略和经济社会高质量发展，持续加大科技创新投入，加强科研项目攻关、创新平台建设、创新人才引育、创新生态培育，科技创新发展步伐加快，为谱写中国式现代化建设河南篇章提供了创新支撑。

---

* 课题组组长：喻新安，博士，河南中原创新发展研究院院长、河南省高校智库联盟理事长，主要研究方向为区域经济、产业经济。课题组成员：武文超，博士，河南省社会科学院副研究员，主要研究方向为宏观经济、金融市场；于善甫，黄河科技学院河南中原创新发展研究院副院长，教授，主要研究方向为区域经济、创新创业；郭军峰，黄河科技学院河南中原创新发展研究院教授，主要研究方向为产业发展、国际贸易；张志娟，黄河科技学院河南中原创新发展研究院教授，主要研究方向为区域经济、产业创新。

（一）创新能力实现跨越提升

2024 年，全省财政一般公共预算支出中科技支出达到 549.4 亿元，同比增长 16.9%，占一般公共预算支出的 4.79%。2024 年，河南省共获批 3 项国家科技创新 2030 重大项目、17 项国家重点研发计划项目、1212 项国家自然科学基金项目，共获批中央科技经费 13.6 亿元。同时，河南省组织实施 22 项省重大科技专项，以及 243 项省重点研发专项，并取得多项重大原创性科技成果，其中，河南大学申怀彬教授团队在量子点发光二极管领域的研究成果发表于著名学术期刊《自然》杂志。2024 年 6 月，在北京公布的 2023 年度国家三大奖评选中，河南共荣获 15 项国家科技奖，其中主持 7 项，实现了历史性突破。郑洛新国家自主创新示范区关于“长期资本投早、投小、投长期、投硬科技”的政策试点得到了科技部、工信部“揭榜挂帅”立项。2025 年 1 月，工信部公布的 2024 年 178 家国家高新区评价结果中，河南的 9 家国家高新区排名稳步提升，其中郑州高新区、洛阳高新区、焦作高新区、南阳高新区排名提升明显。郑州高新区综合评价排在全国第 21 位，比上年提升 3 位，且企业研发经费投入强度、人均技术合同成交额、优质企业数量、营商环境 4 个单项均居全国前列。2024 年，河南省高新技术企业数量达到 13290 家，国家科技型中小企业达到 29106 家。2024 年 11 月，中国科技发展战略研究小组等单位出版发布的《中国区域创新能力评价报告 2024》中，河南创新能力整体排在第 13 位。

（二）产业转型升级动能强劲

聚焦“7+28+N”产业链群，不断培育新质生产力，以龙头企业、优势产业链带动产业转型升级，2024 年，“7+28+N”产业链群规模以上工业增加值增速达到 9.5%，比全省规模以上工业增加值增速高 1.4 个百分点，对河南全省规模以上工业增长的贡献率达到 72.4%，其中先进计算、新能源汽车、尼龙新材料三个产业链分别增长 71.3%、46.1%和 29.5%。2024 年，全省新能源汽车整车产量超过 70 万辆，超聚变服务器销售收入排在全国首位。2024 年，河南省引导龙头企业联合产业链上下游、大学、科研机构共新建创新联合体 11 家，创新联合体总共达到 39 家，共承担国家、省重点科技项目 44 项，为推动重点产业链群创新发展形成重要支撑。截至 2024 年底，河南共培育形成 3 家全球“灯塔工厂”、10 家国家卓越级智能工厂、14 家国家级智能制造示范工厂、414 家国家级专精特新“小巨人”企业，超硬材料、现代农机装备两个产业集群入选国家先进制造业集群。2024 年，周口国家农高区建成小麦品种选育繁育基地、小麦技术创新中心等创新平台，全省共实施 106 项省级乡村振兴科技计划项目，以科技助力农业现代化发展。

（三）科技创新平台布局提速

2024 年，河南省聚焦粮食安全、先进制造、生物医药等方向，大力支持在豫国家重点实验室建设，全国重点实验室重组入选 9 家，其中 6 家牵头建设、3 家参与建设，全国重点实验室总数达到 22 家。以中原科技城、中原医学科学城、中原农谷为核心推动科技创新布局优化，中原科技城集聚 23 个国家级科研平台，河南省科学院在先进材料、人工智能、量子科技等方面取得重大创新进展。中原医学科学城启动建设质子医疗中心等创新平台，发布并运行国内第一个眼科人工智能大模型“伏羲慧眼”，国家中医医学中心奠基建设。中原农谷培育形成 53 支种业研发团队，培育 161 个优良品种。神农实验室与崖州湾国家实验室共建河南试验基地；全省揭牌运行省实验室 11 家、省产业技术研究院 5 家，推进 237 家省级重点实验室进行优化重组；推进第五批 11 家省中试基地建设，实现“7+28+N”重点产业链群全覆盖，实施 2234 项中试项目，实现中试服务收入 13. 1 亿元，有效加快了科技成果市场化步伐。超短超强激光平台主体工程、智能医学研究设施等重点创新平台加快建设。河南“智慧岛”科创服务体系不断完善，为优化创新生态、培育创新型企业注入了活力。

（四）科技成果转化不断加快

持续推进国家技术转移郑州中心高质量、市场化运营。2024 年，新建

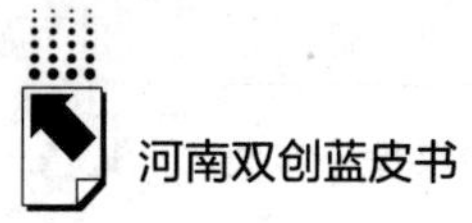

南阳、新乡2家区域分中心，以及化工新材料、无人机等4家产业技术转移分中心，培育31家省级以上技术转移示范机构，促成技术成果需求对接9300余项。同时，河南积极参与并打造沿黄9省区的技术转移协作网络，并吸纳6000余项省外创新成果在豫转化。深化职务科技成果收益分配改革，并带动试点单位技术合同成交额47.8亿元。河南省组织遴选首批626名“科技副总”到企业挂职，围绕创新规划、开展技术研发、解决技术难题等方面为企业提供智慧支持。河南省科技厅牵头组织火炬科技成果直通车、“院校企业面对面”等活动，促成100余项先进技术成果落地转化。持续优化科技金融服务，全省“科技贷”业务累计支持创新企业3800余次，放贷超230亿元，有效地加快了新技术、新成果的市场化步伐。2024年，全省技术合同成交额达到1759亿元，较上年增长28.7%。

（五）创新人才梯队格局显现

2024年，河南省围绕结构布局、学科学院、专业结构推动高等院校“三个优化调整”，助力高等教育起高峰，92个学科进入ESI全球前1%，新建4家院士工作站、3家中原学者工作站，全省新引进顶尖人才22名、领军人才189名。围绕高层次创新人才引进、杰青优青项目资金支持等机制难题制定新政策举措，激发高层次人才、青年科研人才的创新活力。2024年9月，省委省政府和欧美同学会牵头在郑州召开第七届中国·河南招才引智创新发展大会，并完成369名各类人才引进签约。推动科技工作者深入基层一线，定期组织科技活动周、文化科技卫生“三下乡”、科普巡讲等活动，选派5000余名科技特派员、136个产业科技特派员服务团进入企业和生产一线，全年累计开展科技服务6万余次，推广新品种、新技术4100余项，135万人次参与培训，该工作做法和典型经验入选第六批全国干部学习培训教材。

（六）开放创新网络持续扩大

依托黄河流域生态保护和高质量发展战略，利用第二届黄河流域协同科技创新大会机遇推进沿黄省区科技创新合作，围绕鲁豫毗邻地区合作加强与山东在科技创新领域的交流合作。深化科技创新领域援疆工作，支持并推动哈密豫新能源产业研究院等创新平台建设，并取得显著成效。进一步深化与清华大学、哈尔滨工业大学等国内高水平大学、科研机构的战略合作，推进智能绿色车辆与交通等全国重点实验室到郑州开设分支机构。加强国际科技交流合作，2024年，获批2项国家级"政府间科技创新合作重点专项"项目，建设24家国际联合实验室，立项支持16项省级国际科技合作重点项目。2024年5月，习近平主席到法国访问期间，新乡医学院与法国合作伙伴完成的细胞与动物模型构建技术创新入选中法建交60周年科技合作成果展。

二 河南省城市创新能力评价指标体系

课题组围绕创新驱动和新质生产力培育，延续了以往评价指标体系框架，构建了包含5个一级指标、30个二级指标的河南省城市创新能力评价指标体系（2025）。

（一）评价指标体系设计

河南省城市创新能力评价指标体系（2025）以创新生态系统理论为基础，从创新投入、创新产出、企业创新、创新环境、创新绩效五个维度入手构建多层次、多目标的评价体系框架，其中，包含5个一级指标、30个二级指标（见表1）。

表1 河南省城市创新能力评价指标体系（2025）

一级指标	二级指标
创新投入	研发活动人员数(人)
	研发活动人员折合全时当量(人年)
	研究与试验发展单位数(个)
	一般公共预算对于科学技术的支出(亿元)
	一般公共预算支出中科学技术支出的比例(%)
	研发经费支出(亿元)
	研发经费投入强度(%)

续表

一级指标	二级指标
创新产出	专利授权数(件)
	有效发明专利数(件)
	每万人有效发明专利数(件)
企业创新	规模以上工业企业研发人员数(人)
	规模以上工业企业研发人员折合全时当量(人年)
	规模以上工业企业研发经费支出总额(万元)
	规模以上工业企业研发经费支出与营业收入之比
	规模以上工业企业新产品销售收入(万元)
	规模以上工业企业办科技机构数(个)
	规模以上工业企业专利申请数(项)
	规模以上工业企业有效发明专利数(项)
	规模以上企业中实现创新企业数(个)
创新环境	高等学校数(所)
	高等学校教职工数(人)
	技术市场成交合同数(个)
	技术市场成交金额(万元)
	人均国际互联网户数(户/人)
	金融机构贷款年底余额(亿元)
创新绩效	地区生产总值(亿元)
	人均生产总值(元)
	第三产业增加值占地区生产总值比重(%)
	居民家庭人均可支配收入(元)
	空气质量优良天数

（二）计算方法和统计数据

评价计算延续了以往的方法，即利用专家赋权法确定评价指标体系的权重，经过统计数据归一化处理后，利用线性加权法进行综合评价打分。评价数据主要来自《河南省统计年鉴（2024）》、河南各省辖市和济源示范区《2023 年国民经济和社会发展统计公报》，数据截至 2023 年底。指标体系当中的部分占比类、人均类指标需要利用基础数据计算得到，个别指标数据缺失的情况用外推法补充。

三　河南省城市创新能力评价的结果与分析

课题组在构建河南省城市创新能力评价指标体系的基础上，经过数据的收集、汇总、计算，得到河南省城市创新能力评价（2025）的结果（见表2）。

表2　河南省城市创新能力评价结果（2025）

单位：分

城市	总得分	创新投入	创新产出	企业创新	创新环境	创新绩效
郑州市	91.54	91.16	100.00	81.97	100.00	82.53
开封市	23.08	33.53	19.41	15.97	15.90	34.63
洛阳市	53.30	72.76	47.30	52.06	28.25	60.29
平顶山市	22.91	28.66	19.80	15.33	17.96	42.74
安阳市	23.37	28.87	16.67	23.58	19.84	31.19
鹤壁市	23.84	31.32	15.34	25.91	16.22	32.69
新乡市	37.35	45.90	33.45	40.27	25.21	36.63
焦作市	33.66	37.62	28.41	36.14	22.85	46.95
濮阳市	19.84	21.27	14.44	18.08	16.76	38.80
许昌市	26.38	29.38	23.42	23.50	16.27	48.61
漯河市	28.06	42.45	14.70	25.03	16.55	50.29
三门峡市	26.08	43.08	12.93	18.55	17.76	47.80
南阳市	34.65	31.84	19.36	53.40	22.06	51.95
商丘市	17.29	21.21	11.14	13.90	17.13	31.60
信阳市	21.02	24.97	14.02	14.56	16.20	52.04
周口市	20.57	18.04	12.14	31.32	13.29	31.99
驻马店市	25.83	37.62	12.17	27.06	16.01	42.19
济源市	24.11	44.44	10.63	12.81	17.37	45.38

（一）总评价结果

从评价结果来看，河南省城市创新能力评价得分呈现阶梯式结构，其中，郑州市以91.54分的得分处在头部第一阶梯，在河南省科技创新能力评价中一马当先，且在创新投入、创新产出、企业创新、创新环境、创新绩效

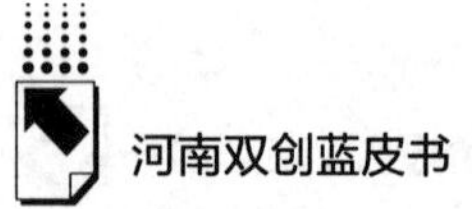

五个方面全方位处于领先位置。洛阳市以53.30分的得分处在头部第二阶梯，洛阳市总评价得分与郑州市有明显差距，但同时也领先于其他16个城市，且与郑州市类似，洛阳市在创新投入、创新产出、企业创新、创新环境、创新绩效五个方面都表现比较出色。新乡市（得分37.35分）、南阳市（得分34.65分）、焦作市（得分33.66分）处在相对领先的第三阶梯，这三个城市尽管与郑州市、洛阳市在创新能力得分上存在明显差距，但是在全省范围内仍处于领先位置，其中，新乡市在创新投入、创新产出、企业创新、创新环境方面的评价比较优秀，南阳市在企业创新、创新环境、创新绩效方面的评价比较优秀，焦作市则在创新产出、企业创新、创新环境方面的评价比较优秀。总体来看，郑州市、洛阳市、新乡市、南阳市、焦作市的创新能力在河南省处于相对领先的层级。

漯河市、许昌市、三门峡市、驻马店市、济源市、鹤壁市、安阳市、开封市、平顶山市9个城市处在创新能力中间层。总体上看，中间层级城市普遍在创新投入、创新产出、企业创新、创新环境、创新绩效中的一些方面评价相对优秀，另一些方面评价相对落后。漯河市的创新投入、创新绩效评价相对优秀，其他三个方面评价处于中游；许昌市的创新产出、创新绩效评价相对优秀，其他三个方面评价处于中游；三门峡市的创新投入评价相对优秀，企业创新、创新环境、创新绩效评价处于中游，创新产出评价相对落后；驻马店市的创新投入、企业创新、创新绩效评价处于中游，而创新产出和创新环境评价相对落后；济源市的创新投入评价相对优秀，创新环境、创新绩效评价处于中游，而创新产出和企业创新指标评价相对落后；鹤壁市的创新投入、创新产出、企业创新指标评价处于中游，而创新环境和创新绩效指标评价相对落后；安阳市的创新环境评价相对优秀，创新产出和企业创新评价处于中游，而创新投入、创新绩效评价相对落后；开封市的创新投入和创新产出评价处于中游，企业创新、创新环境、创新绩效评价相对落后；平顶山市的创新产出评价相对优秀，创新环境和创新绩效评价处于中游，创新投入和企业创新评价相对落后。

信阳市、周口市、濮阳市和商丘市处在创新能力评价的冲刺突破层。其中，信阳市、周口市、商丘市属于传统农区，需要以创新驱动产业转型，以产业发展加强科技创新投入，从而实现创新发展的全面突破；濮阳市则是传统工业城市，新材料、新能源领域创新发展成效显著，未来需要实现更大、更全面的创新突破。

从空间布局来看，评价结果仍然呈现出以郑州为引领、郑州都市圈整体带动全省创新发展的总体态势，郑州市、洛阳市、新乡市、焦作市等城市创新能力评价在全省都处于相对领先的位置。郑州都市圈之外，南阳市在豫南地区处于创新能力的领先位置。

需要指出的是，科技创新能力评价一定程度上存在总量指标和人均指标的矛盾，也存在“统计指标的量难以反映创新能力的质”的问题，同时，由于评价方法自身局限等原因，评价结果并不能完全反映城市创新能力的强弱，需要理性看待。

（二）分项指标评价结果

创新投入一级指标包含 7 个二级指标，聚焦创新资源的基础供给，包括研发人力（研发活动人员数、全时当量）、机构数量（研究与试验发展单位数）、财政支持（科技支出及占比）、经费投入（研发经费支出及强度）。指标设计兼顾规模（总量）与效率（强度），反映地区对创新的战略重视程度。创新投入一级指标的评价中，郑州市（得分 91.16 分）、洛阳市（得分 72.76 分）、新乡市（得分 45.90 分）、济源市（得分 44.44 分）、三门峡市（得分 43.08 分）、漯河市（得分 42.45 分）处于相对领先的层级。从研发活动人员数来看，郑州市、洛阳市、新乡市、南阳市、焦作市处在全省前 5 位，其中，郑州市研发活动人员数达到 12.76 万人，超过 18 个城市总和的 1/3；从研发经费支出指标来看，郑州市、洛阳市、新乡市、南阳市、焦作市处在全省前 5 位，其中，郑州市（369.77 亿元）与洛阳市（190.01 亿元）的研发经费支出之和达到 18 地市总和的 46.2%；从研发经费投入强度指标来看，河南省研发经费投入强度超过全国平均水平的城市达到了 6 个，分别是洛阳市、济源市、焦作市、新乡市、郑州市和三门峡市。

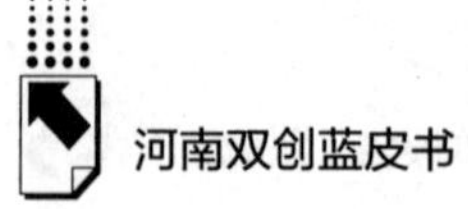

创新产出一级指标包含3个二级指标，以专利为核心衡量创新成果，包括专利授权数、有效发明专利数、每万人有效发明专利数，主要体现科技创新产出能力，是支撑城市创新的“硬实力”。创新产出一级指标的评价中，郑州市（得分100）、洛阳市（得分47.30）、新乡市（得分33.45）、焦作市（得分28.41）、许昌市（得分23.42）处于相对领先的层级。从专利授权数来看，郑州市、洛阳市、新乡市、南阳市、焦作市处在全省前5位；从有效发明专利数来看，郑州市、洛阳市、新乡市、焦作市、许昌市处在全省前5位；从每万人有效发明专利数来看，郑州市、洛阳市、焦作市、新乡市、许昌市处在全省前5位。

企业创新一级指标包含9个二级指标，涵盖研发人员体量、研发经费投入强度（占营收比）、创新产出（专利情况和新产品销售情况）、创新载体建设（科技机构数）等维度，全面刻画企业创新情况，用来评估企业作为创新主体在城市创新能力中的表现。企业创新一级指标的评价中，郑州市（得分81.97）、南阳市（得分53.40）、洛阳市（得分52.06）、新乡市（得分40.27）、焦作市（得分36.14）处于相对领先的层级。从规模以上工业企业研发人员数看，郑州市、洛阳市、新乡市、南阳市、焦作市处在全省前5位；从规模以上工业企业研发经费支出与营业收入之比来看，南阳市、鹤壁市、洛阳市、新乡市、漯河市处在全省前5位，可以看出这些城市企业对创新活动的重视；从规模以上工业企业新产品销售收入来看，郑州市（4768.32亿元）、洛阳市（818.95亿元）、焦作市（567.39亿元）、新乡市（464.41亿元）、南阳市（410.25亿元）处在全省前5位，可以看出这些城市企业创新活动给企业的经营带来了丰厚回报；从规模以上工业企业有效发明专利数来看，郑州市（16071件）、洛阳市（6543件）、南阳市（4346件）、新乡市（4061件）、焦作市（3139件）处在全省前5位。

创新环境一级指标包含6个二级指标，包含高等教育资源（高校数量、师资规模）、技术市场活跃度（技术合同数量及金额）、数字基建（互联网渗透率）、金融支持等多个方面，从多个角度评价城市创新环境。创新环境一级指标的评价中，郑州市（得分100）、洛阳市（得分28.25）、新乡市

（得分 25.21）、焦作市（得分 22.85）、南阳市（得分 22.06）处于相对领先的层级。从高等学校教职工数来看，郑州市（91667 人）、新乡市（14978 人）、洛阳市（11363 人）、南阳市（9456 人）、商丘市（8833 人）处在全省前 5 位；从技术市场成交金额来看，郑州市（654.87 亿元）、洛阳市（145.40 亿元）、南阳市（130.90 亿元）、新乡市（69.74 亿元）、焦作市（53.85 亿元）处在全省前 5 位，其中郑州市充分发挥国家技术转移郑州中心作用，技术市场成交金额接近 18 个地市总额的一半。

创新绩效一级指标包含 5 个二级指标，包括经济增长指标（地区生产总值、人均生产总值）、产业结构优化度（第三产业占比）、民生指标（居民收入）和环境指标（空气质量优良天数），符合新发展理念，体现了“创新为民”的目标。创新绩效一级指标的评价中，郑州市（得分 82.53 分）、洛阳市（得分 60.29 分）、信阳市（得分 52.04 分）、南阳市（得分 51.95 分）、漯河市（得分 50.29 分）处于相对领先的层级。从人均国内生产总值来看，济源市（107955 元）、郑州市（105418 元）、三门峡市（79875 元）、洛阳市（77434 元）、漯河市（74491 元）处在全省前 5 位；从第三产业增加值占地区生产总值比重来看，郑州市（59.28%）、洛阳市（57.07%）、焦作市（55.39%）、南阳市（55.12%）、濮阳市（53.10%）处在全省前 5 位；从空气质量优良天数来看，信阳市（303 天）、驻马店市（286 天）、南阳市（280 天）、三门峡市（267 天）、周口市（254 天）处在全省前 5 位。

四　政策建议

（一）持续优化创新体系布局

围绕粮食安全、黄河生态、南水北调等国家战略，聚焦“7+28+N”产业链群，把握区位、交通、要素、产业、创新等方面禀赋，找准城市定位和县域特色，优化全省科技创新空间布局。郑州国家中心城市创新圈围绕电子信息、新能源汽车、生物医药等产业，加快建设中原科技城、中原医学科学城、国家超算核心节点；洛阳副中心城市创新圈强化高端装备制造、新材料、新能源等优势，推进龙门实验室与产业研究院融合发展；南阳省域副中心创新圈聚焦高效生态经济，加快发展中医药、生物育种产业创新中心；推动省辖市依托自身禀赋、优势产业和创新平台，加快围绕产业链构建创新链；引导县域依托特色产业打造创新集群，形成“中心城市引领、节点城市协同、县域特色鲜明”的全域创新网络。建立省辖市与国家部委、央企对接专班，支持郑州、洛阳等市在农机装备、超硬材料等领域争取国家技术创新中心布局，推动嵩山、神农等省实验室纳入国家实验室体系。深化省部会商机制，争取中国科学院、中国工程院在豫设立分支机构，推进清华大学郑州智能绿色车辆实验室、上海交通大学郑州研究院等平台建设。支持和引导各省辖市围绕现代农业、绿色低碳、战略性新兴产业凝练重大需求，纳入国家重大项目指南。

（二）夯实企业创新主体地位

强化领军企业在创新链中的核心作用，聚焦“7+28+N”产业链群，支持中信重工、宇通客车、许继集团等龙头企业牵头组建创新联合体、中试平台，开展联合攻关。深化产学研利益分配机制改革，探索成果权益共享模式，推动高校院所与企业在技术研发、中试验证、产业化应用等环节深度衔接，加速科技成果向现实生产力转化。实施“制造业研发倍增行动”，设立省级企业创新专项基金，对规模以上工业企业研发经费投入实行“阶梯式奖补”，重点支持“7+28+N”等优势产业突破共性关键和“卡脖子”技术。完善“创新龙头企业—瞪羚企业—高新技术企业—科技型中小企业”梯次培育机制，针对科技型中小企业推出“春笋计划”，通过研发费用加计扣除、专项补助等政策支持其深耕细分领域；鼓励创新龙头企业突破产业链关键技术，加快成果转化步伐，推动晋级为“独角兽”企业、产业链领导者。围绕高端制造、数字经济等新质生产力领域挖掘应用场景，形成“需求牵引研发、场景驱动转化”的闭环机制。建立“自下而上需求征集、自上而下精准服务”的科技服务综合体机制，持续深入实施“科技副总”计划，推动高校科研人才到企业兼职创新，破解技术转化瓶颈。落实研发费用加计扣除、高新技术企业税收优惠等政策，优化“科技贷”等政策性金融工具，为企业破解融资难题。

（三）加快新产业新赛道培育

围绕“7+28+N”产业链群，建立以企业为核心的协同创新体系，推动创新要素向重点产业集聚。围绕高端装备、电子信息和半导体、新能源、新能源汽车、新材料、现代食品、生物医药、航空航天、超硬材料等重点领域，聚焦市场空间大、社会影响广、带动能力强的产业和应用领域，绘制产业链图谱、征集关键技术难题，推行“揭榜挂帅+赛马制”对关键共性和“卡脖子”技术实施攻关，实现“攻关一批、应用一批、储备一批”。在低空经济、智能网联汽车、新型储能等领域，优先开放公共资源，打造示范性应用场景。推动“无人机+”消费模式，拓展农业植保、物流配送、应急救援等场景应用，加速低空服务网络建设。支持企业参与国家级算力赋能专项行动，推动垂直行业模型开发与数据要素市场化流通。加快低空飞行服务保障体系、卫星产业园区等新型基础设施建设，构建智慧化、连续覆盖的服务网络。推进国家超算郑州中心、中原科技城等算力集群建设，强化数据资源治理与安全共享机制。聚焦未来制造、未来信息、未来材料等关键领域，依托中豫具身智能实验室、墨子实验室等平台，突破高精度传感、量子通信、人工智能等“卡脖子”技术。

（四）畅通创新成果转化通道

以国家技术转移郑州中心为核心，加快区域和产业分中心建设，构建省市县三级技术转移服务网络。推动高校、科研院所内设专业化转移机构，建立从科研一线到企业需求间的直通机制，提升成果供需匹配效率。聚焦科技成果转化“最初一公里”，推进概念验证中心建设，加速早期技术可行性验证。依托省级中试基地，提供标准化中试服务，推动技术熟化与产业化衔接。深化职务科技成果赋权改革，扩大单列管理试点范围，赋予高校院所成

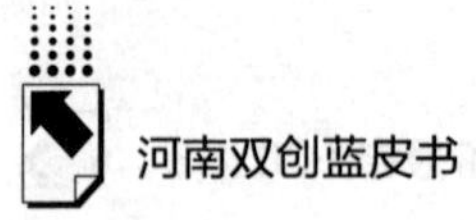

果处置自主权。开展“先试用后付费”试点，支持中小微企业免费使用专利。探索负面清单与合规免责机制，允许失败项目合理退出，激发科研人员转化动力。依托国家技术转移人才培养基地，开展技术经纪人分层培训，覆盖高校、企业及中介机构人员，加快技术转移中介服务队伍建设步伐。依托河南省科技成果转移转化公共服务平台，常态化开展“高校院所河南科博会”“火炬直通车”等对接活动，推动成果需求精准匹配。联合沿黄九省区建立技术转移协作网络，共享技术成果与能力清单，拓展跨区域转化通道。

（五）壮大科技创新人才队伍

加大领军人才引进培育力度，建立个性化支持机制（一人一策、特事特办），在科研平台建设（院士工作站/实验室）、经费保障、团队组建等方面提供全周期服务。创新领军人才选拔机制，优化中原学者、科技创新领军人才等评审制度，强化“项目+人才”捆绑培养。实施青年科技人才“托举计划”，在重点实验室、产业创新中心等载体设立青年首席科学家岗位，支持青年科研人员牵头重大项目。深化“中原英才计划”品牌效应，依托中国·河南招才引智创新发展大会，建立产业链人才需求清单，实施靶向引才工程。创新“项目+团队”引进模式，在郑洛新自创区、中原科技城等载体建设“人才飞地”，配套科研启动金、住房保障等政策。围绕龙头企业引进人才，建设“产业创新联合实验室”，实现“引进一个团队、攻克一项技术、带动一个产业”。开展科技评价改革试点，构建“创新能力+质量贡献”多维评价体系。实施“人才赋能计划”，建立“产学研人才旋转门”机制，加强创新人才与企业的对接交流。深化校企联合培养机制，推行“双导师制”与“订单式”人才输送，设立人才创新创业基金。深化“人人持证、技能河南”建设，将新兴职业纳入职业技能等级认定，每年新增“创新型技术工人”15 万名。实施“乡村振兴科技人才倍增计划”，每年培养 10 万名“懂技术、会经营”的新型职业农民。

（六）营造一流创新发展生态

拓宽“空、陆、海、网、数”五条丝绸之路，实施“一带一路”科技行动，围绕农业、装备制造、新能源、新材料、生物医药等领域开展国际联合攻关，建设一批海外研发中心。建立沿黄九省区技术转移联盟，设立豫鲁、豫晋科技创新联合基金，共建黄河生态治理实验室。对接京津冀、长三角、粤港澳大湾区、成渝地区双城经济圈创新资源，加强企业、大学、科研院所之间的交流合作，鼓励各地市和县区探索建立“科创飞地”。进一步深化河南与中国科学院、清华大学、哈尔滨工业大学、浙江大学等科研院所和大学的合作，推动新建一批大学的河南研究院。深化科技管理体制改革，推行“PI 制+项目经理制”，赋予首席专家技术路线决定权。优化省级科技计划体系，设立产业攻关、基础研究、成果转化等专项。建立重大项目“赛马”机制，实行“里程碑式”考核，动态调整支持力度。推进科技领域“高效办成一件事”，实现科技项目、人才服务、知识产权交易等“一网通办”。建立覆盖企业全生命周期的金融支持体系，扩大天使基金、风险投资规模，创新科技信用贷、知识产权质押等金融产品。推动省级政府引导基金向战略性新兴产业倾斜，支持社会资本参与中试基地建设，构建“投贷联动”服务网络，破解初创企业融资瓶颈。

参考文献

王凯：《政府工作报告——2025 年 1 月 18 日在河南省第十四届人民代表大会第三次会议上》，河南省人民政府网，https：//www. henan. gov. cn/2025/02-05/3119670. html。

中国科技发展战略研究小组、中国科学院大学中国创新创业管理研究中心编写《中国区域创新能力评价报告 2024》。

河南省统计局、国家统计局河南调查总队：《河南统计年鉴 2024》，中国统计出版社，2024。

国家统计局、科学技术部、财政部：《2023 年全国科技经费投入统计公报》，中国政府网，https：//www. gov. cn/lianbo/bumen/202410/content_6978191. htm。

《2023 年河南省研究与试验发展（R&D）经费投入统计公报》，河南省统计局网站，https：//tjj. henan. gov. cn/2024/10-10/3071615. html。

环境篇

B.3 河南省深化营商环境综合配套改革问题研究

韩 鹏　王中亚*

摘　要：　营商环境直接影响每一个经营主体的成长、创新和发展，是国家或地区综合竞争力的重要方面。近年来，河南在深化营商环境综合配套改革方面积极探索，取得了阶段性成效。但也要清醒地认识到，进一步深化营商环境综合配套改革仍面临一些问题和挑战，发展形势复杂严峻造成部分企业经营困难，制度配套不够完善导致惠企政策作用受限，体制机制问题增加企业发展不确定性风险，全面优化营商环境企业诉求日益复杂多样。北京、上海、广东和浙江等发达地区的成功经验值得河南学习借鉴。面向未来，要加强组织领导压实责任，对标对表做好指标提升工作，深入实际做好落地实施，完善机制提升适应水平，聚焦创新实践开展试点，多措并举，通过进一步深化营商环境综合配套改革，推动高质量发展取得新成效。

* 韩鹏，博士，河南省社会科学院城市与生态文明研究所助理研究员，主要研究方向为城市经济；王中亚，博士，河南省社会科学院商业经济研究所副研究员，主要研究方向为区域经济。

关键词： 营商环境 综合配套改革 河南省

党的十八大以来，中央持续关注营商环境问题，并推出一系列“先手棋”“组合拳”“连环招”优化营商环境，我国营商环境全球排名稳步提升。党的二十届三中全会通过的《中共中央关于进一步全面深化改革 推进中国式现代化的决定》再次提出营造市场化、法治化、国际化一流营商环境，并作出相关战略部署与配套举措。近年来，河南省委省政府高度重视优化营商环境工作，持续推进营商环境建设与优化，各类经营主体获得感日益提升，但是，也应该清醒地意识到，深化营商环境综合配套改革仍然存在一些瓶颈与难点。营商环境只有更好、没有最好，只有“进行时”、没有“休止符”。

一 河南省深化营商环境综合配套改革的做法成效

近年来，河南全省上下对标先进、锐意改革，打造“审批最少、流程最优、体制最顺、机制最活、效率最高、服务最好”的“六最”营商环境，在营造市场化、法治化、国际化一流营商环境方面不断取得新成效。

（一）政策体系持续完善

当前，河南省已经构建起包括条例、规划和方案在内相对完备的政策体系。《河南省优化营商环境条例》自2021年1月1日起施行，为维护经营主体合法权益，促进经济高质量发展提供了有力的法治保障。先后印发《河南省优化营商环境三年行动方案（2018~2020年）》《河南省优化营商环境创新示范实施方案》《河南省“十四五”营商环境和社会信用体系发展规划》，编制实施《河南省系统性重塑行政审批制度整体性优化政务服务环境改革方案》《河南省营商环境系统性总体方案》等具体方案，实现了长中短期全覆盖。2023年，河南印发实施营商环境“1+7”系统性改革方案、关于深化营商环境综合配套改革的意见和市场化、法治化、国际化3个专项方案，提出了1000多条改革举措。

（二）体制机制持续健全

建立健全省、市、县三级营商环境领导体系，形成全省“一盘棋”的良好工作局面。对标世界银行和国家评价指标体系，连续多年开展全省营商环境评价工作，并将营商环境评价范围扩展至县级层面，是全国为数不多开展全域营商环境评价的省份之一。在全国率先建立实施评价结果与年度目标考核绩效奖金、评先树优、市级领导班子和干部考核“三挂钩”制度，推动实现“以评促改、以改促优”。河南省营商环境投诉举报平台上线，营商环境投诉举报服务窗口开通，畅通投诉举报渠道。2024年，省政府办公厅印发《河南省营商环境投诉举报案件调查处理办法》，进一步明确投诉举报渠道、调查处理流程、工作运行机制等。[①]

（三）政务改革持续深化

深化“放管服效”改革，打造“六最”营商环境，切实提升经营主体的获得感和满意度。聚焦企业和群众反映最强烈最急迫的问题，持续深化“一件事一次办”，全面推行惠企政策免申即享。组建省行政审批和政务信息管理局、省政务服务中心，贯通省市县乡的一体化政府服务网全面建成，一枚印章管审批和企业投资项目承诺制全面推行，企业对营商环境的满意度提升至90%以上。截至2023年底，河南全省实有经营主体1094万户，跃居全国第4位。根据省政府办公厅印发的《河南省“十四五”营商环境和社会信用体系发展规划》，到2025年，河南营商环境进入全国第一方阵，营商环境便利度指数进入全国前10。[②]

① 《〈河南省营商环境投诉举报案件调查处理办法〉出台 优化营商环境 河南省再出实招》，河南省人民政府网，https：//www. henan. gov. cn/2024/11-27/3091498. html。

② 《进入全国第一方阵！“十四五”规划展露河南优化营商环境决心》，河南省人民政府网，https：//m. henan. gov. cn/2022/02-17/2400265. html。

（四）服务能力持续增强

持续实施“万人助万企”活动，全方位帮助企业纾难解困，推动企业发展提质提速。组织开展妨碍统一市场和公平竞争的政策措施清理工作，“玻璃门”“弹簧门”“旋转门”持续破除。强化对经营主体的金融支持，打通金融和实体经济通道。深入开展“861”金融暖春行动和实施小微企业金融服务“百千万”行动计划。搭建全国首个省级金融服务共享平台，进驻 28 家金融机构，上线 160 款信贷产品，注册企业超过 18 万家。强化民营经济金融服务，联合建立小微企业融资协调机制，落实无还本续贷政策，积极探索初创期科技型企业金融服务模式。围绕做好“六稳”工作、落实“六保”任务，推进税费优惠政策直达快享，深入开展“一联三帮”活动，有效激发民营经济发展活力。

（五）法治环境持续优化

推进《河南省优化营商环境条例》落地实施，提升企业权益保护水平，营造公平公正、竞争有序的法治环境。筑牢法治化营商环境根基，最大限度保护各类经营主体合法权益，健全企业投诉举报处理机制，构建了主动发现问题和受理投诉举报、内外资企业全覆盖、线上线下并联受理的全方位企业诉求解决机制，着力抓好民营企业日常诉求、外资企业诉求、企业直接投诉等渠道发现问题的督办处理工作。强化营商环境违法案件调查处理，建设全省营商环境监测服务平台，提升了违法案件调查处理数字化水平。以企业权益全生命周期保护为主线，实施高质量立法护航、政务诚信提升、司法提质增效、执法服务升级、法律服务提升、政务服务提升“六大行动”，法治化营商环境得到明显改善。“万人助万企”活动开展以来，省司法厅聚焦企业发展重点、难点、堵点问题，及时高效便捷为企业提供法律服务、化解矛盾纠纷，全力营造和谐稳定的法治化营商环境。

（六）监管效能持续提升

全面建立“无事不扰”监管机制，率先在全国出台“双随机、一公开”

监管实施方案，全省企业总体满意度评价在选取的8个对标省份中位列第2、中部6省第1。“无处不在”监管网络全面覆盖，搭建以“11223”为主体框架的“互联网+监管”系统。① 2019年9月19日，河南省“互联网+监管”系统与国家平台同步上线试运行。2020年，河南被国务院办公厅列为全国“互联网+监管”系统典型应用试点。2020年度河南“互联网+监管”系统建设调查评估指数得分超过85分，处于创新引领阶段的第一梯队。重点领域监管成效明显，最严谨的标准、最严格的监管、最严厉的处罚、最严肃的问责“四个最严”要求严格落实，食品安全连续3年被国家考核评定为A级。

二 河南省深化营商环境综合配套改革存在的问题

（一）发展形势复杂严峻造成部分企业经营困难

近年来，国际经济形势复杂演变，房地产供求关系发生重大变化，地方政府债务问题日益显现，区域经济发展外部环境依然严峻，多种因素叠加造成部分行业企业经营仍面临一些困境压力。

一方面，由于各地债务问题的复杂性，政府欠债对企业发展造成明显困难。受制于财政收入有限、财政刚性支出规模大，河南省部分地区隐性债务和财政自给问题比较明显，地方政府债务增多，还本压力居高不下，加之兑付高峰期临近、税收受经济景气情况及减税降费影响较为显著，地方政府对民营企业欠账增加，进而导致民企资金周转困难、财务负担较重，风险隐患不断积聚。

另一方面，产业支持力度有待加大、范围有待完善。不少传统优势产业可以通过改造、技术创新实现转型升级，成长为当地重要的支柱产业，但由于缺乏改造升级支持，被迫转移至省外；餐饮、零售、住宿等尽管属于传统

① “11223”即1个监管事项清单，1个监管大数据中心，工作和服务2个门户，标准规范和安全运维2个支撑体系，执法监管、风险预警、分析评价3个应用系统。

行业，但既能够解决大量就业和居民生活问题，同时也是发展文旅、牵引消费的重要组成部分，但扶持政策明显不足。

（二）制度配套不够完善导致惠企政策作用受限

为了营造最优营商环境，服务企业发展，河南省出台了一系列落实中央部署要求、优化营商环境的重大举措，为提升河南发展竞争力、支持企业发展起到了重要作用。然而，由于在政策制度配套、落地实施过程中存在一些偏差，不少惠企政策作用发挥有限。

一是政策落实及其制度配套能力不足，存在明显的难点堵点。不少企业反映，相关政策渠道分散、获知难度大，门槛高、专业性较强，手续烦琐、填报资料多。一些政策存在与其他规定冲突，或者前置条件限制，导致受益企业实际范围小、程度低。近年来，河南很多地市开通了政策直达平台、免申即享事项，但相对于密集出台的政策举措，落实配套不足、“跟不上”问题时有发生，企业申报难、受惠滞后、意愿低等问题比较突出。

二是地方政务诚信、服务意识和效能亟待提升。长官意识、决策随意问题屡见不鲜，随意承诺、肆意违约、新官不理旧账多有发生，各种政务失信行为在很多领域不同程度地存在。不少部门和地方服务意识不足、业务水平不高，企业办事时“得找人”与“找人难”问题并存。

三是融资问题十分突出，公用保障仍待加强。企业融资需求满足率不高，民营企业融资难、融资贵、融资获得感差问题突出，政府类投资基金的覆盖面偏窄，财政资金使用效率不及预期等问题突出。企业用水用电、燃气供应等服务相较部分发达地区在分类服务、时限保障方面还存在明显差距，企业体验感不佳现象比较明显。

（三）体制机制问题增加企业发展不确定性风险

在政策实施、商事制度、执法司法、国有企业管理融资担保等方面还存在明显的体制机制问题，支持企业发展的稳定性、持续性不足，企业发展面临一定的不确定性风险。

一是一刀切、运动型治理与调控问题。在房地产、教培、环保、交通等领域，往往缺乏严格、科学的管理和监督机制，一旦发生政策转向、社会舆论影响，往往容易采取“一刀切”、运动式治理措施，导致企业短期内大面积关停并转，大量人员分流下岗、就业收入稳定性下降，企业利益受到损害，社会不良影响明显。

二是涉企案件简单执法、随意执法、拖延执法问题。执法过程中重监管轻服务、重处罚轻指导，习惯于采用简单、刚性手段，涉企案件办案效率和质量不够高等现象，对企业健康发展形成了不确定性影响。金融风险防控目标下，公检法过度介入企业融资强制还款，个别法院囿于结案率考核的违规操作造成诉讼时间延长等。

三是商事制度改革深化问题。市场准入存在无形限制和隐性壁垒，行政规范性文件清理滞后，企业经营范围表述与变更烦琐等大小问题，对企业经营形成了不同程度的影响。申报地理标志产品所需相关食品质量检测、低空空域开放、民宿行业准入门槛，以及省市场监督管理局与国家市场监督管理总局关于分支机构经营范围登记存在冲突等问题。

四是国企管理亟待进一步深化。国有企业经营自主权不足，缺乏足够的激励、约束和容错机制，不良资产核销受阻等突出问题，导致国有企业在遵循市场规律、抢抓市场机遇、应对市场风险等方面存在明显不足，企业正常经营受阻、部分企业担保类负担日益加重。

（四）全面优化营商环境企业诉求日益复杂多样

随着技术革命、社会发展，企业发展对良好营商环境的定义变得日益复杂多样，对河南进一步深化营商环境综合配套改革、优化营商环境提出了更高要求。

一方面，随着技术革命的深入发展，新业态新模式新产品加快涌现，战略性新兴产业和未来产业加快发展，对优化营商环境提出了更高要求。低空经济、生物医药、数字经济、人工智能、共享经济等发展，在很多时候都对跨部门协调、跨地域组织提出了更高要求，甚至面临着突破现行政策、法规等限制的需要，亟待河南能够作出及时反应、适应性应对。

另一方面，随着社会的发展，对生活环境和生态环境质量提出了更高要求。从小到吃穿住用行购娱等关系到居民切身体验、企业人才发展的日常“琐事”，到子女教育、家人就医等人生“大事”，以及生态环境、区域形象关系到身心健康、企业形象的切身之事和看不见的事，都对企业能否集聚人才、广揽生意产生重要影响，亟待进一步加以解决。

三　其他省市深化营商环境综合配套改革经验借鉴

（一）北京市

北京市根据中央要求，率先行动，优化营商环境改革稳步推进。目前，北京市已经完成 7 轮优化营商环境改革，其政策演进经历了 1.0 版到 7.0 版。2023 年 12 月 8 日发布的《中共北京市委 北京市人民政府关于北京市全面优化营商环境打造“北京服务”的意见》强调，要夯实三大基础，强化“北京服务”引领示范作用；打造六大环境，带动“北京服务”提质增效；实施八大行动，实现“北京服务”全面领跑。与之前的改革方案相比，具有以下四个特点：一是改革目标更加突出企业和群众的获得感，二是营商环境内容定位层次更高、范围更宽、领域更广，三是改革方法更加突出系统性、整体性、协同性，四是改革手段更加突出数字技术在政府治理中的作用。北京优化营商环境改革的经验启示包括改革要采取小步快跑、迭代升级的方式，改革必须由上至下强势推进，改革需要不断强化数字赋能。①

（二）上海市

上海市以市场化为主线、法治化为保障、国际化为标准，持续打造国

① 钟勇、尹彤：《北京优化营商环境的实践探索与启示》，载赵莉主编《北京高端服务业发展报告（2024）》，社会科学文献出版社，2024。

际一流营商环境。一是商事制度改革方面。上海不断完善商事调解制度创新与建设，并在组织建设、人才建设、市场培育、信息化保障、国际化规则接轨等方面获得了显著发展。二是政务环境提升方面。推进企业服务事项向各区政务服务中心集中，完善免审即享制度保障，打造“智慧好办”服务品牌，迭代升级“上海市企业办事一本通”。三是法治环境改革方面。通过完善制度供给健全营商环境制度体系，通过提高行政监管和执法水平支持经营主体健康发展，通过提升法律服务能级护航经营主体行稳致远。四是区域标杆创新方面。鼓励各区域因地制宜打造富有区域特色的营商环境名片。支持五个新城、长兴岛等区域加强产业增值服务，打造特色营商环境。

（三）广东省

广东省坚持“无事不扰、有求必应”，持续优化开放环境、法治环境、政务环境和市场环境，厚植营商“沃土”，为企业发展创造良好条件。一是以商事制度改革为抓手，促进经营主体蓬勃发展。截至 2024 年底，广东省登记在册经营主体突破 1900 万户，稳居全国第一位。广东商事制度改革连续五年获国务院督察激励。二是以法治建设为保障，聚焦企业全生命周期深化改革。制定《广东省优化营商环境条例》，清理不符合条例的法律规章文件 400 多份。三是以广州、深圳等先进城市为标杆，促进营商环境高质量发展。四是以数字政府改革建设为支撑，促进政务服务水平不断提升。广东在全国率先启动数字政府改革建设，广东政务外网已实现省市县镇四级全覆盖，“粤省事”“粤商通”“粤政易”等品牌深入人心。①

（四）浙江省

浙江省深入实施营商环境优化提升“一号改革工程”。2024 年，浙江公

① 广东省人民政府发展研究中心课题组：《广东进一步优化营商环境的堵点难点及对策建议》，载钟旋辉主编《广东发展报告（2023）》，社会科学文献出版社，2023。

平竞争环境社会满意率达95.9%，较2019年提升3.9个百分点。浙江省的具体做法是“五强化、五提升”。一是强化公平竞争顶层设计，提升监管制度框架质量。制定《浙江省反不正当竞争条例》《浙江省公平竞争审查办法》等政策法规，配套出台《关于强化反垄断深入实施公平竞争政策的意见》。对标世界银行营商环境新评估体系，建立公平竞争指数指标体系。二是强化公平竞争审查刚性，提升政府自我约束力。三是强化公平竞争合规建设，提升企业风险防范能力。四是强化公平竞争监管模式创新，提升政府治理效能。五是强化公平竞争数字赋能，提高企业发展活力，实施准入准营、企业迁移、知识产权保护“一件事”改革，创新推出全国首个平台经济数字化监管系统。①

四　河南省深化营商环境综合配套改革的对策建议

针对部署营商环境综合配套改革以来仍然存在的深层次、系统性问题，河南省还需要进一步在组织领导、指标提升、政策落实、体制机制建设上下功夫，在创新实践中完善优化营商环境布局。

（一）加强组织领导压实责任

河南省优化营商环境工作领导小组要进一步深化重大理论、重大问题研究，深入开展营商环境专题调研、专项分析。落实好河南省优化营商环境工作领导小组协调职能，健全复杂问题研究、重要事项协调、典型问题解决等跨地域跨部门协调工作机制，完善优化营商环境的督导、考评、奖惩机制，推动重大政策科学制定、高效协同、有效落地，形成科学深入推进营商环境综合配套改革的发展合力，确保各项政策措施落地见效。

① 《浙江省深化公平竞争先行先试改革，助力打造一流市场化营商环境》，澎湃网，https：//m. thepaper. cn/baijiahao_27036772。

（二）对标对表做好指标提升

充分发挥高等院校、社科院、党校等机构智库作用，发挥省社会科学基金、软科学等科研导向作用，加大营商环境理论和国内外发展动态研究力度，掌握国际营商环境前沿水平，把握我国优化营商环境发展方向和目标取向，借鉴各地特别是发达地区营商环境发展经验，深入探访、精细捕捉企业发展痛点难点堵点和办事体验。发挥好各部门职能作用，精准对接国内外营商环境前沿标准，细化量化指标体系，逐项对标找差，有序出台惠企惠民政策，加快补齐短板、形成特色，提升河南省营商环境综合竞争力。定期开展营商环境评估，瞄准国内外前沿，动态优化政策体系，科学开展各地各部门营商环境评价，倒逼营商环境关键指标加快提升、早达前沿，助力企业高质量发展。

（三）深入实际做好落地实施

积极推动涉企民生事务分类分级处理，非必要见面事务线上处理，一般事务就近处理，多数复杂事务一窗受理、不多跑一次，特殊事务定期会商、限时办结；强化跨部门协同，科学优化办事流程，明确办事程序，简化办事要件，扩大负面清单、承诺容缺实施范围。充分利用数字政务、数字社会建设成果，打破信息孤岛，实现数据共享，积极运用大数据、云计算、区块链、人工智能等新技术，推动技术与业务深度融合，扩大线上办理范围，让数字多跑路、群众少跑腿，推动更多惠企惠民政策信息精准直达、惠政免申即享，提高政务办理效率，提升企业居民办事满意度，降低政务、社会成本。建立企业诉求快速响应机制，健全政策反馈机制，完善以企业和群众体验为基础的营商环境无痕监测、实时评价机制，及时调整优化、细化政策执行流程，及时完善各项政策法规适应性调整机制，确保各项措施精准落地、扎实见效。强化政策宣传解读，加强政策执行的透明度和公正性，确保企业更好吃透政策精神，充分把握政策红利。

（四）完善机制提升适应水平

建立健全化债清欠机制，扎实推进地方政府债务化解，大力解决政府欠债，减轻地方发展包袱，保障企业合法权益。聚焦新产业新业态新模式新产品发展和研发需要，完善知识产权保护机制，增强融资支持能力，加大政策调整试点协调力度，优化“软”营商环境建设。瞄准企业所盼、民众所需，大力提升公共服务水平，加快改善全省生态环境、人文环境，加强教育、医疗等公共服务资源配置，加大高层次人才引育支持力度，提升企业集聚人才、发展事业的吸引力。

（五）聚焦创新实践开展试点

聚焦传统产业转型升级、战略性新兴产业加快发展、未来产业前瞻布局，瞄准企业居民高频需求、痛点难点堵点、创新业务发展需要，大力开展营商环境创新实践探索，进一步深化相关综合配套改革，推进关键指标提升、特色优势锻造，进一步放宽市场准入，做好各地先进经验复制推广，在建立健全企业诉求反馈机制、以业务为核心快速反应机制、政策法规适应性调整机制等方面展开试点、总结经验、形成优势。充分发挥郑州市、洛阳市、鹤壁市、驻马店市等创新示范作用，深化重点领域改革事项，加快复制推广。依托自贸区、航空港区、开发区、跨境电子商务综合试验区等特殊功能区和开放创新载体，争取国家政策支持，大力开展营商环境优化试点，形成可复制、可推广的经验模式。

参考文献

李军鹏：《党的二十大后的“放管服”改革与宜商环境建设》，《改革》2023 年第 1 期。

李志军：《优化中国营商环境的实践逻辑与政策建议》，《北京工商大学学报》（社会科学版）2023 年第 1 期。

于文超、梁平汉：《不确定性、营商环境与民营企业经营活力》，《中国工业经济》2019 年第 11 期。

袁莉：《新发展格局下我国民营经济营商环境的优化策略》，《改革》2024 年第 1 期。

B.4

河南省推动要素市场化配套改革的路径探究

袁伟鹏*

摘　要：　本文围绕河南省要素市场化配套改革的背景、现状、困境及实现路径展开系统性研究。分析了国家顶层设计、中部崛起战略及河南经济转型需求对要素市场化改革的推动作用。系统梳理了河南在土地、劳动力、资本、技术和数据五大要素市场化配置改革中的具体实践及成效。指出了河南在顶层设计、市场机制、要素流动等方面存在的现实困境，如制度不完善、市场机制不健全、要素流动障碍等问题。提出了完善顶层设计、健全市场机制、优化要素流动环境、加强政策配套支持及提升数字化治理能力五个实现路径，旨在推动河南省要素市场配置更加高效、合理，助力经济高质量发展。

关键词：　新质生产力　要素市场化　配套改革　经济高质量发展

一　河南省要素市场化配套改革的背景

（一）要素市场化改革的国家顶层设计

当今世界正处于百年未有之大变局，机遇和挑战同生并存。如何把握时代发展契机，实现经济高质量发展，进一步深化改革显得尤为关键。2020 年 4 月 9 日，中共中央、国务院印发《关于构建更加完善的要素市场化配置体制

* 袁伟鹏，博士，黄河科技学院商学部助理研究员，主要研究方向为宏观经济。

机制的意见》，作为中央关于要素市场化配置的第一份文件，针对土地、资本、劳动力、技术、数据等要素市场化配置给出具体指导意见。2020 年 5 月 18 日，中共中央、国务院印发《关于新时代加快完善社会主义市场经济体制的意见》，强调要"构建更加完善的要素市场化配置体制机制，进一步激发全社会创造力和市场活力"。作为社会主义经济体制改革的重要组成部分，要素市场化配置改革已成为新时代深化市场化改革的阶段性任务，这也将有利于构建系统更加完备、成熟定型的高水平社会主义市场经济体制。

（二）中部崛起战略的实施背景

中部崛起战略的实施背景与黄河流域生态保护和高质量发展战略密切相关。河南省作为黄河流域的重要省份，承担着生态保护和推动区域经济高质量发展的双重使命。近年来，随着国家对黄河流域生态保护和高质量发展的高度重视，这一战略上升为国家战略，为河南省的要素市场化改革提供了重要的战略契机和政策支持。黄河流域生态保护和高质量发展战略强调市场在资源配置中的决定性作用，鼓励河南省通过市场化手段推进土地、资本、劳动力等要素的优化配置，提高资源配置效率。通过引入市场化机制、深化要素市场化改革、创新生态经济模式以及加强政策保障和区域合作，不仅促进了资源的高效配置和产业结构的优化升级，而且有效推动了河南在生态保护与经济发展之间的平衡与共赢。

当前，国家出台了加大对生态保护的投入、绿色产业发展、优化营商环境等一系列支持黄河流域生态保护和高质量发展的政策措施，为河南省推进要素市场化改革提供了政策保障。同时，中央和地方政府加大对黄河流域生态保护和高质量发展的基础设施建设、生态环境保护、科技创新等方面的资金投入，为河南省实施要素市场化改革提供了必要的资金支持。

（三）河南经济转型的现实需求

1. 发展新质生产力

新质生产力的发展依赖于技术革命性突破、生产要素创新性配置以及产业深度转型升级。特别的，科技人力、资本、数据等要素的市场化配置改革是关键，能够促进资源向高效率领域流动，进而推动产业结构的优化升级，助力经济的高质量发展。

首先，科技人才作为新质生产力中最活跃的因素，这一观点得到了多方面的支持和论证。众所周知，新质生产力的核心是科技创新，而科技人才则是推动科技创新的关键力量。科技创新能够催生新产业、新模式和新动能，是形成新质生产力的核心要素，而科技人才正是科技创新的根基和驱动力。①

其次，资本作为推动新质生产力发展的要素，其作用体现在多个方面。在社会主义市场经济体制下，资本是连接和促进各类生产要素集聚配置的重要纽带，是推动社会生产力发展的关键力量。资本不仅直接投入生产过程，还通过金融市场的支持，为创新型企业提供资金，缓解融资约束，优化资源配置，从而提升创新效率。②

最后，数据作为一种新型生产要素，具有可复制、可共享、无限增长和供给的特性，这使得它能够突破传统要素供给有限制的增长约束，为持续发展和长期增长提供了基础。数据的非竞争性和可复制性使其成为一种重要的战略资源，能够与其他生产要素协同作用，从而提升全要素生产率。

2. 推动经济高质量发展

通过市场化改革提升土地、资本、劳动力等要素的配置效率，能为河南省经济高质量发展提供内生动力。根据多项证据，河南省近年来在推进要素市场化配置方面采取了一系列措施，并取得了显著成效。

首先，河南省通过深化土地、资本、劳动力等要素市场化配置改革，提升了资源配置效率。例如，河南省推行了“标准地+承诺制”改革，实现了工业用地“拿地即开工”，并探索农村集体经营性建设用地入市，有效降低了企业用地成本，释放了农村劳动力，促进了城乡统筹发展；深化了户籍制

① 吴瑞君、李响、章梅芳等：《充分激发人才在新质生产力发展中的引领驱动作用》，《技术经济》2024 年第 6 期。

② 《加快形成新质生产力（人民要论）》，《人民日报》2023 年 11 月 9 日。

度改革，畅通劳动力流动渠道，使劳动力能够更加自由地跨区域、跨领域流动，激发了社会活力；推动了资本要素市场化配置，通过发展直接融资和增加有效金融服务供给，进一步激发了市场活力。

其次，河南省通过完善市场机制，健全了要素市场运行规则和服务体系。例如，河南省建立了统一的土地二级市场交易平台，优化了土地交易流程，降低了交易成本，并通过“豫地云”平台构建了土地供需“云上”互动机制，提高了土地配置的透明度和效率。

二　河南要素市场化配套改革的现状

（一）河南要素市场化配置的主要内容

1. 土地要素市场化

河南省积极推进农村集体经营性建设用地入市改革试点，探索建立公平合理的增值收益分配制度，允许农村集体经营性建设用地直接入市交易，拓宽了企业的融资渠道。同时，构建“土地超市”，引导低效用地有序进入二级市场，在自然资源部全国土地二级市场线上服务平台和河南省豫选云等平台进行公开交易，实现了更大范围内的资源配置和要素保障。

河南省大力开展批而未用、闲置土地的盘活利用专项行动，通过“增存挂钩”机制将新增建设用地计划与盘活存量土地挂钩，确保了土地资源的充分利用。此外，还通过多种方式推动农村宅基地制度改革试点，探索了宅基地所有权、资格权、使用权的分置实现形式。

2. 劳动力要素市场化

近年来，河南省通过事业单位改革，打破了传统的“铁饭碗信仰”，增加了就业市场的灵活性和高效性。数据显示，河南省第二产业的就业人员数在 2023 年达到了 1411.0 万人，相较于 2022 年的 1356.0 万人有所增加，①

① 《2023 年河南省国民经济和社会发展统计公报》，《河南日报》2024 年 3 月 30 日。

反映出改革对于就业市场的积极作用。

在事业单位改革的基础上，河南省通过加强职业介绍、职业培训、就业指导等服务，以及推动人力资源市场的信息化建设，优化了人力资源市场服务，提高劳动力市场的透明度和效率，为求职者和用人单位提供更加便捷的服务。同时，通过提供政策支持、资金扶持、技能培训等措施，鼓励和支持农民工等群体返乡就业创业，激发返乡人员的创业热情，促进当地经济的发展。

3. 资本要素市场化

数据显示，2024 年前 10 个月，河南省人民币贷款增加 4590. 9 亿元，前三季度全省社会融资规模增量累计 8556. 8 亿元，[①] 高位保持稳定，显示出金融市场对实体经济的支持力度之大，反映了河南省资本要素市场化改革在不断优化企业融资环境，为企业提供了更多的融资渠道和机会。

同时，河南省也在通过设立各种专项基金来优化资本配置。一是设立市场化债转股专项基金，帮助省内国有企业降低资产负债率。二是设立资本市场投资专项基金，承接国有股东持有的上市公司股票，引入战略投资者，发挥“长期资本、耐心资本、战略资本”的作用。三是设立存量资产优化升级专项基金，承接省内国有企业拟剥离的“两非两资”资产，实现国有资本的“有进有退”。

4. 技术要素市场化

河南省致力于强化知识产权的保护和运用，通过完善知识产权保护机制，打击侵权行为，提高知识产权的市场化运营水平。例如，河南推动国家知识产权运营公共服务平台交易运营（郑州）试点平台建设，支持重大技术装备和新材料等领域的自主知识产权市场化运营。

河南省积极推动产学研用的深度融合，通过建立新型研发机构、技术转移机构和技术经理人等措施，促进高校、科研院所与企业的合作。例如，新

① 《一揽子金融增量政策发力见效——10 月份全省存贷款均稳定增长》，《河南日报》2024 年 11 月 17 日。

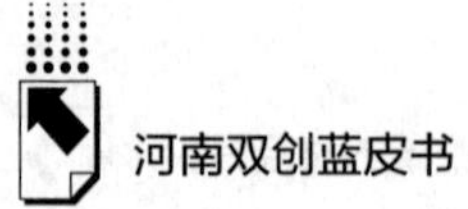

乡高新技术产业开发区依托郑洛新国家自主创新示范区，强化知识产权保护运用，并推动企业与高校院所开展产学研用合作。

5. 数据要素市场化

河南省在数据要素市场化配置方面的主要内容包括探索数据确权、共享与交易机制。在数据确权方面，河南正在推进数据产权激励机制，解决数据确权难题，通过清晰的产权制度激发市场活力。同时，河南也在探索建立数据资产评估、登记结算、交易撮合、争议解决等市场运营体系。

河南还强调数据要素的共享与流通，提出要健全数据交易服务体系，规范数据交易行为，促进数据流通交易。为了实现这些目标，河南正在建设数据资产价值化体系，推动数据从资源化向资产化、资本化的过渡。

（二）河南要素市场化配置的现状

总的来看，河南省要素市场化配置改革对当地经济和社会产生了深远影响。从工业增加值来看，河南省规模以上工业企业增加值同比增长在2023年达到5.0%①，保持了较为稳定的增长态势。这表明河南省在推进市场化改革的过程中，工业经济保持了较好的发展势头。同时，河南省2024年居民消费价格指数（CPI）各月同比增长均在1%左右，保持在相对稳定的水平，反映出市场化改革对物价水平的稳定作用。此外，河南省2023年地区生产总值和社会消费品零售总额分别达到59132.4亿元和26004.45亿元，较2011年分别增长了约125%和178%，② 均保持了较快增长，显示出市场化改革对经济增长的显著推动作用。

此外，为贯彻落实《中共河南省委河南省人民政府关于构建更加完善的要素市场化配置体制机制的实施意见》，推动要素市场化配置改革向纵深发展，确定了洛阳市等6个市（县、局）为河南省要素市场化配置改革试

① 《2023年河南省经济运行情况新闻发布会》，《河南日报》2024年1月25日。

② 《2023年河南省经济运行情况新闻发布会》，《河南日报》2024年1月25日。

点，六大试点地区在土地、资本、技术、数据等领域各有突破。

洛阳市作为河南省要素市场化配置综合改革试点，积极推动土地要素市场化配置方式创新建立开发区低效用地盘活机制，推行工业用地“标准地”出让模式，创新供地方式，推动土地多用途混合供应；持续畅通劳动力要素合理有序流动渠道，深化户籍制度改革，持续推进“落户零门槛”等措施，完善人力资源市场体系；不断提升资本要素服务实体经济能力，大力发展直接融资，筛选 135 家优质企业纳入市级上市后备企业库分层培育，建立基金研判会商工作机制，促进银企双方高效对接。①

新乡高新区作为全省技术要素市场化配置改革试点，强化创新资源优化配置，激活技术要素市场“源头活水”，建成河南省首批创新联合体，实施企业创新积分制，拥有市级以上创新平台 367 个；加速科技成果转移转化，释放技术要素市场潜能。完善技术转移服务体系，推动专利转化 200 余件，实现转化交易额 1200 万元，实现平均每万人有效发明专利拥有量达到 62.93 件；抓好科技金融深度融合，激发技术要素市场活力。制定《新乡高新区科技金融“科技贷”业务管理办法（试行）》，创新基金合作模式，降低企业融资成本。②

许昌市自然资源和规划局自确定为全省土地要素市场化配置改革试点以来，多措并举，推进土地要素市场化配置改革与创新，出台了《关于进一步优化工业用地差别化供应机制若干政策措施（试行）》，并积极探索开展“混合用地”供应，实现供应混合产业用地 3 宗 185.39 亩；激活土地要素资源，推进农村集体经营性建设用地入市，积极指导建安区、鄢陵县、长葛市、襄城县出台农村集体经营性建设用地入市实施细则，为农村集体经营性建设用地入市打下了坚实基础；有效盘活存量土地，助力土地要素释放发展活力，通过闲置厂院出租、企业破产重整、转让等方式处置了 23 宗 1639 亩

① 《打好要素市场化改革“组合拳”为高质量发展增势赋能》，河南省发展和改革委员会网站，http：//fgw.henan.gov.cn/2024/08-23/3054210.html。

② 《强化技术供给 突出要素支撑 加快推进技术要素市场化配置改革》，河南省发展和改革委员会网站，http：//fgw.henan.gov.cn/2024/08-13/3035786.html。

低效产业用地，通过采取建立台账、分类处置、源头控制、强化监督等系列措施，盘活批而未供和闲置的存量用地，2024 年以来全市已处置批而未供土地 2609 亩、闲置土地 1807 亩。①

三　河南要素市场化配套改革的现实困境

（一）顶层设计不足

1. 缺乏系统化的法律法规保障

河南省在推进要素市场化配置改革的过程中，存在制度设计不完善的问题。比如，农村集体建设用地流转政策和具体管理制度缺失，导致宅基地退出难，承包地流转程序不规范，规模小且期限短。此外，河南省在数据要素市场的发展中面临着法律法规存在较大缺口，缺乏规范性和透明度的问题，使得数据要素市场的发展受到限制。②

2. 试点地区间缺乏协同机制，改革呈现碎片化

河南的全面深化改革战略中也提到，当前改革存在被动性推进、碎片化改革等问题，缺乏系统谋划和统筹协调，不同层级和部门之间的政策衔接不够紧密，整体改革效果打折扣。这种局面导致已启动的改革试点之间缺乏有效的协同机制，致使改革呈现碎片化，成效不显著。

（二）市场机制不健全

1. 土地、数据等要素价格形成机制不完善

河南省在土地和数据等要素的价格形成机制上存在不足。如土地要素市场化配置中，城乡统一的建设用地市场尚未完全建立，基准地价制定与动态

---

① 《多措并举 推进土地要素市场化配置改革与创新》，河南省发展和改革委员会网站，http：//fgw. henan. gov. cn/2024/08-08/3033563. html。

② 王元锋、郭诗语、杨瑞仙：《河南省数据要素市场：破局革新之路，未来繁荣之望》，大河网，https：//theory. dahe. cn/2024/04-19/1745114. html。

调整机制尚不健全，土地价格形成机制扭曲，影响了土地资源的高效配置；数据要素市场缺乏统一的价格形成机制和交易规则，使得数据要素的价格难以有效反映市场供求关系。

2. 数据、资本等要素的交易平台建设滞后

河南省的数据要素市场建设相对滞后，存在数据孤岛现象严重、跨行业跨区域整合困难等问题，导致数据资源无法高效利用，阻碍了数据要素市场的健康发展。同时，资本要素市场面临的融资渠道不畅、金融服务供给不足等问题依然存在，影响了资本要素的有效流动和配置。

（三）要素流动障碍

1. 农村土地流转不畅，存量盘活困难

河南省农村土地流转市场发展缓慢，存在产权边界模糊、交易市场不完善以及“非粮化”“非农化”的趋势等问题，导致土地资源未能有效盘活，加剧了土地流转的困难。商业资本的盲目侵入使得土地性质发生了改变，智能化要素管理的核心在于利用大数据、人工智能等技术手段，经营主体融资困难等问题也制约了土地流转的健康发展。①

2. 劳动力跨区域流动的社会保障支持不足

劳动力流动的活力不足，与社会保障体系的不完善密切相关。农民工进城务工面临户籍限制、公共服务差异等问题，导致“愿落不能落、愿落不能安”的困境。同时，城乡间劳动力双向流动机制尚未完全建立，阻碍了劳动力资源的合理配置和高效利用。②

3. 数据要素确权与流通机制尚未成熟

数据作为新型生产要素，其确权问题至关重要。然而，目前河南省在数据确权方面仍存在界定不明晰、法律框架不健全等问题，导致数据无法有效

---

① 王恬恬：《乡村振兴背景下河南省农村土地流转存在问题及对策研究》，《山西农经》2023年第6期。

② 弋伟伟：《深化要素市场化配置改革的问题与路径研究——以河南省为例》，《市场论坛》2023年第8期。

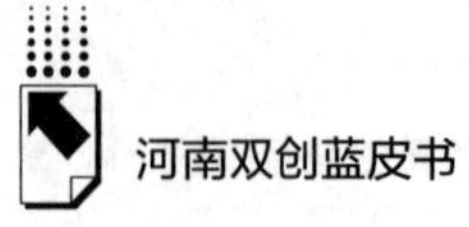

释放价值，阻碍了数据的流通和市场化进程，限制了企业参与数据流通的积极性，形成了“数据孤岛”和“数据垄断”的局面。

四　河南省要素市场化配套改革的实现路径

（一）完善顶层设计

1. 构建系统化的政策法规体系

确立以促进要素自由流动、提高资源配置效率、保障市场主体权益为目标的立法原则，确保法律法规的制定符合市场经济的发展要求。首先，针对土地、劳动力、资本、技术、数据等要素市场，制定河南省要素市场化的专项法规，明确各要素市场的配置规则、交易机制、监管措施等，为要素市场的健康发展提供法律保障。其次，在专项法规的基础上，进一步完善相关的配套措施，如市场准入、交易规则、监管办法等，确保法律法规的有效实施。

2. 强化跨部门协同机制

为确保各项改革措施的有效推进，成立由省政府领导牵头，相关部门参与的改革协调小组，负责统筹协调各项改革工作，解决改革过程中遇到的重大问题。首先，通过建立跨部门的信息共享平台，实现各部门之间的信息互联互通，提高工作效率，减少重复劳动，确保政策的连贯性和一致性。其次，建立改革效果的监督评估机制，定期对改革进展和成效进行评估，及时调整改革策略，确保改革目标的实现。

（二）健全市场机制

1. 完善要素价格形成机制

无论是土地、资本还是数据等要素市场，确保公平、透明和高效运行的关键都是完善要素价格形成机制。首先，通过建立基于市场供需的定价规则，防止政府对价格形成的不当干预，确保各类生产要素根据市场机制进行合理的行业间、地区间配置。其次，通过数据要素的二次和三次价值，实现支持生产、经营和治理等环节的战略决策，并将数据作为商品，可交易至更多需要的场景实现价值利用。

2. 建设统一交易平台

建设河南省要素市场建设统一交易平台，特别是推进土地、资本、数据要素的区域性数字化交易平台建设，是推动河南省经济高质量发展的重要举措。首先，建立土地要素的区域性数字化交易平台，提供土地信息的透明化展示、在线交易、政策咨询等服务，减少交易成本，提高交易效率，促进土地资源的合理流动和高效利用。其次，构建资本要素的区域性数字化交易平台，提供项目展示、在线对接、融资咨询等服务，降低融资成本，提高融资效率，促进资本与项目的有效对接，激发市场活力。

（三）优化要素流动环境

1. 提升土地利用效率

首先，推广农村土地入市制度。建立和完善建设用地二级市场交易规则和交易服务平台，促进存量土地使用权交易。健全激励约束机制，将耕地占补平衡作为耕地保护和粮食安全责任制考核的重要内容，落实耕地保护经济奖惩机制。其次，优化地上地下综合利用方案。健全土地混合开发利用相关制度，在国土空间规划中合理确定土地用途兼容性正负面清单和比例控制要求，允许存量土地、存量建筑依法调整用途。完善土地收储机制，发挥开发储备、供应调节作用，探索用途合理转换，允许在符合国土空间规划、保障用地安全的前提下，依法调整存量土地及建筑用途。

2. 促进劳动力合理流动

健全城乡统一的社会保障体系，降低劳动力跨区域流动成本。首先，进一步完善城乡养老、医疗、失业等社会保障制度，实现制度的无缝对接，确保劳动者在不同地区工作时，其社会保障权益不受影响。其次，简化社会保险关系转移接续流程，降低转移成本，确保劳动者在跨区域流动时，能够方便快捷地办理社保转移手续，保障其权益不受损害。最后，利用信息化手段，建立统一的社会保障信息平台，实现数据共享，提高管理效率和服务水平，为劳动者提供更加便捷的服务。

3. 推动技术与资本融合

建立多层次、多元化的科技金融服务体系，为科技型企业提供全方位的金融服务。首先，成立省行科技金融中心，实施专营机构、专业队伍、专项审批，打通对科技型企业的一体化服务链条。其次，加强对科技型企业准入、利率定价、评级模型、尽职免责等支持保障建设，推动信贷人员对科技型企业"敢贷、愿贷、会贷"。最后，为科技型企业提供包括贷款、担保、保险、咨询等在内的综合性金融服务，满足企业不同阶段的发展需求。

（四）加强政策配套支持

1. 加大财政支持力度

加大财政支持力度，设立专项改革基金以支持试点单位的创新探索，是推动科技创新和改革的重要手段。在具体实施上，一方面，可通过优化财政资金使用结构，逐年增加资金规模和强度，聚焦支持"专精特新"中小企业实施技术改造、技术研发及产业化等项目；另一方面，可通过无偿资助、创投资金、风险补偿等多种方式，引导社会资本参与科技创新，在提高财政资金使用效率的同时，促进科技成果的转移转化和产业化。

2. 健全社会保障体系

完善城乡一体化的公共服务体系，推进社会保障制度的统筹发展。首先，加强城乡公共服务均等化。在教育、医疗、住房等领域，逐步实现城乡公共服务的均等化。如保障进城务工人员随迁子女享有平等的受教育机会，实行"一样就读、一样升学、一样免费"的政策。推进城乡基础设施一体化建设，如乡村道路、水利设施等，提高公共服务普惠共享水平。其次，健全城乡统筹的社会保障机制。建立健全覆盖全民、统筹城乡、公平统一的多层次社会保障体系，包括基本养老、基本医疗、大病保险、医疗救助等制度。完善城乡居民基本养老保险制度，逐步提高养老金水平，缩小城乡居民之间的筹资和保障待遇差距。

（五）提升数字化治理能力

1. 构建数据治理框架

数据治理的核心在于规范数据的各个环节，依据国家发布的《关于促进数据产业高质量发展的指导意见》，明确数据治理的目标和方向，推动数据要素的高效流通和安全使用。参考《国家数据标准体系建设指南》，制定数据采集、存储、流通与保护的具体法规，确保数据治理有法可依。同时，加快完善新技术新模式的规范，系统梳理各类新技术应用，总结地方实践问题和风险，加快制定规则，明确边界和指引。

2. 推动智能化要素管理

智能化要素管理的核心在于利用大数据、人工智能等技术手段，提升要素配置效率和市场管理能力，而大数据和人工智能技术在市场化管理中的应用主要体现在市场监管、服务创新和政策执行等方面。利用大数据分析，一方面可以精准匹配要素供给与需求，降低信息不对称带来的交易成本；另一方面可以实现市场监管部门对市场主体行为的精准监管，提高监管的精准化和智慧化水平。人工智能技术的应用，一方面可以优化政府内部组织架构和管理流程，提高决策的科学性和精准性；另一方面，可用于构建智能监管平台，提升政务服务的便利性和效率。①

五　政策建议

（一）强化统筹规划，提升改革协同性

1. 加强顶层设计，明确改革方向

河南省应进一步加强顶层设计，明确要素市场化配置改革的方向和目

① 汤志伟：《以政府数字化服务能力提升推动新质生产力发展》，《成都日报》2024 年 5 月 15 日。

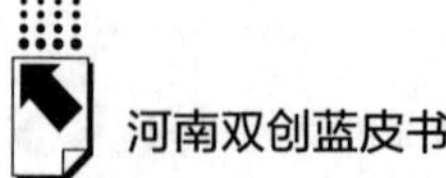

标，通过制定和完善相关政策文件，出台更多支持政策，为数据流通机制改革提供法律和政策保障，如《关于构建更加完善的要素市场化配置体制机制的实施意见》，明确改革的重点领域和具体措施，确保改革有法可依、有章可循；制定详细的数据流通机制改革规划，指导各地区、各部门协同推进改革。

2. 构建统一的数据流通平台

河南省应加快建设统一的数据流通平台，促进数据资源的高效整合和共享。如依托省大数据中心，推进政务数据、公共数据和社会数据的低成本采集、高效率归集与低能耗存储，形成全省一体化的数据流通体系。同时，推动建立数据交易市场，完善数据交易标准和规则，确保数据在不同平台和系统之间的兼容性和互操作性。

3. 促进跨部门、跨区域合作

加强跨部门、跨区域的合作是推动要素市场化配置的重要手段。河南省可以通过建立多方协同治理模式，加强与国家部委、高端机构及区域间的深度合作，打破信息孤岛，实现数据资源的共享和整合，共同推动数据安全与发展。此外，还应鼓励地方政府之间加强协作，推动省内各城市之间的数据流通合作，形成区域性的数据流通网络，提升整体协同效应。①

4. 加大人才培养和技术研发力度

为支撑要素市场化配置改革，河南省需要加大对数据科学和信息技术人才的培养，为数据流通机制改革提供人才支持。通过完善科研人员职务科技成果收益分享机制，支持高校、科研机构和科技企业设立技术转移部门，推动科技成果资本化。此外，还应鼓励企业和科研机构加大在数据处理、数据分析等领域的技术研发投入，提升数据流通的技术水平。②

① 孙晓曦：《加快河南数据要素市场化的问题与对策》，映象网，http：//zkhn. hnr. cn/zkllzx/article/1/1806554552650645506。

② 刘国歌：《以一流营商环境培育新质生产力》，大河网，https：//theory. dahe. cn/2024/04-11/1740679. html。

（二）优化法规体系，加强改革法治化保障

1. 完善相关法律法规

河南省应进一步完善与数据要素市场相关的法律法规体系，以确保数据要素市场化配置的法治化和规范化，确保数据流通过程中个人隐私和商业秘密得到充分保护，同时明确数据权属、交易规则和安全责任。针对数据的采集、存储、处理、传输和使用等各个环节，制定具体的操作规范和标准，推动不同领域和行业之间的数据互联互通，从而在为数据要素市场化提供坚实的法律基础的同时，能够促进数据资源的高效整合和利用。

2. 建立数据流通监管机制

建立健全数据流通的监管机制是推动数据要素市场健康发展的关键。河南省可以探索建立区域性数据要素市场管理平台，加强跨部门协同合作，形成统一的数据流通监管体系，统筹协同数据确权登记、流通交易、安全监管等功能，负责监督数据流通的合法性和安全性，处理数据流通中的纠纷，提供法律咨询和支持。同时对数据流通机制进行定期审查，评估其合规性和有效性，及时发现并解决问题。①

（三）加大财政支持力度，增强基层改革动力

河南省应进一步完善财政转移支付制度，建立分类分档的转移支付体系，确保基层政府有足够的财政资源来支持改革措施的实施，包括加大对困难地区及欠发达地区的转移支付力度，以此促进区域经济均衡发展。通过创新财政激励机制，围绕高新技术产业和新兴产业的发展提供配套政策支持，来激发基层政府和企业的改革积极性。例如，设立专项基金或提供税收优惠，鼓励基层政府在土地、资本、技术等要素市场化配置方面进行大胆尝试和创新。同时，河南省要提升基层政府的财政管理能力，确保财政资金使用的效率和透明度。通过培训和指导，提高基层政府在财政管理和改革实施中的专业水平。

---

① 王建植：《郑州数据要素市场化改革的路径探究》，《郑州日报》2023 年 3 月 27 日。

（四）以数字化驱动改革，实现高效治理

数字政府建设是推动要素市场化配套改革的关键一环，河南省应加强数字基础设施建设，推进政务服务的数字化转型，提升政务服务效率和透明度。通过构建一体化在线政务服务平台，实现政务服务“一网通办”，减少企业和群众的制度性交易成本。此外，数据作为新型生产要素，其市场化配置是推动数字经济发展的关键。河南省应加快数据要素市场建设，完善数据交易平台，推动数据资源的开放共享和有序开发利用。推动数字经济与实体经济深度融合，是实现高效治理的重要路径。河南省应支持数字技术在传统产业中的应用，推动产业智能化改造和先进技术扩散。

参考文献

吴瑞君、李响、章梅芳等：《充分激发人才在新质生产力发展中的引领驱动作用》，《技术经济》2024 年第 6 期。

《加快形成新质生产力（人民要论）》，《人民日报》2023 年 11 月 9 日。

王元锋、郭诗语、杨瑞仙：《河南省数据要素市场：破局革新之路，未来繁荣之望》，大河网，https：//theory. dahe. cn/2024/04-19/1745114. html。

王恬恬：《乡村振兴背景下河南省农村土地流转存在问题及对策研究》，《山西农经》2023 年第 6 期。

弋伟伟：《深化要素市场化配置改革的问题与路径研究——以河南省为例》，《市场论坛》2023 年第 8 期。

汤志伟：《以政府数字化服务能力提升推动新质生产力发展》，《成都日报》2024 年 5 月 15 日。

孙晓曦：《加快河南数据要素市场化的问题与对策》，映象网，http：//zkhn. hnr. cn/zkllzx/article/1/1806554552650645506。

刘国歌：《以一流营商环境培育新质生产力》，大河网，https：//theory. dahe. cn/2024/04-11/1740679. html。

王建植：《郑州数据要素市场化改革的路径探究》，《郑州日报》2023 年 3 月 27 日。

B.5

河南省加快推进制度型开放的路径研究*

郭军峰**

摘 要： 当前，我国已进入制度型开放新阶段，加快推进制度型开放是河南融入新发展格局、构建统一大市场的必然选择，也是河南实现“两高四着力”的重要抓手。经过不断地努力探索，河南制度型开放取得了开放平台能级跃升、国际通道优势强化、国际规则深度对接等成绩，但也面临开放成效不明显、政策体系不完善、发展要素弱化、服务业开放平台载体较少的问题，需要从高质量推动商品和要素流动型开放、主动对接国际高水平经贸规则、深化“边境后”规制改革、不断推进自贸试验区制度创新等方面入手，提升河南开放型经济的质量和水平。

关键词： 制度型开放 开放型经济 河南省

制度型开放是我国推进高水平开放和高质量发展的迫切需要，是推动构建新型国际关系和国际经济新秩序的战略举措。推动制度型开放不仅是河南深入贯彻落实习近平总书记关于开放工作重要指示精神的具体举措，也是河南构筑开放新高地、融入新发展格局、构建统一大市场的必然选择。

一 制度型开放是高水平对外开放的关键所在

开放是中国式现代化的鲜明标识，以开放促改革、促发展，是我国改革

* 本文系 2024 年度河南省社会科学界联合会调研课题“河南持续实施制度型开放战略的重点及对策研究”（项目编号：SKL-2024-1770）的阶段性成果。

** 郭军峰，黄河科技学院河南中原创新发展研究院教授，主要研究方向为产业发展、国际贸易。

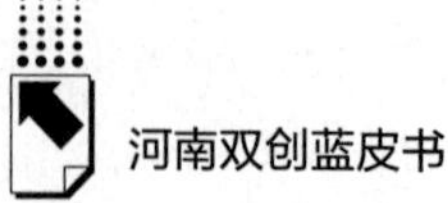

发展的成功实践。习近平总书记深刻指出："对外开放是我国的基本国策，任何时候都不能动摇。"① 改革开放40多年来，我国坚定不移推进对外开放，创造出了举世瞩目的发展奇迹，经济规模稳居世界第2位，货物贸易总额居世界第1位，利用外资和对外投资均居世界前列，年均经济增速远高于世界同期平均水平，为世界经济增长作出了突出贡献。历史和实践充分证明，对外开放是中国经济腾飞的重要秘诀，是推动我国经济社会发展的重要动力。

在对外开放领域，制度型开放是更高水平和层次的开放形式，广泛覆盖对外开放各具体领域，具有边境后、深层次、稳定性特征。制度型开放以打造透明稳定可预期的制度环境为目标，以规则、规制、管理和标准等为主要内容，而这些要素本身具有相对稳定性，因此，稳步扩大制度型开放，会凸显开放制度的稳定性。与传统的商品和要素流动型开放相比，制度型开放表现出向"边境后"规则延伸的特征。传统的贸易规则主要涉及关税、非关税等边境措施，制度型开放需要一国国内制度体系（边境后措施）与国际规则衔接适配，包括产业制度、投资体制、监管体制、劳工制度、环境制度等。这一特征使得制度型开放不仅关注边境上的规则，还深入到国内制度体系的改革和优化中。通过实施制度型开放不仅放宽市场准入等降低边界准入门槛，还会通过改革、创新，促进国内制度、法律完善，推动全球治理、国际经贸规则变革。

二　我国已进入制度型开放发展新阶段

制度型开放是通过推动规则、规制、管理、标准等制度的国内外衔接，实现更高水平、更深层次的开放，是我国在全球经贸体系重构背景下塑造国际竞争新优势、深化国内体制改革的主动选择。2024年7月，党的二十届

① 习近平：《把握新发展阶段，贯彻新发展理念，构建新发展格局》，中国政府网，https://www.gov.cn/xinwen/2021-04/30/content_5604164.htm。

三中全会就“稳步扩大制度型开放”作出一系列重要部署，标志着我国对外开放进入制度型开放发展新阶段。

（一）制度型开放是我国优势转换的客观需要

当前，我国比较优势正在发生变化，需要更加充分利用全球优质资源，塑造我国参与国际合作和竞争的新优势。改革开放以来，我国凭借土地、劳动力等要素红利参与国际分工和全球价值链，大力发展加工贸易和劳动密集型产业，使我国成为全球最大的货物贸易国。然而，近些年随着传统要素比较优势的减弱，相对零散化和碎片化的要素流动型战略已无法满足经济发展的需求，迫切需要发掘新的竞争优势和增长潜力。同时，提升在全球价值链中的位势以及服务贸易、数字经济的快速发展，也对建立与之相适应的制度政策体系提出了新的更高要求。从资源禀赋比较优势向制度优势的转变，是我国更深融入世界经济体系，进一步增强经济发展的动力、活力和韧性的必要条件。

（二）制度型开放是国际经贸规则发展新趋势的必然要求

随着经济全球化发展阶段的变化，世界上主要国家围绕市场、资源、人才、技术、标准等的竞争已经进入白热化，只有不断提升规则对接的水平，才能增加我国对全球要素的吸引力。当前，国际经贸规则正在经历深刻的变革，其中一个显著的趋势就是由边境规则向边境后规则转变。边境规则主要关注商品和要素的跨境流动，而边境后规则更多地涉及国内市场的准入、政府采购、公平竞争、知识产权保护、环境保护等领域，制度型开放要求在这些领域深化改革，强调在规则、规制、管理、标准等方面与国际接轨，这恰好适应了国际经贸规则的新发展趋势。同时，制度型开放要求各国在制度层面上进行更高层次的开放。对标高水平国际经贸规则，稳步扩大开放范围，形成发展更高水平开放的制度环境和制度优势，是我国推进高水平对外开放的方向之一。

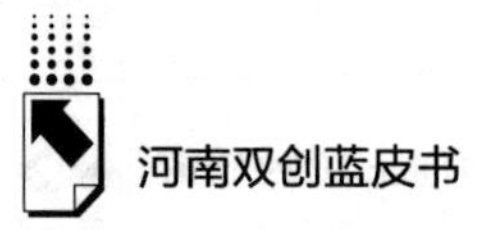

（三）制度型开放是服务贸易高质量发展的迫切选择

实施制度型开放是适应以服务业、服务贸易为重点领域的开放发展的需要。随着全球经济服务化以及数字经济的发展，服务贸易正成为新一轮全球自由贸易的焦点。在多重因素推动下，全球服务贸易增长潜力加快释放。从全球范围来看，服务贸易的增长速度超过货物贸易，对国民经济增长具有重要影响。据世界贸易组织统计，2013～2023 年，全球服务出口年均增长 4.9%，服务贸易占货物和服务贸易总额的比重增加到 1/4，服务贸易正成为拉动全球贸易的增长引擎。[①] 对我国而言，服务贸易也是高质量发展的重要标识。近年来，我国服务贸易规模快速增长，并成为全球服务贸易增长的重要动力。2024 年，我国服务贸易进出口总额为 1 万亿美元，同比增长 14.4%。当前，全球已进入服务经济时代，服务贸易是国际经贸合作的重要领域，也是今后一段时期我国开放的重点领域。因此，适应服务贸易开放发展需要，要求完善国内相关制度、法律等，推进制度型开放。

三　河南省制度型开放取得的成绩

制度型开放是新一轮对外开放的重要特征，以自贸试验区等平台建设为引领推动河南制度型开放，是新时代河南实现高水平对外开放的必然选择，也是河南经济高质量发展的迫切要求。经过不断地探索，河南已形成“规则引领、通道支撑、产业协同”的开放型经济新格局。

（一）开放平台能级显著提升

自贸试验区、跨境电商综试区等高水平开放平台是河南制度型开放的重要载体和试验田，在制度创新、产业发展等方面发挥了重要作用，成为引领

---

① 谢希瑶：《顺应新形势 抢抓机遇期——解读〈关于以高水平开放推动服务贸易高质量发展的意见〉》，中国政府网，https：//www. gov. cn/zhengce/202409/content_6973552. htm？slb =true。

河南产业迈向全球中高端的主要引擎。

自贸试验区建设成效显著。河南自贸试验区自 2017 年 4 月挂牌以来，聚焦“两体系一枢纽”的战略定位，以制度创新为核心，推动制度能效为产业发展深度赋能，打造特色鲜明的产业集群，已成为全省制度型开放高地和产业集聚地。目前，河南自贸试验区 2.0 版深入推进，累计推广 77 项突破性创新案例，并认定首批 10 个联动创新区，开放平台功能持续增强。截至 2023 年底，河南自贸试验区累计新设立企业 13.2 万家，注册资本 1.8 万亿元，分别是挂牌前的 4.9 倍、6.6 倍，2024 年新设企业 2.3 万家。[①] 截至 2024 年 11 月，河南自贸试验区已累计形成了 613 项制度创新成果，23 项制度创新成果在全国推广。

跨境电商综试区的业务规模持续扩大。持续优化创新让河南跨境电商生态圈呈现新局面，河南省的跨境电商进出口额在 2023 年实现了 7.3%的增长，而 2024 年继续保持了强劲的增长势头，同比增长 12.4%。2023 年以来，郑州、洛阳、南阳、许昌、焦作这 5 个综试区跨境电商进出口占全省的 3/4，郑州的机械制造和轻工产品、洛阳的钢制办公家具、许昌的假发与蜂制品、南阳的仿真花和光学仪器等，这些跨境电商特色出口产业发展势头强劲，成为推动全省跨境电商创新发展的核心力量。

（二）国际通道优势持续巩固

国际通道建设是河南进一步扩大对外开放，提高开放型经济水平的重要手段，是地处内陆的河南更广泛地参与国际市场竞争，加强与世界各国和地区的经济合作与交流，增加对外贸易和投资的关键举措。

物流枢纽建设稳步推进。河南围绕“两体系一枢纽”的战略定位，通过加密中欧班列、拓展 TIR 运输、优化空铁联运网络、升级航空货运枢纽及强化政策保障，构建起“四路协同”的国际物流通道体系，形成覆盖亚欧、

① 《高标准建设河南自贸试验区升级版》，河南省商务厅网站，https：//hnsswt. henan. gov. cn/2025/01-24/3117306. html。

通达全球的物流网络。截至 2024 年底，郑州机场货邮吞吐量突破 80 万吨，郑州成为全球性国际邮政快递枢纽承载城市；中欧班列（郑州）累计开行突破 1.3 万列，直达 27 站点 9 口岸，形成覆盖 22 个国家的国际物流网络，巩固河南“陆上丝绸之路”核心地位；TIR 国际公路运输线路增至 16 条，率先完成 TIR 跨境公路运输双向联通；铁海联运班列业务量持续增长，成为空、海、铁之外的第四大国际物流通道。

内河航运持续提质。2023 年河南推动内河航运“11246”工程全面实施，构建中原出海新通道全面起势。2024 年河南内河航运集装箱吞吐量增长 20.4%，淮滨港集装箱吞吐量增长超 200%，内河航运布局加速完善。周口港集装箱吞吐量从 2019 年的不足 1 万标箱增长至 2024 年的 16.3 万标箱，目前已开通 18 条国内、14 条国际航线，并于 2025 年 2 月晋升为全国港口型枢纽，成为淮河流域唯一入选城市，并通过与铁路专用线、疏港公路联动，打造“公铁水空”多式联运枢纽。

（三）国际规则对接加速推进

对接国际高标准经贸规则是推动要素流动向制度集成升级，提升国际竞争力与话语权，促进国内改革与治理能力现代化的重要手段。

高标准规则加快落地。河南通过主动对接 RCEP（《区域全面经济伙伴关系协定》）、CPTPP（《全面与进步跨太平洋伙伴关系协定》）等国际高标准经贸规则，推动产业补贴、环境标准、产权保护等制度与国际接轨，增强外资企业投资信心。河南省积极把握 RCEP 生效所带来的新机遇，建立了 RCEP 企业服务中心，并打造了 RCEP 货物贸易大数据服务专区，提供包括商事证明、原产地证书签发等在内的“一站式”涉外综合服务。截至 2025 年 1 月 27 日，郑州海关共签发 RCEP 原产地证书 1.8 万余份，助力 599 家进出口企业累计享受关税优惠 6.6 亿元，河南省 RCEP 项下进出口享惠货值 73.3 亿元。①

① 《RCEP 实施三年来，政策红利持续释放 近六百家豫企享惠超六亿元》，河南省人民政府网，https://www.henan.gov.cn/2025/02-01/3119265.html。

自贸试验区先行先试。为高质量实施 RCEP，河南在郑州自贸片区设立河南省 RCEP 示范区，积极探索对接 RCEP 高标准经贸规则经验，形成成功案例在全省推广应用，提升了全省整体协定实施效果。河南自贸区对标国际规则，推动航空电子货运试点、融资租赁等新业态标准制定。推行“二十二证合一”商事制度改革，简化企业登记流程，上线全国首家企业登记实名验证系统，打造与国际接轨的政务服务品牌。实施“先查验后装运”通关模式，压缩出口成本 20%以上，通关效率提升 30%，有效降低企业跨境贸易成本。郑商所新增菜籽粕、花生、二甲苯、瓶片等期货期权对外开放，截至 2023 年底，郑商所已有 566 个境外开户客户，“郑州价格”逐渐成为相关品种国际贸易定价的重要参考。①

四　河南省制度型开放面临的问题

河南通过制度型开放战略，实现了开放平台能级跃升、国际通道优势强化及国际规则深度对接等目标，为内陆地区开放型经济高质量发展提供了“河南样本”。但面对世界百年未有之大变局，河南制度型开放仍面临诸多问题和挑战。

（一）制度型开放成效不明显

制度型开放代表着对外开放的高级阶段，涉及区域内外相关制度安排的相互作用与适应，是一个复杂的过程。一方面是与国际高标准经贸规则的衔接，另一方面是边境后规则、规制、管理、标准的改革与创新。这对制度的制定者和践行者都提出了很高的要求。制度的制定者需要深入理解其核心本质，并根据形势的变化灵活且持续地进行优化改进；而制度的执行者则需解放思想，深刻领会政策精神，确保政策得到准确执行，并能实事求是地反映

① 《提升 1 位！2023 年郑商所市场规模在全球交易所排名第七》，《河南日报》2024 年 3 月 20 日。

遇到的问题及提供改革思路。但部分实施主体思维僵化固化，缺乏法律依据则不采取行动，没有先例则不敢有所作为，不能在改革创新、制度设计、复制推广等方面积极作为，同时“GDP 至上”的观念依然浓厚，将招商引资规模、进出口额等作为考核的重要内容，仍采用土地、税收等优惠政策而不是制度规则的转变、营商环境的改善等手段，使得制度型开放的成效受到较大的影响。

（二）制度型开放政策体系不完善

为了推动制度型开放，河南省陆续颁布并实施了多项法规条例、规划建议和实施方案，初步构建起层次清晰的制度型开放政策体系。特别是《河南省实施制度型开放战略工作方案》的推出，为实现高水平的对外开放描绘了宏伟蓝图。但河南在构建制度型开放新体制、新模式，建设制度型开放新高地等方面政策力度不足，同时，由于缺乏对现有制度的细化配套措施，开放政策的操作性和执行性较弱，市场主体的获得感不强。制度型开放需要基于不同产业、不同区域的不同特征，设计结合产业全链条和全生命周期的开放政策、要素供给、制度保障等方面的制度体系。但河南目前开放政策的重点还在要素和资本等准入环节，缺乏精准有力的事关开放的产业规划引导和支持的政策体系。河南在跨境电商、数字贸易方面抢占了一定的先机，郑州首创的“1210”模式不仅在全国得到复制推广，还被纳入《世界海关组织跨境电商标准框架》，得到反向复制推广，但对后期创新发展及相关经贸规则和发展前景研判不够、前瞻性不足，导致河南错失了先发优势和良机。

（三）制度型开放发展要素弱化

当前，商品和要素流动型开放仍然是河南对外开放的立足点和基本归宿。但随着经济积累和发展阶段变化，受劳动力价格、土地供给、产业结构等因素影响，河南前期凭借劳动力、综合成本较低等资源禀赋优势推动的商品和要素流动型开放增速放缓，贸易增长进入瓶颈期。2023 年河南进出口总值较 2022 年减少 416.2 亿元，2024 年河南进出口总值在全国的排位下降

1位，居第10位。面对传统要素禀赋边际效应和比较优势的减弱，以商品和要素流动型开放为主的市场增量空间自然受到限制；与此同时，国际市场正进入一个更深层次的开放新阶段，以规则、规制、管理、标准无缝衔接为主的“边境后开放”正逐步深化。面对开放新形势的转变，河南的制度型开放尚未能在全省范围内形成有效的衔接，目前的开放领域仍集中在特定区域的特定业务，制度创新多是规则操作层面的流程优化。

（四）服务业开放平台载体较少

随着我国开放领域逐渐从以制造业为主转向以服务业为主，“制造+服务”“产品+服务”“技术+产品+服务”成为对接国际高标准制度规则、推动实现高水平开放的有效途径，而平台载体是服务业开放制度先行先试、服务功能门类招引扩容的基础支撑。2024年河南服务业增加值占GDP的比重为53.1%，对经济增长的贡献率为41.7%，分别低于全国平均水平3.6个、14.5个百分点。截至2024年11月，河南现有省级开发区184个，其中，现代服务业开发区19个，仅占10.3%。目前，全国已有辽宁省、江苏省、浙江省、湖北省、四川省等11省市被纳入国家服务业扩大开放综合试点示范省市，这些示范省市将依据《关于支持国家服务业扩大开放综合试点示范省市标准化建设推进制度型开放若干措施的意见》及首批相关工作任务清单开展工作，河南省未能抓住试点服务业制度型开放的政策机遇。

五　加快推进河南省制度型开放的主要路径

推进规则、规制、管理、标准等制度型开放是河南实现“两高四着力”的重要抓手，也是加快融入新发展格局、推动经济高质量发展的重大举措。迈入新时代新征程，加快推进河南制度型开放要以党的二十大和二十届三中全会精神为指引，结合河南制度型开放的成效和堵点，从高质量推动商品和要素流动型开放、主动对接国际高水平经贸规则、深化“边境后”规制改革、不断推进自贸试验区制度创新等方面入手，提升河南开放型经济的质量和水平。

（一）高质量推动商品和要素流动型开放，筑牢制度型开放的底层根基

河南地处内陆，开放起步较晚，当前高质量推动商品和要素流动型开放是河南融入全球产业链、供应链的基础，也是符合河南产业结构、贸易方式的现实选择。河南推动商品和要素流动型开放要深化要素市场化配置改革，优化土地、劳动力、资本、技术等要素跨区域流动机制，依托自贸试验区等平台破除制度壁垒，提升要素流通效率；加快现代产业体系培育，聚焦新能源汽车、新一代信息技术等战略性新兴产业和未来产业，通过要素流动带动产业链升级，形成"传统+新兴+未来"产业协同发展格局；推动区域协同机制建设，主动对接京津冀、长三角、粤港澳大湾区等区域发展战略，通过政策协同破除市场分割，促进商品和要素跨区域自由流动；优化多式联运体系，依托郑州国际航空货运枢纽和铁路集装箱中心站，推进航空、铁路、公路高效衔接，打造"通道+枢纽+网络"物流体系，促进国内国际货物集疏能力提升；建设好跨境电商综合试验区，加快跨境电商创新发展，推动"买卖全球"双向拓展，形成"货通全国"与全球贸易联动的格局。

（二）对接国际高标准经贸规则，构建开放型贸易投资支撑体系

对接国际高标准经贸规则是稳步扩大制度型开放的重要条件，是以开放促改革促发展的必然选择。河南对接国际高水平经贸规则要在传统贸易投资领域，持续降低包括工业产品在内的货物贸易关税水平，提升零关税产品税目数比例，取消非关税壁垒并减少贸易限制措施，拓展与 RCEP 签署国的产业链、供应链合作空间。放宽外商投资准入准营，继续缩减河南自贸区外商投资负面清单，实施国民待遇原则，保障外国投资者权益；在服务贸易领域，加快以标准对接为重点的市场体系深度融合，在专业服务的资质、许可或注册等方面，探索建立服务业认可清单，适时有序放开面向 RCEP 国家的劳务市场，最大限度降低服务贸易壁垒和企业合规风险；在新兴贸易领域，利用全球数字贸易规则制定的时间窗口期，充分发挥河南自由贸易试验区开

放政策优势，对接DEPA（《数字经济伙伴关系协定》）等高水平经贸协定中跨境数据流动、数据本地化、数字贸易便利化、消费者保护等领域的规则标准，并以自身实践更好引领、创新相关规则体系，打造高水平数字经济发展高地。

（三）深化“边境后”规制改革，优化透明公平的制度环境

“边境后”规制改革是制度型开放的重要内容，也是经济全球化深化发展的必然要求。河南“边境后”规制改革要深化货物贸易便利化改革，构建“一线放开”与“二线管住”的贸易监管制度，借鉴国际先进的贸易监管经验，推行风险管理、信用管理等贸易监管模式，加强与其他国家和地区的海关合作，开展AEO（经认证的经营者）互认，提升通关效率；推进投资规则改革，积极探索实施市场准入承诺即入制，强化以过程监管为重点的投资便利制度，减少政府审批事项，将前置审批转变为事中事后监管，建立“一站式”服务平台，加强对外投资合作的事后管理和服务创新；持续优化营商环境，逐步消除在行业管理、市场体系、商事制度、金融体系等领域制约各类生产要素优化配置的显性或隐性障碍，增强在政府采购、知识产权、竞争政策、环境规制等政策领域的透明度和可预期性，在要素获取、准入许可、经营运行、政府采购和招投标等方面对各类所有制市场主体采取同等待遇，为企业提供公平、透明的发展环境。

（四）不断推进自贸试验区制度创新，夯实制度型开放的制度保障

以制度创新为核心任务，构建开放型经济新体制是我国自贸试验区建设的主要目标。面对国内外经济发展的新形势、新变化、新要求，以自贸试验区制度创新为引领推动河南制度型开放，是新时代河南实现高水平对外开放的战略选择，也是国家赋予的重要使命。河南自贸试验区要加快政府职能转变，制定政府权责清单，减少政府对市场的直接干预，激发市场活力；建立优化以制度创新为导向的考核管理机制，弱化自贸试验区招商引资、产业发展等经济功能，聚焦制度创新，优化营商环境；聚焦各类经营主体的关切和

诉求，基于大数据等技术手段，发挥要素集聚平台优势，加快对标高标准国际经贸规则，在货物贸易、数字贸易、跨境电商、航空物流、投资、金融及知识产权等领域的规则和程序方面加快探索；健全联动开放机制，围绕战略性新兴产业培育、高端要素优化配置、科技创新等内容，加强与其他自贸试验区的合作，通过制度联创、产业协作、要素联培、管理联合等方式，拓展制度创新的空间范围和应用场景。

参考文献

赵蓓文：《“双循环”新发展格局下中国制度型开放的创新实践》，《思想理论战线》2022 年第 3 期。

崔庆波、邓星、关斯元：《从扩大开放到制度型开放：对外开放平台的演进与升级》，《西部论坛》2023 年第 1 期。

汪萌萌：《河南实施制度型开放战略的基本思路与对策研究》，《中共郑州市委党校学报》2022 年第 5 期。

洪俊杰：《制度型开放的理论与实践》，《国际贸易问题》2024 年第 11 期。

刘攀：《河南省实施高水平开放问题研究》，《农村·农业·农民》（A 版）2024 年第 1 期。

B.6
河南省构建完善城乡融合发展体制机制研究*

豆晓利　欧阳艳蓉**

摘　要：　新时代新征程完善城乡融合发展体制机制是中国式现代化的必然要求，具有重要的时代价值。近年来，河南省在农业转移人口市民化、城乡要素双向流动、惠农富农制度体系、城乡基础设施以及基本公共服务一体化等领域的体制机制改革不断深化，基于目前仍然存在县域综合承载能力不强、城乡基础设施和公共服务供给不足、城乡要素双向流动和交换机制不健全等瓶颈，未来应该在增强县域承载力、缩小城乡差距、促进城乡要素双向流动、实现农民增收等方面着力，在城乡融合发展体制机制改革创新方面走出一条具有河南特色的路径模式。

关键词：　城乡融合　体制机制　河南省

党的二十届三中全会审议通过的《中共中央关于进一步全面深化改革推进中国式现代化的决定》指出，"城乡融合发展是中国式现代化的必然要求"，并把完善城乡融合发展体制机制作为进一步全面深化改革的五个

---

* 本文为2024年河南省哲学社会科学规划年度项目"基于城市更新视角的河南省县域城市收缩识别测度、发生机理与政策应对研究"（项目编号：2024BJJ012）以及2025年河南省科技厅软科学研究计划项目"人口变化新形势下河南省县域城市收缩识别测度、发生机理与政策应对研究"（项目编号：252400411089）的阶段性成果。

** 豆晓利，黄河科技学院河南中原创新发展研究院教授，主要研究方向为区域经济、创新创业；欧阳艳蓉，黄河科技学院商学部副教授，主要研究方向为区域经济、农村经济、产教融合。

体制机制之一着重强调。这些部署和要求构成进一步推进城乡融合发展的根本遵循。近期，河南省提出“四高四争先”的奋斗目标，是新征程上奋力谱写中国式现代化建设河南篇章的战略指引。在2025年1月23日召开的河南省委农村工作会议上进一步强调，要在推动城乡融合发展和乡村全面振兴上奋勇争先，加快农业农村现代化，朝着建设农业强省目标扎实迈进，为奋力谱写中国式现代化建设河南篇章提供坚实支撑。河南完善城乡融合发展体制机制改革的时代价值是什么，取得了什么样的阶段性成效，未来如何突破现有的瓶颈难题构建完善的城乡融合发展体制机制，对这些问题进行探讨极为必要。

一　河南省完善城乡融合发展体制机制的时代价值与基本遵循

（一）河南省完善城乡融合发展体制机制的时代价值

1. 完善城乡融合发展体制机制是推进中国式现代化建设河南实践的必然要求

党的二十届三中全会对完善城乡融合发展体制机制作出重要部署，凸显了城乡融合发展的重要价值。无论是西方发达国家还是我国的城乡发展演进规律都表明，城乡融合发展都是破解新时代城乡发展失衡、促进资源优化配置、实现乡村全面振兴的必由之路。河南作为农业大省，城乡之间分配不均、制度分割、流动不畅等诸多矛盾也更为突出，责任也更为重大，任务也更为艰巨。因此，推进中国式现代化建设的河南实践，首先要破解城乡融合发展这个不可逾越的时代命题，要走出具有河南特色的城乡融合发展新模式。

2. 完善城乡融合发展体制机制是筑牢全国粮食安全“压舱石”的必然选择

粮食生产是河南的优势，也是河南的王牌。河南小麦产量占全国的1/4强，粮食产量稳居全国第2位，河南粮食总产量达1344亿斤，连续8年稳定在1300亿斤以上，为保障国家粮食安全作出了重要贡献，是全国粮食安全的“压舱石”。但是，在“粮财倒挂”、粮食生产后劲不足、农民种粮积极性不够的多重压力下，如何筑牢全国粮食安全这个“压舱石”，城乡融合发展是必然选择。只有不断完善城乡融合发展体制机制改革，实现资金、人才、技术等要素在城乡之间顺畅流动，才能从根本上提升现代化农业竞争力，缩小城乡差距，打好这张王牌。

3. 完善城乡融合发展体制机制是谱写中部地区崛起新篇章的必由之路

在2024年3月20日召开的新时代推动中部地区崛起座谈会上，习近平总书记强调，在更高起点上扎实推动中部地区崛起，并进一步指出，中部地区崛起要切实研究解决好城乡融合发展等关键问题。河南省作为中部地区经济规模最大的省份，在中部地区崛起中担当着重要的历史使命。从城乡发展进程来看，河南省的城乡二元结构问题可以说是中部地区的缩影。因此，如果河南省率先在城乡融合发展方面走出一条新道路，不仅对于河南来说意义重大，对于拥有3.5亿人口的整个中部地区也具有重要的意义，是为整个中部地区的城乡融合发展和乡村全面振兴探索出一条新道路。

（二）河南省完善城乡融合发展体制机制的基本遵循

1. 完善城乡体制机制改革应坚持农业农村优先发展

随着现代化进程的不断推进，农业占国内生产总值的比重、农村居民占总人口的比重不断下降是必然趋势，但这并不改变农业是国民经济基础产业和战略产业的重要地位。河南作为农业大省，在推进中国式现代化建设进程中，尤其要切实把农业农村发展摆上优先位置，统筹新型工业化、新型城镇化和乡村全面振兴，以更有力的政策举措引导人才、资金、技术、信息等要素向农业农村流动，切实解决农业投入产出效率偏低、农业经营主体能力不足、农村产业发展基础条件薄弱等问题，加快形成城乡互补、协调发展、共同繁荣的新型城乡关系，开启城乡融合发展和现代化建设新局面。

2. 完善城乡融合发展体制机制应坚持守正创新

完善城乡融合发展体制机制，既要遵循城乡发展关系呈现的普遍性规律，又要积极面对城乡发展不平衡的现实问题，既要借鉴国际国内先进经验，又不能照搬照抄，既要不断探索创新，又要保持历史耐心，不能攀比冒进。应该从河南省情出发，科学把握当下城乡融合发展的阶段性特征，精准了解全省在城乡融合发展体制机制改革中面临的特殊问题，创新性探索出城乡融合发展体制机制改革发展的河南模式。

3. 城乡融合发展体制机制改革应在县域率先破题

城乡融合发展的本质是以体制机制创新和空间优化配置为出发点，实现经济、社会与生态全过程全要素融合发展①，是城乡关系的高级阶段。县域无疑是城乡融合发展的关键载体和重要节点，县域城乡融合发展具有历史必然性、理论必要性和实践可能性。② 近年来，随着新型城镇化和乡村振兴战略的深入实施，河南省城乡融合发展取得了显著进展，但是仍然存在城乡资源要素流动不顺畅、城乡基本公共服务标准不统一、城乡收入差距较大等堵点，这些问题的根本仍然是体制机制问题，以县域为重要切入口深化城乡融合发展体制机制改革，具有有利的条件，也最有可能率先实现突破。首先，县域是连接乡村与城市的纽带，既是乡村振兴的主战场，也是城市体系的末梢点，涵盖县城、乡镇、村庄多个层级，因此，是城乡融合发展体制机制改革的最佳地域单元。其次，县域具有完整的经济运行体系，全面包含一二三产业体系，以县域为基本单元深化城乡融合发展体制机制改革，能够更好地促进城乡之间经济的循环与要素的流动。促进县域内城乡融合发展的过程，是破除县域内二元经济和社会结构的过程，也是推动城乡基础设施互联互通、共建共享以及城乡公共服务逐步实现均等化的过程。最后，县域具有丰富的资源禀赋，全国各个县域类型丰富，或者是农业大县，或者是旅游大县，或者是工业大县，或者是文化大县，各个县域依据自身资源禀赋优势，更有条件进行体制机制改革创新。

① 陈磊、姜海：《城乡融合发展：国外模式、经验借鉴与实现路径》，《农业经济问题》2024年第2期。

② 涂圣伟：《县域城乡融合发展的内在逻辑、基本导向与推进路径》，《江西社会科学》2024年第8期。

二 河南省高质量完善城乡融合发展体制机制的基础条件与阶段性成效

近年来，河南省紧密结合经济发展实际，在农村转移人口市民化、城乡要素双向流动、惠农富农制度体系、城乡基础设施以及基本公共服务一体化等领域的体制机制改革不断深化，城乡融合发展的协调性增强，为进一步高质量完善城乡融合发展体制机制改革奠定了坚实的基础。

（一）农业转移人口市民化体制机制改革取得重要成效

深化城市建设、运营、治理体制改革，加快转变城市发展方式，提升城市对城乡产业的承载能力和人口集聚力，是城乡融合发展体制机制改革的重要内容。近年来，河南省不断扎实推进农业转移人口市民化进程，配套政策不断完善。河南省早在2014年就出台了《河南省人民政府关于深化户籍制度改革的实施意见》，全省户口登记取消农业户口与非农业户口性质区分，统一登记为“居民户口”，建立了全省统一的居住证管理系统，持有河南省居住证的群众享有与当地户籍人口同等的劳动就业、基本公共教育、基本医疗卫生服务、计划生育服务、公共文化服务、证照办理服务等权利。河南省不断放宽农民进城落户条件，已经全面取消城镇地区落户限制，目前在全省范围内已实现农业转移人口落户城镇“零门槛”。以上改革措施极大地促进了农业转移人口的市民化进程。2023年，河南省城镇常住人口城镇化率从2014年的45.05%提高到58.08%，累计提高约13个百分点，城镇常住人口从2014年的4819万人增加到5701万人，自2014年以来，近千万农业转移人口和其他常住人口实现了市民化。

（二）城乡要素双向流动体制机制不断深化

为了扭转多年来城乡要素一直呈现的由农村向城市单向流动的态势，河南省不断深化城乡要素双向流动体制机制改革。首先，不断完善农村金融服务体系。河南省不断进行农信系统改革模式创新，于 2025 年 2 月正式组建河南农商银行，进一步提升农村金融服务效率，优化金融资源配置，也意味着河南省农村金融服务能力迈上了新台阶。其次，建立城市人才要素返乡下乡的有效机制。近年来，河南省先后出台支持农民工返乡创业“18 条”、进一步支持返乡下乡创业“14 条”等多个文件，设立“农民工返乡创业投资基金”，制定财政、金融、社会保障等多方面激励政策，鼓励各类人才返乡创业。2023 年，河南省返乡创业人员 18.77 万人，累计达到 55.33 万人，新增带动就业 112.75 万人。最后，探索城乡土地流动制度改革。河南省于 2023 年 12 月印发《河南省农村宅基地和村民自建住房管理办法（试行）》，巩义市、长垣市、孟津区、宝丰县、新县 5 个县市区被确认为国家新一轮农村宅基地制度改革试点县，通过不断探索农村宅基地自愿退出和补偿机制，盘活农村闲置资源，提升城乡土地资源的流动和利用效率。

（三）惠农富农支持制度体系不断完善

惠农富农支持制度体系是城乡融合发展体制机制的重要内容。近年来，河南省不断完善惠农富农支持制度体系。首先，不断完善“三农”领域财政投入机制，把“三农”领域的投入作为优先保障的领域，制定《河南省 2023 年惠农支农资金政策明白纸》等政策，不断建立优先保障农业农村发展的公共财政投入制度。2024 年，河南省筹措 72 亿元，用于全省新建和提升高标准农田 280 万亩；筹措奖励及各类补贴资金 196.8 亿元，保障粮食稳产增产；持续推进三大粮食作物完全成本保险，为农户提供风险保障 1262 亿元；筹措 21.6 亿元，用于支持新型农业经营主体能力提升和农业科技研发等；筹措 41.6 亿元，用于推动农林牧渔业以及特色农业高质量发展；筹措 66.2 亿元，用于支持水利基础设施建设、水资源保护与利用等；完善财金联动支农机制，累计为新型农业经营主体提供贷款资金 1034 亿元，总量居全国农担体系第 3 位。其次，不断优化农业补贴政策体系。河南省印发《河南省 2024 年耕地地力保护补贴工作实施方案》《河南省重大品种研发推广应用一体化试点工作实施方案》等系列政策，对耕地地力、重大品种研发推广等给予保护补贴。2024 年，河南省筹措农业农村领域奖励资金、各类补贴资金以及减震减灾资金共计 208.7 亿元，保障粮食稳产增产。再次，不断发展多层次农业保险。2024 年，河南省持续推进三大粮食作物完全成本保险，为农户提供风险保障 1262 亿元。最后，不断健全农民收益保障机制。出台《关于持续增加农民收入的指导意见》等政策，综合运用价格、补贴、保险等方法，加快健全种粮农民收益保障机制。2024 年，河南省农村居民人均可支配收入增长 6.4%。①

（四）城乡基础设施一体化发展体制机制不断完善

城乡一体的基础设施服务网络是城乡融合发展的基础，为进一步深化城乡基础设施一体化发展体制机制改革，河南省发展改革委于 2025 年 2 月印发《河南省配电网高质量发展实施方案（2024~2027 年）》，特别提出要着力补齐电网短板，消除城乡配电网薄弱环节。河南省人民政府办公厅于 2024 年 12 月 26 日印发了《河南省省级现代水网先导区建设实施方案》，指出要在 2026 年底前基本建成“八横六纵”的现代水网布局，逐步形成全省水网“一张网”。随着一系列政策的实施，城乡基础设施差距逐渐缩小。从城乡供水来看，2024 年，河南省农村自来水普及率达到 94%，相比于 2023 年提高 1.5 个百分点，比 10 年前提高近 30 个百分点，与城市供水普及率差距显著缩小。从城乡供电来看，2024 年，河南省农村居民用电量为 473.35 亿千瓦时，城镇居民用电量为 503.65 亿千瓦时，城乡电网基础设施持续改善，其中，农村居民用电量比 10 年前增加约 5 倍，城乡居民用电量差距显著缩小。从城乡公路来看，2024 年，河南省新改建农村公路 7295 公里，完成 5000 公里重要农村公路和 3000 公里普通国省道资产数字化，并制定了全国首个道路全要素资产数字化标准规范《普通干线公路资产数字化技术规

① 河南省统计局、国家统计局河南调查总队：《2024 年河南省国民经济和社会发展统计公报》，河南省统计局网站，https://tjj.henan.gov.cn/2025/04-02/3143962.html。

范》。全省近10年累计投资1281亿元，新改建农村公路11.4万公里，99.3%的乡镇通三级及以上公路，17.9万个自然村全部通硬化路，“四好农村路”高质量发展上榜交通运输部交通强国建设试点成效突出任务名单。[①]从城乡互联网来看，2024年，河南省建成农村区域5G基站4375个，累计达到3.17万个，4.5万个行政村全部实现通5G网络，通达率达到100%。农村100M以上固定宽带用户比例超过99%，500M以上固定宽带用户比例达到34%，基本实现了城市农村“同网同速”。[②]

（五）城乡基本公共服务一体化提供机制逐渐形成

2024年1月，河南省人民政府办公厅出台了《关于印发河南省基本公共服务实施标准的通知》，要求各级政府切实加强人员、财力、设施等要素保障，强化公共服务供给能力建设。随着基本公共服务体系制度体系不断健全，河南省不断引导财政资源向民生发展领域投入，城乡基本公共服务提供机制不断向制度接轨、质量均衡、水平均等的方向迈进。2024年，河南省民生支出规模为8338.5亿元，占一般公共预算支出的比重为72.8%。其中，城乡居民基本医疗保险财政补助标准达到每人670元，比上一年增加30元，全省基本医疗保险参保9714.13万人，参保率达到96%；全省城乡居民养老保险参保人数为5280万人，城乡居民养老基本人均月支出约为148元，比上一年增加20元；全省各地区根据河南省民政厅等部门《关于进一步做好最低生活保障标准确定调整工作的指导意见》都调整了城乡最低生活保障标准，其中，郑州城乡最低生活保障标准统一提高到每人每月760元。总体来看，河南省注重普惠性、兜底性、基础性基本公共服务事业建设，城乡基本公共服务差距不断缩小，城乡基本公共服务机制改革取得显著成效。

① 《河南10年新改建农村公路11.4万公里 行走“一河三山”看乡村振兴新图景》，中国日报网，http：//cnews.chinadaily.com.cn/a/202502/17/WS67b2d8b7a310ff9bbd9f365f.html。

② 陈辉：《我省5G规模化应用“扬帆升级”》，《河南日报》2025年3月23日。

三　河南省城乡融合发展体制机制改革存在的难题和瓶颈

根据国家和全省城乡融合发展战略部署和要求，近年来河南省城乡融合发展体制机制改革已经取得了较为显著的成效，但是基于城乡融合发展的总目标来看，在县域综合承载能力、城乡基础设施和公共服务供给、城乡要素双向流动和交换机制等方面仍然存在较大的难题和瓶颈。

（一）县城发展的综合承载能力仍然不强

实践证明，城乡融合发展程度与城镇化水平高度正相关，城镇化水平越高，城乡之间连接性越好，以城带乡能力就越强，城乡融合发展水平就越高。目前来看，河南省的城镇化水平仍然不高，以城带乡能力仍然不强。2023 年，河南常住人口城镇化率为 58.08%，仍然低于全国近 10 个百分点，全省仍有 16 个区县的城镇化率低于 40%。总体来看，河南县域经济水平较低，产业基础薄弱，城乡融合支撑能力、人口承载能力不足等原因，制约了县域城镇化水平提升，对农村经济的带动作用也较为有限。

（二）城乡基础设施和公共服务供给水平仍然存在一定差距

城乡发展差距主要表现在城乡居民人均可支配收入水平差距以及基础设施和公共服务供给水平差距方面，这也是县域城乡融合发展最大的堵点、难点。2024 年，河南省城镇居民人均可支配收入为 42027 元，农村居民人均可支配收入为 21330 元，二者之比约为 1.97，[①] 相较于以前有所改善，但是农民持续增收的渠道仍然比较有限。城乡经济结构的差距导致基本公共服务的供给也存在较大差距，城乡在教育、卫生等方面的能力和标准存在较大差距。总体来看，全省在水气热等市政公用设施方面尚未实现城乡互联互通，

① 《河南省经济概况》，河南省人民政府网，https：//www.henan.gov.cn/2025/04-03/3144469.html。

城乡之间交通、物流、信息等方面垂直联系较强，但村与村、镇与镇之间缺少横向联结联系的有效管网，制约了商品和要素在城乡之间双向流动。

（三）城乡要素双向流动和交换机制仍不健全

城乡融合发展当下迫切需要解决的问题是人口、土地、资金等要素的顺畅流动，生产要素的顺畅流动需要有完善的体制机制和政策体系作为保障。目前来看，河南在农业转移人口市民化、外出务工人员返乡创业、农村宅基地有序退出、集体用地入市、土地制度改革、农村资源资产多种转化模式、农民多种增收模式、多层次人才培养、农业农村发展的资金保障等方面的体制机制改革虽然取得了一定成效，但是还不够深入，还没有构建完善的政策体系保障，也限制了城乡之间人口、土地、资金等要素的平等交换和双向流动。

四　进一步完善河南省城乡融合发展体制机制改革创新的对策建议

推动城乡融合发展，应该在增强县域承载力、缩小城乡差距、优化国土空间规划、促进城乡要素双向流动、实现农民增收等方面着力，推动城乡规划建设、基础设施、公共服务、要素配置、产业发展“五个一体化”，在县域城乡融合发展体制机制改革创新方面走出一条具有河南特色的路径模式。

（一）增强县域承载力，健全新型城镇化体制机制

城乡融合发展应增强县城在产业、人口、空间等方面的综合承载力，发挥好以城带乡的作用，不断健全新型城镇化体制机制。一是加快农业转移人口市民化进程。健全新型居住证制度，构建城镇新增建设用地指标配置与常住人口增加相协调的机制，探索政府与社会多方力量参与的农业转移人口市民化成本分担机制，维护落户农民的土地承包权、宅基地使用权、集体收益分配权。二是推进县域城乡公共服务一体配置。提升县城市政公用设施建设水平和基本公共服务功能，提高乡村基础设施完备度、公共服务便利度、人

居环境舒适度。三是加快推进一二三产业融合发展。以全省农业农村资源为依托，打造特色鲜明的产业链群，把重要产业链主体留在县域，把重要价值链收益留给农民。

（二）缩小城乡差距，健全城乡基础设施和社会服务一体化体制机制

加快城乡公共基础设施和社会服务一体化进程，应该着力做好以下三个方面的工作。一是加快推进城乡基础设施一体化。加大财政投入，从自来水用水普及、燃气普及、生活垃圾处理等方面全面推进城乡基础设施一体化，推进城市基础设施向乡镇和乡村延伸，深化垃圾、污水、厕所“三大革命”，补齐农村基础设施短板，实现城乡在人均市政公用设施建设投入方面基本均等化。二是加快推进城乡公共服务一体化。通过深化全省高校院所及各机构对乡镇乡村学校的结对帮扶工作，让农村更多孩子上好学、好上学。通过完善城乡统一的社会保险和医疗保障信息服务平台，整合市县乡三级医疗卫生资源，推动城镇优质医疗卫生资源不断扩容下沉。通过鼓励社会力量参与农村基本养老服务，建立县、乡、村三级养老服务网络服务体系，解决农村老人的日常生活照料和精神需求心理健康等问题。三是加快推进社会保障均衡化。通过持续推进就业提质行动，高质量推进“人人持证、技能河南”建设，打造就业服务平台，增加农村劳动力转移就业。通过加强普惠性、基础性、兜底性民生建设，推动各类群体应保尽保。通过深化开展全民参保攻坚行动，聚焦残疾人、城镇困难户、农村留守人员等重点人群，完善社会福利、社会救助、优抚安置等机制。

（三）坚持以人为本发展理念，完善城乡要素双向流动体制机制

新型城镇化的核心是人的城镇化，要坚持以人为本发展理念，促进城乡之间人口、资本、土地等要素的平等交换和双向自由流动。一是促进城乡人口要素双向流动。河南常住人口城镇化率与户籍人口城镇化率还有不小的差距，城乡之间人口的流动还存在诸多障碍，应继续深化城乡户籍制度改革，

清理现有的体制机制障碍，畅通人口流动通道，推进城乡协同高质量发展。应加快健全农业转移人口市民化配套政策体系，全方位打通农民进城的通道，让农业转移人口在城市能够安居乐业。应建立完善的城市人口向乡村流动的制度通道，引导县城居民下乡休闲消费，应保护返乡入乡就业创业者的权益。二是城乡资本要素双向流动。应支持城市资本下乡，建立多元化乡村振兴投融资机制，加大金融对农业农村的支持力度。三是城乡土地要素双向流动。应继续深化“三块地”改革，尤其要打通进城落户农民农村宅基地退出和集体经营性建设用地入市之间的通道，尽快建立城乡统一的建设用地市场，为最终建立城乡统一的土地市场奠定基础。

（四）打破城乡二元结构，健全农民增收长效机制

城乡融合发展需要在体制机制和政策体系保障方面不断改革创新，打破城乡二元结构的历史性障碍。一是探索农村宅基地和集体经济集成改革。深化农村宅基地“三权分置”改革，放活宅基地和农民房屋使用权。探索农村集体经济组织创立或者参与创立公司、农民专业合作社等市场主体，发展壮大新型农村集体经济，盘活农村各种闲置的资源，形成农村资源资产多种转化模式，实现乡村资源资产财产性收益持续增长。二是探索各类人才引进培养制度改革和政策体系建设。通过深化与高校院所合作，为全省返乡创业农民工、高素质农民等各类人才持续提供常态化技能培训，鼓励他们参与职业技能认定与人才评价。三是探索保障农业农村发展的金融体系改革。依托新组建成立的河南农商银行等机构，加大对农业领域的信贷投放占比，根据农民需求不断探索适合农业农村发展的金融产品，为农民增收提供更加高效优质的金融服务。

参考文献

陈文胜、李珊珊：《城乡融合中的县城：战略定位、结构张力与提升路径》，《江淮论坛》2023 年第 5 期。

曹萍、古智猛：《以县域为切入口进一步推进城乡融合发展：生成逻辑、核心要义与实践方向》，《社会科学研究》2024 年第 6 期。

陈磊、姜海：《城乡融合发展：国外模式、经验借鉴与实现路径》，《农业经济问题》2024 年第 2 期。

涂圣伟：《县域城乡融合发展的内在逻辑、基本导向与推进路径》，《江西社会科学》2024 年第 8 期。

宋洪远、唐文苏：《高质量完善城乡融合发展体制机制：实践进路与路径优化》，《中国农业大学学报》2024 年第 10 期。

杨骞、金华丽：《新时代十年中国的城乡融合发展之路》，《华南农业大学学报》（社会科学版）2023 年第 3 期。

B.7

河南省完善人才自主培养机制研究*

徐明霞　陈明灿**

摘　要：　教育、科技、人才是中国式现代化的重要战略性支撑，提升人才自主培养水平是重要的战略举措，亦是新时代社会变化对人才的新要求。河南省在人才自主培养方面有着明确的目标，并且取得了一定的成效。但是在教育理念、学科专业设置、培养模式、协同育人方面还存在一定的局限性，需要从动态的人才供需匹配、多元培育主体、分类分层次推进、全过程高质量、多重保障等方面完善人才自主培养机制，全面提升人才自主培养水平。

关键词：　人才自主培养　培养模式　育才模式

党的二十大提出，在中国式现代化的大背景下，我国应将提升人才自主培养的水平与能力作为出发点与落脚点，着力探究具有中国特色的人才自主培养模式。党的二十届三中全会进一步指出，教育、科技、人才是中国式现代化的基础性、战略性支撑，必须深入实施科教兴国战略、人才强国战略、创新驱动发展战略，统筹推进教育科技人才体制机制一体化改革；实施更加积极、开放、有效的人才政策，完善人才自主培养机制，快速推进国家高层次人才汇聚区与人才吸引集聚平台的建设进程，努力培育造就更多战略科学

---

* 本文是2023年度河南省本科高校研究性教学改革研究与实践项目“数智驱动的经管类专业研究性教学方法转型研究”（河南省教育厅教育〔2023〕388号）以及2023年度河南省本科高校产教融合项目“产教融合视域下‘新商科’创新型人才培养课程体系研究与实践”（河南省教育厅教办高〔2024〕13号）的阶段性成果。

** 徐明霞，博士，郑州轻工业大学经济与管理学院副教授，主要研究方向为企业战略管理、创新管理；陈明灿，郑州财经学院教授，主要研究方向为会计学。

家、顶尖科技领军人才、卓越工程师、大国工匠、高技能人才等各类人才。2024 年 7 月 30~31 日，中国共产党河南省第十一届委员会第七次全体会议提出，深入实施创新驱动、科教兴省、人才强省战略，深化教育综合改革，加快人才自主培养体系建设。

实际上，人才自主培养也是新时代社会变化对人才的新要求。随着社会经济形态演变、社会变革以及人口结构变化，人才需求呈现多元化、个性化趋势。社会经济形态演变使得人才需求更加多元化，人才自主培养应关注不同行业、领域和层次的需求，以满足经济结构升级和产业转型要求，更好地服务社会发展。社会变革要求人才不仅有深厚的专业知识储备，还需具备全面发展、适应社会变革需求的能力，需要具有批判性思维、创造性思维和解决问题能力的人才。人口结构变化导致人才需求个性化和差异化，人才自主培养需关注个体差异和个性发展，发挥每个人的优势和特长，培养多样化人才以满足社会需求。因此，新时代人才自主培养的方向应该关注创新能力、多元化需求、综合素质和个性化发展，以适应科技进步、经济发展等多方面挑战和机遇，培养高素质人才为社会作贡献。

河南省目前的经济发展定位是高质量发展、扩大高水平对外开放、建设现代化产业体系、推动科技创新和产业创新融合发展。河南省的人才自主培养，应该聚焦省情，根据河南省的地方经济发展需要培养人才，发挥教育场域的主阵地作用，提升学生的培养质量，更好地服务地方经济。

一　河南省人才自主培养的现状

（一）人才自主培养的目标

河南省人民政府于 2021 年 12 月 31 日印发的《河南省“十四五”人才发展人力资源开发和就业促进规划》，提出了河南省人力资源的宏伟发展目标。到 2035 年，河南省基本实现现代化，基本建成国家创新高地、全国重要人才中心、全国技能人才高地，创新人才自主培养能力显著提升，“技能

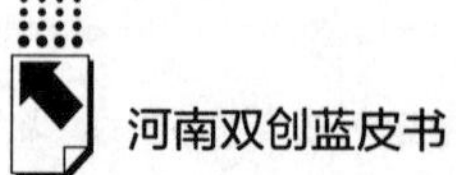

河南”建设取得重大成就，培养更多高技能人才、能工巧匠和大国工匠，人力资源优势更加凸显，技能就业成为常态。到21世纪中叶，河南省建成富强民主文明和谐美丽的社会主义现代化强省，建成全国重要人才中心和国家创新高地，培养造就一批战略科学家、卓越工程师、中原名家、中原名师、中原名医、中原名匠等，形成河南省在诸多领域的人才竞争比较优势，战略科技力量和高水平人才队伍进入全国先进行列。“技能河南”全面建成，实现“人人有技能”，形成技能就业、技能增收、技能成才的浓厚氛围，就业质量显著提升，共同富裕基本实现。

围绕着《河南省“十四五”人才发展人力资源开发和就业促进规划》这一重要规划内容，河南省在“十四五”时期要实现以下重要人才目标。

第一，深入实施“创新驱动、科教兴省、人才强省”战略，全方位培养、引进、用好人才，为高质量建设现代化河南提供人才支撑。一是人才总量稳步增长。到2025年，企业经营管理人才、专业技术人才、高技能人才、农村实用人才、社会工作专业人才分别达到300万人、650万人、608万人、140万人、5万人。二是人才结构持续优化。到2025年，每万名就业人员中研发人员达到50人以上，专业技术人才高级职称比例稳定在10%左右，高技能人才占技能人才的比例达到30%以上。三是人才载体更加丰富。到2025年，国家区域科技创新中心基本形成。创建1个国家实验室（基地或分支机构），新建5个国家重点实验室、10个省实验室，建设7个重大科技基础设施，新增5所左右达到国家“双一流”建设水平高校。新增高新技术企业、科技型中小企业各1万家。全省各类新型研发机构数量达到300家。四是人才效能有效发挥。到2025年，每万人口高价值发明专利拥有量达到3件，高新技术产业增加值占规模以上工业增加值比重达到50%，全员劳动生产率年均增长6%以上。

第二，深入推进“人人持证、技能河南”建设，大规模开展职业技能培训，打造现代化河南人力资源新优势。一是“人人持证、技能河南”建设取得明显成效。到2025年，系统完备的技能人才培养体系全面形成，职业技能培训质量不断提升，劳动者技能素质不断提高，培养和造就数量充足、结构合理、素质优良、技艺精湛、门类齐全的技能劳动者队伍。二是职业教育适应性不断增强。到 2025 年，职业教育体系层次、结构更加科学，院校布局和专业设置更加适应经济社会需求。产教融合、校企合作不断深化，建成一批高水平职业院校（技工院校），各类职业人才培养水平大幅提升。三是人力资源供求匹配效率有效提升。到 2025 年，高标准人力资源市场体系基本建成，人力资源市场更加统一规范，人力资源服务业实现高质量发展，人力资源流动配置更加高效。

根据《河南省“十四五”人才发展人力资源开发和就业促进规划》的内容，聚焦河南省“十大战略”，河南省人才培养需要打造八支人才队伍：一是打造科技创新人才队伍，大力培养使用战略科学家，打造大批一流科技领军人才和创新团队；二是打造专业技术人才队伍，加大专业技术人才培养力度，深入贯彻落实专业技术人员继续教育制度，完善分层分类的专业技术人员继续教育体系；三是打造产业人才队伍，大力培育企业经营管理人才，建设创新型企业家队伍，实施企业管理领军人才培养工程，遴选具有战略眼光、市场洞察力的企业家进行储备培养；四是打造高技能人才队伍，实施“技能河南”行动，培养更多高技能人才、能工巧匠和大国工匠；五是打造乡村振兴人才队伍，加快培养农业生产经营人才、农村二三产业发展人才和乡村公共服务人才；六是打造社会事业领域人才队伍；七是打造党政人才队伍；八是打造思想文化宣传人才队伍。

为了更好地完成以上人才目标，河南省积极开展招才引智工作，但是在此过程中发现高端人才的引进难度逐渐加大，不能与发达地区的人才虹吸效应相竞争。河南省引进的顶尖人才、领军人才的数量均不能支撑本地经济的发展需求；同时，河南省引才的同质化程度加剧，导致引才的匹配度、适用性不高，存在一定的盲目性，引进的人才未能发挥最大价值，且部分领域的引才未能真正结合本地区的产业发展和科技创新的实际需求。河南省在全球“招贤”工作中也面临着针对高层次人才吸引力不足，引进的国际人才与产业发展需求相偏离的情况。因此，河南省需要构建需求导向的人才培养机制，走好人才自主培养之路。

（二）人才自主培养的初步成效

一是人才自主培养的规模持续增长。高等教育是人才自主培养的主阵地，全省普通高等教育在校生人数逐年增加，2022 年达 2915186 人，同比增长 5.39%。其中硕士研究生在校生人数达到 86609 人，同比增长 15.27%；博士研究生在校生人数达到 5307 人，同比增长 15.19%。[①] 同时，河南省积极塑造以中原学者为引领，包括中原领军人才、中原青年拔尖人才的“中原英才计划”特色品牌，已对 1100 余名本土高层次人才予以培养与支持。通过实施博士后招引培育“双提”行动，大幅提高博士后科研平台数量和博士后资助经费标准，全省累计招收博士后 9540 人，人数居全国第一方阵。此外，为了积极提升人才自主培养的质量，聚焦经济社会发展需要，河南省积极推进“四新”建设，全面布局新工科，加快构建高质量高等教育体系，提升人才培养的针对性和创新性。

二是青年人才培育力度持续加大。在扩大对青年人才培养支持规模上，“中原英才计划”青年项目每批支持数量一次性增加 83%，省自然科学基金每年安排 50%以上的项目专门支持青年人才；在畅通青年人才成长通道上，建立优秀青年人才职称评审专用通道，在省级层面每年安排不少于 200 个“特设岗位”，专门用于 35 岁及以下青年人申报正高级职称、30 岁及以下青年人申报副高级职称，且不受单位结构比例限制；在搭建青年人才培育平台上，以实施博士后招引培育“双提”行动为重点，大幅加强博士后科研流动站、工作站和创新实践基地建设。[②]

三是高端人才培育取得进展。以中原学者群体为例，河南省围绕自身优势培育中原学者，设立“中原学者科学家工作室”，加强对中原学者的支持，科学家工作室围绕河南省重点产业、重点领域和优势学科，重点面向自

---

① 苏长青、王承哲、闫万鹏主编《河南人才发展报告（2024）》，社会科学文献出版社，2024。

② 苏长青、王承哲、闫万鹏主编《河南人才发展报告（2024）》，社会科学文献出版社，2024。

然科学和工程技术的基础研究和应用基础研究领域展开研究。同时，聚焦高端创新平台培养中原学者，聚力构建由中原科技城、中原医学科学城、中原农谷组成的“两城一谷”科技创新布局，形成“三足鼎立”之势，推动区域科技创新迈向新高度，为中原学者潜心开展探索性、原创性研究提供了高能级创新平台。另外，还通过优化政策支持环境培育中原学者，加大对中原学者科研项目的经费支持力度，设立专项资金，支持科研项目的经费支出和设备购置等，积极建设科研平台，投资建设实验室、研究中心等科研基础设施，为中原学者提供先进的科研条件和技术支持。

二　河南省人才自主培养存在的问题

河南省在人才自主培养方面已经取得了一定的初步成效，但是与体系化、高质量的人才自主培养还存在一定的差距，高校的主体地位未能完全发挥，其他培育主体的作用也没有充分挖掘，具体存在以下难点和问题。

（一）传统的教育理念未能改变

一是教育功利主义导致高校过于追求排名、学术 GDP 和学生就业率等绩效指标，忽视了基础学科和人文知识、心理健康等“全人”发展理念，使得教育资源分配不均，学生综合素质和能力培养受限。

二是应试教育体系以考试、分数、排名为主要评价标准，教学方式机械灌输，评价方式过度依赖终结性考核，不利于培养学生的创新能力和综合素质。这种教育体系虽然在一定程度上保障了教育公平，但过度强调知识摄取与输出，忽视了对学生现象观察、问题发现等能力的培养。

三是“学术型人才至上”的单一定位使高校在长期发展中不重视应用型、职业技能型人才的培育。“学历至上”“高学历即高能力”的观念逐渐根深蒂固，不仅对识别与把握拔尖创新人才的核心特质造成了干扰，还在很大程度上对技术技能领域拔尖创新型人才的卓越培养形成了制约。

（二）学科专业设置同质化

随着社会经济的发展和产业结构的调整，某些专业领域的就业市场需求增加，高校为了迎合市场需求而增设相关专业，这也加剧了学科设置的同质化现象。河南省高校在学科及专业设置上普遍呈现出一种“大而全”的态势，许多高校一窝蜂地追求热门学科或专业，没有基于长远发展和实际需求进行科学合理布局。诸多院校在拔尖创新人才培养目标的设定上呈现出趋同的态势，倾向于重点培养未来科学家、学术领军等学术人才，而对行业领军人才、高端人才、复合型人才、创新型人才、应用型人才的培养投入不够，难以满足经济社会发展中重点领域的人才需求。

（三）培养模式碎片化

培养模式碎片化主要表现为科教分离、产教分离以及学科分离，严重阻碍了高校拔尖创新人才的培养。

一是科教分离现象显著。理论教学占据主导地位，科研训练被弱化，造成学生在发现、分析、批判、评价等多方面的认知缺失，很难形成创造性思维。

二是产教分离问题突出。产教融合是培育契合社会需求的创新型、复合型及应用型人才的关键路径，但实际上高校与科研机构、企业的协同育人成果存在显著差异。多数合作未能深入推进，既缺乏实际效能，又欠缺完善的制度予以保障。产教融合是提升高校人才供给和社会人才需求匹配度的有效途径，有利于培养胜任力强的创新型、复合型、应用型人才。但实际情况是，高校与科研院所、企业的协同育人没有走深走实，多数合作流于表面，效果不佳。

三是学科分离的状况限制了复合型人才的培养。学科分离限制了人才培养的知识面，不利于人才发散性思维、复合应用能力的培养，这种培养模式难以契合新时代经济社会对跨学科专业知识、创造性思想和应用技能的人才要求。

（四）多主体共同育才的力度不够

在“人人持证、技能河南”的建设过程中，多方参与的职业技能等级评价体系有待健全，河南目前的职业技能等级评价未能与国家职业资格制度完全衔接；技能培训供需对接不够精确，部分培训项目在劳动者的实际需求把控方面仍有欠缺，且无法精准筛选出培训对象，重点群体技能就业精准度仍有较大的进步空间；培训机构资格亟须统一标准，高质量的培训机构和实训基地数量较少，缺乏经验丰富的高质量师资人才，复合型、综合型、双师型的教师更加短缺；技能培训全流程服务有待完善，现有培训方式和内容不能够与时俱进，培训效果也未能后续跟踪，在跟进统计培训后的就业状况方面也缺少具体举措。

三　河南省完善人才自主培养的机制建设

聚焦省情对各类人才的需求，为了更好地实现河南省2035年和21世纪中叶的人才建设目标，河南省需要构建需求导向的人才培养机制，走好人才自主培养之路。河南省完善人才自主培养的整体定位，一是加快构建类别清晰、结构合理、定位准确、特色鲜明的高等教育高质量发展体系，发挥高校特别是“双一流”大学培养基础研究人才主力军作用，全方位谋划基础学科人才培养。二是优化高校学科专业布局，增强专业设置快速响应需求能力，加快培育重点行业、重要领域、战略性新兴产业人才。加快急需紧缺人才培养开发，编制《河南省急需紧缺人才需求参考目录》，健全急需学科专业引导机制，提高学科专业体系与现代化强省的匹配度。三是加大数字人才培育力度，适应人工智能等技术发展需要，建立多层次、多类型的数字人才培养机制。四是深化教育教学改革，着力培养创新型、应用型、技能型人才。五是加大国外优质教育资源引进力度，建设一批示范性中外合作办学机构和项目，培养产业发展急需的国际化创新型人才。

（一）建立动态的人才供需匹配机制

立足区域经济发展需要，定期调研和收集用人单位对人才的需求数据，推动人才培养供给与国家战略需求和区域经济发展精准对接。各类人才的培养需要紧跟地方和产业经济发展的需求，高校等主体需要根据需求状况调整和改革人才培养方向和目标，做到定期动态平衡。定期（如每季度或每半年）对各类用人单位的岗位需求进行有组织的全面调查和分析，确保准确地获得基于实际业务发展和变化的人才需求画像。高校和其他培训机构也需要定期进行人才供给评估，包括对人才的知识、技能、潜力进行评估以及针对人才与社会需求匹配度进行评估。

与此同时，需要对关键领域产业的人才需求进行预测，为高校提供合理依据，推动其在学科专业布局、人才培育质量方面的改革，推动高校加大投入培养急需紧缺人才。加大“校企合作”项目的开展力度，助推校企协同培养工程科技人才，激发企业对于人才培养的热情。职业技能工作也需要及时进行调整，根据用人单位的反馈和建议，调整培训方式和培训内容，并跟踪培训效果，动态跟踪培训后的就业状况。

（二）形成多元主体的人才培养机制

1. 发挥高校人才培养的主阵地作用

一是坚持政治引领，以德树人。明确培养什么人、为谁培养人和怎样培养人的根本问题。坚守社会主义办学方向，扎实推进立德树人根本任务落地实施，将社会主义核心价值观深度渗透至教育教学的各个阶段，以造就德智体美劳全方位发展型人才。

二是优化专业结构。根据教育部等五部门于2023年发布的《普通高等教育学科专业设置调整优化改革方案》，结合河南省的产业升级和经济发展战略需求，省教育厅应引领学科设置和人才培养工作，调整人才培养结构，推进基础学科、新兴学科、交叉学科的建设，注重对拔尖人才的培育，并将重点聚焦创新能力的提升与塑造方面。

三是加大教育教学改革。高校应注重学生的“知识—方法—技能”全方位素养培养，注重学科间交叉融合发展，强化“产学研”协同育人，加大创新人才的培养力度，培养学生的科学精神、创新精神和批判性思维。

四是加强高校师资队伍建设。实施教育家精神铸魂强师行动，加强师德师风建设；提高高校教师的素质和能力，促进教育教学质量提升；加大资源投入，扩充更多高层次高素质人才；提升师资队伍国际化水平，全面培养造就新时代高水平教师队伍。

2. 完善研教融合、产教融合的协同育人模式

打通高校、科研院所、企业的交流通道，实现深入的共同育人模式，形成人才自主培养的强大合力。

一是研教深度融合。支持高校和科研院所共同建立人才培养工作站和创新实践基地，聚焦河南省特色产业链、战略性新兴产业链等重点产业，共同开展项目协同攻关，在科研项目实施中培养人才。

二是产教深度融合。增强校企协同育人的联动，明确完善常态化的合作机制。走进走深企业，查找企业面临的主要问题，整合双方的优势资源，共建课程体系、导师队伍、企业课题库和工程师技术中心，共同研讨问题的解决方案。高校结合学科特色与企业共建科研创新平台，通过“双导师”制进行人才培养，使得学生的知识和技能双提升，提升学生的岗位胜任力。此外，在研教融合与产教融合的协同育人模式下，政府需充分发挥其在协同育人进程中的调控引导作用。针对参与协同育人的各类主体，推行税费减免、资源适配以及政策指引等一系列优待政策，协调各主体间的利益矛盾，为协同育人事业的可持续发展筑牢根基。

（三）构建分类分层次的人才培养机制

确立分类别、分层次的培育观念。高校明确分类发展的定位，全省形成不同类型、不同层次的人才培养架构，全面提升研究型、应用型、技能型人才的培养质量，以服务于河南省经济社会发展对不同顶尖创新人才的需求；在不同层次的人才培养上，做到本科生、硕士研究生、博士研究生的全链条

贯通培养。各高校需探寻多元化发展路径，秉持特色化、多样化的办学理念，摆脱同质化竞争的困境。依据自身特点与定位分类明确拔尖创新人才的培养目标与质量标准，尽到人才高质量培养服务地方经济高质量发展的职责使命，为河南省社会需求与全球发展输送不同类别的高层次人才。普通高等院校应当以创新型人才、应用型人才培养为职责，坚持价值引领、知识传授和能力培养，加强对学生创新意识、批判性思维、创新创业能力的培养。高职教育应当扮演好“高精专”实用型技能人才培养的角色，真正成为培养高素质技术技能型人才、能工巧匠、大国工匠的摇篮。

（四）搭建全过程高质量的人才培养机制

以高质量人才培养为目标，形成“选拔—培养—反馈”全过程的闭环体系。

首先，要优化人才选拔机制。扩大高校拔尖学生选拔和培养的自主权，形成优中选优的自主选才机制；推动高等教育与基础教育全方位融合，对智力超群、表现卓越的超常儿童给予高度关注，做好早期甄别工作以及个性化培育方案的制定，为选拔拔尖创新后备人才打造人才储备库。构建拔尖创新人才“选拔链”与“成长链”，对基础教育、中等教育、高等教育各个阶段进行紧密衔接，确保人才培养的连贯性与系统性。

其次，要提升培养质量。高校在人才培养过程中应注重理论与实践相结合，以研究性教学为导向，教学内容与时俱进，培养创新意识，注重培养具有批判性思维、创造性思维和解决问题能力的人才，提高学生的职业素养和国际化视野。

最后，要完善人才评价制度。挑选适宜的人才评价方案，明确人才自主培养质量的核心评价标准和细则，引入多维度的评价指标，从而切实有效地评估创新精神、团队协作能力、社会责任感等综合素养，从多个角度考查学生的能力发展；选用多样化的人才评价方式，将结果性评价与过程性评价有机结合，构建动态的评价机制，以便及时反馈学生在不同阶段的发展进程，进而适时调整学生的发展方向。

（五）健全人才培养的保障机制

人才自主培养的保障机制需要从多个方面入手，形成全方位、多层次、立体化的保障体系。一是形成良好的激励机制。完善有利于激发创新活力的激励机制，破除将薪酬待遇等与人才“帽子”简单挂钩的做法，完善基于绩效考核的收入分配机制。落实好科技成果转化激励政策，精准激励保障服务河南省发展战略、具有使命担当的重点人才和重点团队。二是建立经费保障机制和全周期考核评价机制，通过日常监督、阶段性考核、结果考核等多种形式，促进人才培育工作提质增效，建立准入退出机制，充分激活人才自主培养的活力。三是营造尊重人才、尊重创造的社会氛围，提高人才的胜任感、归属感和满意度。四是完善数智化等人才培养的基础设施。打造可应用于人才自主培养的数字载体，加大数字化基础设施建设力度，构建数字化智慧平台，融合人工智能、虚拟现实等尖端技术，对教育实体环境进行升级优化，创造智能化学习环境、数字化教学方式、多样化学习形式。

参考文献

陈思施：《超越路径依赖：拔尖创新人才自主培养的困境与方略》，《高等理科教育》2024 年第 3 期。

张献伟、唐智松：《地方高校教师国外读博“热”背后的人才自主培养“冷”思考——以教育学专业为例》，《中国高校科技》2024 年第 6 期。

胡瑞、蒋蓓蓓：《霍恩海姆大学创新人才自主培养的逻辑与启示》，《中国农业教育》2024 年第 4 期。

周海涛、朱元嘉：《提高人才自主培养质量的时代价值、逻辑进路与行动策略》，《中国高等教育》2024 年第 7 期。

《深化高校育人模式改革 提高人才自主培养能力——十四届全国政协第二十二次双周协商座谈会发言摘登（一）》，《人民政协报》2024 年 8 月 1 日。

B.8

河南省构建与科技创新相适应的科技金融体制研究

张 冰*

摘 要： 科技金融与科技创新的协同发展是国民经济持续增长的核心驱动力。本文深入探讨了河南省科技金融的发展现状，并以郑州银行与科技金融广场为例，分析了地方实践经验。研究发现，河南省科技金融体系尚存诸多不足。在此基础上，本文提出了一系列旨在构建与科技创新需求相契合的科技金融体制的策略性建议。通过增强政府性基金的投资规模、健全政府性基金的政策支撑体系、加强对科技企业金融服务、强化国有银行在信贷领域的核心作用以及优化科技金融生态环境等举措，可以更有效地完善河南省的科技金融体制，进而促进区域科技创新能力的跃升，并推动经济向高质量发展阶段迈进。

关键词： 科技金融 科技创新 郑州银行

科技金融与科技创新的协同发展构成了推动国民经济持续增长的核心驱动力。在 2023 年 10 月召开的中央金融工作会议上，“建设金融强国”的目标被明确提出，并将“科技金融”置于五大核心战略规划的首要位置，此举彰显了金融在支撑科技创新进程中的核心战略价值。随后，2024 年党的二十届三中全会审议通过的《中共中央关于进一步全面深化改革 推进中国

---

* 张冰，博士，黄河科技学院河南中原创新发展研究院研究员，主要研究方向为数字经济、创新创业。

式现代化的决定》进一步强调，需构建与科技创新需求相匹配的科技金融体制，加大对国家重大科技项目及科技型中小企业的金融扶持力度，并优化针对早期、小型、长期及硬核科技领域的投资支持政策。同年 6 月 28 日，中国人民银行等七部门联合发布了《关于扎实做好科技金融大文章的工作方案》，打造科技金融生态圈，鼓励各地组建科技金融联盟。该方案以“早期投资、小型企业、长期投资、硬核科技”为指引，为科技型企业提供“天使投资—创业投资—私募股权投资—银行贷款—资本市场融资”的多元化接力式金融服务。具体而言，该方案精准聚焦支持国家重大科技任务、科技型企业的培育与发展以及国家和区域科技创新高地建设等关键领域，[①] 旨在通过高质量的科技金融服务，推动实现高水平的科技自立自强。

一 科技金融促进科技创新的概况

科技金融（Technology Finance）是指通过引导金融机构创新产品并改进服务，从而实现金融资本链条与科技创新链条的完美融合，最终满足科技企业全生命周期的融资需求与金融服务。[②] 科技金融作为一种系统性与创新性的策略部署，旨在通过优化配置金融资源、工具及制度架构，高效地催化科技研发进程，加速科技成果向现实生产力的转化，以及推动高新技术产业迈向更高层次的发展阶段。此机制构成了科技创新体系构建的基础支撑架构，并且是金融领域与科技创新领域深度融合、协同发展的核心动力源泉。科技金融对于构建科技、产业、金融三者间的良性互动机制，加速新质生产力的蓬勃发展，以及达成高级阶段的科技自主自强目标，具有不可或缺的作用。

截至目前，我国已初步构筑起一个涵盖银行信贷、债券市场、股票市场、创业投资、保险服务以及融资担保等在内的，多维度、多层次的综合性

① 马梅若：《科创企业成长背后的金融力量》，《金融时报》2024 年 8 月 13 日。

② 张明、刘展廷：《科技金融：理论脉络、实践现状与研究展望》，《新金融》2024 年第 8 期。

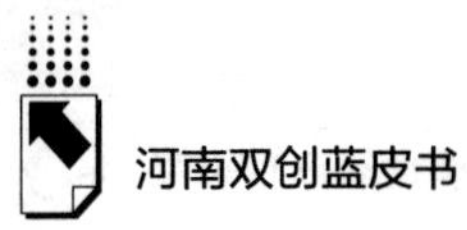

科技金融服务生态体系，旨在促进“科技、产业、金融”三元结构间的深度协同与良性循环。中国人民银行于2022年设立了科技创新再贷款的结构性货币政策工具，引导金融机构加大对高新技术企业、重点领域技术改造项目的融资支持力度，带动银行发放相关贷款近2万亿元。① 2024年，中国人民银行设立了5000亿元科技创新和技术改造再贷款，引导金融资源更加精准地支持初创期、成长期科技型中小企业首贷以及重点领域数字化、智能化、绿色化改造。② 自2021年至今，全国共有3批7个科创金融改革试验区，截至2024年9月末，高技术制造业中长期贷款余额2.9万亿元，同比增长12%；全国“专精特新”企业贷款余额4.3万亿元，同比增长13.5%，均明显高于全部贷款增速。③

二　河南省科技金融发展现状

近年来，河南省在科技金融领域的探索与实践取得了显著进展。政府层面，通过创新性地推出“科技保”“科技贷”等一系列针对性强的金融产品，为科技型企业的融资需求提供了强有力的支持，并配套构建了完善的损失补偿与风险追偿机制，以确保科技金融服务的稳健性与可持续性。此外，河南省还积极推动科技金融产品的创新升级，以精准对接科技型企业的多元化、差异化融资需求，进一步激发其创新潜能与市场活力。河南省科技金融的发展现状可以从以下几个方面进行概述。

（一）政策环境：多层次政策体系的构建与优化

河南省政府高度重视科技金融发展，出台了一系列政策文件，形成了较为完善的政策体系。这些政策从宏观层面引导科技金融发展方向，到微观层面支持企业融资，覆盖了科技金融发展的各个环节。《河南省创新驱动高质

① 马梅若：《科创企业成长背后的金融力量》，《金融时报》2024年8月13日。

② 马梅若：《科创企业成长背后的金融力量》，《金融时报》2024年8月13日。

③ 马梅若：《科创企业成长背后的金融力量》，《金融时报》2024年8月13日。

量发展条例》明确提出要加大科技创业投资力度，引导基金投入，完善阶段参股、奖励补贴和风险补偿等政策。2024年国家金融监督管理总局河南监管局印发《河南银行业保险业加力推动科技金融高质量发展行动方案》，从强化科技金融服务体系建设、完善科技金融专项管理机制、优化全生命周期金融服务等6个方面提出22项具体举措。此外，2024年河南省还印发了《推动科技金融增量扩面降价提质工作方案》，针对科技金融发展中遇到的问题，围绕政策支持、货币工具、融资成本、加大信贷政策指导力度、推动科技金融产品创新等方面，出台了7个方面的措施，以扩大科技型企业发债融资规模，促进科技金融高质量发展。

（二）产品与服务创新：多元化金融产品的供给与需求匹配

河南省在科技金融产品与服务创新方面也取得了显著进展。河南省科技金融产品呈现多元化的特点，涵盖了从种子期到上市期的各个阶段。目前，河南省已经逐渐形成“科技贷”“人才e贷”“认股权贷”“知识产权质押贷”等多种与市场运作相匹配的科技金融产品。这些产品为科技型中小企业和高新技术企业提供了多样化的融资选择，有效缓解了企业的融资难题。此外，河南省还积极推动金融机构开展知识产权质押贷款、供应链融资、股权质押融资等创新业务，为科技型企业提供全生命周期金融服务。

（三）融资支持：多渠道融资体系的构建与完善

在融资支持方面，河南省通过加大信贷政策指导力度、推动科技金融产品创新、扩大科技型企业发债融资规模等措施，不断提升对科技型企业的融资支持力度。例如，河南省组织金融机构加强与科技、工业和信息化等部门以及市、县级政府合作，通过银行直贷、银担合作、天使投资和投贷联动等模式向科技型企业发放贷款。同时，河南省还积极开展科技型企业债券融资培育行动，支持科技型企业发行科创票据、短期融资券、中期票据等债务融资工具。2023年度河南省科技金融典型案例如表1所示。

表 1　2023 年度河南省科技金融典型案例

序号	类型	单位	案例题目	支持企业名称
1	天使投资	河南高科技创业投资股份有限公司、河南省国控基金管理有限公司	精耕投资领域，以资金引资源，助力硬科技企业快速发展，为国家产业结构调整和升级贡献力量	郑州圣莱特空心微珠新材料有限公司
2	天使投资	郑州创新投私募基金管理有限公司	天使投资助力机器人核心零部件企业加速国产替代	郑州领航机器人有限公司
3	天使投资	中鼎开源创业投资管理有限公司	基金助力半导体热电项目技术成果转化	河南冠晶半导体科技有限公司
4	天使投资	河南高科技创业投资股份有限公司	投资助力科技成果快速转化，推动河南省动保行业补链强链	河南牧翔生物科技有限公司
5	投贷联动	洛阳市科学技术局、洛阳市生产力促进中心有限公司	投贷联动，助推科技型中小企业发展	洛阳瑞极光电科技有限公司
6	科技信贷	河南星聚科技服务有限公司	资本寒冬破局科创企业融资难，科技贷助力智能康复领域新力量	郑州安杰莱智能科技有限公司
7	科技信贷	中原银行股份有限公司	以“看未来”的视角服务科小企业——郑州海太克高分子技术有限公司科技金融服务案例	郑州海太克高分子技术有限公司
8	科技信贷	招商银行郑州分行	打破传统模式，给科技企业一点信用	泛锐云智科技（郑州）有限公司
9	科技信贷	河南星聚科技服务有限公司	自主研发填补国内空白，高空消防创新勇担重任	河南省猎鹰消防科技有限公司
10	科技信贷	鹤壁市科技创新促进中心	高精尖缺贷款，填补科技企业融资空缺	河南梦云智能科技有限公司
11	科技信贷	中信银行郑州分行	河南省锐达医药科技有限公司科技贷案例	河南省锐达医药科技有限公司
12	科技信贷	中国工商银行洛阳分行伊川支行	工行力量助力高精尖“机器人”企业高质量发展	洛阳普拉斯自动化科技装备有限公司

资料来源：《关于公布 2023 年度河南省科技金融典型案例的通知》，河南省科学技术厅网站，https：//kjt. henan. gov. cn/2024/11-22/3089892. html。

（四）服务平台建设：一站式服务

河南省在科技金融服务平台建设方面也取得了积极进展。目前，河南省已经建立了多个科技金融服务平台，如河南省科技金融在线服务平台、河南省中小企业公共服务平台（专精特新贷）等。这些平台为科技企业和金融机构提供了信息对接、融资咨询、政策解读等一站式服务，有效降低了企业的融资成本和时间成本。

（五）人才队伍建设：产学研用的一体化人才定制/联合培养模式

尽管河南省在科技金融领域取得了一定的成绩，但仍存在高层次科技金融人才数量少、复合型科技金融人才储备不足等问题。为加强人才队伍建设，河南省正积极依托本省具有经济管理相关专业的高等院校，建立“产学研用”的一体化人才定制/联合培养模式，并出台专项政策、设置专项补贴基金等激励措施，以吸引和留住高端科技金融人才。

三　河南省科技金融成功案例

（一）郑州银行科创金融服务

郑州银行自1996年成立以来，于2015年和2018年分别在香港与深圳成功上市。2022年4月，该行被河南省委省政府指定为河南省政策性科创金融业务的运营主体，专注于深化“科技金融”领域的发展。其支持重点聚焦“科技型中小企业”“高新技术企业”“瞪羚”等企业等创新型实体，以及处于“个转企、小升规、规改股、股上市”科技培育链条上的企业。郑州银行构建了政策性科创金融的“四链融合”特色运营模式，旨在促进“产业链、人才链、技术链、资金链”的深度整合，为科技型企业及其产业链上下游提供多元化、接力式的金融服务。为此，该行推出了一系列金融产品，包括但不限于“人才e贷”“认股权贷”“科技贷”“知识产权质押贷”

“专精特新贷”“研发贷”“上市贷”等。截至 2024 年 12 月末，郑州银行在全省范围内累计投放政策性科创金融贷款 1078.23 亿元，惠及 4991 家各类科创企业，其政策性科创金融贷款余额达到 482.69 亿元。

1. 初创期金融产品

（1）认股权贷

“认股权贷”是指兼具传统贷款及认股期权性质的生产经营性贷款产品，是指郑州银行在向企业提供贷款的同时，企业以融资金额的一定比例向郑州银行授予认股期权，支持初创期企业进行技术升级、科技成果转化、市场推广等的贷款产品。贷款期限最长 36 个月，贷款额度最高 5000 万元人民币。适用对象为符合河南省“十四五”产业规划相关企业、战略性新兴产业、省内产业投资基金投资企业。

（2）人才 e 贷

“人才 e 贷”是郑州银行以人才价值为判断基础，综合考虑企业经营状况、人力资源价值，面向省内各类人才创业企业发放的经营性贷款产品。贷款期限最长 36 个月，贷款额度最高 1000 万元人民币，还款方式灵活。适用对象为重点支持河南省科学院、省实验室、高校研究院等科研机构中的各类人才创立的，专利技术优势突出、研发稳定、产品技术已完成中试阶段的初创期企业。

2. 成长期金融产品

（1）科技贷

“科技贷”是郑州银行向省内各类型科技创新型企业发放的贷款产品，助力企业进行技术升级、科技成果转化、市场推广等。贷款期限最长 36 个月，支持纯信用，还款方式灵活，贷款额度根据企业营运资金缺口测算。适用对象为高新技术企业、科技型中小企业等科技创新型企业。

（2）知识产权质押贷

“知识产权质押贷”是企业以其合法拥有的、依法可转让的知识产权中的财产权设定质押获得融资服务，用以满足其技术升级、科技成果转化、市场推广等资金需求的贷款产品。贷款期限最长 36 个月，支持直接质押、组合担保等多种方案。适用对象为拥有有效知识产权且满足办理质押登记条件的科技型中小企业。

3. 成熟期金融产品

（1）研发贷

“研发贷”是郑州银行为提升科技型企业和科研机构的研发能力，提升科技型企业科技成果转化的质量和效率，向企业发放的用于支付人员薪酬、产学研费用、材料采购费用、支付分析测试费用、购买专利及科学技术服务费用、购建生产线等费用的中长期贷款产品。贷款期限最长 10 年，根据借款人研发项目立项书、可行性研究报告或同等作用文件核定贷款额度。适用对象为重点支持的战略性新兴产业、优势主导产业、高成长产业、未来产业。

（2）专精特新贷

“专精特新贷”是郑州银行为河南省内专精特新“小巨人”企业和创新型中小企业提供的专项贷款产品，用于满足企业日常经营周转中流动资金需求，支持其进行技术升级、科技成果转化、市场推广等。贷款期限最长 36 个月，贷款额度最高 5000 万元人民币，支持纯信用，还款方式灵活，共有信用直贷、银担合作、投贷联动三种业务模式。适用对象为专精特新“小巨人”企业、“专精特新”中小企业、创新型中小企业。

4. 壮大期金融产品

“上市贷”是郑州银行面向注册地隶属河南省的战略性新兴产业企业发放的，以信用为基础，用于解决目标企业在股份制改造、挂牌上市及生产经营过程中各类资金需求的贷款产品。支持纯信用，贷款期限最长 36 个月，产品覆盖整体战略性新兴产业。适用对象为已被纳入最新一批《河南省省定重点上市后备企业名单》内或处于辅导企业名单库内的企业；或目前已处于新三板创新层或基础层的企业；或主要财务指标已达到上市标准、上市意愿强烈、上市计划明确，已进入上市辅导期或已与券商签订正式上市辅导协议的企业。

科创企业融资面临的最大挑战在于“首贷”。郑州银行突破传统，关注

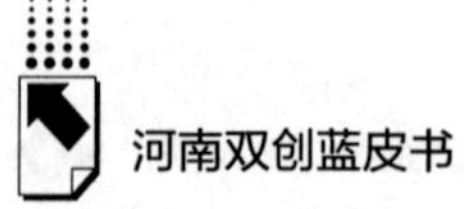

企业未来潜力，建立差异化信贷政策，不依赖历史业务和担保，而是评估科创企业的技术、专利、团队、商业模式及市场前景，降低准入门槛，提升获贷率，优化金融服务。正星氢电科技郑州有限公司，作为新能源加氢站等设备研发的国家级专精特新“小巨人”企业，随着新能源行业的发展，订单增多，资金需求增大。郑州银行基于对行业的洞察，不局限于财务报表，更看重正星氢电的核心技术和发展潜力，迅速评估其技术、产品、市场及团队，主动协助整理贷款材料，安排专人跟踪服务，最终提供1000万元“郑科贷”授信，成为其首家授信银行，有效解决了正星氢电的融资难题，展现了郑州银行在支持科创企业发展方面的创新与实践。

河南省保时安电子科技有限公司（保时安电子）作为传感器、仪器仪表及物联网技术融合的高新技术企业，得益于持续的研发创新，成功跻身国家级“专精特新”中小企业行列。然而，高强度的科研资金投入对缺乏传统抵押物的科技企业构成挑战。针对此种情况，郑州银行通过深入调研，利用政策性科技创新金融产品优势，采取“一企一策”定制化服务策略，优化企业负债结构，降低财务成本。该行为保时安电子发放了1000万元人民币的“专精特新贷款”，有效解决了其研发资金难题，促进了产品研发领域的重大进展，对研发成果的实际转化发挥了至关重要的作用。

郑州银行的成功经验为其他机构提供了借鉴：一是强调政策引导和市场机制的结合，二是注重金融产品的创新和服务模式的优化，三是加强与政府、高校、科研机构的合作。

（二）科技金融广场

科技金融广场系由郑州高新技术产业开发区管理委员会精心构建的科技金融服务与创业投资集聚的核心区域。郑州高新技术产业开发区是具备显著竞争力的高新技术产业发展高地，截至2023年12月，该区域内共计拥有93个创新创业载体，涵盖了国家级孵化器10个、国家级大学科技园2个、国家级众创空间16个、国家级星创天地2个，以及省级孵化器9个、省级众创空间24个、省级星创天地14个，市级孵化器2个、市级众创空间12个、市级星创天地2个，数量位居全省高新区创新载体前列，形成了“创业苗圃—孵化器—加速器—产业园”的全链条式创新孵化与培育体系。

为满足科技型中小企业在成长阶段对以创投为主导的创新资本的迫切需求，郑州高新技术产业开发区管理委员会于2018年着手建立了科技金融广场。此平台旨在通过创投基金的培育，优化区域创新资本供给结构，进而驱动科技创新产业的高质量发展。2019年11月，科技金融服务平台正式上线，促进了“产业+金融”的深度联动，并成功举办了“郑创汇”创新创业大赛。至2023年，平台发展取得显著成效，如2023年3月深创投—红土基金入驻，以及5月汇融嘉能与嘉实基金落地（后者资产管理规模超过1.3万亿元，位列全国前5及全球百强）。

历经五年的稳健发展，科技金融广场已成为河南省创投基金的重要集聚地之一，为高新区的科技金融生态体系建设提供了坚实的支撑。目前，广场内集聚了各类创投基金154家，管理资金总额逾1518亿元，吸引了国内外知名创投基金（如深创投、中国风险投资、豫资涨泉、赛泽资本、嘉实基金）以及省、市级平台（如河南省投资集团、农投集团、中原豫资控股集团有限公司、郑州创新投资集团有限公司）在此设立分支机构。这些机构累计投资企业数量达280家，投资总额超过180亿元，贡献税收9亿元。此外，广场还通过基金引入促进资本招商，成功推动了芯联芯、极豆科技、中宇万通、华道生物、中科柏易金等一系列资本招商项目的落地。

在股权融资领域，科技金融广场已组织股权融资路演活动100余场，助力赛诺特、沃特节能、新基业、信安通信、联睿电子、奇测电子等区内企业获得超过26.4亿元的股权融资，并推动天迈科技、捷安高科、百川畅银、秋乐种业、驰诚股份等7家科创企业成功上市，募资总额达24.37亿元。在债权融资方面，广场举办了60场银政企对接会，促成企业获得科技金融类贷款17.5亿元。同时，广场还主持了80场科技金融人才培训活动，覆盖企业超过2300家，培训人员超过12000人次。郑州科技金融广场因其卓越表现，荣获2024年度金融业（河南）服务实体经济优秀机构、年度优秀服务金融品牌等多个奖项。

四 河南省科技金融体制存在的问题与挑战

科技创新企业因高技术壁垒与无形资产占比高，导致金融机构在评估其价值时面临显著困难。技术快速迭代及高度专业性加剧了非专业人士评估的难度，信息不对称问题进一步阻碍了合理融资决策的制定。初创科技企业往往缺乏完善的财务报表和历史数据，加剧了这一困境，促使金融机构采取保守策略。尽管科技金融政策体系已初步形成，但科技企业仍面临融资门槛高、流程烦琐等问题，且市场上缺乏针对其全生命周期的定制化金融服务方案。此外，科技企业高风险、高收益、长周期的特点与金融机构稳健经营原则相悖，评估风险与收益时困难重重。科技金融发展所需的配套服务和基础设施，如专业人才、信用评估体系及信息整合共享机制等尚不完善，制约了其高效运作与发展。

河南省科技金融体制存在以下几个方面的问题。一是科技金融供给端问题。省级创投引导基金规模相对偏小，投资基金行业整体规模偏小，相对于东部省份政府性基金整体投资进度偏慢，同时缺乏科技保险专营机构，科技保险业务规模偏小。科技担保存在“起步晚、实力弱、主体少、业务小”的问题。二是科技金融产品供给不足。市场上缺乏针对科技企业全生命周期、差异化需求的定制化金融产品。现有金融产品多集中于成长期和成熟期企业，对种子期和初创期企业的支持力度不足，种子期和初创期的科技企业难以获得信贷的支持。三是信息不对称与风险评估难题。科技创新企业的技术壁垒高、无形资产占比大，且技术迭代迅速，使得金融机构难以准确评估其价值和风险。初创企业财务数据不完善，进一步加剧了信息不对称问题。四是科技金融生态体系不完善。科技金融发展所需的配套服务和基础设施建设滞后，专业人才匮乏、信用评估体系不健全、数据共享机制不完善等问题制约了科技金融的健康发展。

五 河南省构建与科技创新相适应的科技金融体制的策略建议

为进一步推动河南省科技金融体系建设，构建适应科技创新需求的金融生态，提出以下几点建议。

一是要加大政府性基金投资力度，继续扩大政府投资基金的规模，增加财政资金的投入。优化政府投资基金的投资结构，加大对高新技术产业、战略性新兴产业等领域的支持力度。加强政府投资基金的风险管理，完善风险补偿和激励机制。

二是完善政府性基金的政策体系。制定更加明确、具体的政策引导和支持措施，为政府投资基金的发展提供有力的政策保障。加强政府投资基金的监管和评估工作，确保其合规运作和有效投资。推动政府投资基金与金融机构、社会资本等形成合力，共同支持科技创新和产业发展。

三是加强对科技企业全链条、全生命周期金融服务。在种子期和初创期，加强天使投资基金、产业投资基金的支持，解决科技企业初创阶段融资难的问题。在成长期，提供专利权质押融资、商标权质押融资、订单融资等科技信贷服务，助力科技企业快速成长。在成熟期，支持科技企业在科创板、创业板、新三板等资本市场获得更多融资机会，实现可持续发展。

四是发挥国有银行信贷主力军作用。支持地方银行设立科技支行或科技金融部门，专注于为科技企业提供服务。鼓励国有大行、股份制商业银行、城市商业银行等金融机构在河南设立科技支（分）行或科技金融专营机构。

五是打造科技与金融良性互动的生态。加强科技咨询、科技创新评价标准、知识产权交易、信用信息系统等基础设施建设，为金融服务提供更加标准化、精准化的支持。深化数据共享应用。搭建金融助力科技创新平台，汇集相关数据和资源，为科技企业提供全方位金融服务。加强政府部门、金融机构、科技企业之间的信息共享和合作，降低信息不对称风险。

参考文献

马梅若：《科创企业成长背后的金融力量》，《金融时报》2024 年 8 月 13 日。

马梅若：《政策支持科技与金融“双向奔赴”》，《金融时报》2024 年 10 月 18 日。

张明、刘展廷：《科技金融：理论脉络、实践现状与研究展望》，《新金融》2024 年第 8 期。

《关于公布 2023 年度河南省科技金融典型案例的通知》，河南省科学技术厅网站，https：//kjt. henan. gov. cn/2024/11-22/3089892. html。

B.9

河南省深化科技成果转化机制改革研究

卫亚杰*

摘　要：　河南省在推进科技成果转化机制改革中，着重考虑了产业升级、资源配置、成果交易质量与国家战略等多个层面，展现了深远的意义。近年来，河南省通过优化科技成果转化政策，在激活技术交易活力，提升服务效能，改善生态环境，深化科技成果转化等方面取得了显著成效，但机制改革也面临着政策落实不到位、金融支持不足、转化平台效能待提升、人才激励欠缺等问题。为此，需强化政策协同、加大资金投入并吸引社会资本、构建全省统一应用场景大市场、完善人才激励机制，从而持续深化河南省科技成果转化机制改革，提升科技创新竞争力，为河南经济高质量发展注入强劲动力。

关键词：　科技成果转化　体制机制改革　技术交易

党的二十届三中全会提出，深化科技成果转化机制改革，加快推动科技创新。河南紧跟国家创新步伐，以创新为引擎驱动区域发展，培育新质生产力。为此，河南出台多项政策，采取有力措施，加速科技成果向现实生产力转化，以期助力经济实现高质量发展，迈向新的发展阶段。

一　河南省深化科技成果转化机制改革的重要意义

科技成果转化是实现国家科技创新战略的关键，能够推动产业升级，激

* 卫亚杰，黄河科技学院商学部讲师，主要研究方向为数字金融、计量经济。

发创新活力，增强区域竞争力，促进经济高质量发展。在此背景下，河南省深化科技成果转化机制改革，对促进科技创新与经济发展具有重要意义。

（一）促进产业升级，催生新质生产力

科技成果转化是推动产业和经济转型升级的关键引擎。在河南省精心构建的“7+28+N”重点产业链布局中，深化科技成果转化机制改革，将极大地促进科技成果融入产业链的各个节点。通过引进创新成果，可显著提升产品附加值，推动传统产业向高端化、智能化、绿色化迈进。此举有助于河南打破低附加值产业的桎梏，在全球产业链中占据中高端位置，无论在国际市场还是国内市场，都将极大增强河南的竞争力。科技成果的有效转化，正是新质生产力蓬勃涌现的源泉。河南省正深化科技成果转化机制改革，力促科技成果快速转化为新质生产力。通过建设概念验证中心、中试基地等，加速新技术、新产业、新业态、新模式的孕育。以高新技术产业为例，科技成果的转化将催生更多高附加值产品与服务，带动产业链协同发展，为经济高质量发展注入强劲动力。

（二）优化资源配置，激活创新动能

河南省积极建设科技成果转化体系，市场化运营国家技术转移郑州中心及其分中心，形成覆盖广泛的服务网络，有效整合全省乃至沿黄流域的创新资源，确保资源流向最具效益的领域。同时，在高新区、智慧岛等地建立省科技成果转移转化示范区，汇聚人才、资金、技术等关键创新要素，优化资源配置，提升利用效率。河南深化科技成果转化机制改革，改革新型研发机构、重建河南省科学院、重塑省实验室体系等举措，旨在激活区域创新要素，加强创新主体间联系，营造优良的创新生态，从而显著提升区域创新能力。

（三）提升成果交易质量，引领机制改革探索

河南省建设省中试基地与科技成果转移转化公共服务平台，旨在攻克科

技成果转化前端验证、中间试验及供需对接等难题。河南举办高校院所科技成果博览会等精准对接活动，有效促进了高校科研成果与企业技术需求的深度融合，提升了成果转化的市场适应性与经济价值。在职务科技成果赋权和单列管理试点改革方面，河南省的探索为全国提供了宝贵经验。18 家试点单位取得了显著的改革成效，不仅大幅提升了科技成果赋权数量与转化成功率，还创造了丰厚的经济收益，不仅解决了科研人员转化意愿不强与高校转化顾虑重的问题，更从制度层面探索出了一条切实有效的改革路径，为全国职务科技成果转化机制的进一步优化与完善提供了有力支撑。

（四）响应国家创新驱动发展战略，提升科技创新竞争力

河南省紧跟党中央决策部署，全力推进科技成果转化机制改革，积极响应国家创新驱动发展战略，为国家科技创新发展提供地方扎实的实践支撑，提升国际竞争力。河南省深化科技成果转化机制改革，吸引更多的科研资源汇聚于此，高效的科技成果转化将极大地激发科研人才、企业研发机构等的热情，促使他们纷纷来豫寻求合作与发展。据媒体报道，18 家试点单位在短短两年多内累计赋权科技成果达 1496 项，成功转化 1092 项，转化金额高达 3.3 亿元。[①] 这一斐然成果不仅彰显了河南省在科技创新领域的强劲实力，也提升了其在全国科技创新版图中的影响力和竞争力，为河南在全国科技发展格局中赢得了有利的地位。

二　河南省深化科技成果转化机制改革取得的成效

（一）科技成果转化政策逐渐落地

2024 年，河南省在科技成果转化领域展现出了强劲动力，接连出台多

① 《引领河南省职务科技成果转移转化机制改革 赋权改革“双试点”释活力》，《河南日报》2024 年 3 月 14 日。

项有力政策，全方位推动科技成果转化落地生根。2024 年 12 月 29 日，河南省公布了《促进科技成果转移转化十五条措施》，涵盖职务成果赋权、“先使用后付费”模式以及创新集聚区建设等多个维度，旨在打通成果转化全链条。此前，河南省教育厅也发布通知，要求高校依托平台完成科技成果登记，并积极推动产学研深度融合。2024 年 7 月，河南省出台财政政策措施，对企业及高校科研院所的成果转化给予奖补，激发转化活力。2024 年 8 月，河南省印发《河南省天使投资引导基金实施方案》，设立母基金，为成果转化早期项目提供有力支持。此外，《河南省概念验证中心建设工作指引》的出台，更是为打通科技成果转化“最初一公里”提供了保障，这些政策共同为河南省科技成果转化营造了良好生态，有力促进了创新发展与产业升级。

（二）科技成果转化活力潜力持续激发

河南省在科技成果转化上展现出了强大的决心，多项政策的出台，推动了创新活力与经济效益的双重提升。2023 年，全省共投入研究与试验发展（R&D）经费 1211.66 亿元，同比增长达 6.0%，相较于上一年度增加了 68.41 亿元，R&D 经费投入强度为 2.05%，相比上一年度提升 0.09 个百分点，显示了河南省对科技创新的持续投入与重视。在研究与试验发展的各项活动类型中，全省基础研究经费为 37.57 亿元，同比增长 0.2%，其基础研究的扎实根基不可忽视；应用研究经费为 113.00 亿元，同比增长高达 14.7%，显示了应用研究领域的蓬勃发展；试验与发展经费高达 1061.09 亿元，同比增长 5.3%，为全省科技创新与成果转化提供了坚实的基础，三者所占比重分别为 3.1%、9.3%和 87.6%，全省 R&D 经费投入整体呈现稳健增长的态势，投入强度也在逐年提升。[①] 工业和信息化部火炬中心公布 2023 年度全国共登记技术合同 945946 项，成交金额达到 61475.66 亿元，同比分

① 《2023 年河南省研究与试验发展（R&D）经费投入统计公报》，河南省统计局网站，https：//tjj.henan.gov.cn/2024/10-10/3071615.html。

别增长22.45%和28.63%。在此背景下，河南省成交技术合同数为24905项，技术合同成交额达到1367.42亿元，同比增长33.37%，展现出了强劲的增长势头，技术合同成交项数位列全国第13，技术合同成交额位列全国第15，尽管成交额排名略有下降，但技术合同成交额占地区生产总值的比重已达到23.12%，同比增加0.64个百分点，技术交易额达到588.95亿元，河南省在科技成果转化方面取得的成绩显著，为河南经济高质量发展注入了强大的创新动能（见表1）。

表1　2023年全国技术合同登记情况

单位：项，亿元

省份	项数	技术合同成交额	其中:技术交易额
合　计	945946	61475.66	37155.58
北　京	106552	8536.94	6410.66
天　津	15107	1957.38	811.04
河　北	22613	1789.92	595.80
山　西	1751	224.05	47.98
内蒙古	2219	61.71	42.94
辽　宁	26490	1308.28	764.09
吉　林	5624	99.33	92.99
黑龙江	7657	117.54	61.64
上　海	50824	4850.21	4045.03
江　苏	93684	4607.35	2850.74
浙　江	76010	4616.04	4339.12
安　徽	30762	3670.05	1207.26
福　建	21175	375.46	311.95
江　西	17081	1595.73	1232.19
山　东	71855	4602.32	3246.26
河　南	24905	1367.42	588.95
湖　北	98844	4802.24	2120.62
湖　南	55295	3995.29	728.05
广　东	49604	4438.13	2722.80
广　西	3929	89.56	37.04
海　南	3263	53.28	50.64
重　庆	11281	865.09	391.16
四　川	28396	1951.58	1254.28

续表

省份	项数	技术合同成交额	其中:技术交易额
贵　州	11536	491.10	290.74
云　南	14179	269.36	134.15
西　藏	304	17.77	17.62
陕　西	69723	4120.99	2452.88
甘　肃	14148	468.15	193.87
青　海	1515	19.30	16.04
宁　夏	4149	40.51	38.90
新　疆	5471	73.58	58.15

资料来源：根据工业和信息化部火炬高技术产业开发中心相关数据整理。

2023 年，河南省技术合同成交额展现出了强劲的增长态势，高新技术领域依然占据领先地位。城市建设与社会发展、先进制造和新能源与高效节能三大领域分别以 427.86 亿元、259.51 亿元和 153.65 亿元的成交额位居前三（见表 2）。河南省挂牌建设了 50 家省中试基地，覆盖了 25 条重点产业链，开展了 2010 项中试服务项目，推出了 749 个中试服务新产品，并成功转化了 651 项科技成果。同时，河南省科技成果转移转化公共服务平台的建立，畅通了成果转化渠道，对接成果需求超过 9100 项。2024 年，河南省技术合同成交额持续攀升，第三季度成交额达 1150.2 亿元，同比增长 32.7%，呈现出了强劲的增长势头。

表 2　2023 年河南技术市场成交合同情况

单位：个，亿元

按技术领域分	技术合同数	技术合同成交额
城市建设与社会发展	2882	427.86
先进制造	5785	259.51
新能源与高效节能	2206	153.65
电子信息	4646	118.99
新材料及其应用	2465	107.53
环境保护与资源综合利用	2241	107.30

续表

按技术领域分	技术合同数	技术合同成交额
农业	2533	76.11
生物、医药和医疗器械	1490	64.63
现代交通	387	45.55
航空航天	258	5.62
核应用	12	0.65

资料来源：根据《河南统计年鉴》相关数据整理。

（三）科技成果转化服务效能不断提升

河南省通过优化结构和整合资源，重振河南省科学院，下辖的45家研究实体不仅深化了基础科学研究，更为解决行业技术难题、推动产业升级提供了强大的智力支持。河南省科学院与中原科技城、国家技术转移郑州中心的“三合一”融合发展模式，更是将科研、产业与城市发展紧密相连，形成了产学研深度融合的创新生态链。此外，26家省实验室和6家省产业技术研究院的相继成立，汇聚成推动河南省科技创新的强大动力。以国家技术转移郑州中心为核心，以各分中心为枢纽，以技术转移示范机构为节点的成果转化服务网络，为科技成果转化提供了高效的服务通道。其依托创新载体，创建21家省科技成果转移转化示范区，首批10家示范区承载了200多项省级以上科技成果转化项目，技术合同成交额高达229亿元，展现了科技成果转化带来的巨大经济和社会效益。河南已建设50家省级中试基地，36家中试基地已落地转化651项科技成果，带来14.1亿元收入，积极培育和发展技术转移示范机构188家，促成技术转移项目6000余项，技术合同成交额达到111亿元，组织技术交流推广和培训活动2700余次，服务企业1.6万余家，解决企业需求2万余项，综合服务效能不断提升。①

① 《同比增长45%！2024上半年河南省技术合同成交额884亿元》，鹤壁市科学技术局网站，https：//kjj. hebi. gov. cn/ywdt/szyw/art/2024/art_470fa002cd634816aa71f2da34d8bb23. html。

（四）科技成果转化生态环境显著优化

河南省正式揭牌运行技术交易市场，构建黄河流域技术转移协作网络，征集发布720项先进技术成果和580余张技术能力清单，构建高效协同的科技服务综合体，汇聚7791项各类需求，挂牌50家省级中试基地，覆盖省内25条重点产业链，开展中试服务项目2010项，推出新产品749个，科技成果转移转化公共服务平台已促成9100余项成果需求对接，培养初级技术经纪人5000余名、中级技术经纪人200余名，并对技术转移人员进行5000余人次培训，组建"专家百人团"，为技术人员提供定制化的培训课程，开展"百人团助基层"活动，深入一线推动技术转移。截至2024年6月末，河南省存续私募基金管理人达到153家，管理基金540只，基金规模总计超过1065亿元。此外，河南省科技厅与财政厅还联合支持了312家（次）科技型中小企业，实现放款22.56亿元，较上年同期增长近20%，为科技成果的转化落地注入了强劲动力。

三　河南省深化科技成果转化机制存在的问题

（一）科技成果转化政策落实和认知不足

河南省出台多项政策推动科技成果转化落地，但是部分政策宣传力度和解释不足，导致相关主体难以全面理解并有效落实政策。例如，初次涉足科技成果转化领域的企业不清楚具体的税收减免政策或财政补贴政策，影响了它们对成果转化的积极性。河南省尚未建立完善的政策学习和指导机制，科研人员在成果转化过程中对政策适用范围、申报流程、审核标准等了解不足，很容易产生误解或错失享受优惠政策的机会。科技成果转化是一个涉及多方、多环节、多因素的复杂过程，涉及的政府部门众多，但各部门之间缺乏有效的协调机制，导致资源配置不合理，成果转化难以顺利进行。

（二）金融对科技成果转化的支持力度不足

科技成果转化是一个资金密集型的活动，不论是在科研阶段、成果转化阶段还是在产业化阶段，都需要大量的资金支持。尽管政府已采取了资金资助措施，但整体金融支持依然不足。一方面，商业银行等金融机构对科技型企业，尤其是中小型企业的信贷支持不充足，传统银行贷款更倾向于传统产业的固定资产抵押项目，许多企业缺乏抵押物难以获得银行贷款，高风险且资产较少的科技成果转化领域则条件严苛，这导致科技企业融资面临巨大的困难。另一方面，财税金融激励政策的效果并不显著，科技创新成果市场化渠道受阻，金融支持政策的助推作用也并不够强烈，融资渠道不畅且成本较高，且河南的风险投资规模有限，投资机构和资金相对稀缺，很难满足众多项目的需求，资本市场的不完善限制了企业的融资渠道。

（三）科技成果转化平台综合效能未充分利用

尽管河南省构建了科技成果转移转化网络体系，但与发达地区相比，科技成果转化平台的完善程度仍存在差距。在整合高校、科研院所和企业资源方面，可能存在局部的衔接不畅情况。部分科研单位发布的成果信息未能及时传递给需要的企业，同样，企业的技术需求也未完全为科研人员所了解，导致科技成果与产业需求之间存在对接不紧密的问题。虽然已构建的科技服务综合体吸引了各类需求，但在对成果进行精准评估、为成果转化提供全方位解决方案等方面仍有提升空间。对于一些复杂的、涉及多学科跨领域的科技成果，现有平台难以提供从技术可行性评估、市场潜力分析到商业化推广等一站式服务，从而影响了科技成果转化的效率。

（四）科技成果转化人才激励机制有待完善

截至 2023 年底，河南省每万人就业人员中 R&D 人员数量仅为 29.2 人，仅相当于全国平均水平的 47.2%。在豫全职两院院士仅有 24 名，占全国总数的 1.4%，远低于周边部分省份，高层次复合型人才尤为匮乏。尽管河南

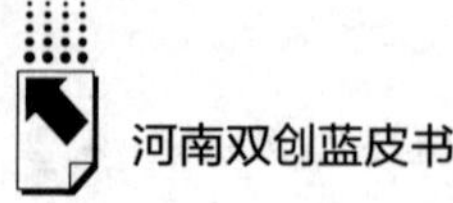

省出台了一系列政策，旨在鼓励高等院校和研发机构设置科技成果转移转化的专职岗位，并要求将这类岗位的人员在职务评聘、业绩考核等方面与教学科研人员同等对待，但实际效果并不理想。由于缺乏具体的实施细则，这些政策难以落地执行，科技成果转化人员的工作业绩无法与绩效考核挂钩，科技成果转化的成绩也无法作为考核、评审和职称晋级的实际依据。此外，现有的激励机制还存在激励与需求对接不足、激励差异性不明显、偏重物质激励而缺乏精神和价值层面激励等问题，影响了科技成果转化人员的工作热情，制约了科技成果转化效率的提升。

四 河南省深化科技成果转化机制改革的对策建议

（一）强化科技成果政策的落实与协同

政府可以通过多种形式，如组织政策宣讲会、提供在线政策解读、编制政策指南手册等，帮助科技创新主体深入理解和掌握相关政策内容。建立政策学习辅导机制和政策咨询平台，针对不同创新主体的需求提供个性化的指导和支持。例如，针对科技企业关心的税收减免政策、高校关注的科研成果产权政策等方面进行详细解读和辅导，以满足它们的具体需求。为了确保各环节、各主体、各要素能够有效协同工作，应设立跨部门科技成果转化政策协调服务机构，打造“一站式”服务窗口，指定专门机构承担协调工作，处理科技成果转化中的政策实施问题，加强不同管理部门之间的信息共享和政策衔接，建立定期的沟通和协作机制，形成高效的协同体系。只有政府部门加大对科技成果转化政策的宣传力度，建立有效的政策学习辅导机制和政策协调服务机构，加强信息共享和政策衔接，才能推动科技成果转化取得更大的成效。

（二）政府加大资金投入及引导社会资本

政府可以采取多种财政金融手段，如无偿资助、偿还性资助、创业投资等，引导金融资本流向科技领域，并鼓励社会资本积极参与科技成果转化和产业发展。加大对科技企业的培育支持力度，推动企业改制上市、并购，促进全国场外交易市场建设，开拓企业资本市场融资渠道。尤其是针对新兴的科技型中小企业，政府可提供创业投资资金支持，给予税收减免等优惠政策，以吸引风险投资企业注资，提升企业实力，加速科技成果转化，促进科技与经济的深度融合发展。设立科技成果转化风险基金，吸纳国家、企业、个人以及国外资本等多种资金形式，共同承担科技成果转化风险并分享成果收益，提高成果转化效率，以减轻企业单方面承担风险的压力，激发各方更多的创新热情，推动科技成果的快速转化。

（三）以场景牵引塑造全省统一应用场景大市场

以企业为主导构建的应用场景为导向，推动新技术集成研发和科技成果转化，实现科技创新、产业创新深度融合和供需联动。以“政府搭台、企业出题、企业答题”模式推动的场景工作，聚焦挖掘场景、发布清单、对接路演和推广服务等全流程，促进科技型企业研发资源与应用对接，推动大中小企业融通创新。河南可围绕 7 大产业集群和 28 条产业链，发布重大应用场景需求清单，实施“科技创新+场景应用”科技成果转化示范，建立试点示范机制。通过“择优遴选、动态补充”原则，依托创新载体，打造一批场景牵引成果转化示范区，激发新动能，积极探索场景征集、策划打磨、发布对接、落地推进、示范推广等工作模式，实现需求与供给的有机对接、科技与产业的深度融合，助力科技成果转化，推动科技成果向市场落地和应用。

（四）完善科技成果转化人才激励机制

全国各地纷纷重视科技成果转化人才在成果转化中的作用，制定了相关政策措施加强人才建设。河南可以借鉴先发地区的经验，培育和引进科技成果转化人才，并对其绩效进行评价和奖励。在技术经纪人才的职称评定中，更加注重其在成果转化项目中的实际业绩，如促成的成果转化数量、转化金额等指标，为他们提供明确的职业发展路径，激励他们不断提升业务能力和绩效水平。对首次取得职称并受聘于河南技术转移机构的技术经纪人，可以根据职称层级享受一定的奖励。出台详细的奖励规则，采取差异化的评价体系，给予其充分的肯定和认可，加强对其进行培训和支持，构建良好的政策环境和激励机制，以促进科技成果更好地转化，推动科技创新与产业发展的深度融合，为经济社会发展注入强劲动力。

参考文献

张锐：《河南：加快科技成果向新质生产力转化》，《科技日报》2024 年 10 月 18 日。

李斌：《深化科技成果转化机制改革 加快科技成果向现实生产力转化》，大河网，https：//theory. dahe. cn/2024/10-18/1834611. html。

董艳竹：《上半年我省技术合同成交额 884 亿元》，《郑州日报》2024 年 8 月 1 日。

毛莉：《技术经理人："从 1 到 100"的重要"推手"》，《科技日报》2024 年 11 月 12 日。

贺跃通、文雯、李晓朵：《河南省技术交易现状与发展对策研究》，《河南科技》2024 年第 18 期。

李兵、高畅、黄敬洛等：《先发地区技术转移模式探索与启示》，《河南化工》2024 年第 11 期。

王福涛：《持续深化科技成果转化机制改革》，《国家治理》2024 年第 21 期。

孙国栋、高巍、毛启伟等：《发达国家促进科技成果转化的措施与经验》，《科技和产业》2024 年第 22 期。

B.10

河南省完善规划体系和政策统筹协调机制的思路与举措研究

于善甫*

摘　要： 河南省作为中部崛起、黄河流域生态保护和高质量发展等多个国家战略的叠加区，在推进规划体系和政策统筹机制改革中取得了显著成效，但也面临战略规划融合度不足、政策工具匹配及传导机制不畅等问题，亟须完善规划体系和政策统筹协调机制，以系统化的思维、规范化的流程、制度化的保障，确保河南各项规划和政策的有效实施。要通过夯实发展规划的统领功能，突出重点领域的统筹发展和协同治理，扎实落实"多规合一"，不断完善宏观调控政策设计，加强政策取向一致性评估等方式促进规划体系和政策统筹协调机制不断完善，为高质量发展提供系统性支撑。

关键词： 规划体系　政策统筹　河南省

党的二十届三中全会明确提出，要完善国家战略规划体系和政策统筹协调机制，并将其作为财政、金融、民生等众多领域改革措施的基本目标。河南省委十一届七次全会也明确提出"完善规划体系和政策统筹协调机制"，同样将其作为13项重点任务之一的"完善宏观经济治理体制机制"的重要内容进行部署。其背后深意在于要统筹当前和长远、全面和重点、整体和局部，推动跨周期设计与逆周期调节的协同，增强宏观政策取向的一致性。

---

* 于善甫，黄河科技学院河南中原创新发展研究院副院长，教授，主要研究方向为区域经济、创新创业。

一　河南省完善规划体系和政策统筹协调机制取得的成效与存在的问题

党的二十大报告强调"健全宏观治理体系，加强规划战略导向作用"，河南省作为经济大省和战略叠加区，既是中部崛起、黄河流域生态保护和高质量发展等多个国家战略的交会地，也是京津冀协同发展、长三角一体化发展等区域发展战略的链接枢纽。河南省在推进规划体系和政策统筹协调机制改革中取得了显著成效，但也面临着战略规划融合度不足、政策工具匹配及传导机制不畅、规划实施滞后等问题。

（一）河南省完善规划体系和政策统筹协调机制取得的成效

1. 多规合一取得明显成效

为加快构建"多规合一"的国土空间规划体系并监督实施，2020 年 4 月，河南省根据中共中央、国务院印发的《关于建立国土空间规划体系并监督实施的若干意见》和中共中央办公厅、国务院办公厅印发的《关于在国土空间规划中统筹划定落实三条控制线的指导意见》精神，制定《中共河南省委 河南省人民政府关于建立国土空间规划体系并监督实施的实施意见》。2023 年 12 月 29 日，河南省政府就《河南省实施〈中华人民共和国土地管理法〉办法》举行新闻发布会，明确提出以后将不再单独编制主体功能区规划、土地利用规划和城乡规划，形成全省"一张图"，真正实现"多规合一"，为加强国土空间规划和农村土地"三权分置"改革提供了法治保障。2024 年 3 月 6 日，《河南省国土空间规划（2021~2035 年）》获国务院正式批复。2025 年 1 月，国务院正式批复《郑州市国土空间总体规划（2021~2035 年）》，这是郑州市成立以来第一部"多规合一"国土空间总体规划。至此，河南省、市、县三级国土空间总体规划全部获批，标志着支撑河南在中部地区崛起中"奋勇争先、更加出彩"的国土空间规划体系基本建成，全省"多规合一"改革取得突破性进展。

2. 区域协同新格局基本确立

首先，规划理念与战略部署得到有效实施。河南在新一轮规划中，深入研究了人口变化、产业演进趋势、经济社会发展规律及自然格局等省情，坚持生态优先、系统观念、节约集约、四水四定、人民城市、治山治水治城等理念，落实区域协调发展战略、区域重大战略、主体功能区战略及新型城镇化战略等部署。

其次，主体功能区与农业空间布局进一步优化。科学划定“三区三线”，优化主体功能分区。以郑州为核心，强化洛阳、南阳副中心城市建设，提升郑州都市圈的辐射带动能力，构建“一主两副、一圈四区、多点支撑”的城镇空间格局；巩固黄淮海平原、南阳盆地粮食生产基地，拓展农产品生产空间，打造全国重要的粮食生产核心区，形成“三区两带一心”农林牧渔高效种养一体的农业空间布局。

最后，生态空间网络格局初步构建。河南以黄河流域生态保护为重点，建设高质量的沿黄生态带，构建太行山、伏牛山、桐柏—大别山等生态屏障带，形成覆盖中原大地的生态空间网络格局。

3. 规划技术标准体系全面构建

一方面，技术规范持续完善。河南省深入推进“多规合一”改革，加快构建国土空间规划体系，不断优化政策制度、体制机制和标准规范。先后出台了《河南省市县级国土空间总体规划编制导则》《河南省国土空间总体规划基础数据归类实施细则》《河南省乡镇国土空间规划编制导则》等市县乡总体规划编制技术规范，以及专项规划、详细规划、城市设计和开发区国土空间规划的相关技术规范。

另一方面，技术标准体系更加科学。河南通过一系列规划编制技术规范，为构建“省市县乡四级规划+总体规划、专项规划、详细规划三类规划+城市设计”的技术标准体系提供了有力支撑，确保规划编制工作有据可依、规范高效。

4. 数字化转型成效显著

一是规划成果数字化管理能力不断提升。在河南省市县国土空间总体规

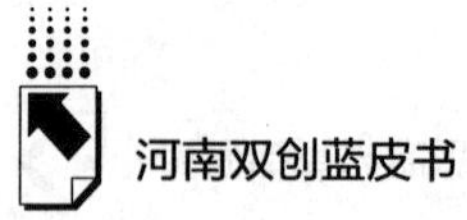

划经批准后，基于统一的国土空间数字化底版，已完成成果汇交入库，建立图数一致、坐标吻合、上下一体的国土空间规划“一张图”。国土空间规划“一张图”实施监督信息系统，可有效支撑国土空间规划编制、审批、实施全生命周期管理。

二是数字政府建设加速推进。河南省已建成全省一体化在线政务服务平台、“互联网+监管”平台和贯通省、市、县、乡、村五级的政务服务网，河南政务服务移动端“豫事办”上线运行，实现了“最多跑一次”事项的高比例达成，极大地提升了政府服务效率和民众满意度。

三是数字化治理能力得到提升。河南通过加强数据资源的整合与共享，构建了全省一体化的数字底座，为政府决策提供了有力支撑。例如，通过整合多源数据，为市场主体精准“画像”，实现了对市场主体的精准监管和服务。

（二）河南省在完善规划体系和政策统筹协调机制上存在的问题

1. 战略融合与规划衔接不足

一是国家战略融合不够深入。虽然河南省积极推动国家重大战略在省内的实施，但在战略融合方面仍有待加强。例如，河南人均水资源量仅为全国平均水平的1/5，但高耗水产业（如食品加工、化工）仍占一定比例，农业用水效率低，与黄河流域生态保护和高质量发展战略要求存在矛盾。

二是规划衔接不够紧密。各级各类规划之间的衔接不够紧密，存在“规划规划、墙上挂挂”的情况。部分专项规划与总体规划之间缺乏有效衔接，导致在具体实施过程中出现脱节现象。例如，一些地方性规划与国家和省级规划在目标设定、任务安排等方面存在不一致，影响了规划的整体效能，晋陕豫黄河金三角区域合作推进缓慢，郑洛西高质量发展合作带缺乏实质性产业协作，导致区域协同效应未释放。

2. 政策统筹与协调机制不健全

一是部分政策制定缺乏统筹考虑。在政策制定过程中，因为缺乏对全局性和长远性的考虑，导致政策之间存在冲突和矛盾。例如，一些地方在制定经济发展政策时，过于注重短期经济增长速度，而忽视了环境保护、资源节约等长期发展目标，造成经济发展与环境保护之间的不平衡。

二是政策执行协调配合不足。在政策执行的过程中，因部门之间、地区之间的利益诉求不同，往往极易导致政策执行不力、协调困难等问题。例如，一些地方在推进新型城镇化建设的过程中，由于涉及多个部门的职能交叉和利益冲突，政策执行进展缓慢，甚至出现“中梗阻”现象。

3. 信息共享与资源整合不足

一是信息共享机制还需进一步完善。各部门、各地区之间信息共享机制不完善，导致信息孤岛现象严重。这不仅影响了政策的科学性和有效性，也增加了政策执行的难度和成本。例如，在推动科技创新的过程中，由于科研信息、市场信息等共享不畅，科研资源浪费和重复研发现象严重。

二是资源整合力度有待加大。在资源配置方面，存在分散化、碎片化的问题，某些部门和地区缺乏有效的资源整合机制，导致资源利用效率低下。例如，在教育资源配置方面，优质教育资源过度集中在城市地区和重点学校，省会郑州有 28 所本科高校，稳居全省第一位，占据了河南省近一半的资源，濮阳、鹤壁、三门峡、漯河和济源五个地市没有独立设置的本科高校，部分农村地区和薄弱学校面临资源匮乏的困境。

4. 村庄规划还不能满足全面乡村振兴的需要

自 2019 年 7 月河南省自然资源厅印发《河南省村庄规划导则（试行）》以来，全省以“多规合一”理念推进实用性村庄规划编制，通过“乡村规划千村试点”“百镇千村规划”等工程积累了经验。然而，当前村庄规划仍难以满足全面乡村振兴需求。一是规划尚未覆盖全域全要素。现有规划多侧重于新型社区空间建设，忽视水林田生态要素整合，且土地规划中村级用地布局与行业管理范围不衔接，导致生态管控盲区。二是用地方式粗放。宅基地“建新不拆旧”“一户多宅”现象普遍。三是空间布局不合理。村庄住房、产业、基础设施与耕地保护缺乏统筹，布局交错混乱，发展空间受限。四是村庄特色不突出。新建房屋风格、色彩等缺乏统一设计，形成“有新房无新村”的乱象。五是规划衔接不足。农业农村、生态环境、住建等部门专项规划各自为政，建设时序、内容、标准冲突频发，难以形成合力。当前，全省乡村仍面临土地利用粗放、产业滞后、风貌同质化等挑战，加快编制科学、系统、可操作的实用性村庄规划，已成为保障乡村振兴战略落地、促进城乡融合发展的迫切任务。

二　河南省完善规划体系和政策统筹协调机制的基本原则

党的二十届三中全会与河南省委十一届七次全会都将完善规划体系和政策统筹协调机制作为重要内容进行部署，这是因为完善规划体系和政策统筹协调机制不但是党有效领导经济社会发展的重要方式，也是推进中国式现代化建设河南实践的有力保障，还是河南提升治理能力的必然要求。河南省要以系统化的思维、规范化的流程、制度化的保障，确保各项规划和政策的有效实施。

（一）不断完善规划分类管理体系

1. 完善战略制定实施机制

一是坚持以思想引领行动。战略决策体系建设须以习近平新时代中国特色社会主义思想为根本遵循，全面落实习近平总书记关于深化改革的重要论述精神，将战略思维、系统观念贯穿规划编制实施全周期。在战略框架设计中精准对接国家重大政策导向，确保区域发展路径与国家战略同频共振。

二是推动各类国家战略在河南深度融合。建立“战略—规划—政策”转化机制，制定包含任务分解、动态监测、绩效评估的闭环管理体系。重点推进乡村振兴、城乡融合等国家战略的河南实践方案，通过战略集成、政策叠加、要素聚合，形成省级战略与上位规划的有效衔接，强化战略引领下的资源配置效能，为河南省的全面发展提供有力保障。

2. 厘清战略规划的内在逻辑体系

一是建立分层递进编制体系。立足我国“预研—建议—纲要”三级规划编制范式，河南省需完善战略预研、纲要编制、行动计划相衔接的编制链条。战略预研阶段聚焦关键性议题论证，着力破解“发展瓶颈在哪里”；规划建议阶段确立战略坐标系，系统回答“发展目标是什么”；规划纲要阶段形成政策工具箱，重点解决“实施路径怎么走”。

二是突出特色化编制导向。通过构建“战略层—实施层—保障层”规划谱系，实现规划内容精准定位。在编制过程中建立差异化指标体系，既体现粮食安全、黄河战略等国家使命担当，又突出中原城市群能级提升、枢纽经济培育等地方特色，确保规划兼具战略高度与实践深度，既符合国家战略要求，又符合河南省的发展实际。

（二）优化国家发展规划与宏观调控联动机制

1. 建立政策协同矩阵

一是构建战略导向型政策体系。建立“规划目标—政策工具—实施路径”的协同框架，强化财政、货币、产业等政策与战略规划的系统校准。运用政策模拟推演系统，实现政策出台时序、作用强度与规划实施阶段的动态适配，形成跨周期政策协同效应。

二是强化金融适配功能。建立重点领域融资需求清单管理制度，引导金融机构创新“规划贷”“战略债”等专属产品。运用货币政策工具定向支持产业链重构项目，形成资金供给与规划实施的精准匹配。

三是打造产业升级引擎。构建“链长制+专班制”协同推进体系，实施产业集群能级提升专项行动。通过建立产业政策动态评估机制，重点培育新能源汽车等战略性新兴产业集群，塑造“豫字号”产业竞争新优势。

2. 创新宏观调控实施范式

一是增强宏观调控的前瞻性。在完善宏观调控体系的过程中，应注重增强宏观调控的前瞻性。通过加强宏观经济监测和预警机制建设，及时发现和解决经济运行中存在的问题和风险隐患。同时，加强宏观调控政策的预研储备和相机抉择能力建设，确保宏观调控政策能够及时、有效地应对各种复杂局面。

二是提升精准调控效能。建立差异化政策工具箱，实施“行业+区域”

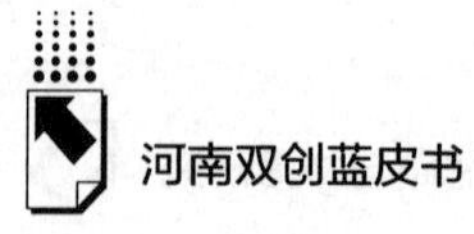

双维度政策适配机制。创新宏观调控政策动态平衡模型，强化与国土空间管控、能耗双控等政策的协同联动。通过构建政策效果追溯评估系统，形成“制定—执行—反馈”的完整治理闭环，持续提升政策传导效率。

（三）持续推动政策协同

1. 财政政策协同优化

一是税收政策精准适配。围绕先进制造业、现代服务业、现代农业强省建设，调整税收优惠范围，对制造企业研发投入、技术改造等领域实施定向减免。改革消费税征收机制，将高污染、高能耗消费品（如石化、建材）纳入征收范围并实行阶梯税率倒逼产业绿色转型。

二是财政支出靶向聚焦。优先保障电子信息、生物医药等重点产业，同步扩大基建、产业基金等配套资金规模。强化乡村振兴领域投入，整合涉农资金支持城乡基础设施互联互通。

三是补贴机制动态革新。推行“全链条补贴”模式：研发阶段给予研发费用补贴，生产环节实施绿色技改补贴，消费端发放新能源汽车购置补贴。

2. 金融政策协同创新

一是资本市场多元赋能。构建“基金+信贷+债券”融资体系，推动风险投资基金规模持续扩大，专项支持“专精特新”企业。推广“供应链金融+区块链”模式，为汽车、装备制造等产业链核心企业提供应收账款质押融资服务。

二是强化风险防控机制。建立红、橙、黄三色金融风险预警系统，重点监控企业债券违约率、股票质押平仓线等指标。实施“穿透式监管”，对网络借贷、非法集资等行为开展专项整治，降低金融风险案件发生率。

（四）创新全流程实施推进机制

1. 构建数字化协同监管平台

一是推广“互联网+监管”模式。整合市场监管、税务、金融等部门数据资源，构建全省统一的经济政策监测系统，实现风险预警与效果评估的实时化、动态化。试点“区块链+政策兑现”技术，推动涉企财政补贴、税收优惠全流程透明可追溯，实现政策兑现系统全覆盖。

二是强化区域政策协同。依托“一主两副多节点”城镇格局，推动郑州（电子信息）、洛阳（装备制造）、南阳（生物医药）产业链互补，形成区域协同发展合力。实施“县域经济倍增计划”，支持各重点县（市）建设特色产业园区。

2. 强化政策落实考核评估

一是建立多维考核体系。将政策协同成效纳入地方政府绩效考核，重点考核固定资产投资增速、居民收入增速等核心指标，实行“季度评估+年度考核”动态管理。引入第三方独立评估机制，委托高校、智库开展政策效果评估，定期发布“河南省经济政策协同白皮书”，公开接受社会监督。

二是完善闭环管理机制。依托“一统十联”工作机制，对规划编制、实施、评估实行全流程闭环管理，确保政策目标与年度经济增速、城镇化率等指标协同推进。针对政策执行偏差建立快速纠偏机制，通过数字化监管平台实时反馈问题并限期整改。

（五）强化规划衔接落实机制

1. 健全战略规划制度体系

一是强化制度保障。习近平总书记强调：“要加快建立制度健全、科学规范、运行有效的规划体制，更好发挥国家发展规划的战略导向作用。”① 河南省应积极响应这一号召，进一步强化国家发展规划和国家战略的有机衔接，进一步健全战略规划制度体系。通过制定和完善相关法规、规章和政策文件，为规划的实施提供坚实的制度保障。

二是发挥规划导向作用。强化国家发展规划的战略导向作用、国土空间

① 郑栅洁：《健全国家经济社会发展规划制度体系》，中国政府网，https：//www.gov.cn/lianbo/bumen/202408/content_6970564.htm。

规划的基础作用、专项规划和区域规划的支撑作用。在规划编制和实施过程中，应注重规划的引领性和指导性，确保各项规划能够相互衔接、相互支撑，形成完整、协调的规划体系。

2. 优化衔接落实机制

一是构建垂直传导机制。建立“中央精神、省级方案、市县行动”三级传导链条，实现战略意图的全域精准落地。完善规划审查备案制度，形成上位规划指导下位编制、专项规划匹配空间布局、同级规划协同发力的实施闭环。

二是建立横向联动平台。以产业链布局和基础设施网络为协同载体，搭建多部门参与的规划协同工作坊。创新“联合编制—并联审批—协同监管”的跨领域实施机制，在重大项目选址、生态保护修复等领域建立规划协商决策机制，形成政策合力推动区域高质量发展。通过加强部门之间的协作配合，确保各项规划能够相互衔接、相互促进，共同推动河南省的经济社会发展。

（六）夯实规划编制实施的法治保障

1. 明确规划实施责任

一是落实各级政府主体责任。在规划编制实施过程中，应明确各级政府和相关部门的规划实施责任。通过制定和完善相关法规、规章和政策文件，明确各级政府和相关部门在规划实施中的职责和任务分工。同时，加大规划实施的监督和考核力度，确保各项规划任务得到有效落实。

二是加强规划评估监督。建立健全规划实施监测机制，对规划实施情况进行定期监测和评估。通过加大规划评估监督力度，及时发现和解决规划实施过程中存在的问题和风险隐患。同时，建立科学合理的规划评估体系，对规划实施效果进行全面评估，确保规划目标得到有效实现。

2. 完善规划编制法律法规体系

一是加强立法工作。在完善法律法规体系的过程中，应注重加强立法工作。通过制定和完善相关法规、规章和政策文件，为规划编制和实施提供坚实的法律保障。同时，加大法律法规的宣传和普及力度，提高全社会的法律意识和法治观念。

二是严格执法监督。通过加强执法机构和队伍建设，提高执法水平和效率。同时，加大执法监督和问责力度，对违法违规行为进行严厉打击和惩处，确保规划编制和实施过程中的法律法规得到有效执行。

三　河南省完善规划体系和政策统筹协调机制的对策

河南省完善规划体系和政策统筹协调机制要通过夯实发展规划的统领功能，突出重点领域的统筹发展和协同治理，扎实落实“多规合一”，不断完善宏观调控政策设计，加强政策取向一致性评估等方式，为河南省高质量发展提供系统性支撑。

（一）夯实发展规划的统领功能

1. 强化国土空间规划的战略导向

当前，河南省已全面完成省、市、县三级国土空间总体规划审批，构建了“一主两副、一圈四区、多点支撑”的城镇空间格局和“三区两带一心”的农业空间布局。在今后的发展中要进一步发挥国土空间规划的统领作用。一方面整合专项规划，以国土空间规划“一张图”为基础，统筹交通、能源、生态等专项规划，避免重复建设。另一方面建立动态调整机制，为确保发展规划的有效实施，河南省应建立健全规划评估与调整机制。这包括对规划实施情况进行定期评估，及时发现问题并进行调整优化。

2. 推动规划与战略的深度融合

一是衔接国家重大战略。将国内国际“双循环”、黄河流域生态保护和高质量发展等国家战略纳入规划编制，如在沿黄生态带建设中融入碳汇核算与生态补偿机制。

二是落实省级重点任务。围绕《河南省国民经济和社会发展第十四个五年规划和2035年远景目标纲要》，明确科技创新、乡村振兴等核心任务的用地保障与空间布局，确保发展规划的落地实施。

（二）突出重点领域的统筹发展和协同治理

1. 科技创新与产业升级协同推进

河南省应围绕科技创新与产业升级，打造高能级创新平台。深化河南与中国科学院的全面合作，整合中国科学院在豫平台，依托河南省中国科学院科技成果转移转化中心设立综合性统筹机构。加快建设北京大学郑州研究院、嵩山实验室等载体，推动“实验室+产业化公司”模式，实现关键领域的技术突破。同时，聚焦重点产业链，支持链主企业牵头攻关“卡脖子”技术，建立研发投入与成果转化双向激励机制，促进产业链与创新链的深度融合。

2. 新型基础设施与产业融合发展

河南省应抓住新型基础设施建设的历史机遇，实施“新基建”引领工程。这包括推进5G、智算中心等新型网络与算力设施建设，赋能智慧交通、智能制造等领域。同时，应积极探索场景化应用开发，在航空港区、中原科技城开展智慧物流、无人驾驶等试点，推动数据要素市场化流通，促进数字经济与实体经济的深度融合。

3. 乡村振兴与城乡一体化发展

河南省应坚持乡村振兴战略，优化乡村分类规划，按“集聚提升、特色保护”等五类村庄推进差异化建设。不断强化县域经济支撑，依托中原农谷与周口国家农高区，发展农产品精深加工与冷链物流，提升农业现代化水平。同时，还应加强城乡一体化发展，推动城乡基础设施和公共服务的均等化，缩小城乡差距。

（三）以“多规合一”为基础推进规划改革

1. 完善技术标准与实施机制

河南省应基于国土空间规划“一张图”系统，整合自然资源、交通、生态等领域数据，实现跨部门实时共享与动态更新。同时，应制定统一的技术标准与实施机制，确保各类规划在数据底板上的精准叠加与有效衔接。

2. 推动规划数字化转型

为提升规划管理的效率和透明度，河南省应积极推动规划数字化转型。这包括建设智慧管理平台，研发规划实施监督信息系统，嵌入卫星遥感、物联网等技术，实时监测重大项目进展与资源利用效率。同时，应通过政务新媒体矩阵公示规划内容，开展线上听证会与民意调查，增强规划的公众参与度和透明度。

3. 强化规划刚性约束

为确保规划的有效实施，河南省应强化规划的刚性约束。对生态保护红线、永久基本农田等关键区域实施严格管控，将违规用地纳入地方政府绩效考核体系。同时，应建立健全规划实施监督机制，对规划执行情况进行定期检查和评估，确保规划目标的实现。

（四）持续完善宏观调控政策设计

1. 优化财政与产业政策协同

一方面，河南省应结合国家宏观经济政策导向，发挥财政与产业政策的协同作用，围绕先进制造业、现代农业等方向，实施研发费用加计扣除、设备更新补贴等政策措施，支持企业技术创新和产业升级。

另一方面，应创新财政资金使用方式，设立新基建专项基金，通过PPP模式吸引社会资本参与基础设施建设，提升公共服务的供给效率和质量。

2. 强化金融政策工具创新

一是制定统一规划，明确发展目标与重点方向，参照两江新区做法，引导资源聚焦特定领域转化工作。二是整合各类政策，如税收优惠与金融支持政策配合，给予相关方减免、抵免优惠。三是多方设立科技成果转化基金，共担风险，吸引更多资金投入。四是建立风险补偿机制，项目失败时按比例补偿投资方，对初期高风险项目用财政资金引导。五是开发适配各阶段的金融产品，涵盖种子基金、风险投资、产业基金等，运用多种方式推动成果资本化，拓宽融资渠道。

3. 建立宏观调控政策评估与反馈机制

一是建立健全宏观调控政策评估与反馈机制，以确保宏观调控政策的有效实施，对政策实施效果进行定期评估，及时发现问题并进行调整优化。二是应建立政策信息共享平台。不断提高政策制定和实施的透明度与可预见性。三是注重考核评估。加强对政策执行情况的监督检查和考核评估，确保政策目标的实现。

（五）加强政策取向一致性评估

1. 构建三维评估指标体系

参照国家发展规划战略导向要求，建立包含“目标协同度”“资源匹配度”“效果叠加度”的三维评估模型。一是目标协同度。运用文本挖掘技术分析政策文件与国家战略、省级规划的关键词匹配率，设置不低于85%的基准线。二是资源匹配度。通过财政资金流向监测系统，核查产业政策与财政预算的耦合程度，重点防范“资金空转”与“政策悬置”。三是效果叠加度。在黄河流域生态保护等领域试点政策组合效应评估，量化分析碳汇交易政策与生态补偿机制的协同增效水平。

2. 实施“双轨制”评估流程

一是事前评估。在政策起草阶段引入“冲突扫描”机制，利用人工智能系统识别与既有政策的矛盾条款。二是事中评估。建立季度“政策健康体检”制度，重点监测中小微企业扶持政策的渗透率，确保政策惠及面。三是事后评估。在乡村振兴领域试点“政策后评价”机制，对2020年以来实施的多项涉农政策进行全面回溯，形成淘汰更新清单。

3. 强化评估结果刚性应用

将评估结果纳入地方政府绩效考核体系，设置20%的权重占比。建立“红黄蓝”三色预警机制：对连续两次评估不达标的政策，启动即时修订程序；对造成重大资源错配的政策失误，实行终身责任追溯。

参考文献

郑栅洁：《健全国家经济社会发展规划制度体系》，中国政府网，https：//www. gov. cn/lianbo/bumen/202408/content_6970564. htm。

倪红福：《完善国家战略规划体系和政策统筹协调机制》，《新湘评论》2024 年第 19 期。

黄成亮：《近代中国国家空间治理转型的实践逻辑——兼论新时代背景下空间治理均衡机制的创新》，《兰州学刊》2020 年第 7 期。

付朝欢：《健全宏观经济治理体系 提升宏观调控科学性有效性》，《中国经济导报》2024 年 8 月 29 日。

中共生态环境部党组：《聚焦建设美丽中国深化生态文明体制改革》，《环境与可持续发展》2024 年第 6 期。

王星：《绘出国土空间开发保护蓝图 河南省完成省市县三级国土空间总体规划批复》，《资源导刊》2025 年第 3 期。

黄燕芬、杨宜勇：《完善国家战略规划体系和政策统筹协调机制》，《求知》2024 年第 9 期。

柴维龙：《信息化环境下的规划管理制度创新顶层设计方法分析》，《中国产经》2024 年第 20 期。

B.11

河南省科技创新生态发展对策研究

刘卫星*

摘 要： 本文搜集了科技创新生态的相关研究，总结了河南省科技创新生态发展取得的主要成效和经验做法，重点围绕重构重塑河南省实验室体系、规上工业企业研发活动全覆盖、职务科技成果赋权试点改革、科研项目组织机制改革、科研经费管理改革等方面推出了一系列改革举措。梳理并分析了河南省科技创新生态存在的问题，并提出科技创新生态发展对策建议：积极融入国家战略科技力量体系，不断完善创新平台体系，强化有组织的科研，全面提升企业创新能力，加快科技成果转移转化，优化人才引育用留生态，持续深化科技体制改革。

关键词： 创新生态 科技体制机制改革 河南省

一 创新生态的基本概念

科技的竞争，本质上是创新体系和创新生态的竞争。[①] 良好的创新生态能够提供创新发展动力，激发创新主体活力，促进创新要素协同共生，整合创新资源禀赋，平衡创新利益分配，营造高水平创新生态，有助于发展新质生产力，提升创新整体效能。[②] 生态原本是生物学概念，是指在一个生态系

* 刘卫星，博士，河南省科技厅平台中心，主要研究方向为科技管理。

① 黄河清编著《近现代辞源》，上海辞书出版社，2010。

② 李勇坚、刘宗豪、张海汝：《产业生态系统视角下新质生产力发展内在逻辑及形成机制》，《改革》2025 年第 1 期。

统中，生物种群的多样性越高，这个生态系统的稳定性就越高，因为一旦食物链某个环节遭受破坏，很容易找到替代路径。把创新主体、制度文化、要素流动网络等类比种群、环境、食物网，就形成创新生态概念。① 因此，创新生态是多样性的创新主体与复杂的创新环境由于创新活动而构成的类似自然生态的共生竞合、协同演化的复杂网络系统。② 具体来说，创新生态系统是一个包括企业、大学、科研机构、政府、金融等中介服务机构在内的复杂网络系统，通过组织间的协作，深入整合人力、技术、信息、资本等创新要素，实现创新因子有效汇聚，为网络中各个主体带来价值创造，实现可持续发展。③

二　河南省科技创新生态发展取得的主要成效和经验做法

（一）对科技创新的领导高效有力

河南进一步健全完善对科技工作领导的体制机制，优化重大决策和工作推进机制，成立省委科技委员会，作为省委议事协调机构，统筹推进创新体系建设和科技体制改革。

1. 优化了科技创新的领导体制

河南在全国率先成立省科技创新委员会，由省委书记和省长任双主任，机构改革后率先调整成立省委科技委员会，研究全省科技发展重大战略、重大规划、重大政策，统筹解决科技领域战略性、方向性、全局性重大问题，不断优化重大决策和工作推进机制，共召开 14 次省科创委会议和 6 次省委科技委会议，研究 111 个重大议题，推动了省科学院重建重振、省实验室建

---

① 中国社会科学院语言研究所词典编辑室编《现代汉语词典》（第七版），商务印书馆，2016。

② 丁明磊：《以新时代科学家精神凝聚高水平科技自立自强的磅礴力量》，《人民论坛·学术前沿》2024 年第 20 期。

③ 王高峰、杨浩东、汪琛：《国内外创新生态系统研究演进对比分析：理论回溯、热点发掘与整合展望》，《科技进步与对策》2021 年第 4 期。

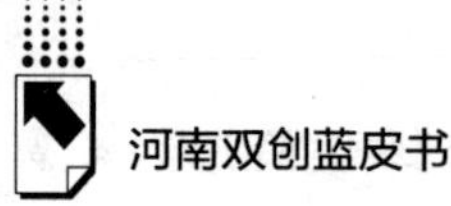

设、高等教育优化调整等事关全局的教育科技人才工作重大事项落实落地。

2. 在全国形成了河南经验

河南省科创委和省委科技委运行效率高、会议频次多、研究内容实、落实成效大，在全国各兄弟省份中产生了广泛影响，中部六省及陕西、福建、黑龙江、西藏等十余个省份以不同形式专门调研河南经验，科技部专题向国务院报告，中央科技委简报专题刊发相关做法。2024 年度在中央 38 家主流媒体有关各省份科技工作的宣传报道中，河南以 959 篇位居第 7，较 2023 年度上升 8 位。

3. 在全省凝聚了广泛共识

得益于河南省委科技委的坚强领导和宏观统筹、省委科技办的具体指导，河南各省辖市均先后成立了市科技创新委员会和市委科技委员会，重新设立了县、区科技管理部门，深入贯彻落实国家和省级层面关于科技创新的重大部署，及时研究推进本地区科技工作，在全省形成了党委领导、部门协同、省市联动，合力推进科技创新的领导体系和工作机制。创新发展已成为全省上下的广泛共识、自觉行动，成为现代化河南建设的主旋律、最强音。

（二）高端创新平台创新策源效应日益凸显

河南以省实验室为引领，前瞻布局高端创新平台，整合重塑、改造提升现有创新平台，搭建涵盖概念验证、中试熟化、技术研发和产业化等功能合理、层次分明的创新平台体系，积极融入国家战略科技力量。

1. 国家级创新平台建设实现突破

国家超算互联网核心节点落地郑州。崖州湾国家实验室河南试验基地启动建设。重组入列 7 家、新建 6 家全国重点实验室，河南师范大学牵头建设抗病毒性传染病创新药物全国重点实验室，实现了高等院校牵头建设全国重点实验室零的突破。5 家工程研究中心被纳入国家新的管理序列，新增 5 家国家级企业技术中心，全省国家级创新平台数量达到 172 个，进一步壮大了科技创新“国家队”的河南力量。

2. 省实验室体系重塑重构

从夯基垒台、架梁立柱到全面推进、积厚成势，河南对省实验室建设进行了系统谋划、统筹布局。安排专项资金 23.82 亿元，先后揭牌运行 20 家省实验室和 6 家省产业技术研究院。新建 16 家省重点实验室，总数达 260 家。坚持边建设、边聚才、边科研、边出成果，加快形成一批标志性、原创性成果和典型应用。2023 年省实验室主持的项目获奖 9 项，其中一等奖 4 项，获奖率为 56.25%，比平均获奖率高 12 个百分点。围绕省实验室布局研发、中试和成果转化基地，形成“强核心、多基地、大开放、大协作、网络化”的创新平台体系，聚力打造国家创新高地和重要人才中心的硬核支点和强力引擎，不断夯实融入国家创新体系的中坚力量。

3. 重大科技基础设施超前部署

河南围绕国家战略需要和优势特色领域，超前谋划、重点储备、梯次培育重大科技基础设施，打造科技创新的“国之重器”。全省首个大科学装置超短超强激光平台加快建设，水灾变模拟试验设施、地月电磁空间多模态观测系统、智能医学研究设施 3 个项目被纳入省重大科技基础设施建设计划。积极对接清华大学、武汉大学、中国科学院等高校院所，共同谋划一批重大科技基础设施储备项目。

4. 中试基地建设成效突出

河南在全国率先系统探索中试基地建设，完善科技成果转化链条。三年来，累计投入资金 70.8 亿元，建设 50 家省中试基地，开通 398 条中试线，中试仪器设备 2.2 万台套，专职中试服务人员超过 4000 人，中试场地面积达 147.8 万平方米，在空间上填补了各省辖市中试平台空白，在产业上实现了 28 个重点产业链全覆盖。聚焦打通科技成果转化“最后一公里”，开展中试服务项目超 2000 项，转化科技成果 651 项，实现中试服务收入 14.1 亿元，有效促进了创新链和产业链的融合发展。

（三）企业主体的技术创新体系更加牢固

河南聚焦科技创新和产业创新深度融合的关键点，强化企业创新主体地位，着力构建以企业为主体、以市场为导向、产学研用深度融合的技术创新体系，引导推动创新链产业链资金链人才链深度融合。

1. 科技型企业队伍量质齐升

国家科技型中小企业、高新技术企业数量均较三年前实现翻番。其中，国家科技型中小企业数量由2020年的不足1.2万家增加到2023年的2.6万家，居全国第7位，年均增长30.36%；高新技术企业由2020年的6000家增加到2023年的1.2万家，居全国第15位，年均增长27.57%。全省制造业单项冠军企业达51家，居全国第8位。创新龙头企业、瞪羚企业、头雁企业数量分别达到116家、454家、100家。2020年以来，新增上市企业25家，总市值超过1000亿元，其中科技型企业占比由9.4%增长至30%，年均增长10%。

2. 企业研发活动覆盖率再创新高

河南将规上工业企业研发活动全覆盖作为强化企业创新主体地位的重大任务和重要抓手，与万人助万企活动一体部署、一体推进，推动全省创新资源与2.5万家规上工业企业需求精准对接、有效配置，聚力提升规上工业企业研发投入强度，支撑全社会研发经费快速增长。2023年全省规上工业企业有研发机构、有研发人员、有研发经费、有产学研合作“四有”覆盖率达到72.7%，三年内增长超一倍。

3. 企业主导的产学研融合不断深化

河南聚焦“7+28+N”产业链群，着力打造28家由龙头企业牵头、“政产学研金服用”协同的创新联合体，协同开展重点产业关键核心技术攻关。试行从高校院所选聘3000名“科技副总”到企业任职，促进高校院所与企业优势互补、协同创新。构建企业主导的技术创新和成果转化体系，引导规上工业企业与高校共建1503家研发中心、17个高校科技成果转化和技术转移基地，有效提升了企业技术创新能力和核心竞争力。

4. 双创孵化载体提档升级

创新市场化运营机制，把智慧岛作为双创载体标准化推广，布局建设24个智慧岛，实现了省辖市全覆盖。全力打造全要素、低成本、便利化、开放式的创新“小环境”，科创空间面积超过360万平方米，集聚省级以上双创服务平台677个，在孵企业及团队1.2万余家，形成了一批各具特色的创新生态“小气候”，河南“智慧岛”正在成为具有国内影响力、富有河南特色的科创品牌。全省建设省级以上双创孵化载体516家，其中国家级153家，全力打造“众创—孵化—加速—产业园”全链条孵化育成体系。

（四）重大关键核心技术攻关全面推进

河南坚持“四个面向”战略导向，深化基础研究提升原始创新能力，聚焦“卡脖子”技术难题开展关键核心技术攻关，有效提升支撑经济社会发展的动力和韧性。

1. 重大科技创新项目取得标志性成果

三年来，获国家重点研发计划立项76项，争取中央财政资金12.75亿元；启动实施省重大科技专项92项，省财政支持经费12.88亿元，累计带动社会研发投入超50亿元。一批项目取得标志性成果，如省农业科学院雷振生团队完成的“小麦优质高产亲本材料创制与郑麦379等品种选育应用”项目育成小麦品种14个，累计推广超1.2亿亩；中铁工程装备集团有限公司研制出世界最大直径硬岩隧道掘进机，成功应用于川藏铁路等国内外重大工程，打破国外技术垄断。2023年度科技奖励工作取得历史性重大突破，共获得国家科学技术奖15项，其中主持7项、参与8项，提名项目获奖5项，居全国第5位。

2. 产业链创新能力持续跃升

河南聚焦“7+28+N”重点产业链群，通过重大科技项目实施，有效促进了创新链产业链的深度融合，赋能制造业强省建设，推动更多河南产品进入中高端、成为关键环。支撑传统产业向数字化、智能化、高端化跃升，全省规模以上制造业企业生产设备数字化率达到53.6%。围绕超硬材料、新能源汽车等战略性新兴产业，加大技术研发力度，全省战略性新兴产业增加值、高技术制造业增加值占规模以上工业的比重分别为25.5%和14.7%，较三年前分别提高3.1个和3.6个百分点。在超硬材料产业链培育中，推动高品级金刚石生长、金刚石光电功能性应用开发等技术实现突破，金刚石产能占到全球80%以上，形成了“世界金刚石看中国、中国金刚石看河南”的发展格局。前瞻布局未来产业，大力推进人工智能、量子科技等未来产业技术创新，推进中原量子谷建设，持续打造算力高地，河南省算力指数排名全国第9。

3. 基础研究与前沿探索持续发力

河南印发《关于贯彻落实〈基础研究十年规划〉的实施意见》，推动国家关于基础研究的战略部署在河南落实落地。扩大省自然基金规模和支持范围，支持额度由4750万元增加至1亿元，增幅达110%，省杰青、优青项目立项数量分别增加150%、50%，青年科研人员项目占比超60%。投入1.29亿元设立省优势学科培育联合基金。26人入选长江学者、国家优青等国家级高层次人才计划，3253个项目获得国家自然科学基金资助，支持经费16.73亿元。建设22家省级野外科学观测研究站和6家省应用数学中心，“河南大别山森林生态系统国家野外科学观测研究站”实现了河南省国家级基础平台零的突破。

（五）“近悦远来”的人才生态全面形成

河南坚持把引育集聚人才、发挥人才作用作为基础性、战略性工程，出台实施更加积极、更加开放、更加有效的人才政策，充分释放了人才活力，形成了良好的人才引育“大生态”和用人单位“小气候”。

1. 高层次创新人才培养实现突破

2023年河南新增选6名两院院士，全国排名第6，实现由多年当选1人到一年当选多人的历史性跨越。全省累计自主培养长江、杰青等国家重点人才计划入选者271人，较2020年增加114人，增长72.6%。三年来，获国家杰青、优青资助17人，总数达到70人。“中原英才计划”遴选支持749名高层次人才，中原学者、中原科技创新领军人才、科技创新青年拔尖人才、博士后创新人才分别增加24名、105名、109名、75名。持续为科研人员“减负松绑”，支持青年科技人才在重大科技任务中挑大梁、当主角。

2. 人才招引明显提速

加大对海外博士、博士后引进支持力度，河南成为全国首个在中央组织部备案获批“博士后海外引才专项”的省份。高端人才大幅增加，三年来新增两院院士20人，增长87%，全职在豫两院院士总数达47人；现有入选国家级、省级重点人才项目高层次人才共计2009人次，三年新增1033人次，增长106%。青年人才快速壮大，三年来累计引进顶尖人才35人，实现跳跃式“三连增”，引进领军人才475人、博士及博士后1.6万人。2023年全省累计延揽博士后2267人、青年博士3774人，比2020年分别增长170%、249%。连续7年举办中国·河南招才引智创新发展大会，通过“主场+专场”“线上+线下”，形成常态化招才引智品牌。全省人才总量超过1410万人，构建了支撑新质生产力发展的人才矩阵。

3. 全方位人才服务体系更加健全

河南持续创优人才大生态，出台实施“1+20”一揽子人才引进政策，成立省人才集团，组建国际猎头公司，省委省政府主要领导亲自多场次向全国、全球发出河南的“人才邀约”。省级领导直接联系服务100名专家人才，党委联系服务专家工作更具导向性、实现常态化。出台实施人才“小气候”新政16条，分批分类解决一批高层次人才问题难题。将人才服务关联事项整合为“一件事”，打造“一站式”人才服务平台。发挥数字赋能作用，在省政务服务中心设立人才服务窗口，在省政务服务网站设立人才服务端口，推行34个事项“一站式”办结，为人才提供系统化、全周期的优质服务。建设人才公寓近30万套，加快构建人才安居保障体系。

（六）科技体制机制改革持续深入

河南深化创新发展综合配套改革，坚持科技创新和制度创新一体设计、统筹推进，不断健全完善符合科研规律的体制机制，着力构建“基础研究+技术攻关+成果转化+科技金融+人才支撑”的全过程创新生态链。科技部专门向国务院呈送简报《河南省科技体制改革纵深发展》。

1. 科技管理改革持续深化

河南在全国率先完成科技管理部门机构改革，构建了从最初研发到产业化全程跟踪服务的河南特色科研管理体制。探索建立科技服务综合体，健全部门间横向沟通、省市县纵向联动工作机制，构建区域科技创新服务体系，加强对创新主体的常态化服务。一年来征集省市县三级创新要素需求 1.96 万件，办结 1.86 万件，总体办结率达到 94.5%，相关做法在《科技日报》头版头条和中央科技委简报刊发。探索实行“揭榜挂帅”“赛马制”“推荐备案”等重大项目组织机制。深化省级财政科研经费管理改革，落实“放权限、四自主”科研经费改革举措，开展科研经费“包干制”和“直通车”试点，科研经费拨付周期由 4 个月以上减至 21 天。

2. 科技政策环境持续优化

河南在保障科技创新的法治和政策环境方面的改革力度、政策密度位居全国前列，部分改革举措先于国家层面开展先行先试。颁布实施河南第一部支撑保障科技创新的综合性法规《河南省创新驱动高质量发展条例》，在法治层面上明确了创新驱动引领高质量发展的顶层设计。省科学院、省医科院、中原农谷等发展促进条例密集出台实施，在全国首次为一家科研单位的发展“量身打造”立法保障。出台《关于加快构建一流创新生态建设国家创新高地的意见》《河南省创新发展综合配套改革方案》等政策性文件和配套措施，形成了项目实施、人才引育、科教融合、机构设置、容错纠错等创新政策多点突破、协同推进的制度体系和政策网络，为全省依法推进、全力打造“三足鼎立”科技创新大格局提供了重要的法治和政策保障。

3. 科技成果转化网络更加完善

聚焦打通科技成果转化“最后一公里”，河南高标准推进郑洛新国家自主创新示范区建设。国家高新区数量达到 9 家，居中部地区第 2 位、全国第 5 位；省级高新区数量达到 35 家，居全国第 2 位。深入开展职务科技成果赋权和单列管理试点改革，试点单位转化职务科技成果 1100 余项，合同金额 3.3 亿元。织密技术转移交易网络，市场化运营国家技术转移郑州中心，揭牌运行河南省技术交易市场，建设 188 家省级及以上技术转移示范机构、

40家省产业研究院、50家省中试基地，建设沿黄九省区技术转移协作网络，引育技术经纪人超过5000人，吸纳6000余项省外先进技术成果在河南落地转化，促进全省技术合同成交额达1367亿元，是2020年的3.6倍，年均增长超过62.3%。

三　河南省科技创新生态发展存在的问题

尽管河南省科技创新生态持续优化，科技创新呈现纵深发展态势，产业结构优化升级步伐加快，但影响创新生态发展的深层次体制机制仍需完善，创新生态环境仍需优化，与高质量发展的要求相比，科技创新仍然是制约河南省加快发展的突出短板，与先进省份相比还存在较大差距，存在诸多制约因素和一些关键性问题，需要在下一步工作中加大力度予以解决。

（一）培育国家战略科技力量河南梯队仍有较大差距

一是高能级科技创新平台少。国家重点实验室等国家级创新平台数量少，且科技基础力量不强，与湖北、安徽等中部省份相比差距明显。融入国家战略科技力量基础仍然薄弱，国家大科学装置和国家实验室尚未取得突破，已经批复的19家行业性国家技术创新中心中河南省尚无一家。

二是支撑经济社会发展的能力不强。河南建设了26家省实验室（产业技术研究院）和41家产业研究院，建设速度快、数量多，但总体投入运行时间相对较短，技术成果产出尚未形成规模效应、溢出效应，对经济社会发展的支撑作用尚未充分发挥，与国家战略科技力量的对接仍需要进一步加强。

（二）企业创新主体整体力量偏弱

一是科技领军企业数量偏少。2024年中国企业500强和中国大企业创新100强中，河南分别入围13家、4家企业，与山东的55家、10家差距明显。

二是创新型企业队伍规模不足。全省高新技术企业数量12895家，仅排在全国第16位、中部六省第4位，约相当于湖北的1/2、安徽的1/3。国家级科技型中小企业26197家，数量居中部地区第3位，与湖北、安徽仍有差距。专精特新“小巨人”企业仅394家，数量居全国第11位、中部地区第4位，与前三位的广东（1535家）、江苏（1505家）、浙江（1457家）差距较大。

三是引领产业发展的能力不强。河南制造业中的传统产业占比仍高达46%，而新兴产业占比仅为24%，创新主体引领传统产业迭代升级、新兴产业发展壮大、未来产业谋篇布局的能力有待进一步提升。

（三）科技成果转化依然是制约创新发展的短板

一是科技成果转化效率不高。科技成果转化无论是从数量还是从金额上都处于全国中等水平，并且平均合同金额较低。技术合同成交额大幅增加，但横向比仅排在全国第15位、中部六省末位。

二是科技成果质量不高。科技成果价值较低，转化金额最高的行业为农林牧渔业，难以支撑河南以制造业高质量发展带动经济高质量发展目标的实现。以本地产出成果转化落地为主，以承接其他地方科技成果为辅，科技创新的辐射带动能力弱。

三是知识技术吸收和创造的国际化程度低。国外技术引进合同成交额和PCT国际专利申请受理量居中部地区后位，不利于河南以领先姿态发展战略性新兴产业和布局未来产业。

（四）产学研协同创新程度有待提高

一是产学研合作机制不健全。高校、科研院所和企业之间产学研用合作还不够紧密，在创新链上分工合作不够明确，缺乏系统的制度设计，还停留在高校为企业培养人才、企业使用人才的阶段。

二是产学研协同创新成果不够丰硕。产业链、创新链对接不紧密，产学研协同创新以低层次合作为主，具有短期性和形式化，缺乏专业的介于产业与科技之间的服务平台。部分高校、科研院所对产学研协同创新仍不够开放，对与企业构建协同创新生态的参与度不高。

三是价值共创和利益共享机制有待完善。协同创新过程面临诸多挑战，协同创新主体信息不对称依然存在，创新主体动力、风险收益承担等机制仍不健全。各创新主体对资源投入、协作深度、收益分配的认知存在偏差，还难以建成高效率的协同创新系统。

（五）基础研究和原始创新能力不强

一是基础研究经费投入不足。2022 年，河南基础研究投入占全社会研发投入的比重仅为 3.28%，排在全国第 30 位、中部六省末位（安徽 9.0%、湖南 6.57%、山西 4.8%、湖北 6.57%、江西 4.7%），政府属研究机构和高等学校 R&D 经费低于全国平均水平。

二是企业投入基础研究的积极性不高。企业更多考虑研究成果的迅速实际应用和市场潜力，对于基础研究往往重视不够、动力不强。多数企业综合实力和创新能力不足，缺乏支撑基础研究的复合型人才，无论是从资金还是从技术积累上都无法支撑企业开展高风险、高投入、长周期的基础研究。

三是原始创新能力亟须提高。科技创新活动安排和科研人员的关注点多集中在应用研究、试验发展和成果应用领域，基础研究因见效慢、难度大，人才投入、资源配置不足，导致原始创新能力不高，缺乏对重点产业链有支撑作用的颠覆性、原创性研究成果。

四　河南省科技创新生态发展路径和对策

贯彻落实党的二十届二中、三中全会和全国科技大会精神，深入实施创新驱动、科教兴省、人才强省战略，强化规划引领，全力推进“十四五”科技规划目标任务落实落地，前瞻谋划“十五五”科技规划；积极融入国家战略布局，加强科技基础条件建设；推动科技创新和产业创新深度融合，强化有组织的科研；持续深化科技体制改革，打造一流创新生态 2.0 版。

（一）积极融入国家战略科技力量体系

在战略规划方面，启动河南省“十五五”科技创新规划编制工作，积极与科技部对接，力争河南省科研优势资源纳入国家规划支持范围。在区域创新方面，不断加强同山东的省际科技创新协同联动，夯实区域科技创新中心建设基础；加强与新疆的全面科技合作，培育面向中亚地区各国的区域创新中心。在平台建设方面，持续加大省实验室培育建设力度，把握有利时机，积极争取崖州湾、中关村等国家实验室基地落户河南；同时，争取全国重点实验室重组入列再有斩获。在重大项目方面，聚焦河南省产业发展实际，加强技术预测跟踪，争取参与国家重大工程或重大项目。

（二）不断完善创新平台体系

力争在国家实验室基地布局上取得突破，推动更多省实验室、高校、科研院所融入国家实验室体系，成为国家实验室重要组成部分。优化平台体系布局，强化省实验室产业支撑能力，联合企业开展关键核心技术攻关，面向应用基础研究开展全方位合作创新。创新“实验室+产业化公司”等成果转化模式，注重开展成果转移转化和中试熟化。加强对省实验室建设管理、绩效评估和服务保障，积极争创国家级创新平台，优化创新平台建设体系。

（三）强化有组织的科研

建立基础研究到产业化的全链条攻关体制，聚焦关键技术攻关，探索构建“产业立题、企业出题、人才答题、科技解题”的协同机制，加强“揭榜挂帅”“PI 制”“赛马制”等项目组织方式的运用，建立完善项目需求库。优化基础研究体系，提高组织化程度，优化基础科学问题选题机制，瞄准河南省重点产业链发展中亟待解决的关键科学问题，超前谋划一批重大应用基础研究项目，力争取得迭代性、原创性重大科技成果，提升产业创新能力和核心竞争力。

（四）全面提升企业创新能力

推动各类创新要素向企业集聚，优化企业创新发展生态，加强企业主导的产学研深度融合。构建企业主导的产学研深度融合体系，引导企业承担国家、省级重大科技攻关项目，跨领域、跨学科、跨区域开展关键核心技术攻关和产业化应用。大力发展科技服务业，在重点产业和新兴领域超前孵化、培育一批研发类科技服务业未来企业。持续壮大创新型企业规模，高质量推进规上工业企业研发活动全覆盖，引导企业建立研发准备金制度，加强对高新技术企业、科技型中小企业的支持培育。高标准构建同科技创新相适应的科技金融支持体系，完善耐心资本投早、投小、投长期、投硬科技的支持政策，实施科技型企业首贷破冰、信用贷扩面行动，探索建立省级财政经费直拨企业“直通车”制度。

（五）加快科技成果转移转化

完善科技成果转移转化机制，建强科技成果转移转化载体，创优科技成果转移转化服务体系，以创新成果培育新质生产力，以新技术转化培育现代产业体系。完善技术交易平台体系，加大技术转移奖补力度，支持高校、科研院所、科技型企业建设综合性、专业性技术转移机构，实现省属高校技术转移机构全覆盖。赋能科技成果高效转化，全面推广职务科技成果赋权和单列管理改革。深化科技成果评价机制改革，把成果转化绩效作为项目评审、人才评价、机构评估的重要内容，与科技资源配置、科技评奖评优挂钩，引导高校、科研院所由重论文向重应用转变。建强成果转化载体支撑。争创国家科技成果转移转化示范区，布局省级示范区，健全考核激励机制，探索具有区域特色的科技成果转移转化机制模式。

（六）优化人才引育用留生态

完善科技人才梯次培育体系，构建灵活引才聚才机制，创新人才使用模式，完善人才服务保障体系。梯次培育本土人才，靶向培育顶尖人才，实施顶尖人才培养计划，坚持“一人一策、特事特办”，提供好平台创设、经费支持、团队建设等服务，打造院士后备队。吸引集聚高端人才，发挥“中原英才计划（引才系列）”、中国·河南招才引智创新发展大会等引才品牌牵引作用，聚焦重大平台、重要学科建设和重点产业链人才需求，有针对性地引进一批高端紧缺人才和实用领军人才。优化人才发展环境，实施科技人才评价改革试点，构建以创新能力、质量、实效、贡献为导向的科技人才评价体系。

（七）持续深化科技体制改革

进一步强化对科技工作的统筹领导，加强科技体制改革和政策统筹，推动科技政策从各管一段向构建高效协同的政策体系转变，完善科技激励机制。探索建立科技创新容错纠错机制，支持和保护创新积极性，形成敢为人先、勇于探索的科研氛围。完善科技激励机制，赋予顶尖人才、领军人才更大的人财物管理权、技术路线决定权、内部机构设置权和优秀人才举荐权。完善收入分配机制，允许科技人才依法依规适度兼职和离岗创业，加大股权期权激励力度，给予人才与其贡献相适应的工资待遇。

参考文献

黄河清编著《近现代辞源》，上海辞书出版社，2010。

李勇坚、刘宗豪、张海汝：《产业生态系统视角下新质生产力发展内在逻辑及形成机制》，《改革》2025 年第 1 期。

中国社会科学院语言研究所词典编辑室编《现代汉语词典》（第七版），商务印书馆，2016。

丁明磊：《以新时代科学家精神凝聚高水平科技自立自强的磅礴力量》，《人民论坛·学术前沿》2024 年第 20 期。

王高峰、杨浩东、汪琛：《国内外创新生态系统研究演进对比分析：理论回溯、热点发掘与整合展望》，《科技进步与对策》2021 年第 4 期。

产 业 篇

B.12 河南省健全绿色低碳发展机制研究

郭玲玲　韩　雄*

摘　要： 随着生态文明建设进入以降碳为重点战略方向的关键时期，河南省推动“能耗双控”逐步转向“碳排放双控”面临着技术供给、产业支撑、资金保障、政策协同等多方面的制约和挑战，迫切需要健全绿色低碳发展机制。新时代新征程上，需要重点做好完善能源绿色低碳转型机制、健全绿色低碳产业体系构建机制、完善绿色低碳消费激励机制、完善绿色低碳发展社会治理机制、健全绿色低碳发展要素保障机制五个方面工作，这是深入实施绿色低碳转型战略、全面推动美丽河南建设的重要保障，也是深化生态文明体制改革、推进中国式现代化建设河南实践的重要任务。

关键词： 绿色低碳　绿色转型　河南省

* 郭玲玲，中共河南省委党校（省政府发展研究中心）工业经济研究部三级调研员，主要研究方向为产业经济；韩雄，郑州市科技局科技金融与服务业处（科技创新创业处）处长，主要研究方向为科技创新。

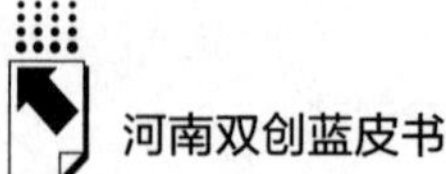

习近平总书记强调，推动经济社会发展绿色化、低碳化是实现高质量发展的关键环节。[①] 党的二十届三中全会提出，健全绿色低碳发展机制，并作出一系列重大部署。[②] 河南省委十一届八次全会暨省委经济工作会议强调，持续实施绿色低碳转型战略，为加快实现经济社会发展全面绿色转型明确了遵循与方向。健全绿色低碳发展机制，不仅是深入实施绿色低碳转型战略、全面推动美丽河南建设的重要保障，也是落实“双碳”目标任务、加快实现发展方式绿色转型的内在要求，更是深化生态文明体制改革、推进中国式现代化建设河南实践的重要任务。

一　党的十八大以来河南省构建绿色低碳发展机制的实践成效

党的十八大以来，河南省深入贯彻习近平生态文明思想，积极践行“绿水青山就是金山银山”理念，持续深化生态文明体制改革，探索构建绿色低碳发展机制，协同推进降碳、减污、扩绿、增长，全省绿色低碳发展取得历史性成就。

（一）强化顶层设计，绿色政策体系逐步完善

一是完善节能法律法规标准体系。修订了《河南省节约能源条例》，制定了党政机关、医疗机构、教育机构、场馆类机构4类公共机构能耗定额标准等地方节能标准，印发了《河南省“十四五”节能减排综合工作方案》《河南省“十四五”节能目标责任评价考核实施方案》等文件，建立起省、市、县（区）三级节能目标管理体系，为深入推动绿色低碳发展奠定了坚实基础。

---

① 习近平：《高举中国特色社会主义伟大旗帜 为全面建设社会主义现代化国家而团结奋斗——在中国共产党第二十次全国代表大会上的报告》，《中国人大》2022年第21期。

② 《中共中央关于进一步全面深化改革 推进中国式现代化的决定》，中国政府网，https：//www. gov. cn/zhengce/202407/content_6963770. htm？ slb=true。

二是探索市场化节能机制建设。作为国家确定的4个用能权交易试点省份之一，河南省探索建立了用能权“1+4+N”制度体系，印发了《河南省用能权有偿使用和交易试点实施方案》，在郑州市、平顶山市、鹤壁市、济源示范区4个地区选择有色、化工、钢铁、建材4个重点行业先行先试，建设了省用能权交易平台，完成了第一批试点企业履约交易，有效探索了通过市场化方式推动能耗要素向优质企业、项目流动和集聚。

三是构建碳达峰“1+N”政策体系。印发了《河南省碳达峰实施方案》《河南省工业领域碳达峰实施方案》《河南省城乡建设领域碳达峰行动方案》《河南省科技支撑碳达峰碳中和实施方案》等文件，将能耗强度降低目标纳入省“十四五”规划、国民经济社会发展年度计划，为实现“双碳”目标、全面推进绿色低碳发展立起了四梁八柱，擘画了施工蓝图。

（二）强化经济激励，发展质量效益明显提升

一是绿色财政政策引导作用效果显著。创新推出“财政奖补+债券工具+投资基金+政府采购”组合拳①，厚植产业高质量发展的绿色底色。如图1所示，战略性新兴产业增加值占比由2019年的19.0%上升至2023年的25.5%，高技术制造业增加值占比由2019年的9.9%上升至2023年的14.7%。如图2所示，五大主导产业投资占比由2019年的10.7%提升至2023年的13.9%，高技术制造业投资占比由2019年的2.4%提升至2023年的5.0%。

二是金融支持绿色低碳发展成效突出。发布《河南省进一步强化金融支持绿色低碳发展实施方案》，从信贷、投资、保险等方面出台措施，服务传统产业和重点领域绿色低碳转型。建立健全绿色金融“六专”机制，支持各银行保险机构立足绿色产业融资需求，推出一系列绿色信贷产品。截至2024年第三季度末，河南省绿色信贷余额达到10150亿元，首次突破万亿

① 《河南省财政多措并举支持绿色低碳发展》，财政部网站，http://www.mof.gov.cn/zhengwuxinxi/xinwenlianbo/henancaizhengxinxilianbo/202312/t20231208_3920480.htm。

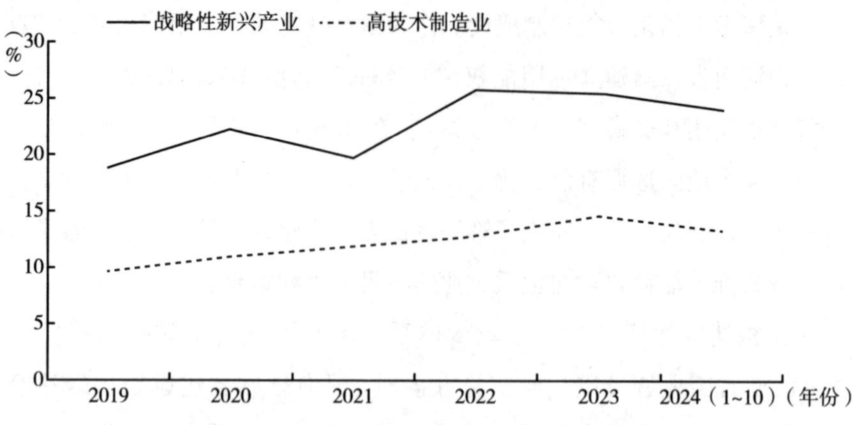

图 1　2019~2024 年 10 月河南规模以上工业增加值构成

资料来源：《2025 年河南经济形势分析与预测》。

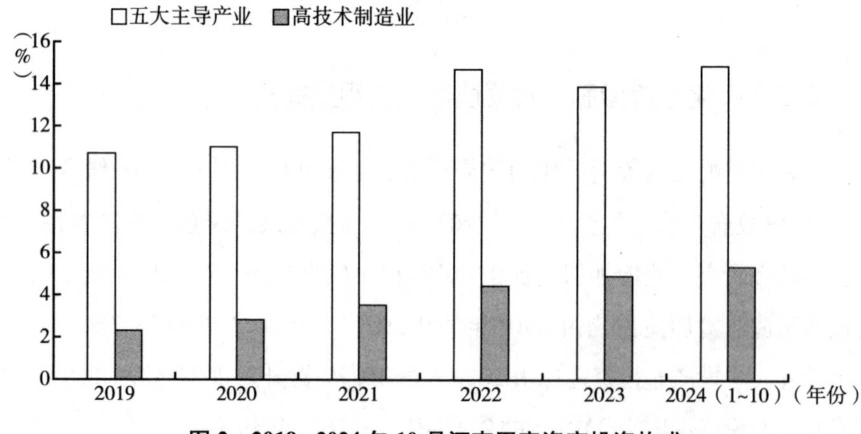

图 2　2019~2024 年 10 月河南固定资产投资构成

资料来源：《2025 年河南经济形势分析与预测》。

元大关，同比增长 22.65%。

三是价格政策激励约束作用日益显著。强化价格政策与产业和环保政策的协同，大力推广使用清洁能源，落实高耗能行业阶梯电价制度，推进重点领域节能降碳改造，等等。2023 年底，全省可再生能源发电装机突破 6700 万千瓦，首次超越煤电占比；可再生能源发电量近 1000 亿千瓦时，占全社会用电量的 1/4 左右;[①] 全省规模以上工业单位增加值能耗下降 4.5%。经初步测算,“十四五”前三年全省规模以上工业增加值能耗累计下降 11.5%,完成目标进度的 64%。

(三)强化技术引领,绿色制造体系加快构建

一是布局建设绿色工厂和绿色园区。在化工、钢铁、新型材料、新能源汽车等重点行业布局绿色工厂、绿色园区,鼓励创建绿色供应链管理企业,推广利用绿色低碳先进工艺技术,研发绿色设计产品。2024 年,全省 84 家企业和园区被纳入国家绿色制造体系公示名单,新遴选省级绿色工厂 301 家、绿色工业园区 21 个、绿色供应链示范管理企业 30 家。

二是培育壮大节能环保装备产业。将节能环保装备产业链列为 28 个重点产业链之一,加快推进新一代信息技术与节能环保产业深度融合创新,培育出省级以上创新平台 6 家、“专精特新”企业 53 家,涌现出中信重工、中原环保、许继电气、平高电气、四通锅炉等一批行业龙头或知名企业。

三是构建废弃物循环利用体系。加强再生资源循环利用产业发展,出台了《河南省废弃物循环利用体系建设行动方案》《河南省支持再生资源循环利用产业发展若干措施》等,建成了有国内影响力的长葛大周循环经济产业园、南乐生物基材料产业园等 5 个国家级工业资源综合利用基地以及滑县能源新材料等 9 个省级循环再生工业园。

(四)强化规范引导,低碳发展理念深入人心

一是推动政府采购“向绿而行”。不断加大绿色产品采购力度,认真落实节能产品、环境标志产品强制采购和优先采购制度,严格落实采购人主体责任,确保绿色采购落实到位。2023 年前三季度,全省共采购节能环保产品约 23.5 亿元,同类占比保持在 90%以上,确保节能环保产品在政府采购中的市场基本面稳中向好。2025 年 1 月,国家政府采购支持绿色建材政策

① 宋敏:《让新能源“发得出”“用得好”》,《河南日报》2024 年 6 月 17 日。

实施扩围，河南省开封市、洛阳市、安阳市等7市在列。

二是推动社会消费“向绿转型”。通过大力培育绿色流通主体、促进电商绿色发展、坚决制止餐饮浪费、促进消费品以旧换新等举措，积极鼓励绿色消费。截至2023年底，全省共认定绿色商场38家，占大型商场（10万平方米以上）的95%，远超国家40%的要求。出台了《河南省推动消费品以旧换新实施方案》，以技术、能耗、排放等标准为牵引，实施汽车以旧换新、家电以旧换新和家装厨卫“焕新”工程。2024年上半年，全省新能源汽车整车销量24.6万辆，同比增长364.4%，远高于全国平均增速（32.0%）。

二　现阶段河南省推进绿色低碳发展面临的主要挑战

“十四五”开局以来，我国生态文明建设已进入以降碳为重点战略方向的关键时期。河南省作为全国重要的能源消费大省，推动“能耗双控”逐步转向“碳排放双控”、实现全面绿色低碳转型，面临着技术供给、产业支撑、资金保障、政策协同等多方面的制约和挑战。

（一）绿色低碳技术供给尚不充足

一是绿色低碳技术有待加快发展和突破。例如，清洁能源挖掘与利用、利用生物原料替代石油制造大宗材料、氢气储运等领域的关键核心技术有待攻克。同时，绿色低碳技术的发展需要多方支撑。例如，可再生能源消纳利用需要各产业先进技术的支撑，包括新型储能、氢能、智能电网等技术，但现实中“碎片化”的项目组织方式难以整合形成系统创新能力。此外，突破性低碳技术的大规模商业运用和普及需要时间较长。例如，氢能技术的成本较高，限制了市场竞争力，需要通过技术创新和成本降低以提高经济性和可持续性。

二是绿色低碳技术供给处于低水平且不平衡状态。河南省多数中小企业自身技术创新动力不足、能力不够，绿色低碳技术研发能力更是薄弱。而高校和科研院所长期受评价导向、成果权属、转化渠道、供需衔接等因素制约，在绿色低碳技术成果转化方面依然存在着“不敢转、不想转、不会转”等困难。此外，由于市场导向机制不健全，绿色低碳技术交易和推广存在诸多障碍。

三是绿色低碳技术创新缺乏标准引领。例如，目前新能源汽车环境测试标准缺失，各汽车制造商都有自己的新能源汽车环境测试标准，导致不同汽车品牌间各项指标存在较大差别。而第三方机构出于利益的驱使，会制定自己的标准，甚至“灵活”改变标准，出现涉嫌虚假测评等问题。

（二）绿色低碳结构调整亟须强化

一是能源结构偏煤的格局没有扭转。长期以来，受“富煤贫油少气”资源禀赋制约，河南省形成了以“煤炭为主”的能源生产和消费结构，统筹能源低碳转型与安全保供难度较大。图 3 显示，2022 年，河南省原煤占能源生产总量的比重仍高达 69.6%，比全国平均水平高出 3 个百分点；图 4 显示，2022 年，河南省原煤占能源消费总量的比重为 62.7%，比全国平均水平（56.2%）高出 6.5 个百分点。

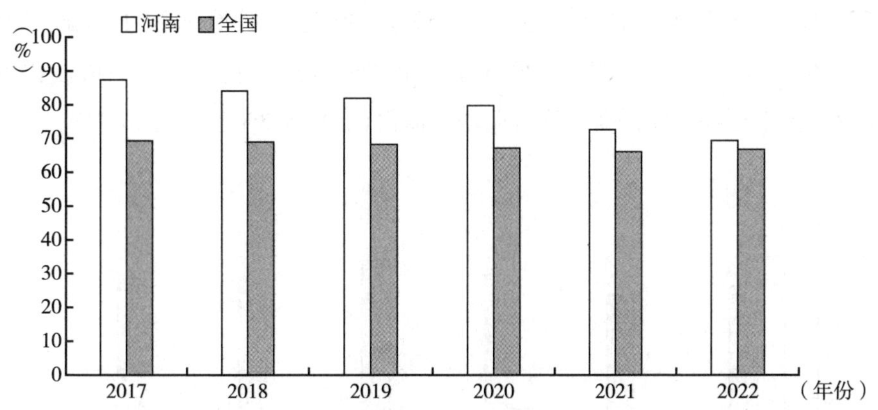

图 3　2017~2022 年河南及全国原煤占能源生产总量的比重

资料来源：《河南统计年鉴 2024》《中国统计年鉴 2024》。

二是产业结构偏重的趋势仍然存在。河南省“两高一低”产业占比依然较高，能源资源产出率偏低、高耗能行业能效水平不高的问题较为突出，尤其是稳增长压力下，产业结构偏重的特征刚性强化。图 5 显示，2022 年，

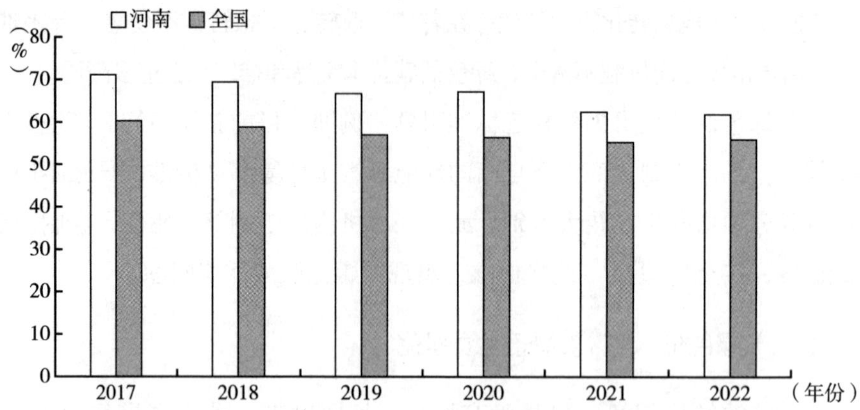

图 4　2017~2022 年河南及全国原煤占能源消费总量的比重

资料来源：《河南统计年鉴 2024》《中国统计年鉴 2024》。

河南省能源加工转换效率仅为 69.6%，低于全国平均水平（73.2%）。根据《河南统计年鉴 2024》计算所得，现阶段河南省能源消费占比较高的制造行业分别为化学原料及化学品制造业（28.9%）、黑色金属冶炼和压延加工业（22.4%）、非金属矿物制品业（15.3%）、有色金属冶炼和压延加工业（13.7%）。图 6 显示，2019~2023 年，全省能源原材料工业增加值占比由 40.9%上升至 48.4%，高耗能行业增加值占比由 35.3%上升至 40.7%。

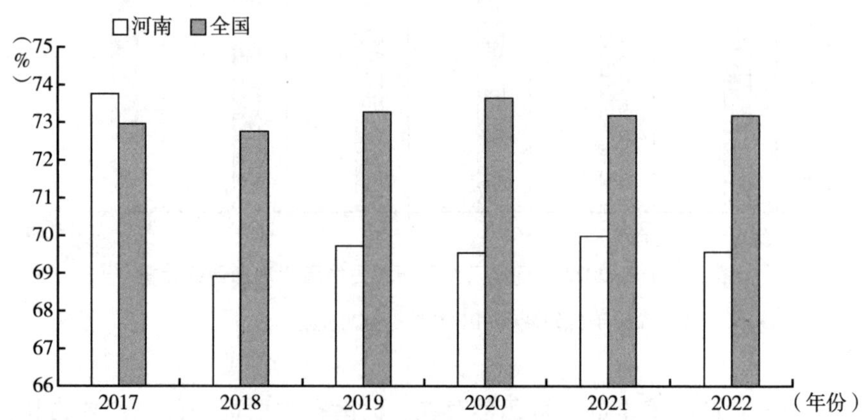

图 5　2017~2022 年河南及全国能源加工转化效率

资料来源：《河南统计年鉴 2024》《中国统计年鉴 2024》。

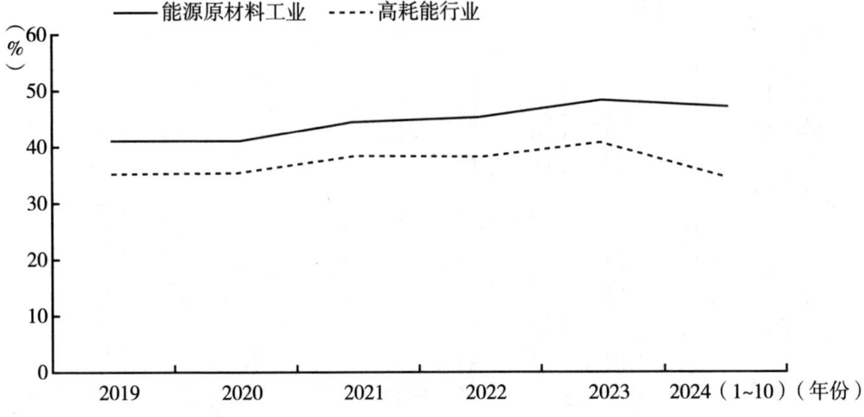

图 6　2019~2024 年 10 月河南规模以上工业增加值构成

资料来源：《2025 年河南经济形势分析与预测》。

三是交通结构偏公路的现状没有改变。表 1 显示，全省客运量中公路占比一直较高，2023 年仍高达 63.78%。图 7 显示，2023 年全省货运量中公路占比高达 88.8%，高出全国平均水平 16.4 个百分点，交通运输领域绿色低碳发展面临较大压力和难度。

表 1　2014~2023 年河南客运总量及结构

单位：万人次，%

年份	客运总量	铁路		公路		水运	
		总量	占比	总量	占比	总量	占比
2014	141780	12400	8.75	128279	90.48	254	0.18
2015	126812	13068	10.30	112535	88.74	280	0.22
2016	122342	14525	11.87	106415	86.98	288	0.24
2017	116574	16178	13.88	98753	84.71	347	0.30
2018	112611	17095	15.18	93707	83.21	331	0.29
2019	111458	18278	16.40	91281	81.90	306	0.27
2020	58873	11176	18.98	46322	78.68	172	0.29
2021	51273	12586	24.55	37388	72.92	203	0.40
2022	27367	7512	27.45	19189	70.12	127	0.46
2023	60492	20224	33.43	38583	63.78	291	0.48

资料来源：《河南统计年鉴 2024》。

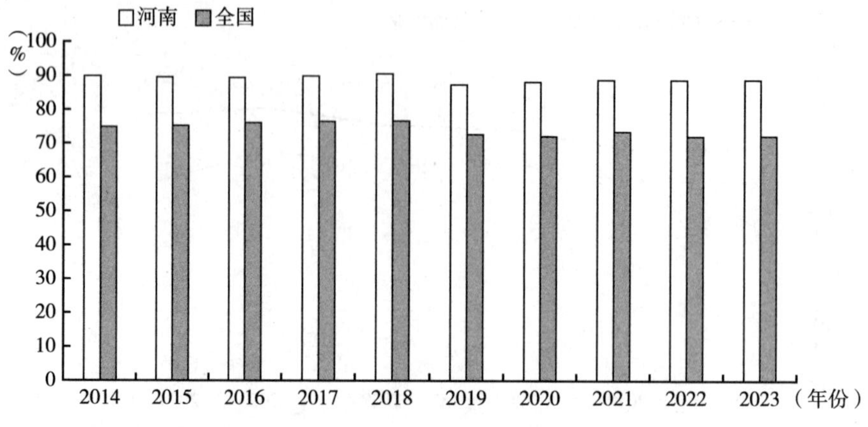

图 7　2014~2023 年河南及全国货运量中公路运量占比

资料来源：《河南统计年鉴 2024》《中国统计年鉴 2024》。

（三）绿色转型金融供需还不匹配

一是绿色金融产品创新不足。由于市场机制不完善、交易规则不健全以及对环境风险的评估能力有限，目前金融机构的绿色金融产品比较单一，主要以绿色信贷、绿色债券为主。且绿色信贷的模式也相对单一，大多是为符合一定绿色标准的企业提供资金支持，缺乏针对不同类型绿色项目特点的定制化信贷产品。相比于发达国家，绿色保险、绿色证券、碳金融衍生品等发展还比较滞后，还不能满足市场主体多层次、多元化的融资需求。

二是绿色金融政策协同不够。在供给端，绿色金融的发展目标与金融机构的考核指标之间存在错配，导致金融机构创新绿色金融的内在动力不足，绿色金融与普惠金融、金融科技等融合不够，“绿而不普”“普而不绿”的问题普遍存在。在需求端，绿色金融政策的激励约束与企业的发展目标可能不一致，环境规制往往会加大企业的经营成本和外部负担，增加企业转型的信贷约束和融资难度。

三是绿色金融标准存在缺失。特别是对 ESG 信息披露、环境风险评估、绿色项目认定评级等方面的标准制定仍有待完善。实践中，由于绿色金融标准和风险评估机制尚不完善，金融机构出于风控考虑，普遍采取从严审批政策，低碳转型金融供给与金融需求之间矛盾突出。同时，碳金融创新也存在标准缺位。例如，目前尚未出台有关碳质押、碳回购等业务规范，对碳远期、碳期权等鲜少涉及。[①] 金融机构在探索创新农业碳汇、林业碳汇、海洋碳汇等抵质押产品的过程中，由于缺少统一的抵质押率参考标准，同类产品标的抵押率和定价水平差距较大。

（四）绿色低碳政策机制有待完善

一是政策的系统性和协同性有待完善。现实中，存在同一领域分属不同部门管理的情况，如能源储备领域，能源部门负责开展相关试点示范项目，科技部门负责关键核心技术攻关，工信部门则负责相关标准制定，容易出现工作内容重叠或遗漏、工作衔接不畅或融合不够等问题。同时，不同部门制定的绿色低碳政策之间有时存在目标不一致的情况，如能源政策侧重于能源结构优化，而产业政策更关注产业结构升级，容易削弱政策合力。

二是政策的精准性和有效性需要提升。部分绿色低碳政策的目标较为宽泛，缺乏具体的量化指标和时间节点，使得政策实施过程中难以准确评估和监督。同时，现有的激励政策主要以财政补贴和税收优惠为主，形式较为单一，且补贴标准和范围不够合理。一些绿色低碳技术和产品的补贴门槛过高，导致很多企业无法享受优惠政策，在一定程度上影响了绿色产品供给的积极性和主动性。

三是政策的普及性和针对性需要强化。现实中，由于绿色低碳政策宣传不到位、绿色产品认证体系不健全、绿色消费市场监管不规范等因素，绿色产品的辨识度不高、认知度较低、渗透度不足，绿色消费普及任重道远。同时，由于缺乏完善的碳排放统计核算体系、产品碳足迹管理体系以及有效的产业链供应链绿色化强制性约束政策等，绿色低碳生活方式还未成为全社会风尚。

---

① 陈志祥、李全伟：《全国碳市场运行一周年：成效显著 挑战犹存》，《中国财政》2022 年第 15 期。

三　新征程上河南省健全绿色低碳发展机制的重点任务

党的二十届三中全会聚焦建设美丽中国，围绕健全绿色低碳发展机制，从实施支持绿色低碳发展的政策和标准体系、发展绿色低碳产业、健全绿色消费激励机制、促进绿色低碳循环发展经济体系建设等方面作出具体部署。新时代新征程上，河南要全面贯彻党的二十届三中全会精神，坚持系统观念、把握工作重点、创新方式方法，建立健全适应绿色低碳发展的能源支撑、技术突破、产业变革、要素保障和社会治理等机制，加快全省经济社会发展全面绿色转型，扎实推进人与自然和谐共生的中国式现代化建设河南实践。

（一）完善能源绿色低碳转型机制

一是健全煤炭清洁高效利用机制。立足全省以煤为主的基本省情，摒弃“就煤谈煤”“就用谈用”的陈旧观念，统筹产供储运销各环节，整合优化上游资源勘查开发、中游开采洗选、下游终端应用等，促进煤炭全产业链多元化、高端化、低碳化发展。针对燃煤利用率偏低、清洁转化能力不足、关键核心技术相对落后的现实情况，围绕煤炭燃料发电、现代煤化工两大利用方向，如在“煤炭清洁燃烧+CCUS”成套技术、新型煤化工技术、煤基特种燃料、煤基碳素新材料等方面，加快建立健全煤炭清洁高效利用技术研发、应用和推广示范机制。

二是构建安全稳定多元化的清洁能源供应系统。坚持先立后破、通盘谋划，在发挥煤电兜底作用上，实施能源多元化战略。加快推进风电和集中式光伏规模化开发，鼓励各类主体利用自有屋顶和空闲土地建设分布式光伏和分散式风电。实施地热能集中连片开发，建设郑汴周濮 4 个集创新研发、多元开发、综合利用、装备制造于一体的千万平方米地热供暖示范区。加快加氢站、氢电油气综合能源站建设，打造郑汴洛濮氢走廊。

三是健全完善新能源消纳体系机制。针对新能源并网难、消纳难等问题，加快推进源网荷储一体化，通过“源荷互动”“源储互补”“源网协调”等多种交互形式,[①] 使发用电之间保持实时平衡，加快构建以新能源为主体的新型电力系统。深化配电网体制机制改革，建立配电领域投资竞争机制，鼓励多元社会主体投资建设配电网；健全增量配电网与大电网利益分配机制，构建主网、配网协同运行、分级调控、良性互动的发展格局。

（二）完善绿色低碳产业体系构建机制

一是持续优化绿色低碳科技创新体制机制。优化科研组织方式，推行“揭榜挂帅”“赛马争先”等机制，吸引并支持省内外优秀科研团队攻关突破，实现绿色低碳领域关键核心技术的自主可控。强化企业创新主体地位，支持大型国有企业或者领军型民营企业牵头组建创新联合体，通过建立市场化的利益分配机制和风险分担机制，推动产学研用深度融合，形成上下游协同创新和大中小融通创新的良好局面。畅通成果转化应用渠道，鼓励建立综合性绿色低碳技术交易市场，培育一批绿色低碳技术创新第三方检测、评价、认证等中介服务机构，加快推动绿色低碳技术成果的转化和应用。

二是科学谋划绿色低碳产业发展体系。以高端化、智能化、绿色化发展为方向，坚持数实融合、数绿协同加快发展新质生产力，推动钢铁、有色、化工、建材、纺织等传统产业节能降碳，并向新材料等新兴产业转型升级。促进先进制造业和现代服务业深度融合，推动生产重心由制造环节向研发设计和营销服务两端延伸，产业形态由生产型制造向服务型制造转变，产业模式从以产品为中心向以用户为中心转变，形成“产品+服务”的全产业链模式。瞄准“双碳”目标下能源革命和产业变革需求，谋划布局氢能、储能、生物制造、碳捕集利用与封存（CCUS）等未来能源和未来制造产业发展,[②] 抢占产业竞争制高点。

三是调整优化绿色低碳产业空间布局体系。加强规划引领和统一布局，

---

① 宋敏:《让新能源“发得出”“用得好”》,《河南日报》2024 年 6 月 17 日。

② 《关于加快推动制造业绿色化发展的指导意见》,《中小企业管理与科技》2024 年第 4 期。

引导全省各地因地制宜培育发展未来绿色低碳产业，鼓励园区主动布局产业项目。以场景创新推动绿色低碳产业发展，紧抓“两新”政策机遇，加强节能降碳技术和产品研发与推广应用，持续做大做强节能环保、新能源装备、新能源汽车等产业，培育若干个具有较强竞争力的绿色低碳产业集群。健全优质企业梯度培育体系，积极引进绿色低碳领域科技领军企业，挖掘培育本地高成长性创新型企业，推动大中小企业融通发展，形成头雁领航、群雁竞飞的企业发展雁阵。完善资源节约和循环利用体系，促进企业、园区、行业、区域间循环链接和协同利用，健全大宗工业固废管理机制，构建资源回收利用体系，推动再生资源综合利用产业规范发展。①

（三）健全绿色低碳消费激励机制

一是优化绿色低碳产品市场供给。加强供给侧结构性改革，引导企业充分挖掘人民群众深层次绿色消费需求，积极研发和引进先进适用的绿色低碳技术，大力推行绿色设计和绿色制造，扩大绿色低碳产品有效供给。促进行业协会、平台企业、制造企业、流通企业等加强合作，构建涵盖全生命周期绿色供应链制度体系。加强绿色产品质量和品牌建设，支持企业重视产品品质管控体系建设，加强包含原材料采购、生产制造过程、消费终端等全产业链的绿色产品品质保障。②

二是健全绿色消费激励约束政策。紧抓消费品以旧换新政策机遇，推出绿色低碳产品消费激励办法，鼓励消费者购买绿色产品。如对智能家电、绿色建材、低碳节能产品等消费品予以适当补贴或贷款贴息；对购买新能源汽车的消费者给予购置补贴，同时对高能耗、高污染产品加征消费税。

三是加强绿色低碳产品市场监管。建立健全绿色低碳产品和服务标准、

---

① 金壮龙：《进一步全面深化工业和信息化领域改革 为推进新型工业化注入强大动力》，《求是》2024 年第 21 期。

② 于娟、代晓霞：《我国绿色消费的进展、挑战与路径研究》，《中国国情国力》2023 年第 8 期。

认证、标识体系，定期发布经过权威部门认可的绿色产品清单或者购买指南，大力提升绿色低碳产品的标识度、认可度和渗透率。[①] 积极运用大数据技术完善绿色产品监管方式，加大对假冒伪劣绿色产品的处罚力度，打击虚假绿色宣传等不正当竞争行为，维护公平竞争的绿色消费市场环境。

（四）健全绿色低碳发展社会治理机制

一是构建碳排放双控制度体系。建立省市两级碳排放预算管理制度，推动碳排放在预算编制、执行、考核以及项目包装等各环节形成制度闭环。探索构建碳排放统计核算体系，出台一批优势行业企业碳排放核算地方标准，建立标准统一的碳排放统计核算方案，明确相关职能部门和重点企业的统计责任。建立健全地方碳考核、行业碳管控、企业碳管理、项目碳评价、产品碳足迹等政策制度和管理机制。[②]

二是完善碳排放市场交易机制。加快推动碳市场扩围，逐步推动钢铁、水泥、铝冶炼等更多重点行业进入全国碳市场交易。完善碳排放配额管理制度，探索建立有偿分配制度，明确有偿分配收入管理，使碳价更真实地反映碳减排成本。[③] 建立完善温室气体排放报告制度，组织年消耗 1 万吨以上标煤的电力、石化、化工、钢铁、建材、有色、造纸、航空企业，在全国碳市场管理平台报告年度温室气体排放情况，并推进温室气体自愿减排交易机制，将国家核证自愿减排量纳入全国碳市场。

三是探索建立碳普惠激励机制。发挥碳普惠机制所具有的广泛参与性、普惠性、可量化性等优势，通过多层次、多维度的激励方式，调动社会全体成员参与低碳行为的积极性和主动性。面向所有社会成员，组织开展形式多样的主题活动，全方位开展绿色低碳知识普及工作，引导更多人践行绿色低碳生活方式。针对不同参与群体，设计包括但不限于积分兑换、政策优惠、

① 孙博文：《加快发展方式绿色转型：内在逻辑、任务要求与政策取向》，《改革》2023 年第 10 期。

② 《〈加快构建碳排放双控制度体系工作方案〉印发》，《中国有色金属》2024 年第 16 期。

③ 寇江泽：《全国碳市场第三个履约期清缴启动》，《人民日报》2024 年 11 月 14 日。

荣誉表彰等多元化、创新性的激励方式，强化“人人参与、人人受益”的普惠氛围。运用大数据、区块链、人工智能等新一代信息技术，建立全方位、多层次的碳排放数据采集分析系统，提高碳减排量化的准确性、可信度和科学性。

（五）完善绿色低碳发展要素保障机制

一是优化绿色低碳财政政策和投资机制。充分把握一揽子增量政策机遇，优化财政支出结构，重点支持新型能源体系建设、传统行业改造升级、绿色低碳科技创新等领域工作。发挥财政资金“四两拨千斤”的作用，引导和带动社会资金通过 PPP、REITS 等方式参与绿色低碳项目投资、建设和运营。创新和优化投资机制，鼓励各类资本提升绿色低碳领域投资比例，支持社会资本以市场化方式设立绿色低碳产业投资基金。完善政府绿色采购标准，加大绿色产品采购力度，拓展绿色产品采购范围和规模，引导全社会绿色产品生产和消费。

二是推动转型金融与绿色金融有效衔接。针对绿色金融回应绿色需求滞后等问题，完善诸如绿色信贷、绿色债券、绿色股权投资等金融产品的标准体系和制度规范。针对“两高一剩”（高能耗、高排放、产能过剩）行业绿色转型的融资难题，有效衔接绿色金融顶层政策，完善转型金融顶层设计，健全转型金融标准体系、碳核算体系、环境信息披露制度、激励约束机制、评价体系等相关标准。①

三是健全生态产品价值实现机制。针对生态产品“难度量、难抵押、难交易、难变现”等突出问题，明晰自然资源资产产权，开展生态产品信息普查，着力破除瓶颈。同时，加快培育生态产品消费体系，通过激发生态产品消费意愿、建立完善的市场交易机制、加强生态产品供需对接等举措，形成生态产品需求与供给的良性互动。

---

① 徐贝贝：《坚持绿色金融和转型金融并重》，《金融时报》2024 年 10 月 15 日。

参考文献

习近平：《高举中国特色社会主义伟大旗帜 为全面建设社会主义现代化国家而团结奋斗——在中国共产党第二十次全国代表大会上的报告》，《中国人大》2022 年第 21 期。

《中共中央关于进一步全面深化改革 推进中国式现代化的决定》，中国政府网，https：//www.gov.cn/zhengce/202407/content_6963770.htm？slb=true。

《河南省财政多措并举支持绿色低碳发展》，财政部网站，http：//www.mof.gov.cn/zhengwuxinxi/xinwenlianbo/henancaizhengxinxilianbo/202312/t20231208_3920480.htm。

宋敏：《让新能源“发得出”“用得好”》，《河南日报》2024 年 6 月 17 日。

陈志祥、李全伟：《全国碳市场运行一周年：成效显著 挑战犹存》，《中国财政》2022 年第 15 期。

《关于加快推动制造业绿色化发展的指导意见》，《中小企业管理与科技》2024 年第 4 期。

金壮龙：《进一步全面深化工业和信息化领域改革 为推进新型工业化注入强大动力》，《求是》2024 年第 21 期。

于娟、代晓霞：《我国绿色消费的进展、挑战与路径研究》，《中国国情国力》2023 年第 8 期。

孙博文：《加快发展方式绿色转型：内在逻辑、任务要求与政策取向》，《改革》2023 年第 10 期。

《〈加快构建碳排放双控制度体系工作方案〉印发》，《中国有色金属》2024 年第16 期。

寇江泽：《全国碳市场第三个履约期清缴启动》，《人民日报》2024 年 11 月 14 日。

徐贝贝：《坚持绿色金融和转型金融并重》，《金融时报》2024 年 10 月 15 日。

B.13

河南培育壮大战略性新兴产业路径研究*

刘　晓**

摘　要：　战略性新兴产业以重大技术突破和重大发展需求为基础，代表科技创新和产业发展的重要方向，发展战略性新兴产业已成为经济高质量发展的重要引擎和区域竞争的主要手段。河南积极推动战略性新兴产业提质扩量，战略性新兴产业发展取得显著成效，但相较于一些发达地区，仍存在创新能力较弱、龙头企业不足、融资渠道有限、产业协同不够等问题。河南应从提升自主创新能力，健全技术创新体系；推进行业龙头培育，优化产业发展生态；加强产业基金引导，完善金融服务体系；加强战略创新合作，推动产业集群发展四大方面培育壮大战略性新兴产业。

关键词：　战略性新兴产业　产业链　产业集群

当前，新一轮科技革命和产业变革正在重塑全球经济结构，战略性新兴产业作为未来经济增长的核心动力，是世界各个国家和地区竞争的关键领域。自2010年《国务院关于加快培育和发展战略性新兴产业的决定》颁布以来，多项促进战略性新兴产业发展的支持政策陆续出台，我国战略性新兴产业迎来了重大的发展机遇，实现了持续快速发展，充分发挥了经济发展新引擎新动能作用。党的二十大报告指出，推动战略性新兴产业融合集群发展，构建新一代信息技术、人工智能、生物技术、新能源、新材料、高端装

* 本文系河南省高等学校重点科研项目“河南省发展壮大战略性新兴产业的路径研究”（项目编号：24B790009）的阶段性成果。

** 刘晓，黄河科技学院河南中原创新发展研究院讲师，主要研究方向为产业经济、区域经济。

备、绿色环保等一批新的增长引擎。党的二十届三中全会提出，完善推动新一代信息技术、人工智能、航空航天、新能源、新材料、高端装备、生物医药、量子科技等战略性产业发展政策和治理体系，引导新兴产业健康有序发展。河南作为中部新兴工业大省，发展壮大战略性新兴产业，既是贯彻落实中央对发展战略性新兴产业的部署要求，也是加快经济转型发展，开启现代化河南新征程的重要途径。

一　河南战略性新兴产业发展取得的主要成效

河南积极响应国家发展政策，抢抓新一轮工业革命发展机遇，大力发展战略性新兴产业助推经济高质量发展，在新兴产业上抢滩占先，全面提升产业竞争力，战略性新兴产业实现快速发展，取得了显著成效。

（一）产业规模稳步扩大，支撑作用日益增强

近年来，河南大力推动战略性新兴产业发展，战略性新兴产业规模稳步扩大，成为工业增长的新引擎，对地方经济的支撑作用日益增强。如图 1 所示，河南战略性新兴产业增加值增速持续高于规模以上工业增加值增速，2023 年，河南战略性新兴产业增加值增长 10.3%，增速高于规模以上工业增加值 5.3 个百分点；2016~2020 年，河南战略性新兴产业增加值年均增长 10.4%，高于同期规模以上工业增加值年均增速 4.2 个百分点；2021~2023 年，河南战略性新兴产业增加值年均增长 10.8%，高于同期规模以上工业增加值年均增速 5.4 个百分点，相较于“十三五”期间，“十四五”期间河南战略性新兴产业展现出更强劲的增长势头。如图 2 所示，河南战略性新兴产业企业规模呈不断扩大趋势，2023 年，河南战略性新兴产业单位数为 4490 家，较 2020 年单位数增加 1000 余家，增长 28.9%。如图 3 所示，河南战略性新兴产业增加值占规模以上工业比重呈稳步上升趋势，2023 年，河南战略性新兴产业增加值占规模以上工业比重达 25.5%，较 2016 年增加 13.6 个百分点。战略性新兴产业对规模以上工业的贡献率达到 49.9%，与

传统产业对工业经济增长的贡献相当。总体来看，河南战略性新兴产业对工业经济的支撑作用日益增强，成为推动河南工业经济快速发展的重要力量。

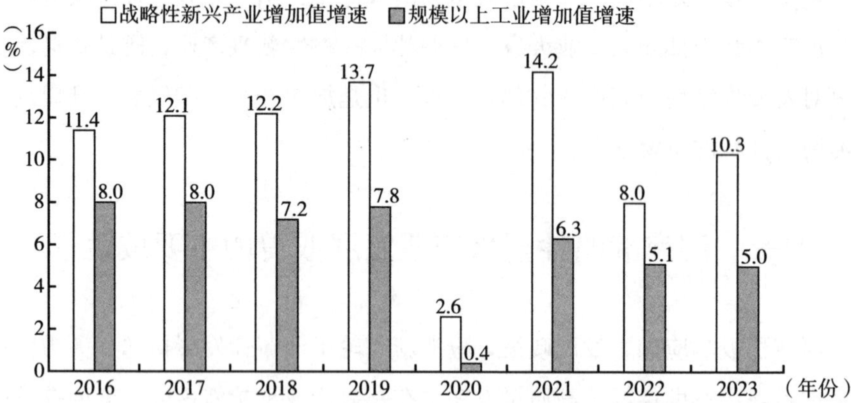

图1 2016~2023年河南省战略性新兴产业、规模以上工业增加值增速

资料来源：《河南统计年鉴》（2017~2024年）。

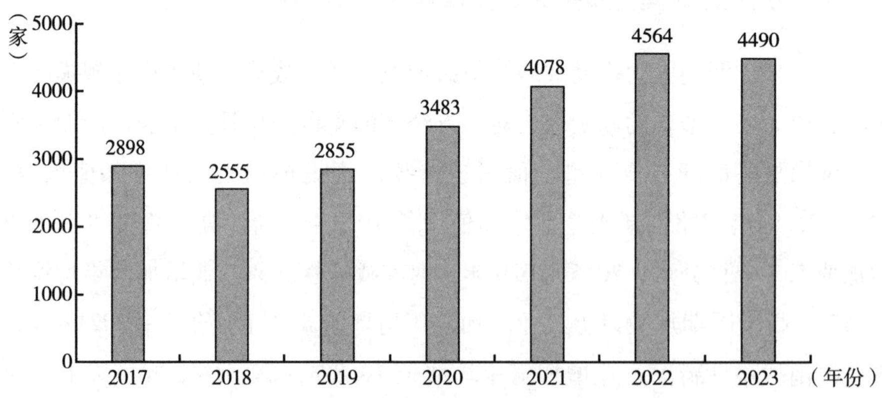

图2 2017~2023年河南省战略性新兴产业单位数

资料来源：《河南统计年鉴》（2018~2024年）。

（二）创新要素加速集聚，创新动能持续激发

河南省高度重视创新在战略性新兴产业发展中的核心作用，积极推动创新要素集聚，加速形成创新动能，推进战略性新兴产业创新发展。

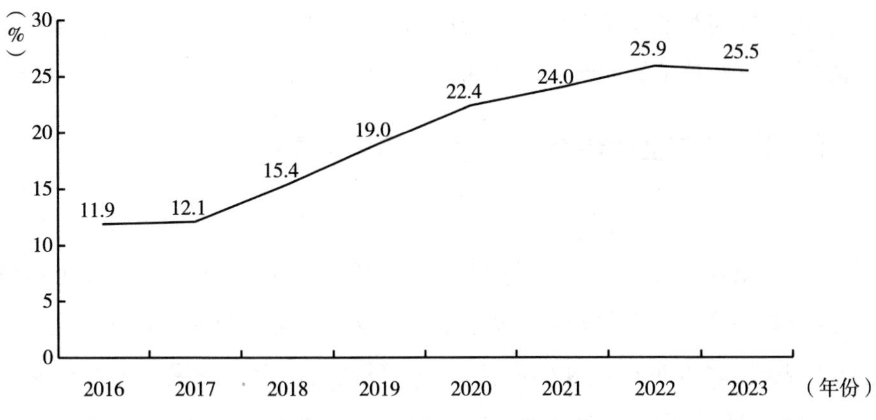

图 3　2016~2023 年河南省战略性新兴产业增加值占规模以上工业比重

资料来源：《河南统计年鉴》（2017~2024 年）。

一是研发投入持续增加。2023 年，河南研发经费投入达 1211.66 亿元，同比增长 6.0%，居全国第 11 位；研发经费投入强度首度破 2%，达到 2.05%；企业作为创新主体地位进一步稳固，研发经费支出占比 86.6%。2023 年上半年，河南省科创板、创业板和北交所共有 45 家上市公司，其中 37 家属于战略性新兴产业，其研发投入占科创板、创业板和北交所合计研发投入的 62.39%。河南上市公司中龙头企业在战略性新兴产业上的研发投入尤为显著，2023 年，龙佰集团、宇通客车、中航光电等企业研发投入超 10 亿元，华兰生物、国机精工等企业研发投入超过 2 亿元。

二是创新平台建设加速。河南积极建设布局高能级科技创新平台，国家级创新平台数量达 172 个；2024 年，河南再揭牌 10 家省实验室和 5 家省产业技术研究院，包括中原纯化制程、中豫具身智能等省实验室，以及中原人工智能、超硬材料等省产业技术研究院，这些创新平台成为河南省推动战略性新兴产业创新发展的重要力量。

三是创新成果不断涌现。河南科技创新平台在关键技术攻关、科技成果转化等方面取得了显著成效。例如，嵩山实验室在智能网联汽车安全领域取得了重要突破，首次提出智能网联汽车功能安全和网络安全的一体化内生保障方法；由郑州磨料磨具磨削研究所有限公司牵头研发的盾构/TBM 刀盘刀具性态实时诊断与智能运维关键技术与应用项目，形成了具有国际领先水平的关键技术，这些技术的突破和应用为战略性新兴产业的发展提供了有力支撑。

（三）特色产业优势突出，发展质量显著提高

进入“十四五”以来，河南持续加大对战略性新兴产业的培育力度，依托资源禀赋和产业基础，推动产业实现高质量发展，新能源及智能网联汽车、新材料、高端装备等产业优势突出，发展质量显著提高。例如，河南新能源及智能网联汽车产业规模增长显著，呈现出巨大的发展潜力，2024 年前三季度，河南新能源汽车整车产销分别占全省汽车整车产销总量的 47.7%和 47.8%，同比分别增长 140.5%和 140.1%；规模以上汽车及零部件企业 600 余家，包括宇通、比亚迪等龙头整车企业，洛阳钼业、多氟多、中航光电等骨干零部件企业，汉威、威科姆等物联网骨干企业，涵盖了从原材料供应、核心零部件制造到整车生产、配套设备以及物联网等各个环节。河南新材料产业链不断延伸和完善，形成了多条具有特色的新材料产业链，如超硬材料、尼龙新材料、先进铜基材料产业链等，2024 年前三季度，河南新材料产业增加值增长 11.9%，高新技术企业、创新型中小企业、省级“专精特新”中小企业中融群入链比例超过 90%，形成了较为完善的产业体系和较高的配套能力。河南高端装备产业龙头企业加快培育，在多个领域取得创新突破，培育了中铁装备、郑煤机、中国一拖、卫华集团、许继集团等一批百亿级龙头企业，在矿山装备、智能掘进装备、新型电力装备等方面取得了显著进展，例如，中铁装备生产的盾构机打破了国外技术垄断，产品出口数十个国家，2024 年，中铁装备出口额同比增长 158%。

（四）链群培育加快推进，集群发展成效显现

河南不断加大战略性新兴产业链和产业集群的培育力度，聚焦新一代信息技术等四大优势主导产业、高端装备等五大高成长性产业，大力建链延链补链强链，推动战略性新兴产业融合化、集群化、生态化发展，形成了多个规模大、有特色、带动作用强的战略性新兴产业集群。从数量规模看，河南

战略性新兴产业集群培育成效位于全国前列。如图 4 所示，河南有 4 个战略性新兴产业集群入选国家级战略性新兴产业集群，仅次于山东省（7 个）、广东省（6 个）。从产业类型看，河南战略性新兴产业集群多元发展潜力巨大。国家级战略性新兴产业集群包括新一代信息技术、生物医药、新型功能材料、智能制造装备、节能环保等产业（见图 5）。河南涉及其中三大产业，如新一代信息技术产业有郑州市信息技术服务业产业集群和郑州市下一代信息网络产业集群，新材料产业有平顶山市新型功能材料产业集群，节能环保产业有许昌市节能环保产业集群（见表 1）。为进一步加快推进战略性新兴产业集群发展，河南开展省级战略性新兴产业集群培育，在新材料、高端装备、生物技术等产业领域涌现出一批发展动能强劲的产业集群，15 个产业集群入选首批省级战略性新兴产业集群。如表 2 所示，焦作、许昌、三门峡、济源等地的新材料产业集群在新型功能材料、硅碳新材料、金属新材料等领域形成了较强的竞争力；新乡、南阳、商丘等地的生物医药产业集群在生物医药研发、生产等方面取得了显著成果；洛阳、平顶山等地的智能制造装备产业集群在高端装备制造方面取得了重要突破，形成了多个行业第一以及龙头引领装备制造产业生态；郑州经济技术开发区新能源汽车和智能网联汽车集群形成了客车、乘用车、新能源汽车三大整车生产格局，构建了较为完整的汽车产业链。

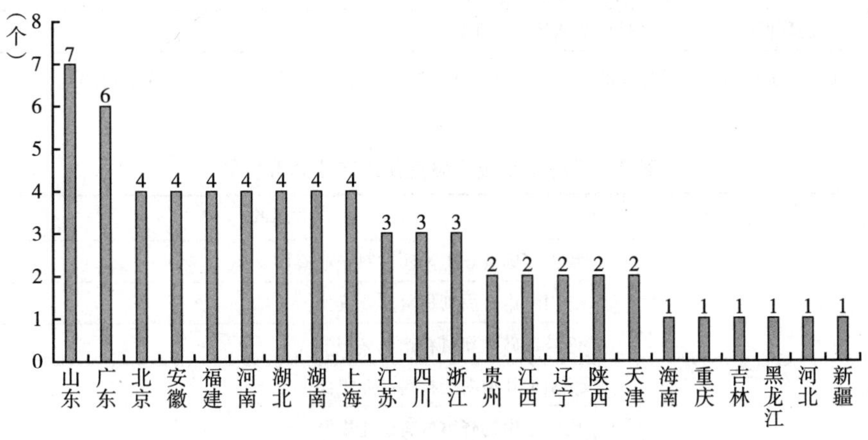

图 4　66 个国家级战略性新兴产业集群区域分布

资料来源：国家发展改革委《关于加快推进战略性新兴产业集群建设有关工作的通知》。

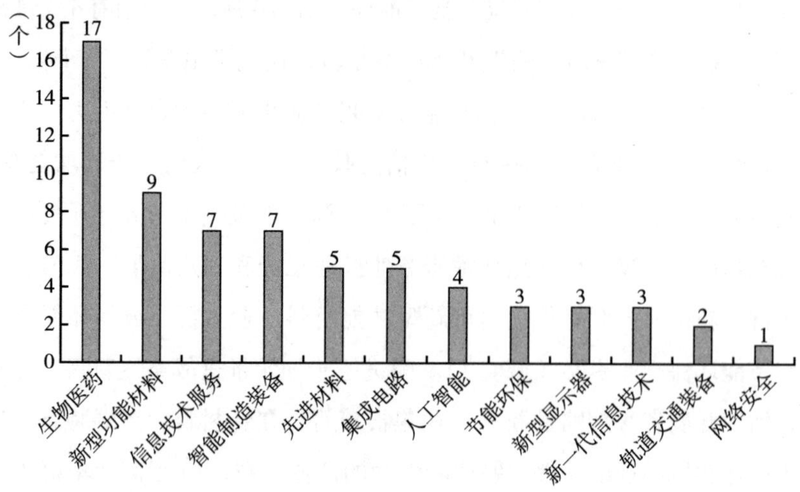

图5　66个国家级战略性新兴产业集群领域分布

资料来源：国家发展改革委《关于加快推进战略性新兴产业集群建设有关工作的通知》。

表1　河南省国家级战略性新兴产业集群名单

产业类型	产业集群
新一代信息技术产业	郑州市信息技术服务业产业集群
	郑州市下一代信息网络产业集群
新材料产业	平顶山市新型功能材料产业集群
节能环保产业	许昌市节能环保产业集群

资料来源：国家发展改革委《关于加快推进战略性新兴产业集群建设有关工作的通知》。

表2　河南省省级战略性新兴产业集群名单

产业类型	产业集群
新材料产业	焦作市锂离子电池新材料产业集群
	三门峡市金属新材料产业集群
	许昌市硅碳新材料产业集群
	濮阳市新型功能材料产业集群
	周口市生物降解材料产业集群
	济源市纳米新材料产业集群

续表

产业类型	产业集群
高端装备产业	郑州经济技术开发区高端装备产业集群
	洛阳市智能制造装备产业集群
	平顶山市智能制造装备产业集群
生物技术产业	新乡市生物医药产业集群
	南阳市生物医药产业集群
	商丘高新区生物医药产业集群
新一代信息技术产业	鹤壁市电子核心产业(电子电器)集群
	南阳市光电信息产业集群
新能源及智能网联汽车产业	郑州经济技术开发区新能源和智能网联汽车产业集群

资料来源：国家发展改革委《关于加快推进战略性新兴产业集群建设有关工作的通知》。

二　河南战略性新兴产业发展面临的主要问题

河南战略性新兴产业虽然取得了显著进展，但仍面临一些突出问题，相对一些发达省份，战略性新兴产业能级有待进一步提升。

（一）创新能力较弱，核心技术有待突破

创新能力是战略性新兴产业发展的核心驱动力，也是制约河南战略性新兴产业发展的突出短板。

一是基础研究投入不足。基础研究是技术创新的源泉，投入不足将限制河南在战略性新兴产业领域的整体创新能力。2023 年，河南研发经费投入强度虽然首度破 2%，但仍低于全国平均水平；河南基础研究投入占全社会研发投入的比重为 3.1%，低于全国的 6.77%，不到安徽的一半。

二是创新成果转化率较低。尽管近年来河南创新产出呈现出较快的增长态势，高端装备、新材料等产业涌现出多个突破性成果，但由于技术研发和应用匹配度不足，高校与科研机构的成果多为实验室阶段成果，与实际市场需求缺乏足够的契合度，2023 年河南技术合同成交额为 1367.4 亿元，远低

于湖北的4802.24亿元、安徽的4734.24亿元、广东的61475.66亿元。

三是关键核心技术短板突出。关键核心技术缺乏直接影响河南在相关战略性新兴产业的价值链位势和产业链供应链安全。例如，河南在新能源与智能网联汽车产业所需的传感器技术、核心芯片、自动驾驶算法等方面仍依赖进口或外部技术合作。轴承作为高端装备制造业中的重要零件，虽然河南的制轴工艺已经处于国内领先水平，但高端轴承用钢对纯度、均匀性等要求都非常高，基本上依赖于进口。

（二）龙头企业不足，带动作用有待增强

河南战略性新兴产业龙头企业数量较少，且缺乏在全国范围内具有影响力、具有规模效应和带动作用的“灯塔”式龙头企业，战略性新兴产业龙头企业对相关产业的带动作用仍有待增强。

一是龙头企业数量不足。在中国企业联合会、中国企业家协会发布的2024年中国制造业500强榜单中，河南省仅有24家企业上榜，其中战略性新兴产业领域的企业不到三成，大部分入榜企业属于食品、化工、能源等传统制造业；2024年中国战略性新兴产业领军企业100强榜单涵盖了在全国范围内具有领先地位和显著影响力的战略性新兴产业企业，但河南无一家企业上榜。

二是龙头企业带动作用有待增强。河南战略性新兴产业增加值占规模以上工业的比重虽然连年上升，2023年达到25.5%，但远低于规模以上传统产业以及高耗能行业，与国内发达地区相比仍存在较大差距。以汽车产业为例，河南汽车零部件本地化配套率仅约为40%，远低于上海的95%、江苏的70%。龙头企业宇通客车本地化零部件配套率为42%，作为“链主”企业，对产业链上下游企业的带动作用仍有待提升。尽管河南拥有一批在相关领域内具有竞争力的战略性新兴产业龙头企业，但整体而言，这些龙头企业的品牌知名度并不高，尤其是本土培育的龙头企业，难以在全国乃至世界范围内形成广泛的影响力。

（三）融资渠道有限，金融服务有待加强

战略性新兴产业由于其高科技属性和战略地位的特殊性，对资金需求大，但其技术和市场不确定性较大，往往面临融资难的问题，河南尽管出台了一系列支持战略性新兴产业发展的政策，但金融服务方面仍有待加强。

一是融资渠道有限。河南战略性新兴产业主要依赖于政府扶持、银行贷款等传统方式，直接融资比例较低。战略性新兴产业的中小企业大部分属于轻资产、高科技型企业，金融机构针对此类企业的金融产品和服务供给较为缺乏，加上市场上风险投资理念相对滞后，前端投资不足，极大地限制了战略性新兴产业在初创期的快速发展和成长。

二是新兴产业基金规模较小。河南自 2017 年成立新兴产业投资引导基金以来，战略性新兴产业基金的规模不断扩大，但从全国范围来看，相比广东、安徽、江苏等地区，河南新兴产业基金无论是在规模还是在数量方面都仍有较大差距，相对于全国第六位的 GDP 规模，新兴产业基金的发展显得较为滞后。

三是社会资本参与度较低。河南成立了 24 只省级政府投资基金，从数量上看具有非常大的优势，但是未能有效撬动社会资本，财政出资让利制度不明确，对社会资本和基金管理机构吸引力不强。

四是风险分散与补偿机制不完善。河南政策性融资担保体系功能尚未完善，风险分散与补偿机制不健全，导致许多中小战略性新兴产业企业在融资过程中面临较大的风险压力。

（四）产业协同不够，集群效应有待释放

河南省首批战略性新兴产业集群虽然数量可观，初具规模，但是产业协同性不高，集群效应有待进一步释放。

一是产业链不完整。部分战略性新兴产业缺乏完备的产业链，部分产业主要依托产品集成和应用，一些高科技、精密制造以及特定原材料产业的本地采购率相对较低，较为依赖外部供应，在供应链和价值链相关环节上存在

缺失，限制了产业集群内部企业之间的协同合作，影响了产业集群的可持续发展。

二是产业集群分布不均衡。在早期首批培育的省级战略性新兴产业集群中，河南战略性新兴产业集群主要分布在新材料、高端装备制造产业等领域，而新能源及智能网联汽车产业集群只有一个，但是随着近几年新能源及智能网联汽车产业的快速发展，该产业已成为河南战略性新兴产业发展的一大亮点和重点，产业集群规划培育和资源分配方面的不连贯性，一定程度影响了产业集群的整体竞争力。

三是部分产业较为分散。部分地区的战略性新兴产业存在同质化竞争现象，导致资源分散、效率低下，限制了产业间的协同发展。以新一代信息技术产业中的封测产业为例，封测产业在鹤壁、新郑、三门峡、许昌等地均有布局，但封测产业作为半导体产业链中的重要环节，需要高度专业化的设备和技术，这种分散的布局会导致资源难以实现高效配置，影响产业发展的整体效率。

三　河南培育壮大战略性新兴产业的路径

发展战略性新兴产业是河南加快培育新质生产力，建设现代化产业体系，推进高质量发展的重要抓手。河南需加强政策引导，补齐发展短板，进一步培育壮大战略性新兴产业。

（一）提升自主创新能力，健全技术创新体系

提升战略性新兴产业自主创新能力并完善技术创新体系是一个系统工程，需建立基础研究、关键核心技术攻关与成果转化衔接联动机制，识别并攻克产业创新过程中的难点和痛点，完善技术创新体系。

一是强化基础研究，筑牢创新根基。结合河南战略性新兴产业发展实际，强化基础研究战略取向分析，统筹一批科学发展前沿问题和重大应用研究理论问题。出台加强基础研究行动方案，明确布局领域和重点方向。加大

财政资金对基础研究的支持力度，依托省级基础研究计划，实行重点实验室、重点高校等研究院所负责制，探索与国家自然科学基金共同资助、组织重大基础研究任务的新机制。推进学科交叉融合，鼓励引导高校、科研院所和企业协同开展重大基础研究，探索组建学科集群，加强信息、材料、能源等领域的基础研究。

二是攻关核心技术，突破创新瓶颈。围绕产业需求开展核心技术攻关，增强政府和行业部门的协调和联动，建立自上而下和自下而上相结合的多渠道选题机制。围绕高端装备、新材料等战略性新兴产业链，制定重点新兴产业领域关键核心技术短板清单与技术攻关路线图。以重大项目为牵引，探索建立国家实验室、科研院所、企业之间权责明晰、运行高效的联合攻关机制，大力实施“揭榜挂帅”“赛马”“资本金注入”“以奖代补”等模式。

三是推动成果转化，实现创新价值。推进河南战略性新兴产业第三方概念验证中心建设，为科研成果转化提供原型制造、二次开发、中试熟化等验证服务，采取“建设在先、认定在后、择优资助”的方式进行申报资助。在新一代信息技术、高端装备、新材料、新能源及智能网联汽车等重点战略性新兴产业领域，建设一批各具特色的中试基地。支持科研事业单位设立专职技术转移机构，建立灵活、高效的科技成果运营体系。鼓励在技术转移机构中开展多元模式创新，如“研投融合”“债股转换”“服投联动”等。

（二）推进行业龙头培育，优化产业发展生态

龙头企业是引领带动产业高质量发展的主力军，是打造全产业链的中坚力量，加强政策支持引导，推进行业龙头企业引进和培育，对提升河南战略性新兴产业竞争力和影响力具有重要作用。

一是实施精准招商，大力引进龙头企业。聚焦细分战略性新兴产业，制定详细的产业发展规划，明确招商方向和重点，深入研究节能环保、新能源及网联汽车等十大新兴产业链上下游关系，编制招引目录，开展链条式精准招引，积极运用基金招商、以商招商等市场化手段，积极引进一批有影响力的战略性新兴产业龙头企业。

二是加大政策扶持与激励力度，加强龙头企业培育。通过设置专项资金、提供贷款贴息、加大税收优惠力度等手段加强战略性新兴产业龙头企业政策资金支持。对在项目上或者技术上有突出贡献的龙头企业，给予定向翻倍奖励或专项研发支持。支持有条件的龙头企业整合技术、品牌等优质资源，开展兼并重组。组织或支持企业参加国内外各类产业展会、推介会等活动，帮助企业拓展市场渠道，提高品牌知名度。

三是推进创新人才引育，优化产业环境。实施"中原英才计划"等人才培育引进工程，加快引进战略性新兴产业急需紧缺人才。建立完善省级人才需求数据库，确定目录清单，完善政策配套，充分发挥平台聚才作用。对符合条件的战略性新兴产业高端紧缺人才，提供"一对一"服务，落实购房、子女就学、落户等配套政策。

四是深化"放管服"改革，优化营商环境。进一步提升政务服务水平，强化政府数字化支撑能力，开展对战略性新兴产业企业全生命周期便利化服务。针对战略性新兴产业重点项目，优化审批程序，提高审批效率，实行容缺受理、并联审批，推进重点投资项目承诺制审批。设立重点项目服务专班机制，实行项目全程跟踪和全方位保姆式服务，动态掌握进展。

（三）加强产业基金引导，完善金融服务体系

在战略性新兴产业的发展过程中，资金的有效配置至关重要。产业基金作为重要的金融工具，在战略性新兴产业发展全链条过程中发挥着不可或缺的作用。河南需进一步发挥产业基金引领撬动作用，增强对重点领域的金融要素保障能力，赋能战略性新兴产业高质量发展。

一是加强产业基金体系建设。充分发挥国有资本的持续引领作用，依托省内新兴产业投资引导基金、郑州市战略性新兴产业母基金等，培育多元化、大规模、多层级、市场化的基金集群，采取差异化的投资模式和市场化的运作方式，一方面以重大项目为牵引，主要加强对新能源汽车、新材料、新一代信息技术、高端装备等战略性新兴产业龙头企业、链主企业的投融资服务，发挥"以投促引、以投促产"功能；另一方面以科创投资为主，主

要加强对中小企业创新创业、“专精特新”企业的投融资服务，着重发挥“以投促创”作用。

二是充分撬动社会资本参与。创新投资方式和股权设置，实施科学的收益分配和投资让利机制，吸引省内外头部投资机构、龙头企业作为子基金管理人，联合设立细分领域产业子基金。在子基金管理人遴选、运作管理等方面做好顶层设计，建立投资负面清单，强化风险控制。设置国资股权退出机制，政府产业投资基金形成的基金份额或股权达到投资年限或约定退出条件时依法依规适时退出，循环支持新的产业项目投资，引导放大政府资本产业培育效能。

三是激发产业基金活力。积极探索建立尽职免责的投资容错机制。例如，参考深圳、上海、合肥等地，设立容错机制，不追究单个项目责任，根据总体功能目的来进行评价考核，一定程度上减轻管理团队的思想负担和顾虑；参考浙江等地，出台省产业基金投资运作尽职免责工作指引等政策文件，尊重市场规律，着力破解“不敢投”“不想投”等问题。

四是加强金融产品服务创新。鼓励银行、保险、担保机构创新金融产品服务，围绕战略性新兴产业创设专属的信用评价体系，开展知识产权金融产品创新，推动政府机构和社会融资机构创新使用“投贷担联动”融资等模式。

（四）加强战略创新合作，推动产业集群化发展

加强战略创新合作，推动产业集群化发展，能有效促进资源整合、共享创新和市场拓展，实现产业协同、区域协同发展，推进战略性新兴产业高质量发展。

一是加强统筹错位发展。研判国内外战略性新兴产业集群演进趋势，更新调整重点领域和关键环节，结合各地市资源禀赋，合理规划各战略性新兴产业细分产业集群的重点布局区。

二是加强创新平台建设。积极争取国家级创新平台基地来河南设立分支机构，加强省产业创新研究院、省重点实验室等机构建设。支持龙头企业在战略性新兴产业重点领域牵头组建创新联合体，构建由龙头企业牵头、高校

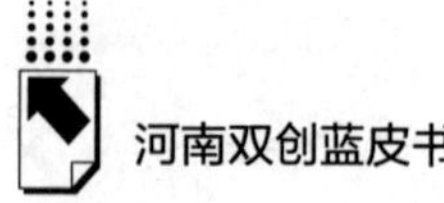

院所支撑、上下游企业参与的项目合作机制。建设全链条公共服务平台体系，提供实验、检测、应用场景拓展等服务以及重大项目清单、行业趋势、产业政策等相关信息。推进产业园区创新发展，推行“管委会+公司”运营模式，构建以国家级、省级园区管理机构为主体的“一区多园”管理模式。

三是加强跨区域战略合作交流。把握战略腹地产业备份机遇，科学谋划“创新飞地”建设。积极对接京津冀、长三角、粤港澳大湾区等战略性新兴产业发达区域，做好飞地园区建设。加强政策引导和支持，推动双方在建设空间、金融支持、人才认定、创新券兑付等方面积极破题。鼓励省内各地市依托区域战略性新兴产业重点领域，探索“正向飞地”“反向飞地”“双向飞地”等模式，建立双方有效利益共享风险共担机制，打造示范标杆，加强战略合作。

四是推进产业融合发展。大力发展数字经济，着力提升战略性新兴产业数字化水平，推进战略性新兴产业集群化发展，构建协同联动的现代化产业体系。实施战略性新兴产业跨界融合工程，深入推进工业战略性新兴产业与现代服务业深度融合发展试点示范，加快战略性新兴产业跨界融合发展。

参考文献

《河南省人民政府关于印发河南省“十四五”战略性新兴产业和未来产业发展规划的通知》，河南省人民政府网，https：//www. henan. gov. cn/2022/01-24/2387551. html。

张秀青、王福强、冯伟波等：《积极推动战略性新兴产业成为新增长引擎》，《宏观经济管理》2024年第8期。

席鹏辉、李瑶：《战略性新兴产业发展与重点税源维护：基于断点回归的证据》，《数量经济技术经济研究》2025年第2期。

王立军、王泽强：《合肥市以产业投资促进战略性新兴产业发展的经验启示》，《杭州科技》2024年第4期。

邓光伟、吴华清：《圈层嵌套与差序梯度：城市战略性新兴产业崛起的要素结构与动态配置——基于安徽省H市的实践分析》，《公共管理学报》录用定稿，网络首发时间：2024年12月27日。

B.14 河南省以科技创新引领加速未来产业发展研究

李 原*

摘 要： 在全球科技革命与产业变革加速演进的背景下，科技创新已成为区域经济高质量发展的核心驱动力。河南省作为中部地区经济大省，近年来通过深化创新驱动战略、优化产业结构、强化政策支持，在智能终端、新能源、新材料等领域实现突破，为未来产业发展奠定了基础。本文基于河南省经济数据、产业政策及创新实践，系统分析其以科技创新引领未来产业发展的现状、问题、路径，并提出优化创新生态、深化区域协同、数据与场景驱动、分阶段梯次培育、完善创新教育政策、坚持科技创新和制度创新“双轮驱动”、探索未来产业筹资的多种渠道等策略，以期为区域经济转型升级提供参考。

关键词： 科技创新 未来产业 新质生产力

未来产业作为前沿技术驱动的战略性领域，已成为大国综合实力较量的核心战场，其本质特征是技术高度密集性（如量子计算、基因编辑等底层技术突破）、产业高度不确定性（技术路线多分支、商业化周期长）以及经济与社会重塑潜力大（如AI对劳动力结构的颠覆）。

* 李原，郑州市科技发展战略研究所，主要研究方向为区域经济。

一　主要国家未来产业政策与投入力度对比

从全球竞争格局看，各国政策支持力度与资源投入呈现显著差异（见表1）。

表1　主要国家未来产业政策与投入力度对比

国家/地区	重点领域	核心政策工具	资金投入规模（2024~2025年）
美国	量子信息、空天科技、AI芯片、合成生物学	《芯片与科学法案》(2022)、国家AI研究资源计划(NAIRR)	年均研发投入超1500亿美元
欧盟	高性能计算、工业机器人、清洁氢能、神经形态计算	"地平线欧洲"计划(Horizon Europe)、关键使能技术(KETs)专项	未来10年承诺投入超800亿欧元
日本	社会5.0(机器人+AI)、量子传感、生物制造	"登月型"研发制度、半导体产业复兴计划(2023)	2024年科技预算同比增长23%至4.3万亿日元
韩国	6G通信、全固态电池、元宇宙基础设施	K-半导体战略(2021)、数字新政2.0(2024)	未来5年半导体投资超3400亿美元
英国	基因与细胞治疗、数字孪生、低碳航空发动机	创新加速器计划(Innovate UK)、先进材料与制造战略(2023)	研发支出占GDP比重提升至2.4%(2025)

资料来源：综合自各国和地区官方文件及赛迪全球未来产业指数报告。

政策力度解析：美国通过《芯片与科学法案》构建"研发—制造—应用"全链条支持体系，其390亿美元芯片制造补贴已撬动超2000亿美元私人投资；欧盟则依托"数字欧洲计划"强化跨成员国技术协同，要求成员国至少20%的复苏基金用于数字转型；日本通过修订《产业竞争力强化法》，允许未来产业企业享受50%研发费用税收抵免。

二　国内未来产业发展现状

习近平总书记2023年9月在黑龙江考察时指出，"积极培育未来产业，加快形成新质生产力，增强发展新动能”①。2023 年 12 月，中央经济工作会议指出，“要以科技创新推动产业创新，特别是以颠覆性技术和前沿技术催生新产业、新模式、新动能，发展新质生产力”。《中华人民共和国国民经济和社会发展第十四个五年规划和 2035 年远景目标纲要》明确提出要谋划布局一批未来产业。

（一）总体发展格局与政策框架

中国未来产业的核心战略是围绕“技术自主可控、产业链高端化、绿色低碳转型”三大主线展开。2024 年 1 月工信部等七部门发布的《关于推动未来产业创新发展的实施意见》明确了六大方向——未来制造、未来信息、未来材料、未来能源、未来空间、未来健康，并计划到 2027 年形成全球领先的产业竞争力。截至 2025 年 3 月，全国已有超过 20 个省市发布了地方性未来产业行动计划，重点聚焦人工智能、量子科技、生物医药、新能源装备等领域，形成“中央统筹+地方特色”的立体化布局。

（二）重点产业领域分析

1. 人工智能与具身智能产业

（1）技术突破与商业化进程

一是模型开源与成本优化，以 DeepSeek 为代表的国内 AI 企业实现技术跨越。2025 年 1 月发布的 DeepSeek-R1 模型在数学推理、代码生成等任务上性能比肩 OpenAI 的 GPT-4，其 API 定价仅为国际同类产品的 1.8%~3.6%，大幅降低了企业 AI 部署成本。

二是算力国产化，华为昇腾社区已部署 DeepSeek-V3 模型，单服务器配置达 4 台 Atlas 800I A2（8＊64G），国产芯片在训练和推理端的替代率提升至 35%。部分城市的具身智能应用场景如表 2 所示。

---

① 《布局未来产业 总书记多次提到这个关键词》，人民网，http：//politics. people. com. cn/n1/2024/0131/c1001-40170577. html。

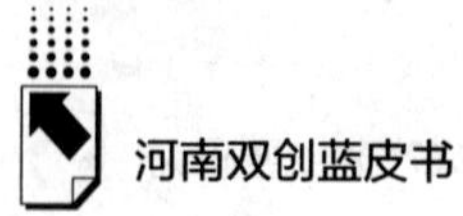

表 2　部分城市具身智能应用场景

城市	重点布局领域	典型项目/设施
深圳	人形机器人制造	优必选 Walker X 量产基地
上海	异构机器人训练	临港异构人形机器人实验场
北京	脑机接口临床研究	天坛医院脑机接口治疗中心

资料来源：作者根据央视新闻、新浪财经、华龙证券研报等整理而得。

（2）产业生态构建

国内形成四类参与主体：一是初创企业，如宇树科技、智元机器人（2024 年融资超 60 起，估值年增长 300%）；二是科技巨头，如华为（鸿蒙机器人 OS）、小米（CyberOne 二代）；三是车企跨界，如比亚迪（仿生机械臂）、小鹏（飞行机器人）；四是供应链企业，如宁德时代（高能量密度电池适配人形机器人）。

2. 人形机器人产业

（1）市场规模

2024 年全球人形机器人整机企业达 150 家，其中国内占比 53%（80 家），预计 2025 年量产规模突破 10 万台，单台成本降至 20 万元以内。

（2）关键技术突破

一是驱动系统，空心杯电机国产化率突破 70%（江苏雷利、鸣志电器）。二是感知层，3D 视觉传感器精度达 0.1mm（奥比中光）。三是控制系统，自研实时操作系统（RTOS）时延<1ms。人形机器人产业链协同效应如表 3 所示。

表 3　人形机器人产业链协同效应

环节	代表企业	技术/产品亮点
精密减速器	绿的谐波、中大力德	重复定位精度±5 角秒
伺服电机	汇川技术、禾川科技	扭矩密度达 12Nm/kg
传感器	汉威科技、森霸传感	六维力控精度 0.5%FS
整机集成	优必选、达阀科技	双足行走速度 2.5km/h

资料来源：作者根据央视新闻、新浪财经、华龙证券研报等整理而得。

3. 量子科技产业

量子计算：国盾量子联合中国电信集团实现量子云平台商业化，2024年部署量子比特数达512位，较2023年提升4倍。

量子通信：合肥量子城域网覆盖范围扩展至500平方公里，金融领域应用占比达38%。

政策支持：工信部等七部门发布的《关于推动未来产业创新发展的实施意见》明确2027年前建成3~5个量子科技先导区，研发投入强度超15%。

4. 生物医药与健康产业

（1）长三角产业集群优势

建立技术平台，如上海建成蛋白质科学设施、转化医学中心；苏州BioBAY集聚信达生物、百济神州等创新药企，要素集聚，产业链耦合。生物医药与健康产业企业分布如表4所示。

表4　生物医药与健康产业企业分布

区域	企业数量(家)	1类新药临床批件占比(%)	创新药上市数量(个)
上海	3193	48	81
江苏	1687	47	40
浙江	1541	46	7
安徽	534	2	2

资料来源：作者根据央视新闻、新浪财经、华龙证券研报等整理而得。

（2）政策与资本驱动

审批改革上，2024年8月国务院优化临床试验审批流程，平均周期缩短至60天。资本市场2024年生物医药领域IPO募资超800亿元，科创板占比62%。

5. 新能源与储能产业

锂电储能上，宁德时代发布第二代钠离子电池，能量密度为160Wh/kg，成本下降30%。氢储能上，内蒙古示范项目实现电解水制氢效率85%，度电成本降至 0.25 元。政策目标是 2027 年新型储能装机超 100GW，循环寿命突破 12000 次。新能源与储能产业市场格局如表 5 所示。

表 5　新能源与储能产业市场格局

单位：GWh，%

企业	技术路线	2024 年出货量	海外市场占比
宁德时代	磷酸铁锂+钠电	58	35
比亚迪	刀片电池储能系统	42	28
阳光电源	光储一体化	27	18

资料来源：作者根据央视新闻、新浪财经、华龙证券研报等整理而得。

6. 半导体与 RISC-V 生态

（1）国产替代进程

设备领域上，北方华创 28nm 刻蚀机良率达 95%，2024 年国产化率提升至 28%。材料突破上，沪硅产业 12 英寸硅片月产能突破 50 万片，缺陷密度<0.1 个/cm^2。

（2）RISC-V 架构崛起

应用场景上，物联网平头哥玄铁 C930 芯片（阿里云 IoT 设备部署超 1 亿颗）。汽车电子芯驰科技发布 RISC-V 域控制器（支持 L4 级自动驾驶），中国 RISC-V 联盟成员超 400 家，指令集扩展贡献度达 25%。

（三）区域发展特色与协同效应

中西部潜力领域。一是成渝经济圈，聚焦智能网联汽车（长安汽车 C385 量产）、卫星互联网（重庆北斗产业园）。二是西安—郑州轴带，包括第三代半导体（西安奕斯伟 12 英寸晶圆）、超算中心（郑州嵩山实验室）。

（四）政策支持与科技金融

目前，已有多地设立基金或计划设立基金发展未来产业，助力科技创新项目走向市场，建设未来产业，为科技企业提供了更加稳定、可持续的资金支持，缓解科技创新过程中的资金压力。部分地区设立产业基金投向未来产业情况如表 6 所示。

表 6　部分地区设立产业基金投向未来产业情况

时间	地区	情况介绍
2024 年 6 月	广州市	天使母基金依托广州金控集团发起设立，目标规模 100 亿元，聚焦新领域新赛道，重点投向种子期、天使期项目，利用“母子基金+直投”等方式支持战略性新兴产业和未来产业
2024 年 7 月	成都市	首批未来产业天使子基金及孵化加速园发布会召开。成都围绕投新投早投小投硬科技，组建了天使子基金，遴选了首批未来产业孵化加速园
2024 年 9 月	上海市	组建总规模 100 亿元的未来产业基金，基金有政府引导、长期支持、宽容失败等特点，基金期限长达 15 年，还可根据情况申请延长 3 年。在上海未来产业基金的管理上，上海国投公司将牵头组建国资控股的市场化基金管理平台，重点聚焦未来产业领域早期投资，协同各类资源，打造开放的投资验证孵化一体化平台
2024 年 10 月	南通市	印发《关于加快培育发展未来产业的实施意见》，计划引育未来产业方向股权投资基金 10 只以上，基金认缴规模超 50 亿元。推动科技资金股权化，建立和完善以政府基金为引导、以社会资金为主体的创业资本筹集机制和市场化运作模式，在南通创新区设立市场化主导的紫琅湖未来产业基金
2024 年 11 月	安徽省	出台《安徽省未来产业发展行动方案》。推动多元化资金供给。统筹发挥财政引导资金+政府投资基金作用，发展专注投早投小投长期投硬科技的耐心资本，引导天使投资、风险投资、私募股权投资、并购基金等社会资本加大未来产业投入。支持国资国企打造未来产业耐心资本，探索设立未来产业发展基金
2024 年 11 月	泉州市	出台《泉州市培育发展未来产业实施方案》，建立未来产业投资引导基金。设立泉州未来产业投资引导基金，按照市场化方式运作，引导社会资本“投早投小投新”，建立覆盖企业种子期、初创期的未来产业投融资体系。探索组建未来产业发展基金。探索筹建未来产业发展基金，支持未来产业领域的技术创新、成果转化和创业孵化，委托专业化慈善信托机构负责运营，重点对未来产业科学家团队和高层次人才提供奖补
2024 年 12 月	南京市	南京未来产业天使基金（有限合伙）、南京紫金山未来产业天使基金（有限合伙）两只未来产业天使基金登记成立，执行事务合伙人分别为南京紫金毅达管理咨询合伙企业（有限合伙）、南京紫新未来管理咨询合伙企业（有限合伙），出资额分别为 10 亿元、5 亿元，经营范围均为股权投资、创业投资、以自有资金从事投资活动。合伙人信息显示，上述两只基金由江苏省战略性新兴产业母基金有限公司、南京紫金创投基金管理有限责任公司等共同出资

资料来源：作者综合自各地相关政策文件、实施方案。

三　河南省科技创新与产业发展的基础与现状

（一）经济总量与结构优化

1. 经济规模与增速

2023 年，郑州市 GDP 达 13617.8 亿元，占全省的 23.0%；2024 年上半年同比增长 5.3%，高于全国平均水平。2024 年上半年，漯河市 GDP 为 938.2 亿元，增速稳居全省第一方阵，现代食品、新材料产业集群初具规模。

2. 产业结构升级

郑州市第三产业占比 59.3%，智能终端、生物医药等新兴产业贡献显著。漯河市三次产业结构调整为 8.8∶39.8∶51.4，聚焦营养健康食品、氟硅新材料等 11 条市级产业链。

（二）科技创新能力提升

1. 研发投入与强度

2023 年，全省共投入研究与试验发展（R&D）经费 1211.66 亿元，比上年增长 6.0%。研究与试验发展经费投入强度为 2.05%，比上年提高 0.09 个百分点（见表 7）。2021 年，河南就进入全国“研究与试验发展经费投入超千亿省份俱乐部”，至此，河南连续三年研究与试验发展经费投入超千亿元。

表 7　2022 年、2023 年河南研究与试验发展（R&D）经费投入统计

单位：亿元，%

年份	R&D 经费	投入强度
2022	1143.26	1.96
2023	1211.66	2.05

资料来源：《2023 年投入 1211.66 亿元 河南投入研发经费连续三年超千亿元》，《河南日报》2024 年 10 月 11 日。

2. 创新主体培育

河南高新技术企业数量从2020年的6310家增至2023年的1.2万家，科技型中小企业达2.6万家。郑洛新自主创新示范区集聚了全省60%的国家级创新平台、61%的高新技术企业，成为创新核心引擎。

四　河南未来产业布局与重点领域

（一）六大未来产业集群规划

根据《河南省“十四五”战略性新兴产业和未来产业发展规划》，重点布局未来制造、未来信息等重点领域（见表8）。

表8　河南未来产业重点领域与项目统计

未来产业方向	重点领域与项目
未来制造	人形机器人、高端仪器装备（郑州智能传感谷、龙门实验室）
未来信息	量子科技、人工智能垂直大模型（国家超算郑州中心、中原量子谷）
未来材料	电子级金刚石、高纯石英（平顶山高性能复合材料基地）
未来能源	氢能、新型储能（郑汴洛濮氢走廊、平顶山全钒液流储能电站）
未来空间	卫星应用、低空经济（鹤壁卫星产业园、安阳无人机基地）
未来健康	生物工程、高端医疗器械（中原医学科学城）

资料来源：作者综合自相关政策文件、实施方案。

（二）典型案例分析

1. 郑州市人工智能产业集群

产业规模上，2023年人工智能核心产业超200亿元，带动相关产业规模突破1000亿元；重点企业上，主要聚焦超聚变（服务器制造）、数字马力（金融科技）、紫光计算机（智能终端）；政策支持上，对国家级智能制造示范工厂奖励300万元，独角兽企业奖补500万元。

2. 洛阳市先进制造与新材料

产业基础上，2023 年新材料产业规模约 2300 亿元，拥有中钢洛耐、洛阳石化等龙头企业；技术突破上，航空发动机轴间轴承试验器解决了“卡脖子”难题，支撑国产高端装备研发。

五 河南科技创新存在的核心问题

河南省作为中国中部地区的经济大省，近年来在科技创新领域取得了一定进展，但仍面临多重结构性矛盾与系统性挑战。河南主要以资源密集型、劳动密集型为主，传统产业比重较大，技术含量和附加值相对较低，高技术产业、新兴产业规模较小、占比偏低，影响科技创新与产业发展的良性互动。国家级创新平台数量相对较少，难以集聚高端创新资源，也影响了科技创新成果的转化和应用。

（一）研发投入总量不足且结构失衡

1. 研发投入强度低于全国水平

2023 年，河南省研发经费投入强度为 2.05%，虽较 2022 年的 1.96%有所提升，但仍低于全国平均水平的 2.6%。与沿海省份相比差距显著：江苏（3.2%）、广东（3.4%）的投入强度均明显领先（见表 9）。

表 9 全国及主要地区研发投入强度对比分析

单位：%

省份	2023 年研发投入强度	基础研究占比
河南	2.05	<15
江苏	3.2	22
广东	3.4	25
全国平均	2.6	18

资料来源：作者综合自各地统计公报、政府工作报告。

2. 基础研究薄弱

河南省基础研究经费占研发总投入的比例不足 15%，远低于发达省份（如北京市基础研究占比达 26%）。这一短板导致原创性技术供给不足，2023 年全省在《自然》《科学》等顶刊发表的论文数量仅为广东的 1/5。

（二）高端创新人才严重短缺

1. 顶尖人才储备不足

河南省两院院士人数仅占全国总量的 1.2%，国家杰青、长江学者等高端人才数量在中部六省中排名第 4。2024 年数据显示，全省博士毕业生留豫率不足 35%，人才流失问题突出。

2. 高等教育资源匮乏

河南至今未有一所教育部直属高校或中国科学院直属研究所。2023 年全省高校研发经费仅占全国的 2.3%，而江苏、广东分别占 12.5% 和 10.8%。高水平大学的缺失直接制约了本土人才的培养能力。

（三）创新平台能级不足

1. 重大基础设施稀缺

截至 2024 年，河南省国家级重点实验室仅 22 家，不足江苏（48 家）的半数。在量子信息、人工智能等前沿领域缺乏国家级科研设施。

2. 企业研发机构覆盖率低

规上工业企业设立研发机构的比例为 37%，低于长三角地区（55%）和珠三角地区（60%）。2023 年全省高新技术企业中，仅有 36%的企业建有省级以上研发平台。

（四）成果转化机制梗阻

1. 转化效率低下

河南省高校科技成果转化率长期徘徊在 8%左右，低于全国平均水平（12%）。2023 年河南省技术合同成交额为 1759 亿元，但转化率不足 40%，低于沿海省份。2024 年全省技术合同成交额中，省外输出占比超过 60%，显示出本地产业承接能力不足。

2. 中试环节薄弱

河南全省中试基地数量为 61 家，但具备专业检测设备和工程化能力的不足 30%。调研显示，约 70%的实验室成果因缺乏中试支持而无法产业化。

（五）产业生态支撑不足

1. 风险资本活跃度低

2024 年河南省科技型企业获得的风险投资总额约为 48 亿元，仅占全国的 1.8%。同期江苏、浙江分别达到 680 亿元和 550 亿元。省内私募基金管理规模（1066 亿元）仅为广东的 1/10。

2. 创新型企业梯队断层

科技型中小企业数量达 2.9 万家，但成长为专精特新“小巨人”的比例不足 1.5%。2024 年全省科创板上市企业仅 5 家，远低于安徽（23 家）。

3. 产业链协同不足

部分产业集群仍以加工制造为主，如郑州市电子信息产业缺乏高端芯片设计能力。

（六）区域创新协同效能不足

1. 郑洛新一家独大

郑洛新国家自主创新示范区贡献了全省 65%的高新技术产值，而豫东、豫南地区国家级研发平台密度仅为全省平均水平的 1/3。

2. 县域创新基础薄弱

2024 年全省县域规上工业企业研发投入强度仅为 0.9%，低于全省平均水平的 2.05%。超过 60%的县域尚未建立科技企业孵化器。河南省与相关省份的典型数据对比如表 10 所示。

表 10　河南省与相关省份典型数据对比

问题领域	河南省关键数据	对比参照(发达省份)
研发投入	基础研究占比<15%	江苏 22%、广东 25%
人才结构	博士留豫率为 35%	浙江博士留浙率为 62%
成果转化	技术合同省外输出占比 60%	江苏省外输出占比 35%
风险投资	科技企业获风投 48 亿元(占全国的 1.8%)	江苏 680 亿元(占全国的 25%)
创新平台	国家级重点实验室 22 家	江苏 48 家

资料来源：作者综合自各地统计公报、政府工作报告。

六　科技创新引领未来产业发展的关键路径

（一）构建全链条创新体系

1. 基础研究突破

依托国家超算郑州中心（算力 100PFlops）开展量子计算、基因测序等前沿研究。中原关键金属实验室攻克高纯镓、铟提纯技术，支撑半导体材料国产化。

2. 产学研深度融合

采用创新联合体模式，全省组建 39 家创新联合体，承担 44 项国家级科技项目（如中信重工航天铸锻件）。通过职务科技成果赋权改革，试点单位累计转化成果 856 项，金额 3.9 亿元。

（二）强化政策与资金支持

1. 财政与金融工具

科技贷风险补偿比例提升至 70%，累计投放超 230 亿元。设立省级天使母基金，重点支持种子期、初创期科技企业。

2. 人才引育机制

“中原英才计划”累计引进院士 84 人、高层次人才 1566 名。采用“科技副总”制度，高校专家派驻企业，推动技术需求与科研资源精准对接。

七　对策建议

推动未来产业发展是一项系统工程和长期任务。河南省委十一届八次全会暨省委经济工作会议对于2025年经济工作的总体要求是“推动科技创新和产业创新融合发展”，持续实施创新驱动、科教兴省、人才强省战略，打造科技创新2.0版。深入实施未来产业培育发展行动，不断深化拓展未来产业矩阵，突出未来产业培育发展。

一是优化创新生态。建设概念验证中心，弥补“实验室—市场”鸿沟，降低技术商业化风险。推广“赛马制”攻关，在氢能装备、智能传感器等领域试行竞争性研发机制。

二是深化区域协同。一方面省内协同，推动郑州、洛阳、新乡三地创新要素流动，共建郑洛新焦锂电池产业带。另一方面跨省合作，对接长三角（如上海张江、合肥科学中心），联合申报国家未来产业先导区。

三是数据与场景驱动。开放政务、交通等领域数据资源，支持人工智能大模型训练（如郑州超算中心）。打造“智慧农业”“智能物流”等示范场景，加速技术落地应用。

四是分阶段梯次培育。应坚持精准治理的公共政策思维，建立分层分类的未来产业投入增长机制，形成支持未来产业发展的多元化投融资新格局。

五是完善创新教育政策。必须加强科学、技术、工程、数学（STEM）等基础教育，组织中小学生到高科技企业、国家实验室、未来产业实验室等与未来产业相关的领域进行研学，多种途径培养学生的科学素养以及对新质生产力的认知。

六是坚持科技创新和制度创新“双轮驱动”。依托开发区、高新区、科技园等加快建设一批在全国具有标识性的未来产业园区和未来产业先导区，引导各类资源加速集聚，打造特色产业链，形成未来产业发展新增长极。

七是探索未来产业筹资的多种渠道。通过内部融资、股权融资、债权融资、商业信用、众筹等筹资，激发各类主体创新动力，完善竞争性支持和稳定支持相结合的未来产业投入增长机制。

河南省通过强化研发投入、优化政策环境、布局未来产业，已初步形成了以科技创新引领高质量发展的新格局。未来需进一步聚焦关键核心技术突破、深化体制机制改革、推动跨区域协同，力争到2025年战略性新兴产业增加值占比突破30%，研发强度达2.2%，成为全国未来产业发展的重要标杆。

参考文献

国泰君安证券：《新质生产力之“未来产业拓产品”》，新浪财经，https：//finance.sina.cn/2024-08-05/detail-inchpwen6014697.d.html。

河南省统计局、国家统计局河南调查总队：《2023年河南省国民经济和社会发展统计公报》，《河南日报》2024年3月30日。

《2023年投入1211.66亿元 河南投入研发经费连续三年超千亿元》，《河南日报》2024年10月11日。

国家统计局、科学技术部、财政部：《2023年全国科技经费投入统计公报》，中国政府网，https：//www.gov.cn/lianbo/bumen/202410/content_6978191.htm。

华为：《华为投资控股有限公司2023年年度报告》。

赵西三：《河南提升创新能力面临的问题及对策》，大河网，https：//theory.dahe.cn/2022/06-23/1048313.html。

赛迪智库未来产业形势分析课题组：《2025年我国未来产业发展形势展望》，《软件和集成电路》2025年第1期。

《人形机器人爆发元年！国内优秀布局企业及产业链核心标的全梳理》，新浪财经，https：//t.cj.sina.com.cn/articles/view/1089183600/40eb9f7000101gx4c。

华龙证券股份有限公司：《TMT行业AI产业系列跟踪专题研究报告：从DEEPSEEK看国内AI产业趋势》，2025年2月13日。

B.15

河南省以科技创新助推传统产业转型升级研究

魏　征*

摘　要：　河南省作为中国经济大省，面临着产业结构偏重传统、创新能力不足和资源利用效率较低等问题。为应对这些挑战，河南省积极推进科技创新，以助推传统产业转型升级。本文探讨了河南省在科技创新推动传统产业转型升级中采取的具体措施、获得的成效及面临的挑战。研究发现，通过实施政策支持、科技园区与创新平台建设、校企合作与产学研结合、数字化转型和智能制造等措施，河南省在产业结构优化、资源利用效率提升和产品创新与市场拓展方面取得了一定成效。然而，仍面临创新人才匮乏、资金与融资难题、创新环境有待优化等挑战。未来，河南省应加大人才引进和培养力度，改善创新融资环境，强化政策执行与监管，促进数字化和智能化升级，以实现传统产业的高质量发展。

关键词：　科技创新　传统产业转型升级　政策支持　河南省

河南作为中国经济大省，GDP 总量长期居于全国第 5 位，但是在 2023 年被四川超过，屈居第 6 位，与此同时工业产值被福建超过，“标兵渐远、追兵渐近”的窘境困扰着河南，这主要是因为河南在经济发展中面临着产业结构偏重传统、创新能力不足和资源利用效率较低等问题。为应对这些挑战，河南省积极推进科技创新，以助推传统产业转型升级。本文通过探讨河

* 魏征，黄河科技学院河南中原创新发展研究院讲师，主要研究方向为区域经济、房地产经济。

南省在科技创新推动传统产业转型升级中采取的具体措施、获得的成效及面临的挑战，对未来发展提出策略建议。

一　河南省传统产业现状及转型升级的必要性

（一）传统产业的概况

传统产业是河南省工业经济的基础，对河南省的工业发展起着重要的支撑作用。统计数据显示，河南拥有 40 个行业大类、197 个行业中类、583 个行业小类，传统产业主要集中在能源、冶金、化工、建材、机械、轻纺、食品等领域，这些产业的收入总额占据全省经济总收入的 75%以上，这些产业长期以来为河南的经济发展作出了重要贡献。而其中的食品加工业以小麦加工、油料作物加工为代表，具备全国领先的生产规模。钢铁行业则集中在安阳、洛阳等地，是河南工业的重要组成部分。纺织行业历史悠久，主要集中在郑州、开封等地。煤炭产业在平顶山、永城、焦作等地形成了成熟的煤炭生产和能源供应链，支撑了河南乃至全国的能源需求。

尽管传统产业为河南省带来了显著的经济效益，但因其整体技术含量偏低、生产效率不高，存在资源消耗高、环境污染严重等粗放型发展的问题，使得河南在经济向高质量发展转型中受到抑制。因此，传统产业的转型升级成为河南省实现高质量发展的迫切需求。

（二）传统产业转型升级的必要性

在全球经济日益高科技化的背景下，依赖低附加值和高资源消耗的传统产业已难以维持可持续发展。河南省的经济发展需要通过科技创新提升传统产业的核心竞争力，实现高质量发展，传统产业转型升级的必要性迫在眉睫，具体表现在以下几个方面。

提升竞争力：河南省的传统产业大多集中在资源密集型和劳动密集型领域，通过科技创新可以提高生产效率、产品质量和企业竞争力，帮助企业在

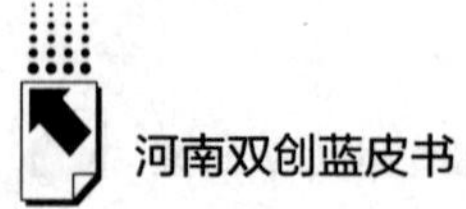

国内外市场中保持优势，同时可推动传统产业与前沿技术、跨界创新、颠覆模式对接链接，推动传统产业智能化、数字化、绿色化发展，提升产品品质和产业链的现代化水平，增强产业竞争力。

实现可持续发展：传统产业在生产过程中存在着高能耗和高污染问题。通过引入绿色技术和清洁生产工艺，可以有效减少污染物排放，提升资源利用率，满足国家环保法规的要求。通过技术创新和管理提升，在保护环境的同时实现经济增长，符合国家和全球的可持续发展目标。

应对市场变化：随着消费水平的升级，消费者对产品的质量、设计、环保性等要求越来越高，因此，传统产业必须转型升级以满足市场的多样化需求。通过技术创新，传统产业能够及时调整产品结构、开发新产品和优化生产流程，以应对市场需求的多样化和消费者对产品品质提升的要求，进而提高市场竞争力和品牌价值。

推动产业结构优化：河南作为传统的材料、装备、食品工业大省，当前形势逼人，迫切需要构建一个与制造强省建设相适应的现代化产业体系，破解制造业结构"重"、创新"弱"、链条"短"的问题，引入新技术、新工艺，提高生产效率，降低能耗和污染。通过技术改造，传统产业可以向智能化、绿色化方向发展，实现从"制造"到"智造"的转变。科技创新有助于实现从低附加值生产向高附加值生产的过渡，推动传统产业链条的延伸和升级，促进全省经济结构的转型，形成新的经济增长点。

促进就业和人才发展：随着传统产业的技术升级，需要更多的高技能劳动者，这不仅促进了劳动力结构的调整，还推动了技术人才的培养和引进，有助于社会的长远发展和稳定。

经济结构调整：河南省作为传统工业大省，许多产业面临着市场饱和、竞争加剧的问题。通过转型升级，可以优化产业结构，减少对资源密集型产业的过度依赖，增强创新能力，提升产业的附加值和市场竞争力。这不仅能促进经济的高质量发展，还能提质增效，提升产业的整体竞争力，增强河南在区域经济中的地位。

二　河南省科技创新助推传统产业转型升级的主要措施

（一）政策支持与资金投入

河南省发布了《河南省“十四五”科技创新和一流创新生态建设规划》，明确了未来科技创新的发展方向。省委省政府出台《关于加快构建一流创新生态建设国家创新高地的意见》，通过政策支持，推动科技创新和成果转化。这些政策涵盖了财政支持、税收优惠和制度创新等方面，旨在为企业和研究机构提供更好的发展环境和资源保障。

专项资金与研发补贴：河南省财政厅和科技厅多次发布通知，明确科技研发计划联合基金的经费预算，设立了科技创新基金，用于支持企业的技术研发和设备更新，2023 年河南省的研究与试验发展（R&D）经费投入为 1211.66 亿元人民币，比上年增加 68.41 亿元，增长 6.0%①，2024 年，省财政下达了 3.6 亿元的资金用于支持科技创新。

税收优惠：为鼓励企业进行科技创新和技术升级，河南省对符合条件的企业提供税收减免和加计扣除政策。例如，高新技术企业可以享受企业所得税优惠政策，认定的高新技术企业可以享受 15%的企业所得税优惠税率，而不是标准的 25%。企业开展研发活动所发生的研发费用，可以在计算应纳税所得额时，按照实际发生额的 75%或 100%加计扣除，进一步减轻企业负担，激发创新活力。

贷款贴息和融资支持：河南省科学技术厅与财政厅、地方金融监管局等机构联合推出“科技贷”业务。根据《河南省科技金融“科技贷”业务实施方案》，企业通过“科技贷”获得的贷款可以享受一定比例的贴息支持，降低企业融资成本。对于符合条件的科技企业，省财政提供贴息补贴，鼓励

① 国家统计局、科学技术部、财政部：《2023 年全国科技经费投入统计公报》，中国政府网，https://www.gov.cn/lianbo/bumen/202410/content_6978191.htm。

企业加大研发投入。孵化器内的企业可以享受一定的融资支持，包括低息贷款、融资担保等。对符合条件的科技项目或企业，提供财政奖补，支持企业通过贷款等方式进行技术改造和创新。

引导社会资本参与：河南省发布了一系列政策文件，如《河南省支持科技创新发展若干财政政策措施》，明确了政府对科技创新的支持力度和方向。这些政策鼓励社会资本参与科技创新活动。通过发布《河南省“十四五”战略性新兴产业和未来产业发展规划》等文件，河南省引导社会资本向高新技术产业和未来产业倾斜，促进产业升级。通过建设科技园区、创新平台等，河南省为社会资本提供物理空间和合作机会，如国家大学科技园、省级工程技术研究中心等。发布《支持社会资本参与生态保护修复实施方案》，通过市场化手段吸引社会资本参与，间接支持了相关科技创新活动。通过这些政策和措施，河南省努力营造有利于科技创新的投资环境，激励社会资本积极参与，推动科技创新和产业升级的协同发展。

（二）科技园区与创新平台建设

河南省政府发布了一系列政策文件，如《河南省支持科技创新发展若干财政政策措施》《河南省“十四五”科技创新和一流创新生态建设规划》等政策文件，郑州经开区等 11 家科技园区被选为河南省科技成果转移转化示范区，这些园区成为区域科技创新和产业化发展的重要载体。加速推进一批省级创新平台建设，包括拟认定 810 家河南省工程技术研究中心，培育 28 家河南省绿色技术创新示范企业（基地），河南省国家大学科技园作为重要的科技成果转化平台，支持大学科技成果的市场化应用和产业化。这些科技园区通过提供研发设备、优惠政策和融资渠道，吸引科技型企业和人才，促进技术合作与创新成果转化。近年来，这些园区在推动先进制造、新材料、电子信息等高新技术领域的技术应用和创新项目中发挥了重要作用。通过集聚优势企业和高水平研发团队，科技园区推动了企业间的协同创新，促进了上下游产业链的整合与升级，提升了整体产业竞争力。同时，创新平台的建立加快了科研成果的转化和商业化，为河南省的传统产业注入了新的发展动能。

此外，这些园区通过构建一体化的创新生态系统，促进了中小企业与龙头企业的合作，使技术资源和市场渠道更加共享化与多样化。河南省还推动举办了各类创新竞赛和技术展示会，鼓励企业展示最新研发成果，提升园区的整体技术水平。随着科技园区与产业集群的持续建设，河南在高新技术领域的产值和对全国经济的贡献率不断提高，形成了良好的示范效应和可持续发展的基础。

（三）校企合作与产学研结合

河南省出台了一系列政策文件，如《河南省人民政府办公厅关于深化产教融合的实施意见》，鼓励和引导职业院校与企业合作，深化产教融合，推动科研成果在产业中的应用。积极推动校企合作与产学研结合，以促进科研成果的有效转化，助力传统产业实现技术升级和创新发展。

高校与企业联合研发：河南省的多所高校积极与企业合作建立研发、成果转化中心，如河南工业大学与多家企业合作，建立了多个研究中心，推动了机械、电子等领域的科技成果转化。河南农业大学与企业合作，致力于农业新技术、新产品的推广应用，提升了农业的科技水平。这种联合研发模式有助于高校的科研成果迅速应用到产业中，提升企业的技术水平和市场竞争力。

产学研平台建设：省政府和教育部门支持了一系列产学研合作项目。例如，河南省科技厅每年都会开展“产学研合作创新示范工程”，鼓励高校、科研院所和企业共同承担科技攻关项目。洛阳的高端装备制造创新平台促进了先进制造技术在企业中的应用。河南省产业技术研究院、河南省产学研合作示范基地等，推动高校、科研院所与企业的技术对接与合作。郑州大学的“产学研一体化”模式，通过共建实验室、联合攻关项目等方式，深化了与企业的合作，促进了科技成果的转化。

科研成果孵化与推广：河南省成立了 59 家国家级科技企业孵化器，数量在全国名列前茅。这些孵化器为初创科技企业提供了场地、资金、技

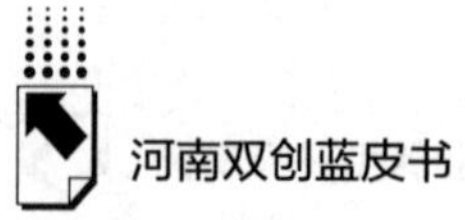

术支持和市场推广等服务。多所高校设有大学科技园，如郑州大学国家大学科技园等，专注于科技成果转化和企业孵化，通过建立成果孵化中心和技术转移机构，加快科研成果的商业化进程。高校的研究成果在这些机构的支持下，可以进行试点和中试，加速转化为适合市场需求的新产品和新技术。

人才联合培养：高校与企业合作进行技术人才的联合培养，制订培训计划，确保学生在毕业时具备实际操作技能和创新思维。这不仅解决了企业的人才需求，还推动了高校教育与产业发展的紧密对接。如河南大学与多家企业共建了实践教学基地，学生可以通过这些基地获得实际操作经验。河南工业和信息化职业学院与 ICT 企业合作，开展订单式培养，学生在校期间就能接受企业的专业培训。河南职业技术学院采用现代学徒制，学生在校期间既是学生，也是企业的学徒，真正实现了学以致用。

（四）数字化转型和智能制造

河南省在推动传统产业的数字化转型和智能制造方面取得了重要成果，致力于通过先进技术的应用提高生产效率和市场竞争力。

技术引入与应用：引导企业加快数字化转型步伐，广泛引入大数据、物联网、人工智能和云计算技术，帮助企业优化生产流程，提升运营效率。例如，郑州的食品加工企业思念集团通过使用自动化生产线和质量监控系统，不仅提高了生产效率，还确保了产品的稳定性和高质量。

智能制造示范项目：多个制造业企业建设了智能制造示范车间，推动了智能生产设备的应用，逐步实现全自动化和信息化的生产模式。这些项目为其他企业树立了标杆，加速了智能制造技术在不同传统行业中的推广。例如，中信重工通过智能制造技术实现了生产过程的优化和效率提升；郑州宇通客车股份有限公司应用云计算、大数据、物联网、人工智能等先进技术，在智能制造方面取得了显著成效。

工业互联网平台：省市各级部门鼓励企业接入工业互联网平台，以实现设备互联和数据共享。这种平台化管理提高了生产的可视化和可控性，使企业能够实时监测生产状态，减少停工和资源浪费，优化供应链管理。例如，洛阳的装备制造企业借助工业互联网实现了供应链上下游的无缝对接，大幅降低了物流成本，提高了交付效率；平顶山煤化工行业依托平台实现了生产过程的智能监控和污染物排放的精确管理。

三　科技创新推动下的转型升级成效

（一）产业结构优化

科技创新使河南省传统产业向高附加值、高技术含量的方向发展。例如，传统的钢铁产业通过引进新型冶炼技术和自动化生产线，不仅降低了能耗，还显著提高了产品质量和市场竞争力。通过智能化监控系统和数据驱动的优化措施，钢铁企业能够实现更高的生产效率和更低的资源消耗，减少环境影响。此外，这些技术革新还促进了产品的多样化，满足了国内外市场对高品质钢材的需求。

（二）资源利用效率提升

煤炭和化工行业通过技术创新，显著提升了资源的综合利用效率。例如，平煤神马集团引入先进的清洁生产技术，实现了废弃物的循环利用和资源回收，减少了原料浪费。智能监控系统的应用使生产过程能够实时跟踪和优化，进一步降低了污染物排放和能耗。同时，结合自动化设备和数据分析平台，这些行业在环保水平和生产效能上实现了双重提升，助力整个产业链向绿色化和高效化发展。

（三）产品创新与市场拓展

通过科技创新，传统产业在产品设计和生产上取得了重大突破，如食品加工企业思念集团开发了更多健康、绿色的产品，满足了消费者对品质和多样化的需求，开拓了国内外市场。具体来说，企业引入了先进的食品安全检测技术和自动化生产设备，实现了更高效的生产流程和更稳定的产品质量。此外，这些企业还应用了物联网技术来追踪和管理供应链，确保产品的新鲜度和可追溯性。这些举措不仅提高了生产效率，还增强了企业在国际市场上的竞争力，扩大了品牌影响力和市场份额。

四 面临的挑战与问题

（一）创新人才匮乏

河南省的创新型人才储备相对不足，特别是在高科技领域，难以满足企业对高端技术人才的需求。尽管近年来政府和企业加强了对技术人才的引进和培训，但与沿海发达地区相比，河南在吸引高端人才和维持人才留存方面仍面临挑战，人才引进政策吸引力不大，引进来后不会用，种种原因造成人才流失现象严重，部分技术精英更倾向于前往技术资源更丰富、职业发展机会更多的地区，这使得地方创新力受限，进一步影响了企业的研发和技术升级能力。

（二）资金与融资难题

中小企业在技术创新过程中面临融资困难，缺乏足够的资金支持进行大规模研发和技术升级。尽管政府和金融机构提供了一些融资渠道，如贷款贴息和风险补偿机制，但这些措施在覆盖面和实际落实上仍存在不足。许多中小企业由于缺乏抵押资产和信用支持，难以获得长期稳定的资金流入。此外，社会资本参与度不高，导致企业在资本市场融资时面临较大挑战，进一步限制了技术创新的投入和研发的持续性。

（三）创新环境有待优化

尽管河南省在政策上提供了支持，但部分企业对科技创新的积极性仍然不高，创新文化和机制有待进一步完善。许多企业在创新意识和风险承担上较为保守，缺乏长远的技术研发规划。科研成果向市场转化的链条存在堵点，主要表现为企业与科研机构之间的协同不够紧密，成果转化的流程复杂、周期较长。此外，创新资源的配置效率不高，导致部分高潜力的项目无法获得及时支持，制约了创新效能的发挥和产业升级的步伐。

五　未来发展的策略建议

（一）加大人才引进和培养力度

加强人才引进和培养机制建设，建立产学研合作的人才培养平台，提高技术工人和高端研发人员的比例，吸引外部创新人才落户河南。同时，推动建立区域性人才激励政策，如提供住房补贴、科研经费支持和职业发展机会，以增强河南省对高端人才的吸引力和留存能力。鼓励企业与高校联合开设定向培训项目，确保培养的人才符合市场和技术发展的实际需求，从而为产业升级和科技创新提供坚实的人才基础。

（二）改善创新融资环境

拓宽科技型企业的融资渠道，鼓励更多社会资本参与科技创新领域，完善风投资金和科技贷款政策，为企业的技术研发提供稳定的资金支持。此外，应建立多层次的融资体系，涵盖风险投资、天使投资和股权融资，确保中小企业能够获得多样化的资金来源。引入金融科技手段，提高融资效率，简化申请流程和审批手续，帮助企业快速获取资金用于创新发展。

（三）强化政策执行与监管

提高政策的实施效果，加强对创新项目的监管和跟踪，确保资金和资源真正用于科技研发和产业升级。为实现这一目标，需引入现代化的监管工具，如大数据分析和区块链技术，以实现资金流向的透明化和实时监控。此外，应设立专门的评估委员会，定期审查创新项目的进展和成果，确保项目执行符合既定目标。同时，鼓励社会参与监督，提高政策实施的公开度和透明度，促进科技创新的长效发展。

（四）促进数字化和智能化升级

进一步推广大数据、云计算、物联网等技术在传统产业中的应用，助力企业进行全方位的数字化转型和智能化升级，以实现生产效率和质量的双重提升。通过搭建综合数据分析平台和智能控制系统，企业可以实时监控生产过程中的关键环节，优化资源配置并提前预警潜在问题。推进柔性生产线和定制化生产模式，使企业能够更快速地响应市场变化和客户需求。此外，加强数据安全和信息保护措施，确保在数字化转型过程中，企业能够维护数据完整性和业务连续性，为实现可持续发展奠定坚实基础。

六　结论

河南省在科技创新推动传统产业转型升级的过程中取得了一定成效，但仍面临诸多挑战。通过加强人才培养、优化融资环境、提升政策执行力和推动智能化升级，河南省有望实现传统产业的高质量发展，助力经济结构调整和可持续发展。

参考文献

河南省统计局、国家统计局河南调查总队：《2023 年河南省国民经济和社会发展统计公报》，《河南日报》2024 年 3 月 30 日。

河南省人民政府：《河南省“十四五”科技创新发展规划》，2022 年 2 月 24 日。

河南省人民政府：《河南省重点产业集群发展报告》，2023 年 12 月 1 日。

丁玲、邹小伟：《基于创新驱动的现代农业产业转型升级路径研究——以甘肃省国家农业科技园区为例》，《科技创业月刊》2023 年第 6 期。

陆明：《创新驱动对我国产业结构转型升级的影响》，《中国党政干部论坛》2020 年第 10 期。

毕兰：《创新驱动下制造业的产业转型升级路径探索》，《商情》2020 年第 4 期。

丁晓星：《创新驱动下制造业的产业转型升级问题研究》，《产业创新研究》2020 年第 4 期。

B.16

河南省推动文化与科技深度融合实践路径研究

崔明娟*

摘　要： 在新的历史起点上，河南省推动文化和科技的深度融合，对于进一步坚定文化自信、展现河南担当，以及助力中国式现代化建设的河南实践，具有深远的意义。近年来，河南在文化与科技深度融合方面虽然取得了一定的成绩，但同时还面临着一体化协同体制机制不健全、示范性平台载体建设成效不足、龙头企业协同创新水平不高、文化科技复合型人才较为欠缺等现实问题。针对以上问题，从建立健全一体化协同体制机制、大力支持示范性平台载体做大做强、充分发挥龙头企业协同创新引领作用、加速推进文化科技复合型人才队伍建设等方面提出河南省推动文化与科技深度融合的实践路径，旨在为实现现代化河南的奋斗目标提供智力支撑和发展动能。

关键词： 文化与科技　文化创新　科技赋能　河南省

文化兴则国运兴，科技强则国家强。自古至今，文化与科技相伴相生、相互促进，先进文化理念是科技创新的思想源泉，科技创新是推动文化生产方式变革的强劲动力。2020 年 9 月，习近平总书记在湖南长沙马栏山文创产业园考察时强调："文化和科技融合，既催生了新的文化业态、延伸了文

* 崔明娟，黄河科技学院河南中原创新发展研究院讲师，主要研究方向为创新创业发展、企业管理。

化产业链，又集聚了大量创新人才，是朝阳产业，大有前途。”[①] 2024 年 7 月，党的二十届三中全会提出，“探索文化和科技融合的有效机制，加快发展新型文化业态”。这些论述体现了习近平总书记和党中央对文化与科技融合的深刻认识及高度重视。可以说，文化和科技的深度融合，既是建设文化强国与数字中国的共同立足点，也是激发中华民族文化创新创造活力的重要一步。

2022 年 1 月，河南省人民政府印发《河南省“十四五”文化旅游融合发展规划》，明确以“文化创意+科技创新”为基本路线和主攻方向，以扩大内需为战略基点，以满足人民日益增长的美好生活需要为出发点和落脚点，强力实施文旅文创融合战略，推动河南在文化旅游融合领域持续创意创新、破题破冰、出圈出彩，领跑新时代文化旅游融合发展新赛道，在坚定文化自信、讲好中国故事、建设社会主义文化强国的历史征程中贡献河南力量。如今，河南省已开启现代化建设新征程，文化强省建设已经进入高质量发展阶段，面临着至关重要的发展关卡，迫切需要在“大有作为的关键阶段”实现“直道冲刺、弯道超车、换道领跑”。立足新的历史起点，如何进一步推进文化和科技深度融合，是河南在建设文化强国、建设中华民族现代文明中彰显担当作为必须要面临的重大问题，对进一步坚定文化自信河南担当、助力中国式现代化建设河南实践意义重大。

一　河南省推动文化与科技深度融合的重大意义

进入新的历史时期，河南省作为文化大省、科技大省，推动文化与科技深度融合，运用科技手段积极探索文化与科技融合的新模式、新路径，对于推动新质生产力发展、传承和创新中原文化、满足人民精神文化生活新期待、加快建设现代化河南具有重要意义。

① 《提升数字文化建设水平》，中国政府网，https：//www. gov. cn/xinwen/2022-09/10/content_5709351. htm。

（一）文化与科技深度融合是推动新质生产力发展的重要驱动力

习近平总书记指出，新质生产力“由技术革命性突破、生产要素创新性配置、产业深度转型升级而催生”，“特点是创新，关键在质优，本质是先进生产力”。[①] 具体到文化领域中，新质生产力可以概括为在现代社会发展中，以创新为动力，以高科技为支撑，以高质量和高效能为指引，以文化创作生产为核心内容的先进生产力形态。从古至今，人类生产力发展史可以被视为一部文化和科技不断融合发展的历史。从原始社会的简单工具制作，到现代社会的复杂科技系统，文化和科技始终在相互交织、相互影响中推动着人类社会的进步，每一次重大的技术进步和突破，随之而来的都是文化传播方式和业态的巨大跃升。新一代信息技术的蓬勃发展、广泛应用，催生出更能推动生产力跨越式发展与生产方式变革的新质生产力。因此，要锻造出高科技支撑的文化领域新质生产力，必须要找准文化和科技深度融合的连接点，坚持技术驱动、场景驱动、市场驱动和创新驱动，使其生产方式更加高效，探索文化表现新形式、文化表达新路径，构筑起文化发展新高地。

（二）文化与科技深度融合是传承和创新中原文化的有效途径

河南作为中原文化的发祥地，不仅承载着厚重的历史文化底蕴，也肩负着传承与发展中华优秀传统文化的重要使命。在全球文化交融碰撞的当下，河南更应积极探索文化传承创新之路，让中原文化在新时代焕发出更加璀璨的光芒。自上古时代到唐宋时期，中华 5000 年文明有 3000 年以中原地区为主要承载区，悠久的历史和丰厚的积淀成就了中原文化的博大精深，产生了灿若星河的文化名人和文化成果，对我国各地的文化发展和文明进程产生了巨大而深远的影响，与其他地区的文化相比，其历史更悠久、影响更广泛、更加多元包容。伴随着河南省委省政府一系列推进文化科技

---

① 《习近平：发展新质生产力是推动高质量发展的内在要求和重要着力点》，中国政府网，https：//www. gov. cn/yaowen/liebiao/202405/content_6954761. htm。

融合的战略举措不断出台，不少“文化创意+科技创新”的优质文旅产品也应运而生，如河南春晚的《唐宫夜宴》、清明奇妙游的《纸扇书生》、端午奇妙游的《洛神水赋》、七夕奇妙游的《龙门金刚》等系列节目频繁破圈，就是文化+科技的融合代表作，让传统文化在创意驱动、美学引领、艺术点亮、科技赋能之下，变成看得见、摸得着、可体验的融媒产品，这不仅大大响应了“以文塑旅、以旅彰文”的号召，更标志着河南在文化与科技深度融合赛道上的探索，是新时代背景下大力传承和创新中原文化的重要实践。

（三）文化与科技深度融合是更好满足人民精神文化生活新期待的必然要求

随着科技的飞速发展，人民群众的生活条件日益改善，生活方式、价值观念以及文化需求也随之发生了深刻的变化。这种变化不仅体现在物质层面，更体现在精神文化层面。比如，郑州记忆·1952、郑州商城东城垣遗址、郑州商代都城遗址博物院、只有河南·戏剧幻城等一系列文旅文创重点项目火爆出圈，都充分展现了数字科技在为游客提供更为丰富、生动、互动的精神文化体验方面起到的巨大作用，使得河南这个历史悠久而又充满活力的省份，以它独特的魅力吸引着世界的目光，让“老家河南”的故事传遍四海。另外，传统的文化产业在科技的推动下，也开始向数字化、智能化、网络化方向发展，数字文旅、在线演艺、电子竞技等各种新兴文化业态不断兴起，不仅提高了文化产业的生产效率和传播效率，也为人民群众提供了更加便捷、高效的文化消费方式。由此可见，加快文化与科技的深度融合，为人民群众提供更加丰富多彩、高质量的文化产品和服务，满足他们日益增长的精神文化需求，是一种必然的发展趋势。

（四）文化与科技深度融合是加快建设现代化河南的强大支点

党的二十届三中全会提出，“当前和今后一个时期是以中国式现代化全面推进强国建设、民族复兴伟业的关键时期”。河南作为中国历史和现实的缩影，现代化河南建设的实践对于中国式现代化“一盘棋”具有重要的典型意义。近年来，河南牢记习近平总书记“奋勇争先、更加出彩”的殷切嘱托，锚定“两个确保”、实施“十大战略”，奋力推进中国式现代化建设河南实践，奏响了中原更加出彩的时代强音，为实现中华民族伟大复兴的中国梦贡献河南力量。毋庸置疑，没有坚实的文化与科技支撑，就不可能完成高质量建设现代化河南、高水平实现现代化河南的艰巨任务。文化与科技融合发展，承载着推动河南文化产业和科技产业深度融合的重要使命，既是河南经济发展的重要推动力，也是社会进步和人民幸福的重要保障，已经被纳入高质量建设现代化河南、高水平实现现代化河南的大局之中。在新的历史起点上，河南要深刻领会习近平文化思想的丰富内涵，通过文化创新与科技赋能，在文化自信的道路上砥砺前行，让传统文化在新时代绽放出更加璀璨的光芒，为河南的现代化建设提供源源不断的文化滋养和精神动力。

二　河南省推动文化与科技融合的进展成效

近年来，河南在文化与科技深度融合方面采取了一系列措施，既为科技产品注入了文化内涵，又使文化资源获得了创造性转化，实现了文化与科技双向出彩，推动了文化产业高质量发展。

（一）文化科技平台建设初见成效

随着国家对文化产业的支持力度不断加大和科技的不断进步，高质量建设文化科技平台已经成为人们广泛关注的焦点，并迎来了广阔的发展空间。这一趋势不仅体现了国家对文化产业与科技融合发展的战略眼光，也反映了在全球化背景下，文化创新与技术进步对于提升国家文化软实力的重要性。在文化科技平台的建设过程中，各地政府、高校、科研机构以及文化企业积极参与，共同推动了平台的快速发展。这些平台涵盖了文化旅游、文化遗产保护、数字文化创意、文化传播与交流等多个领域，为文化产业的转型升级提供了有力支撑。比如，2024 年 6 月，河南智慧文旅平台“一机游河南”在 2024 全省旅游发展大会“行走河南 · 读懂中国”文化旅游季启动仪式上亮相，旨在为全国游客提供“一部手机游河南、AI 享河南新文旅”一站式服务平台，实现“线上引流、线上消费，线下服务、线下体验”。同时，在文化科技平台的推动下，文化科技融合创新取得了丰硕成果。一方面，涌现出了一批具有自主知识产权的文化科技企业和产品，如数字博物馆、虚拟现实体验馆等，这些新型文化业态不仅丰富了文化产品的形态和内涵，还提高了文化产品的附加值和市场竞争力。另一方面，文化科技融合也促进了文化产业的跨界融合和创新发展，如文化旅游、文化演艺等产业的融合发展，为文化产业注入了新的活力和动力。

（二）一批文化科技融合型企业成为中流砥柱

2024 年 5 月 23 日，光明日报社和经济日报社联合向社会发布“2024 · 全国文化企业 30 强”名单，并发布“2024 · 全国成长性文化企业 30 强”名单，其中河南省中原出版传媒集团和开封清明上河园股份有限公司两家文化企业成功入选。据统计，此次入选两个榜单的企业中，70% 为文化科技融合类型企业，这充分揭示出文化科技融合型企业正在文化产业中扮演着越来越重要的角色，成为推动文化产业创新发展的中流砥柱。以开封清明上河园景区为例，该景区始终致力于传承与弘扬中华优秀传统文化，不断创新文化遗产的活化利用方式，既保持了文化的原生魅力，又注入了新的时代元素，成功实现了社会效益与经济效益相统一，为推动文旅产业的高质量发展贡献了显著力量。该景区的一项重大创新成果就是“飞越清明上河图”球幕影院，其运用超高清和增强现实等尖端信息技术，巧妙地将张择端的传世之作《清明上河图》与现代科技相结合，借助高端设施和创新展示手段，生动地诠释了宋代文化的丰富底蕴，为游客带来了深度的沉浸式体验和多样化的互动环节，树立了文化数字化转型的典范，品牌影响力和美誉度持续提升。该项目在 2022 年入选“行走河南 · 读懂中国”百大标识数字化项目，并于 2023 年成为第一批全国智慧旅游沉浸式体验新空间培育试点项目。[①] 2024 年国庆假期，清明上河园游客接待量达到 55.33 万人次，在河南省名列第二。像开封清明上河园这样的文化科技融合型企业，河南还有很多，如河南建业实景演出文化发展有限公司、河南广电传媒控股集团有限责任公司、河南日报报业集团有限公司、洛阳文化旅游投资集团有限公司等，它们在各自领域内通过技术创新、文化创意与科技创新并重推动文化产业新业态发展，为河南文化产业的高质量发展注入了新的活力。

（三）文化产业数字化转型步伐加快

2022 年 5 月，中共中央办公厅、国务院办公厅印发《关于推进实施国家文化数字化战略的意见》，确定国家文化数字化的战略目标、重点任务和实施路径。这一战略的实施，不仅有助于提升国家文化软实力，也为文化与科技的融合指明了发展方向，对于满足人民日益增长的精神文化需求、推动社会主义文化强国建设意义重大。近年来，在一系列的政策规划下，河南省文化产业新业态不断涌现，文化产业数字化转型步伐加快，逐步形成了以数字音乐、数字游戏、数字动漫、数字影视等为主的数字文化产业体系，文化产业相关企业和从业人数不断增加。2024 年 12 月，文化和旅游部正式公布 2024 文化和旅游数字化创新示范优秀案例名单，郑州“幻城新韵：只有河南戏剧文化创新演绎”和洛阳“龙门石窟流散文物数字化保护利用”两个案例成功入选。其中，“只有河南 · 戏剧幻城”用 21 个剧场近 700 分钟不重复的剧目演出，将黄河文化与中原文明浓缩至“黄河、土地、粮食、传承”的主线故事中，无论是展现人性光辉的《李家村》，还是演绎文明传承的《幻城》《天子驾六》，都在全新的历史解读、空间设计与科技造景的巧妙融合下，实现了对中原乃至中华文化的又一次深度挖掘、创造性转化和年轻化表达，不仅为戏剧赋予了强烈的视觉冲击，也为观众提供了高浓度的情感体验和全新的探索模式。除此之外，河南在智慧文旅建设方面的新成果也

① 《载歌载舞庆华诞 新风新貌看中原——河南省 2024 年国庆假期文旅市场综述》，河南省文化和旅游厅微信公众号，https：//mp.weixin.qq.com/s/ZXQGY5p3Vdt82M_UxDXYQQ。

颇为丰富，如河南文旅元宇宙空间——元豫宙、河南非遗一张图、景区导游导览大模型服务平台以及河南省数智文旅一码通等。以国内首个超写实文旅元宇宙空间——“元豫宙”为例，其汇聚了老君山、少林寺、龙门石窟、黄帝故里、大宋东京城等河南十大文旅知名IP，呈现出气势恢宏、精妙细致、虚实融合、超沉浸体验的数字场景，让游客们移步换景、穿越古今，身临其境畅游中原名山胜迹，感受中原文化魅力。

（四）媒体融合逐渐向纵深发展

党的十八大以来，以习近平同志为核心的党中央高度重视文化和科技融合工作，对宣传思想文化战线如何应对新一轮科技革命作出了一系列战略部署，特别是对全媒体时代的媒体融合发展提出了明确要求。让文化赋予科技温度，科技搭载文化远航，实现全媒体矩阵内容的创新升级，深刻体现了文化与科技融合的重要性。近年来，河南省积极推进媒体转型，自觉肩负起传播文化自信、唱响时代强音的社会责任，创作生产有意义、有意思、有意境的文化精品，媒体融合逐渐向纵深发展成为一个显著的趋势，形成了优势互补、协同发展的良好局面。以河南广电为代表的众多文化传媒类企业，都在努力通过深耕文化内涵、加强技术创新，搭乘“文化+科技”的快车，以实现自身的转型升级和持续发展。例如，河南广电成立了全媒体营销策划中心，形成了“融媒体统筹、新媒体首发、全媒体跟进”的运作模式，通过科技赋能、移动传播和年轻化表达，成功地将传统文化与现代传媒技术相结合，通过VR、AR技术加持，让技术有思想、视觉有灵魂，努力把文化经典转化为视听盛宴，以《唐宫夜宴》《洛神水赋》《龙门金刚》为代表的“中国节日”系列节目在弘扬传统文化方面取得新突破，更是被国家广播电视总局作为典型案例在全国推广。除了“中国节日”系列节目外，河南广电还打造出“中国节气”“中国神话”“中国家宴”“中国发明”等一系列传统文化节目集群，以“文化+”模式实现了传统文化类电视节目的破壁融合，形成了产业化发展趋势。可以说，这些文化与科技成功融合的典型经验不仅为其他电视台提供了有益的借鉴和启示，也为推动中华文化的传承和发展作出了积极贡献。

三　河南省推动文化与科技深度融合的主要困境

新时代背景下，河南省在推动文化与科技深度融合方面确实展现出了得天独厚的优势，取得了一定的成果，但同时也面临着诸多现实困境。

（一）一体化协同体制机制不健全

在全面深化现代化改革的进程中，河南积极探索文化和科技深度融合的有效机制，扎实形成高质量文化科技产业集群，是有效提升国家文化软实力、推动河南经济社会高质量发展的重要举措。由于文化和科技两大产业之间具有很强的异质性，需要从多个方面入手，构建完善的政策和发展环境，形成有效的一体化协同体制机制，以促进要素流动、配置优化、资源整合和信息共享，从而推动两大产业形成合力。自 2011 年以来，河南省围绕文化强省战略和科技强省战略，虽然也陆续出台了一系列重要的政策法规、制度框架和中长期规划等，但其中涉及文化产业与科技融合发展方面的相关政策很少，同时也存在着很多政策制定与实际执行相脱节的现象，难以及时有效地引导和支持文化与科技的深度融合。比如，很多中小企业由于信息不对称或渠道不畅，很难及时了解到政府关于文化科技方面的财政支持、税收优惠、金融扶持、知识产权保护等相关政策。另外，文化与科技融合的协同工作机制也不健全，文化企业人员对科技单位的工作领域不熟悉，科技单位对如何提升文化新产品的内涵和表现形式也不了解，从而导致文化产业与科技单位缺乏实质的合作机会。当前，河南必须要通过改革创新来打破政策壁垒、资源分配不均、创新动力不足等现实束缚，进一步完善一体化协同体制机制，为文化与科技的深度融合创造更加有利的条件。

（二）示范性平台载体建设成效不足

《关于促进文化和科技深度融合的指导意见》提出，要把国家文化和科技融合示范基地作为文化科技创新和产业发展的核心载体，打造文化和科技深度融合的示范区、政策体系和管理机制先行先试的试验田、文化科技产业创新发展的先锋队。近年来，省委省政府高度重视文化科技融合，将文化科技创新工程纳入全省“十四五”规划，各地区也出台了一系列政策措施，设立了专项资金，支持文化与科技示范基地建设。但从整体上来看，河南在文化与科技融合示范基地的建设成效方面，仍然存在诸多欠缺之处。自2012年至今，工信部、中宣部等五部门共联合公布了五批国家文化和科技融合示范基地名单，全国认定的数量累计107家，其中河南仅有洛阳、郑州高新区和开封3家示范基地通过认定，数量较少（见表1）。究其原因，河南省部分地区文化资源与科技资源的匹配度低，如安阳、商丘、南阳、信阳等地市文化资源较为丰富，但科技资源相对匮乏，导致文化和科技融合的难度较大。另外，一些文化与科技融合示范基地虽然自身在数字文化、智慧旅游等领域取得了显著的技术创新成果，一定程度上带动了当地文化产业的发展，但在宣传推广和创新成果转化方面存在着严重不足，缺乏与媒体、高校、科研机构的深入合作，无法真正提高自身的知名度、影响力和成果转化率，导致示范引领效应非常有限。

表1　第1~5批国家文化和科技融合示范基地数量统计

单位：家

批次	认定年份	全国数量	河南数量	基地名称
第一批	2012	16	0	无
第二批	2013	18	1	洛阳国家级文化和科技融合示范基地
第三批	2019	21	0	无
第四批	2021	30	1	郑州高新区国家文化和科技融合示范基地
第五批	2024	22	1	开封国家文化和科技融合示范基地

资料来源：根据工业和信息化部等五部门联合公布的数据资料整理而来。

（三）龙头企业协同创新水平不高

企业作为文化和科技融合的主体，在推动文化产业转型升级发展中扮演着至关重要的角色。当前，河南虽然在文化与科技融合方面取得了显著进展，催生了一批具有创新能力和市场竞争力的文化与科技融合型企业，但是真正具有国内外影响力的龙头企业数量有限，仍需要建设或引进具有重大影响的龙头文化科技企业，充分发挥其在产业链中的核心作用，整合上下游资源，形成协同创新发展的产业生态。另外，许多龙头企业对协同创新的认识不足，在技术水平、创新投入方面存在着较大差异，缺乏有效的信息共享和利益分配机制，同时还可能受限于规模、地域、政策等因素，辐射范围和影响力有限，龙头企业间的创新合力和“产、学、研、用”一体化协同创新优势还未形成。政府层面在推动文化与科技融合型企业协同创新方面的政策支持和引导力度也还不够，缺乏具体的政策措施和激励机制，文化与科技融合型企业协同创新服务平台尚未搭建完善，企业之间依然存在着信息孤岛现象，很难实现有效的信息共享、技术交流和合作。新时代背景下，要使文化产品与科技创意融合成为河南省文化产业发展的强劲动力和主要特色，必须依托中原出版传媒集团、河南广电传媒、河南建业等文化与科技深度融合的龙头文化企业，充分发挥各自在技术创新、市场拓展、人才培养、产业链整合等方面的优势，带动更多文化企业向文化与科技融合方向转型，形成集群效应，共同推动河南省文化产业的高质量发展。

（四）文化科技复合型人才较为欠缺

随着科技的飞速发展，特别是互联网、大数据、人工智能等技术的广泛应用，文化产业的生产方式、传播方式、消费模式等都在发生颠覆性变化，文化产业加速向资本密集和技术密集方向转型，以适应市场需求和产业升级的需要，这不仅要求文化产业具备更强的资本实力和技术创新能力，同时也对文化科技复合型人才提出了更高的需求。目前，河南省在文化科技复合型人才方面的数量明显不足，部分文化科技人才的专业素养和实践能力有待提高，难以满足当前文化产业与科技融合发展的需求，培养文化科技复合型人才显得迫在眉睫。以河南省动漫产业为例，目前在国内外市场上的竞争能力相对较弱，从创意策划、动画制作、后期处理到市场推广等，几乎产业链上每个环节都缺人，尤其是高端复合型人才。可以说，高端复合型人才是动漫产业发展的关键，他们不仅要具备扎实的专业技能，还要具备懂文化、知科技、敢创新、有国际视野等多样化的综合素质。目前，河南虽然有大量本科、大专甚至中专都开设动漫相关专业，但普遍存在着教学机制与行业需求脱节、教师缺乏相关实践经验和行业背景等现实困境，学生对口就业率和就业质量不高，这使得高端复合型人才供给短缺的问题更加凸显。

四　河南省推动文化与科技深度融合的实践路径

立足新征程，河南作为文化大省、人口大省、经济大省、科技大省，正以前所未有的力度和时不我待的精神，积极推进现代化建设，为实现现代化河南的奋斗目标积蓄势能、做足准备。文化和科技的深度融合，将为这一进程提供不可或缺的智力支撑和发展动能。

（一）建立健全一体化协同体制机制

一是健全顶层制度安排。积极完善相关政策法规、制度框架，科学制订中长期发展计划，为二者融合提供明确的方向和有力的政策保障。加强文化科技融合发展的财政预算支持，设立创新发展基金，积极拓宽资金来源渠道，为文化科技融合项目提供更多的资金支持。

二是建立信息共享机制。搭建线上线下相融合的信息共享平台，为文化企业和科技企业提供安全、高效、便捷的交流合作、资源共享、成果转化服务。鼓励和支持高校、科研机构以及有条件的企业建设文化和科技融合创新平台，依托各自的科教资源优势，促进不同学科、不同领域之间的技术交流、信息共享和创新合作，形成产学研用一体化的创新生态。

三是要建立跨部门协作工作机制。成立文化与科技融合领导机构，统筹协调各部门、各单位在文化与科技融合工作中各司其职、各负其责，形成常态化的跨部门沟通机制，制定文化与科技融合工作的评估标准与指标体系，定期开展评估与监督工作，建立多元化反馈渠道，确保文化与科技融合各项工作顺利开展。

（二）大力支持示范性平台载体做大做强

一是发挥文化和科技融合示范基地的引领和示范作用。把国家文化和科技融合示范基地建设作为全省文化科技创新和产业发展的核心载体，全力支持郑州高新区、开封、洛阳等国家文化和科技融合示范基地建设达到全国领先水平。鼓励和支持有条件的地区和龙头企业申报国家文化和科技融合示范基地，根据自身的产业特色和资源优势，带动周边地区的文化产业发展，打造具有竞争力的特色产业集群。

二是支持国家级、省级文化和科技融合示范基地提升数字化建设项目。落实国家文化数字化战略，重点支持文化数字化基础设施建设、文化资源数字化采集、数字文化消费场景建设、数字文化产业培育等项目，支持具有原创性和市场发展前景的媒体融合、人工智能、元宇宙、动漫游戏、数字文娱、数字文博等相关新兴产业项目，利用物联网、云计算、人工智能等新技术对文化产业进行全方位、全链条改造，推动文化数字化成果走向网络化、智能化。

三是加大对示范基地的宣传推广力度。定期举办文化展览、科技创新、产业对接等活动，邀请主流媒体和行业媒体对示范基地进行专题报道，展示示范基地的成果和亮点，激发示范基地的创新活力，吸引更多互联网、文化领域的国家高新技术企业和科技型中小企业入驻，提升示范基地的行业影响力。

（三）充分发挥龙头企业协同创新引领作用

一是加强文化共性关键技术研发。支持龙头企业加大科技研发投入，紧密结合文化建设重大需求和文化科技发展趋势，瞄准国际科技前沿，选准主攻方向和突破口，打通文化和科技融合的“最后一公里”，推动新技术、新工艺、新产品的应用，创造更多文化和科技融合创新性成果。

二是支持各地引进和培育一批具有示范性、引领性的文化科技龙头企业。充分发挥大企业龙头带动作用，完善文化产业与科技产业的产业链布局，形成上下游协同发展的良好局面。

三是积极推动建设以龙头企业牵头、高校院所及上下游企业共同参与的文化科技创新联盟。推动联盟与外部创新资源的开放合作，协同建设国家级及省部级科技创新基地，广泛开展项目合作创新，营造协同创新的良好生态系统。

（四）加速推进文化科技复合型人才队伍建设

一是积极支持文化科技企业与省内高校、职业院校、科研机构共建文化科技人才培养基地、专业人才实训基地。着力打造企业主导、多方参与的产学研深度融合创新联合体，引进和培养一大批适应数字化和人工智能发展趋势的新型文化领域专业人才。

二是鼓励高校根据文化科技融合发展趋势及市场需求优化人才培养模式。在增设文化科技交叉学科方面多维探索，构建多元化课程体系，强化实践教学环节，重点培养兼具文化内涵、数字素质、技术水准和创新能力的复合型人才。

三是建立以创新能力、质量、实效、贡献为导向的文化科技人才评价体系。关注文化科技人才的成果创新水平、社会影响力及其对经济社会发展的实际贡献等，不断完善文化科技人才职业资格认定及职称评定工作。

参考文献

张雅俊、夏杰长：《文化与科技融合的驱动机制、挑战及对策》，《行政管理改革》2024 年第 6 期。

钟君：《文化和科技融合的现实必然和内在逻辑》，《新湘评论》2024 年第 23 期。

向勇：《文化和科技融合赋能新型文化业态》，《中国党政干部论坛》2024 年第

10期。

刘梅：《促进文化与科技融合以增强文化软实力》，《河南经济报》2024年11月2日。

尹江勇：《开封摘国家级“金名片”》，《河南日报》2024年1月21日。

刘肖勇：《广东实施六大重点工程促进文化和科技深度融合》，《广东科技报》2021年4月2日。

B.17

河南省加快构建现代农业产业体系研究

张 舜 徐军安 陈焕丽*

摘 要： 现代农业产业体系重视农业产业的综合发展，聚焦农业产业各环节，注重产业链的延伸和三次产业的融合，提高农业产业的综合效益。现代农业产业体系建设是农业科技体制改革中的一项重大举措。河南省作为全国的农业大省，也致力于加快构建现代农业产业体系。本文介绍了现代农业产业体系的内涵，着重分析了河南省构建现代农业产业体系的重大意义、现实基础和发展机遇，提出了构建现代农业产业体系的发展路径：确立把握重点、特色优先的建设思路，建立科学统筹、有效发力的技术体系，注重央地协调、有效承接的优化方向，坚持市场导向、高效持续的资源配置，采用共建共管、长效运行的管理机制。

关键词： 现代农业产业体系 三次产业融合 河南省

现代农业产业体系建设是农业科技体制改革中的一项重大举措。2007年中央一号文件提出"开发农业多种功能，健全发展现代农业的产业体系"①。发展现代农业产业体系对于保障农产品供给、提升农业竞争力、促进农民增收、推动农业高质量和可持续发展、助力乡村振兴战略实施都具有重要意义。按照原农业部和财政部联合印发的指导意见，各地积极建立

* 张舜，郑州市农业科技研究院高级经济师，主要研究方向为农业经济与管理；徐军安，郑州市农业科技研究院党委书记、院长，主要研究方向为农业农村产业发展；陈焕丽，郑州市农业科技研究院副研究员，主要研究方向为农业科研与示范推广。

① 《中共中央 国务院关于积极发展现代农业扎实推进社会主义新农村建设的若干意见》，共产党员网，https：//www. 12371. cn/2012/12/10/ARTI1355123662882130. shtml。

地方现代农业产业技术体系，建立健全国家农业产业科技创新体系，专家学者也在不断完善现代农业产业体系的概念和内涵。《全国农业现代化规划（2016~2020 年）》明确了构建现代农业产业体系的目标、任务和重点领域，提出优化农业产业结构，推进粮经饲统筹、种养加一体、一二三产业融合发展，以增强农业综合生产能力和整体竞争力。

作为农业大省的河南，也致力于加快构建现代农业产业体系，推动农业的现代化建设和高质量发展。现代农业产业体系重视农业产业的综合发展，聚焦农业产业各环节，构建涵盖种养业、农产品加工业和农业服务业等在内的完整的农业产业链，并且注重产业结构的优化，促进农村一二三产业融合发展，形成产业集群效应，提高农业产业的综合效益。加快构建现代农业产业体系，有助于推动农业产业向规模化、标准化、品牌化发展，提高农业产业整体效益和竞争力，有力推动乡村全面振兴，助力河南农业强省建设。

一　河南省构建现代农业产业体系的重大意义

（一）加快农业强省建设的内在要求

习近平总书记 2014 年 5 月在河南考察时指出，粮食安全、“三农”工作是一切工作的重要之基，2018 年 3 月在参加两会河南代表团审议时强调，河南作为农业大省，在确保国家粮食安全方面有新担当新作为，并指出实施乡村振兴战略的总目标是农业农村现代化。河南牢记习近平总书记的重要讲话和重要指示精神，立足实际，扛稳粮食安全重任，全省农业经济实力持续增强。构建现代农业产业体系能够推动农业发展模式从传统农业转变为高品质、高附加值、功能多元的农业，有效提高粮食综合生产能力，优化农业产业结构，在保障粮食安全的基础上，实现粮经饲统筹、农林牧渔协调发展，促进一二三产业融合发展，有效赋能乡村振兴，推动农业绿色发展，实现农业生产与生态环境的协调共进，促进农业资源的合理利用和循环利用，保障农业的可持续发展，为农业强省建设奠定坚实基础。

（二）推进中国式现代化建设河南实践的必然选择

农业农村现代化是中国式现代化的重要组成部分，农业在河南的经济结构中占据重要地位，构建现代农业产业体系能夯实农业这一基础产业，筑牢中国式现代化建设河南实践的产业根基；现代农业产业体系能促进产业链的延伸和三次产业融合，带动相关产业崛起，提升河南整体经济发展质量，助力河南在经济领域更好地践行中国式现代化；构建现代农业产业体系能拓展就业渠道，激活乡村资源，推动乡村振兴，这是在农村地区扎实推进中国式现代化建设的河南探索；现代农业产业体系有助于缩小河南城乡之间、不同区域之间的发展差距，促进全省区域协调发展。因此，加快构建现代农业产业体系是推进中国式现代化建设河南实践的必然选择，为河南高质量实现农业农村现代化提供强大动力和坚强支撑。

（三）服务全国发展大局的坚实保障

位于中原腹地的河南，不仅要承担我国粮食安全保障和稳定农产品市场的重任，还要在服务全国发展大局中担负艰巨任务。河南既是农业大省，也是人口大省，构建现代农业产业体系能够带动本省乡村产业兴旺、人才汇聚、生态改善等，改善近1亿人的生活状况，同时能为全国乡村振兴打造样板，服务全国乡村振兴的整体大局。构建现代农业产业体系会使河南农业领域的资金、技术、人才等资源要素流动更加活跃、配置更加合理，不仅能让河南自身农业发展更具活力，同时与国家及其他地方现代农业产业体系的资源调配整合，能促进全国农业资源在更大范围内实现优化利用，服务全国农业资源统筹布局的大局。因此，构建现代农业产业体系，能为助力乡村振兴、促进河南高质量发展和服务全国发展大局奠定坚实的基础。

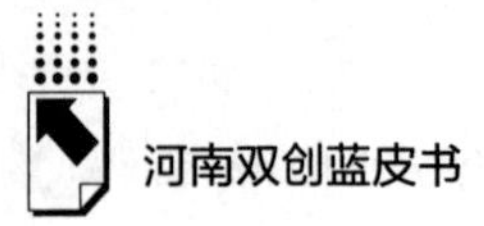

二　河南省构建现代农业产业体系的现实基础

（一）农业产业结构日趋完善，整体发展稳定向好

粮食作物、经济作物、特色农产品等根据市场调节种植规模，农业产业结构持续优化，农产品加工业持续稳定发展，乡村旅游及休闲农业不断兴起，大大拓展了农业功能和发展空间。河南省积极落实“藏粮于地”，实施单产提升行动，落实耕地地力保护补贴，累计打造 8585 万亩高标准农田。农业发展稳定向好，生产能力不断提升，2024 年粮食总产量 1343.9 亿斤，连续 8 年稳定在 1300 亿斤以上。[①] 农作物、果蔬和畜禽产品种类日渐丰富多样，产量持续稳定增长，生产质量稳定可靠，绿色食品产业发展势头良好，特色农产品及品牌建设初见成效，截至 2024 年 9 月，全省被认定全国名优特新农产品 751 个，[②] 累计创建 7 个国家级优势特色产业集群，国家农业产业化重点龙头企业 122 家。[③]

（二）农业基础设施不断优化，机械化程度持续提高

积极兴建农业基础设施，建设高标准农田和水利设施，仅 2024 年就新建高标准农田示范区 450 万亩，加快建设并实施河流治理、水库加固，对大型灌区进行续建配套及现代化改造升级。注重发挥农机合作社等新型农业经营主体的作用，通过组织化、规模化、集约化的经营方式，农机合作社不仅提高了农机的使用效率和经济效益，还带动了周边农民积极采用现代化农机进行农业生产，推动了整个地区农业机械化水平的提升，全省农业机械化程

① 刘一洁：《来之不易的丰收》，河南省人民政府网，https：//m. henan. gov. cn/2024/12-16/3099388. html。

② 《河南展团参加全国名特优新农产品产销对接活动收获颇丰》，河南省人民政府网，https：//www. henan. gov. cn/2024/09-18/3064428. html。

③ 《农业产业化国家重点龙头企业名单》，农业农村部网站，http：//www. xccys. moa. gov. cn/nycyh/202305/t20230518_6427885. htm。

度持续提高，目前农作物耕、种、收综合机械化率达到87%以上，小麦、玉米、花生及一些蔬菜的生产已基本实现全程机械化。

（三）着力发展现代绿色农业，农业生产方式持续优化

河南省农业规模化经营不断发展，统一的生产管理、机械化作业以及新技术推广应用提升了农业生产效率，农业科技应用更加广泛，农业标准化生产逐步规范，农业生产更加科学、有序，产业融合模式日益多元，为农业生产注入了新活力，拓展了发展空间。积极开展化肥农药减施增效项目研究和农业废弃物处理相关研究，面对日益紧张的土地资源问题，严守土地红线，科学调配、合理利用珍贵的水资源，借助优化的农业生产方式，着力发展现代绿色农业。

（四）重视农业品牌影响力，农产品市场需求更加多样

随着经济社会的发展及城乡居民收入水平的提高，人们对农产品的消费需求也日益呈现出个性化、多元化、绿色化、场景化、数字化等趋势，由此产生了新的消费渠道，线上线下融合发展，新型消费持续壮大，品牌建设逐步推进。河南省推动特色产业发展，立足优势特色资源规划发展乡村产业，支持打造乡土特色品牌，加快建设优势特色农产品生产基地，壮大发展国家级特色农产品优势区，如对信阳毛尖、正阳花生、灵宝苹果等特色农产品加大扶持力度，助力其品牌建设和市场拓展，并大力推动农产品加工业升级，坚持绿色兴农、质量兴农、品牌强农。

（五）整合完善农业产业链条，深入实施数字乡村战略

河南省着力整合完善农业产业链条，补充中间农产品预处理、冷库仓储及低温运输物流等环节，重视各地特色农产品相关产业发展，注重二三产业与种养业的融合，并借助数字科技畅通农产品信息，为生产者和消费者提供参考。深入实施数字乡村战略，持续推广农村移动网络（4G、5G）及宽带网络覆盖、网速提升及网络信息惠民等工程，加快农村地区新型网络基础设

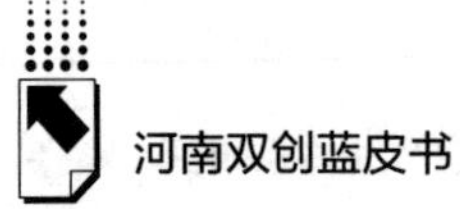

施建设，2024年第一季度已实现河南省行政村5G全通达，5G基站总数居全国前列；[①] 加快建设数字设施农业创新应用基地，支持开展智慧农业研发应用；重点培育发展新业态新模式，实施农村电子商务和“互联网+”的推广普及；开展数字技能培训，提升农民数字素养，培养适应数字化时代要求的新农民。

三　河南省构建现代农业产业体系的发展机遇

（一）政策支持

一直以来，党和政府高度重视农业农村工作。中央从2004年起至今，每年发布以“三农”工作为主题的中央一号文件；“十二五”至“十四五”，国务院先后印发多份农业发展规划文件。2010年，河南于全国首批启动建设省级现代农业产业技术体系，以农产品为单位，以产业链为主线，探索构建跨部门、跨区域、跨学科、跨单位开展协同攻关的运行机制，目前已建成16个产业技术体系和1个技术经济评价体系。2024年1月9日，河南省委召开农村工作会议并提出要着力构建现代农业产业体系、现代农业经营体系、现代农业服务体系，深化农业供给侧结构性改革，持续提高农业比较效益和竞争力。

（二）资源优势

河南是我国的粮食生产大省，小麦及油料作物产量全国第一；由于地处中原，河南兼具南北方之长，各地农产品品牌众多。同时，河南还是食品工业大省，食品工业产值长期位居全国前列，在众多细分领域都有着突出表现，为构建现代农业产业体系提供了重要的产业基础。近年来，河南的肉禽

① 《河南省通信管理局：加快推进行业监管体系和能力现代化》，中国工信新闻网，https：//www.cnii.com.cn/rmydb/202412/t20241226_626697.html。

养殖和果蔬产业也有了长足进步。经过多年的产业结构调整，逐渐形成了以小麦、玉米、花生等粮油作物为主，以苹果、葡萄、红枣、马铃薯、番茄等果蔬和牛、猪、鸡等养殖业为辅，以食品加工业为延伸的农业发展格局，经济效益高，发展空间广阔。另外，河南在区位交通、市场环境和要素成本等方面也具有很大优势，是河南省构建现代农业产业体系、加快农业强省建设的重要基础和条件。

（三）产业特色

如今消费者对于农产品的需求日益多元化，而特色农产品更利于满足市场多样化需求。围绕特色产业，除了农产品销售，还能发展出农产品加工和主题旅游等相关产业，做到一二三产业有机融合，带动周边配套产业协同发展，为现代农业产业体系建设注入强大动力。特色产业还可以精准对接当地独特的自然和人文资源，如高山蔬菜种植特色产业，就是充分利用了当地特殊的自然环境资源，将资源优势转化为产业优势。另外，为了保持自身优势、提高生产效率等，特色产业往往对科技有更强的需求，如果品的保鲜、酒类的酿造等，因此需要不断引入和研发新技术，而这些科技创新成果又可以辐射到其他领域，带动整个产业体系的创新和进步。

（四）科技支撑

1. 技术体系与平台建设

河南自2010年起开始启动建设省级现代农业产业技术体系，以小麦、玉米、花生、蔬菜、肉牛等农产品为单元，汇集了众多专家学者，围绕产业发展的重大、共性问题和关键技术，开展相关试验、技术集成和示范推广，取得了丰硕的科研成果。2024年省人大会议提议省财政建立专项资金稳定增长机制，补齐专家岗位，对未涉及的优势、特色产业建立体系给予支撑服务，稳定科技人才队伍，以优化完善该体系。同时，河南还拥有众多高能级科研平台，如国家小麦工程技术研究中心、省部共建小麦玉米作物学国家重点实验室等，这些技术体系与科研平台是现代农业产业体系建设的硬件支持，为农业科技创新提供了坚实基础，吸引了大量的科研人才和资源，推动了农业科技的研发和应用。

2. 人才培养与队伍建设

河南省的高校尤其是农业院校，在农业人才培养方面发挥着重要作用。河南农业大学积极推进育人模式改革，培养复合型卓越农林人才，为现代农业产业体系建设提供了人才支持。河南省现代农业产业体系汇聚了来自省内众多高水平涉农科研、教学、推广单位和企业的专家及其团队，这些专家在各自的领域具有丰富的经验和专业知识，是农业产业发展重要的智力支撑。

3. 种业科技创新

种子是农业的“芯片”，河南历来重视种业发展，在小麦、玉米、花生、食用菌等的品种选育方面处于全国领先水平，不断培育出产量高、质量优、抗性强的新品种，2023 年农业农村部首批授权的 14 个食用菌品种，其中 7 个就出自河南。[①] 2024 年 10 月 25 日，在河南省农业科学院主办的“新质生产力助推种业高质量发展研讨会”上，农科战线的专家学者一致认为，要以高技术引领、高效能生产，推动全省种业高质量发展。[②] 按照《中共河南省委 河南省人民政府关于加快中原农谷建设 打造国家现代农业科技创新高地的意见》《中原农谷发展规划（2022~2035 年）》《中原农谷核心区建设规划（2022~2035 年）》，到 2035 年，正在建设的中原农谷将会建成国际一流的农科“芯”城，成为国家种业科技高地、现代粮食产业科技高地、农业科技成果转移高地、农业对外合作交流高地。[③]

4. 农业技术推广与应用

通过举办技术培训班、现场观摩会等形式，向农民和农业企业推广先进的农业技术和管理经验，如河南省优势特色农业产业科技支撑行动计划项目

① 刘晓阳：《河南省菌种一次飞出“七只凤”》，人民网河南频道，http：//henan. people. com. cn/n2/2023/0507/c351638-40405605. html。

② 于涛：《以新质生产力助推种业高质量发展》，河南省人民政府网，https：//m. henan. gov. cn/2024/10-28/3079290. html。

③ 《新乡市政府印发〈中原农谷核心区建设规划（2022~2035 年）〉》，河南省人民政府网，https：//m. henan. gov. cn/2023/08-05/2792353. html。

会组织专家深入田间地头指导生产，开展技术培训，为农业产业的发展提供技术示范和推广；利用互联网、物联网、大数据等推动农业农村的信息化建设，建立农业大数据平台，实现对农业生产数据的采集、分析和应用，为农业生产决策提供科学依据，提高农业生产的智能化水平，促进农业产业现代化发展。

5. 科技成果转化

一是建立科技成果转化的新机制，政府、企业、高校、科研机构等多方合作，共同促进农业科技成果转化，如济源市围绕当地重点产业，与河南省农业科学院合作开展关键核心技术联合攻关，并着力推动科技成果转化为现实生产力。

二是出台相应的政策措施支持农业科技成果转化，如《关于充分发挥检察职能支持保障中原农谷发展的若干措施》，明确了依法维护安全稳定发展环境、加大种业知识产权保护力度、依法保障农业科技成果转化等方面的具体措施。

四　河南省加快构建现代农业产业体系的发展路径

（一）确立把握重点、特色优先的建设思路

立足资源优势进行规划布局，根据河南省各地的土壤、气候、水资源等自然条件，以及区位交通、劳动力等社会资源状况，因地制宜布局不同的农业产业，借助已有的产业基础，打造优势产业集群，强化科技创新驱动，加速科技成果转化。以现有农业基地为载体，统筹特色优势农产品区域布局，利用各地特色打造农产品品牌，并注重产业链的延伸和产业的融合。由各地政府牵头，高校、企业及科研机构配合，共同建设政—产—学—研—推—用协同的现代农业产业体系，打造专业人才队伍，聚焦良种培育、高效栽培养殖技术、农机智能设备及数字平台搭建等关键领域研发，并设置品牌打造、产业融合等相应岗位，实现对全省特色农产品产业全覆盖。

（二）建立科学统筹、有效发力的技术体系

每个领域设立 1 位首席专家和 1 个创新团队，并在相应产区设立若干综

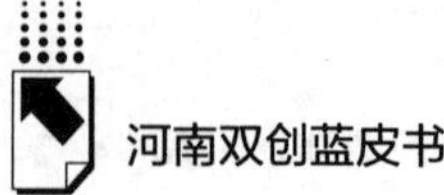

合试验站，3~5 年为 1 个建设周期。① 首席专家由省内乃至国内该领域的权威科学家担任，如河南省小麦产业技术体系首席专家雷振生、大宗蔬菜产业体系首席专家李胜利、食用菌产业技术体系首席专家张玉亭、中药材产业体系首席专家陈随清等。团队的组建则由首席专家根据产业发展需求和任务目标，挑选相关领域的专业人才组成，成员涵盖农业科研、教学、推广等不同背景，形成多学科融合、产学研紧密结合的团队结构，以保障团队具备解决复杂产业问题的能力。依托单位应具有良好的科研条件和设施，具备承担大型科研项目的能力，能够为创新团队提供经费支持、仪器设备、实验场地等方面的保障条件。

（三）注重央地协调、有效承接的优化方案

积极对接国家现代农业产业体系，做好国家体系河南站点的相关工作，同时对于虽有国家体系支持，但在河南布局较弱的产业，应加强重视并助力其加入河南省现代农业产业体系，以有效承接国家体系的政策优势及创新成果。精准把握政策导向，主动参与试点示范工作，把国家政策用足用好；通过共建科研基地、联合开展项目研究将先进科技成果引入到河南农业产业实践中，加速成果转化应用；建立农业科技成果转化平台，积极收集、评估先进科技成果并推荐给相关主体，提高成果承接和应用的效率。注重央地协调、有效承接国家体系的发展思路及创新成果，同时引导本地产业发展。

（四）坚持市场导向、高效持续的资源配置

通过调研了解生产需求以明确科研方向，及时发现生产经营中出现的问题开展研究，并以市场为导向，结合实际需求合理配置资源。固定相应资金进行基础研究以解决生产经营中的问题和开展科研创新；围绕市场利润空间较大的环节合理调配资源，助力相关产业发展，提高农业产业附加值。因地

① 《农业农村部 财政部关于印发〈现代农业产业技术体系建设专项管理办法〉的通知》，农业农村部网站，http：//www.moa.gov.cn/nybgb/2022/202208/202208/t20220830_6408153.htm。

制宜、统筹兼顾配置资源，要兼顾粮食安全与特色农业发展，同时统筹各产业环节，按照产业链发展的实际需求，均衡配置人力、物力、财力等资源，保障整个产业体系顺畅运转。在资源配置时充分考虑生态环境承载能力，科学规划、高效利用土地、交通、水电等资源，推动农业的绿色发展和可持续发展。

（五）采用共建共管、长效运行的管理机制

在整合现有资源的基础上，采用多元主体共建共管机制，政府部门发挥引领作用，制定发展规划与政策，把握专项资金调配使用；农业企业凭借自身的资金、技术、市场等优势，实现规模化、产业化经营；高校、科研机构提供智力支持，开展农业关键技术研发，培育优良新品种，培养专业农业人才；合作社统一组织当地农业生产事务，增强农户在市场中的话语权，共同推动农业产业体系建设。一方面，搭建信息共享平台供各主体实时共享工作进展便于互相监督、共建共管，及时分享生产、技术、市场等信息便于各方及时掌握产业动态，以加强相互之间的协作配合。另一方面，明确任务、细化分工，并制定考核评估标准，由各方代表共同组成监督小组，定期进行检查评估，重点关注项目建设进度、资金使用、质量安全、生态环保等方面；设立适时退出机制，促进体系高效运转、长效运行。

参考文献

祁双云：《河南省现代农业产业体系建设路径研究》，《农业经济》2021 年第 9 期。

朱燚波、张瑞：《河南省委农村工作会议召开》，《乡村科技》2024 年第 2 期。

汪萌萌：《河南加快形成农业新质生产力的对策》，《中共郑州市委党校学报》2024 年第 5 期。

秦涵淳、楚小强、林培群等：《海南省现代农业产业技术体系构建》，《江苏农业科学》2024 年第 8 期。

《打造国际一流农科“芯”城》，《河南日报》2023 年 8 月 3 日。

《加快建设农业强省 河南推动中原农谷起高峰》，《中国经营报》2023 年 12 月 4 日。

B.18
河南省制造业绿色低碳转型的现实难题和破解路径研究*

刘晓慧**

摘　要：　制造业绿色化发展是经济高质量发展的重要内容。2024 年出台的《关于加快经济社会发展全面绿色转型的意见》中，党中央、国务院首次对加快经济社会发展全面绿色转型进行了系统部署，对加快推动制造业绿色低碳转型提出了更高更紧迫的要求。在实施黄河流域生态保护和高质量发展战略中，河南将制造业作为绿色低碳转型的重点领域，从政策、载体、要素和环境等层面多措并举加快推进，提高了绿色化改造率，降低了能耗强度。聚焦碳达峰碳中和目标，面临产业结构、节能降碳、绿色制造体系、资源循环利用体系和绿色低碳技术等方面的现实难题，需要加快完善绿色制造和服务体系、加大制造业节能降碳攻坚力度、大力培育制造业新质生产力、推动制造业全产业链绿色发展和推进再制造业产业链群建设，从而探索出一条协同推进减污降碳扩绿增长的河南特色路径。

关键词：　制造业　绿色低碳转型　绿色制造　碳达峰碳中和

一　河南省制造业绿色低碳转型的成效及做法

绿色低碳转型战略是河南省“十大战略”之一，也是黄河流域生态保

---

* 基金项目：2025 年河南省软科学研究计划项目“数智赋能河南省制造业绿色低碳转型的作用机理与实现路径”（项目编号：252400410601）的阶段性成果，河南省教育厅新一轮河南省重点学科——黄河科技学院“应用经济学”（序号：232）（教研〔2023〕414）。

** 刘晓慧，黄河科技学院河南中原创新发展研究院教授，主要研究方向为产业集群。

护和高质量发展战略的重要支撑。近年来，河南省聚焦碳达峰碳中和目标，扎实推进制造业绿色发展和节能降碳工作。2024 年，河南省规模以上工业单位增加值能耗下降 4. 8%，重点行业绿色化改造覆盖率为 85. 6%，规模以上工业综合能源消费量增长 2. 9%。河南省制造业绿色低碳转型取得的这些成效，得益于产业结构的调整、政策体系的完善、核心载体的建设、关键要素的保障和循环体系的健全等典型做法。

（一）加速产业结构向新向绿，奠定制造业绿色低碳转型的坚实基础

2024 年，河南省“7+28+N”重点产业链群规模以上工业增加值增长 9. 5%，高技术制造业增加值增长 12%，战略性新兴产业增长 9. 2%；“7+28+N”重点产业链群增加值达到全省规模以上工业的 63. 2%，高技术制造业增加值占比 14%，战略性新兴产业占比 24. 8%。尤其是高度重视新能源汽车产业发展，制定出台了《河南省加快新能源汽车产业发展实施方案》《关于进一步加快新能源汽车产业发展的指导意见》《河南省培育壮大新能源汽车产业链行动方案（2023~2025 年）》等一系列政策措施，集聚了世界最大电动汽车制造商比亚迪、世界最大新能源客车制造商宇通、世界最大动力电池制造商宁德时代[①]，锚定电动化、网联化、智能化方向，加快新能源汽车产业链布局。2024 年，在比亚迪的带动下，河南新能源汽车产量达到 68. 1 万辆，同比增长 117. 3%，增速领跑全国；新能源汽车产业增加值同比增长 30. 3%；出口电动汽车 88. 5 亿元，同比增长 91. 4%，占“新三样”出口值的 73. 3%。[②]

（二）加强重点领域谋划布局，健全制造业绿色低碳转型的政策体系

近年来，河南省将制造业作为推进绿色发展、节能降碳的重点领域，加快制定制造业绿色低碳转型的规划蓝图，谋划部署制造业重点领域绿色低碳

① 芦瑞、陈辉：《车轮上的新河南——河南新能源汽车突围记》，《河南日报》2025 年 2 月 25 日。
② 王歌：《河南外贸逆势增长韧性足》，《河南日报》2025 年 1 月 17 日。

发展。2023年以来，相继出台《河南省制造业绿色低碳高质量发展三年行动计划（2023～2025年）》《河南省建设制造强省三年行动计划（2023～2025年）》《河南省工业领域碳达峰实施方案》《支持重点产业链高端化智能化绿色化全链式改造提升若干政策措施》《关于全面推进美丽河南建设的实施意见》等①，提出全面提升绿色制造水平、优化能源结构和产业结构的思路以及支持重点产业链绿色化全链式改造提升的政策，从规模以上工业增加值能耗、单位工业增加值用水量、工业固废综合利用率、绿色制造园区（工厂）数量、非化石能源占比等多个方面提出了2025年和2027年的目标任务，为制造业绿色低碳转型指明了总体方向。

（三）初步建立绿色制造体系，建设制造业绿色低碳转型的核心载体

将发展绿色制造作为推动制造业高质量发展的重要举措，出台《河南省绿色制造体系梯度培育及管理暂行办法》、28个重点产业链绿色化升级改造实施指南、《关于培育建设绿色制造业产业链群的通知》等，持续创建国家级和省级绿色工厂、绿色工业园区、绿色供应链管理企业、绿色产品，逐步构建了多层次的绿色制造体系，争取绿色制造达到全国一流水平。2024年，新培育省级绿色工厂301家、省级绿色工业园区21个、省级绿色供应链示范管理企业30家，累计分别达498家、33个、57家。新培育国家级绿色工厂74家、绿色工业园区7个、绿色供应链示范管理企业2家，累计分别达322家、26个、36家，覆盖化工、钢铁等传统产业和新材料、新能源汽车等新兴产业。目前，省级以上绿色工厂产值占河南规模以上制造业产值的比重超过30%。2024年，新培育省级零碳工厂11家、超级能效工厂8家、绿色数据中心5家、数字化能碳管理中心70家；新培育国家级水效“领跑者”企业5家、园区1个。2024年发布“河南省绿色制造业产业链群

① 刘潜、侣佳欣：《人与自然和谐共生视域下河南省绿色发展策略》，《南阳师范学院学报》2024年第4期。

培育名单”，共涉及 67 个市级重点产业链、104 个重点园区、462 家重点企业，大力推进重点产业链绿色低碳升级改造。

（四）合力营造良好环境氛围，增强制造业绿色低碳转型的要素保障

组织开展节能诊断、能效水效对标达标等公益服务和公益培训，持续举办“河南省工业领域节能宣传周”活动、河南省绿色制造技术应用创新大赛和河南省绿色制造应用技术职业技能大赛等，紧扣“7+28+N”产业链群打造人才链，鼓励更多的科技人才、技能人才和大国工匠投身河南制造业绿色低碳转型事业。精心组织开展绿色工厂、零碳工厂、超级能效工厂、绿色数据中心等遴选工作，成立河南省绿色制造标准化技术委员会和工业固体废物资源综合利用工作小组，推广应用绿色低碳技术成果，推动绿色金融助力制造业节能降碳，大力引导省内金融机构优先支持制造业绿色化升级改造。2022 年以来，分三批将 135 项重大绿色低碳先进技术纳入《河南省绿色低碳先进技术成果目录》，提高绿色技术成果工程化产业化竞争力。其中，2022 年 45 项、2023 年 48 项、2024 年 42 项。2023 年，22 个项目被纳入河南省首批“绿色发展领跑计划”项目，获得 12.73 亿元的授信支持。2024 年，河南省绿色金融对“绿色发展领跑计划”项目的总授信额度达 154.98 亿元，已累计向 99 个项目投放贷款 83.93 亿元。作为国家重点培育的战略性新兴产业，节能环保产业被列为河南省 28 条重点产业链之一，出台《河南省培育节能环保装备产业链行动方案（2023～2025）》，由河南省人大常委会副主任担任河南省节能环保装备产业链链长，召开河南省节能环保装备产业链工作推进会、河南省节能环保装备产业链供需会等。2023 年，河南省新增 22 家省级节能环保示范企业，累计创建 91 家省级节能环保示范企业，涵盖节能环保装备、产品、服务和资源综合利用等行业。

（五）有序推进工业废物综合利用，加强资源循环利用体系建设

一是制定《河南省工业固体废物资源综合利用评价管理实施细则》，组

织开展年度工业固体废物资源综合利用评价，出台《河南省固体废物污染环境防治条例》、《河南省固体废物综合利用产业绿色低碳高质量发展行动方案》、《河南省支持再生资源循环利用产业发展若干措施》、《河南省废弃物循环利用体系建设行动方案》（2024 年）、《河南省加快推进循环经济产业园区建设实施方案》（2023 年）等，加快提高资源循环利用效率。

二是持续推进国家工业资源综合利用基地、国家“无废城市”和国家再生资源回收体系试点建设，推动河南省工业固体废物资源高值高效利用。平顶山市、洛阳市、郑州市、安阳市、焦作市 5 个城市入选国家工业资源综合利用基地名单。郑州市、洛阳市、许昌市、三门峡市、南阳市和兰考县（“5+1”地区）被列入国家“十四五”时期“无废城市”建设名单。[①] 2025 年初，3 个城市（郑州市、洛阳市和南阳市）、5 家企业入选商务部再生资源回收体系试点城市和试点企业。

三是培育提升循环经济产业园，树立循环再生工业园标杆。培育兰考经济技术开发区等 15 个省循环经济产业园区。安阳滑县能源新材料循环再生工业园被生态环境部确定为“减污降碳协同创新试点”，也是河南省唯一入选国家级“产业园区试点”园区。[②]

四是入选国家级工业废水循环利用典型案例和试点企业，提升工业废水的资源化与减排效率。河南 2 家企业完成国家级废水循环利用试点企业评估，4 家企业案例入选工信部 2024 年工业废水循环利用典型案例名单。河南安钢周口钢铁、河南济源钢铁等入选中国钢铁工业协会“双碳最佳实践能效标杆示范厂”，积极创建能效标杆。

二　河南省制造业绿色低碳转型面临的现实难题

尽管河南省多措并举加快推动制造业绿色低碳转型，但与发达地区相

① 牛瑞芳、张凯：《河南：让绿色成为高质量发展的最美底色》，《人大建设》2023 年第 5 期。
② 徐淑霞：《愿以寸心寄“滑州”且将岁月赠“两河”》，《安阳日报》2024 年 4 月 18 日。

比、与制造强省建设目标相比差距仍然较大。河南省制造业绿色低碳转型面临产业结构依然偏重、节能降碳依然严峻，绿色制造体系、资源循环利用体系有待完善，绿色低碳技术瓶颈制约明显等现实难题。

（一）偏重的产业结构亟待调整

受产业基础、资源禀赋等因素影响，偏重的产业结构成为河南省制造业绿色低碳转型的主要掣肘。传统“两高一低”（高能耗、高排放、低水平）产业仍占比较高，新兴产业和高技术产业占比偏低。从河南省统计局公布的数据来看，河南省高耗能工业增速虽然慢但占比依然偏高，战略性新兴产业、高技术制造业增速虽然快但占比依然偏低。2022 年，河南省高耗能工业增加值增长 4.3%，高耗能工业增加值占规上工业的比重高达 38.6%；传统产业增加值占规上工业的比重为 49.5%，占比仍然偏高。2024 年，河南省工业战略性新兴产业、高技术制造业增加值分别同比增长 9.2%、12.0%，分别高于规模以上工业增加值增速 1.1 个、3.9 个百分点；战略性新兴产业、高技术制造业增加值占规模以上工业的比重分别为 24.8%、14.0%。而 2024 年，上海、安徽、江苏的战略性新兴产业占规模以上工业的比重均超过 40%，广东、安徽的高技术制造业增加值占规模以上工业的比重均超过 15%。

（二）节能降碳形势依然严峻

传统能源路径依赖明显，能源结构转型发展难度较大，能效水平有待进一步提升，对标节能降碳先进地区差距较大。从能源消费结构来看，2021 年河南煤炭消费占比 63.3%，石油消费占比 15.7%，天然气消费占比 6.4%，新能源消费占比仅为 11%。根据《河南省“十四五”现代能源体系和碳达峰碳中和规划》，到 2025 年，河南省煤炭消费占比降至 60%以下，非化石能源消费占比提高到 16%以上。从规上工业能源消费和能耗来看，“十四五”前三年河南省规模以上工业增加值能耗累计下降 11.5%，完成省定“十四五”目标进度的 64%。2024 年，河南省规模以上工业能源消费增长 2.9%，规模以上工业单位增加值能耗下降 4.8%。《河南省“十四五”制造业高质量发展规划》和《河南省“十四五”现代服务业发展规划》提出，到 2025 年，规模以上单位工业增加值能耗下降 22%以上。对照“十四五”规划目标，河南规上工业增加值能耗下降任务依然繁重。这就需要传统能源消费占比进一步下降，新型基础设施的节能降碳任务进一步落实，制造业用能效率、能效水平和资源集约利用水平进一步提升。

（三）绿色制造体系有待完善

第一，绿色制造数量有待扩围。2024 年，河南省新增国家级绿色工厂 74 个、绿色工业园区 7 个、绿色供应链管理企业 2 个，共 83 个；山东省新增国家级绿色工厂 86 个、绿色工业园区 13 个、绿色供应链管理企业 12 个，共 111 个；江苏省新增国家级绿色工厂 94 个、绿色工业园区 18 个、绿色供应链管理企业 14 个，共 126 个；安徽省新增国家级绿色工厂 73 个、绿色工业园区 7 个、绿色供应链管理企业 11 个，共 91 个。

第二，绿色制造监督管理有待加强。工业和信息化部发布的 2023 年国家级绿色制造名单显示，河南省 1 家绿色工厂被移除，同时被移除的绿色工厂全国共有 9 家、绿色供应链管理企业全国共有 3 家。

第三，绿色制造业产业链群发展不均衡。河南省共有 67 个市级重点产业链、104 个重点园区、462 家重点企业入选 2024 年河南省绿色制造业产业链群培育名单，其中郑州市有 13 个产业链、信阳市有 5 个、商丘市有 5 个、洛阳市有 4 个、许昌市有 3 个、新乡市有 3 个、济源市有 3 个。

第四，绿色制造赋能县区发展不够。在 2024 年全国绿色发展百强县市中，河南仅有长葛市、长垣市、禹州市、永城市、新郑市、巩义市、荥阳市 7 个入选。在全国绿色发展百强区中，河南仅有郑州市二七区 1 个入选。

（四）资源循环利用体系不够完善

工业固废堆存会占用大量的自然资源，严重破坏生态环境。2020 年，河南一般工业固体废物综合利用率为 78%。《河南省“十四五”制造业高质量发展规划》提出，到 2025 年，一般工业固体废物综合利用率达到 83%。因此，需要进一步提高工业固体废物综合利用率。但目前，河南工业固废产品化利用量较为有限，再生资源循环利用产业链条仍需强化，资源循环型产业体系和废旧物资循环利用体系不完善。究其原因，主要因为河南省工业固体废物资源综合利用评价指导和行业监督管理亟待加强，资源综合利用产品质量和工业固废综合利用率有待提升，工业固废资源综合利用产业规范化、绿色化、规模化发展水平有待提高，支持工业固废循环利用的鼓励性政策制度不够成熟，跨区域工业固废协同处理体制机制不够健全。

（五）绿色低碳技术瓶颈制约明显

制造业绿色低碳转型离不开绿色低碳技术的支撑。但目前，河南省绿色低碳技术对制造业高质量发展的支撑不够，存在绿色技术自主研发不足、绿色技术成果转化不足等瓶颈；绿色低碳专利的数量和层次均有待提升，绿色技术产业化困局有待破解。国家知识产权局数据显示，2024 年“一带一路”绿色专利技术普惠推广项目名单全国共计 102 项，河南省仅南阳市 3 项专利入选。截至 2023 年底，河南省的绿色低碳专利申请公开量、专利授权量、专利有效量分别为 1.1 万件、4098 件、3683 件，而广东、江苏、北京的绿色低碳专利申请公开量均在 5 万件以上，广东、北京和江苏的专利授权量和专利有效量均在 2 万件以上。从城市层面来看，河南没有一个城市进入全国绿色低碳专利申请公开量、授权量和有效量的前 20。

三 “双碳”目标下河南省制造业绿色低碳转型难题的破解路径

聚焦建设制造强省和实现碳达峰碳中和的目标要求，从产业结构、能源结构、科技创新、资源循环利用等维度探索河南特色的制造业绿色低碳转型路径，推动产业结构高端化、能源结构低碳化、生产过程数字化和资源利用

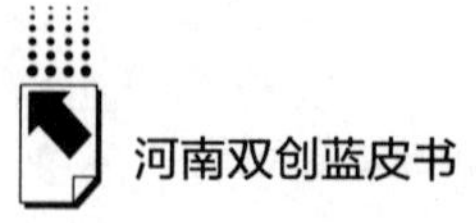

循环化，实现河南省制造业绿色低碳高质量发展，为落实黄河流域生态保护和高质量发展战略贡献更大的力量。

（一）优化调整产业结构，加快完善绿色制造和服务体系

加快传统产业绿色转型升级，促进高技术制造业、战略性新兴产业发展壮大，培育人工智能、量子信息、循环制造和新型储能等未来产业，推动绿色低碳产业发展壮大，推动新兴产业与传统制造业深度融合，推动产业结构由高碳转向低碳、由低端转向高端，构建资源节约、环境友好的现代化绿色产业体系。按照“梯度培育、动态管理”模式，完善国家、省、市三级联动的绿色制造梯度培育机制，加强绿色制造示范试点建设，树立绿色制造先进典型，多渠道宣传推广绿色制造典型案例，不断扩大绿色制造覆盖面。开展绿色制造体系创建政策法规、专题培训和经验交流会，鼓励企业展示宣传绿色制造先进技术和典型做法，加强绿色制造领域人才引进培养，加快制造企业绿色化发展人才成长。进一步研究制定针对性强的政策措施，争取国家、省级财政资金对绿色制造企业、园区等更大的支持。始终坚持标准引领制造业绿色化发展，充分发挥河南省绿色制造标准化技术委员会的作用，加快制定“7+28+N”重点产业链群全生命周期绿色标准，积极参与超硬材料、新能源等领域国家标准和国际标准的制定，加快完善绿色制造标准体系，为加快融入新发展格局和建设全国统一大市场提供支撑。持续完善制造业绿色低碳服务体系，推动制造业生产方式和发展范式的转变，为实现黄河流域生态保护和高质量发展战略筑基垒台。

（二）进一步调整能源结构，加大制造业节能降碳攻坚力度

突出能效导向，坚持一业一策，加快提升传统产业的能源利用效率，大力发展新能源、清洁能源、可再生能源、新型储能，加快构建清洁低碳、安全高效的现代能源体系。围绕氢能利用、储能、碳捕集封存利用等前沿领域，打造绿色低碳产业集群。加快建设郑汴洛濮氢走廊，有序推进氢能在制造业领域应用。构建全省统一的能源数据平台和底座，培育一批数字化节能

降碳服务主体，政企合力构建数字化能碳管理平台，鼓励更多的制造企业建设数字化能碳管理中心，拓展能耗在线监测、节能诊断和能效对标等典型应用场景，建立健全数字化能碳管理体系，实现碳资产全生命周期管理，助力制造企业“智慧”碳中和。以心连心、金利金铅等国家能效“领跑者”为标杆，优化能耗双控管理，严把新建项目能效和增加值能耗关，降低制造业能源资源消耗水平，实现资源综合利用提质增效，推动能耗双控逐步向碳排放双控转变。将绿色降碳技术与政策支持二者结合，抓住“两新”政策推动制造业设备更新的大好机遇，促进绿色低碳新技术、新工艺、新设备、新材料推广应用，推动制造业领域设备更新和技术改造，为有效降低制造业碳排放强度提供设备支撑。借鉴德国等国际“零碳园区”“零碳工厂”发展经验，走“以技术创新和孵化为基础，先小规模实验，再大规模推广应用”的道路，扩大零碳园区和零碳工厂的建设规模，充分发挥其减污降碳的引领作用。

（三）强化绿色低碳技术创新引领，大力培育制造业新质生产力

抓住科技创新这一关键变量，强化绿色低碳技术创新引领，加快绿色科技创新和先进绿色技术推广应用，是加快河南省制造业绿色低碳转型的有效路径。顺应新形势下的绿色技术新需求，聚焦“7+28+N”重点产业链群关键工艺流程和生产环节，实施绿色低碳先进技术示范工程，构建市场导向的绿色技术创新体系。瞄准高能级、高层次和高科技的建设目标，推进绿色低碳技术创新中心、重点实验室、中试基地等创新平台建设，培育一批国家级、省级绿色低碳技术创新平台，加强绿色低碳关键核心技术攻关，提高河南省在绿色科技领域的竞争力。保障绿色低碳技术推广应用相关政策的一致性，大力推广重大绿色低碳零碳负碳示范技术成果，加快推进绿色低碳技术成果转化与产业化，实现先进绿色低碳技术的规模化应用，加速先进绿色低碳技术向现实生产力转化。发挥人工智能的广泛赋能性，推进绿色低碳技术创新与制造业创新的深度融合，强化高水平绿色低碳技术对制造业高质量发展的赋能效应，为推进制造业绿色低碳发展提供更有力的科技支撑。

（四）协同推进降碳减污扩绿增长，推动制造业全产业链绿色发展

建立数智化绿色化协同转型体制机制，健全税收优惠、土地和融资等政策保障，积极引进具有绿色技术与智能化技术背景的高素质人才，提高制造企业的数智精益管理、数字化能碳管理和绿色供应链数据管理能力，推动工业产品绿色设计和绿色仓储物流发展，加快推进制造业数智化绿色化协同转型发展。持续举办绿色制造技术应用创新大赛，加强人工智能、物联网、云计算等新一代信息技术在制造业领域的深度应用，以国家级绿色工厂、绿色工业园区和绿色供应链管理企业为标杆，以行业龙头骨干企业为核心，加快制造业上下游绿色化改造。通过数字化平台连接制造业产业链上下游，构建以龙头企业为核心的绿色低碳供应链，推动数字赋能生产制造环节向上游绿色设计、下游资源回收再利用延伸，共同加强碳排放核算、碳信息披露和产品碳足迹追踪等，带动制造业产业链群上下游协同减碳。培育绿色低碳转型效果明显的先进制造业集群，高水平建设沿黄流域制造业绿色发展示范区，持续激发制造业绿色低碳发展潜力。

（五）加快推动资源循环再利用，持续推进再制造业产业链群建设

抓住碳达峰碳中和以及“两重”“两新”对资源循环利用产业的机遇，落实落细资源循环利用财税政策，拓宽金融支持途径，加强循环利用项目用地保障，推动资源的高效利用和生态环境的高质量保护。借助数字孪生、大数据分析和人工智能技术等新一代信息技术，搭建能够整合资源循环利用各个环节的专业化服务平台，延伸再生资源精深加工产业链，构筑“资源—产品—再生资源”的循环经济“生态链”，实现区域经济高质量发展和黄河流域生态环境保护的协调发展。促进资源循环利用产业规范化、集聚化、规模化发展，优先将国家工业资源综合利用示范基地、工业固体废物综合利用产业集群、循环经济产业园区、生态工业园区、“无废城市”建设的重点项目纳入省绿色金融项目库，加强工业废弃物的处理和资源化利用。细化再生资源回收行业发展支持政策，完善工业固废循环利用标准体系，发掘再生资

源回收利用行业对制造业减碳降碳的潜在价值，推进资源再生利用产业规范化、规模化发展，加快推动能源消费低碳化、资源利用循环化和生产过程清洁化转型。加强再制造技术研发能力建设，发展绿色再制造设计，培育再制造高技术服务业，鼓励河南自贸试验区试点探索再制造产业制度性创新，发展高端再制造、智能再制造、在役再制造等新模式，促进汽车零部件、机床、盾构机和工业机器人等再制造产业持续健康发展，助力实现制造业高端化、智能化、绿色化转型的高质量发展目标。

参考文献

吴丽琳：《江苏：加快建设数实融合强省》，《中国电子报》2024 年 2 月 2 日。

王一竹、陈蒙蒙、鲍颖群等：《上海市产业园区零碳创建路径研究》，《上海节能》2024 年第 9 期。

申颜颜、郑娟、王盼盼：《“双碳”背景下河南省绿色制造发展现状与思考》，《国际公关》2025 年第 1 期。

中国绿发投资集团有限公司：《以绿色低碳发展为中国式现代化贡献力量》，《国资报告》2024 年第 9 期。

阳晓霞：《绿色金融周年答卷 执绿色金融之笔 绘美丽中国画卷》，《中国金融家》2024 年第 11 期。

陈海需、李莉、刘文富等：《河南省新型储能产业高质量集群发展研究》，《储能科学与技术》2024 年第 6 期。

王光前：《福建省制造业高质量发展对策建议》，《发展研究》2023 年第 5 期。

B.19

河南省跨境电商优势再造问题研究

王小艳*

摘　要：　近年来，河南省积极实施跨境电商优势再造行动，高水平建设跨境电商综试区，促进跨境电商与特色产业融合发展，不断健全跨境电商产业生态，逐步将跨境电商打造成河南对外开放的“亮丽名片”。但在新的发展起点上，河南省面临着产业带动作用有待提升、产业生态体系尚需优化、跨境电商发展增速减缓、市场主体数量较少等问题，跨境电商发展亟须再立题、再出发。建议河南省从加强顶层设计、提升公共服务能力、培育三大市场主体、建设“全球汇”总部基地港、提升产业生态环境等方面，书写河南跨境电商构建新发展格局、实现高质量发展的新答卷。

关键词：　跨境电商　跨境电商综试区　国际物流枢纽建设　高质量发展

2021年9月，河南省第十一次党代会明确提出“实施优势再造战略”，推动交通区位优势向枢纽经济优势、产业基础优势向现代产业体系优势、内需规模优势向产业链供应链协同优势转变，形成高质量发展新动能。在数字贸易时代，跨境电商作为我国外贸新业态新模式，在做大做强枢纽经济、构建现代产业体系、提升产业链供应链协同水平方面，发挥着重要作用。作为跨境电商1210模式的策源地和习近平总书记提出“买全球、卖全球”的所在地，河南省积极开展跨境电商优势再造行动，借助跨境电商推动传统产业数据化转型和国际化发展，实现了跨境电商企业的集聚发展，产业链条逐步

* 王小艳，河南国际数字贸易研究院副院长，研究员，主要研究方向为跨境电商、数字贸易、品牌出海。

延伸，跨境电商生态日益丰富，业务呈现井喷式发展态势，在产业规模和创新发展方面处于全国领先地位，成为具有全国竞争力和影响力的跨境电商创新发展高地。但全国跨境电商历经十多年的发展，几乎拉平了海关监管政策差异、政策红利和先发优势，开始回归到产业基础、服务资源、营商环境等软硬实力方面的较量。迈入新的发展阶段，尤其是浙江省提出打造高能级跨境电商国际枢纽省、广东提出跨境电商“万亿目标”的背景下，河南省跨境电商应该如何突围发展？又有哪些主要潜力和增长点呢？

一　点题：如何实现“买全球、卖全球”

进入21世纪以来，随着互联网技术、万国邮联、全球公民自由购物权的结合，跨境电商异军突起，深刻改变了全球经贸格局。为探索互联网时代跨境电商监管服务体系，2012年8月11日，国家部委批准郑州、杭州、重庆、上海、宁波5个城市开展跨境贸易电子商务服务试点，从此跨境电商的星星之火在河南点燃。作为跨境电商1210模式的策源地，河南跨境电商发展承担着“为国家试制度、为地方谋发展”的重要责任，因此也得到了党和国家领导人的高度关注。2014年5月10日，习近平总书记在河南视察期间勉励跨境电商要朝着“买全球、卖全球”目标迈进。如何真正实现“买全球、卖全球”？习近平总书记亲自点题，河南能否交上一份跨境电商发展的合格答卷？

二　破题：敢为人先的创新方案解决能力

与深圳、广州、杭州、宁波等城市相比，地处内陆腹地的河南，既无海港之便，又无外向型产业之基，便以大胆试大胆闯的原始创新能力为突破点，走出了一条内陆地区发展跨境电商的新路径。河南省在跨境电商领域拥有多项首创性制度创新成果，首创网购保税1210监管服务模式并在海内外复制推广，全国首家获批跨境电商零售进口药品试点，率先探索“网购保税+线下自提”“跨境电商零售进口正面监管”“跨境电商零售进口退货中心仓”等新模式，为全国跨境电商发展贡献了“河南智慧”。

创新一直是河南跨境电商发展的底色，也是河南跨境电商发展的动力之源。但监管模式和商业模式的创新前期需要投入大量创新成本，可一旦创新成功，很快就会转化成全行业的红利。因此，河南省要实现跨境电商长远可持续发展，亟须在创新能力之外找到自身的比较优势，经过深入梳理和研判，河南基于交通、区位、口岸等传统优势，提出“四路协同”发展战略，以连通境内外、辐射东中西的物流通道为纽带，叠加跨境电商对国内外资源的整合能力，促进各类跨境电商资源在河南集聚发展，打造具有国际影响力的枢纽经济先行区。

总而言之，在不具备优势的条件下，河南省创造出跨境电商“从无到有、从小到大”成绩，源于敢为人先的创新方案解决能力、“四路协同”的国际通道优势，以监管模式创新起步，以国际物流为先导，成为全国跨境电商创新发展高地。

三　解题：河南对外开放的“亮丽名片”

思“破题”之策，更寻“解题”之法。在原始创新能力和国际通道优势之外，河南省以政策和服务的双轮驱动，积极实施跨境电商优势再造行动，高水平建设跨境电商综试区，促进跨境电商与特色产业融合发展，不断健全跨境电商产业生态，逐渐将跨境电商打造成河南对外开放的“亮丽名片”。

（一）跨境电商增量扩面，产业规模屡创新高

近些年来，河南省依托交通枢纽、四路协同、创新开放等综合优势，全力推进跨境电商产业发展，整体发展水平居于全国前列。全省跨境电商进出口额（含快递包裹）从2015年的384.0亿元一路跃升至2023年的2371.2亿元，年均增长25%以上；[①] 2024年全省跨境电商进出口2666.0亿元，同比增长12.4%，[②] 占全省外贸总额的比重达到32.5%，拉动地方外贸增长的作用进一步凸显（见图1）。

① 于晴：《跨境电商，河南为什么行?》，《河南日报》2024年5月11日。

② 《关于河南2025提振消费、招商引资，有这些新消息!》，河南省人民政府网，https：//www.henan.gov.cn/2025/01-26/3118408.html。

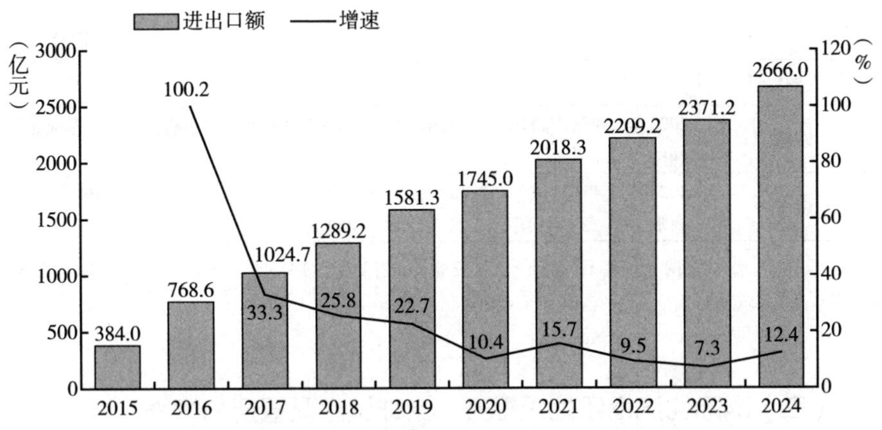

图 1　2015~2024 年河南省跨境电商进出口额及增长率

资料来源：根据河南省商务厅相关资料综合整理。

（二）全省协同联动发展，产业特色因地制宜

截至 2024 年底，河南共有郑州、洛阳、南阳、焦作、许昌 5 个跨境电商综试区，开封、焦作、许昌等 7 个跨境电商零售进口试点城市，跨境电商发展格局已从郑州“一枝独秀”发展至河南省“众木成林”。同时，各综试区深入挖掘地方特色产业，积极开展“跨境电商+产业带”培育工作，提高产业集群的跨境电商应用水平，推动本地产业通过跨境电商实现迭代升级，形成了郑州机械装备、洛阳办公家具、南阳仿真花、许昌假发、鹿邑化妆刷、安阳童装等示范性强的跨境电商特色产业带，展现出强大的国际竞争力和市场覆盖力（见表 1）。

表 1　河南省 5 个跨境电商综试区发展情况

跨境电商综试区	发展情况
郑州	2024 年，郑州市跨境电商进出口额突破 1458.8 亿元，占全省一半以上，先发优势和首创带动作用明显
洛阳	2023 年，洛阳市跨境电商进出口额 79.9 亿元，同比增长 10.6%，形成了工程机械、办公家具等产业集群
南阳	2023 年，南阳市跨境电商进出口额 179.7 亿元，同比增长 17.6%，培育形成仿真花、光学仪器等产业带

续表

跨境电商综试区	发展情况
许昌	2023年,许昌市跨境电商进出口首次突破200亿元,居全省第2位,形成了全国的发制品出口基地
焦作	2023年上半年,焦作市跨境电商进出口额37亿元,同比增长66.44%,培育了高端装备、健康休闲食品、皮毛制品等产业

资料来源:作者根据《河南日报》、《洛阳日报》、南阳网、许昌市人民政府网、焦作市商务局网站等资料汇总整理。

（三）国际物流枢纽能级提升，全球资源配置能力增强

在“四路协同”战略的推动下，河南国际物流枢纽建设卓有成效，成为跨境电商产业发展的最强助力。一是国际公路运输“带货力”居全国前列。郑州已开通至俄罗斯、老挝、阿塞拜疆等10个国家的国际公路运输路线19条，2024年郑州海关累计监管国际公路运输车辆541辆次，货值8.5亿元，同比分别增长2.7倍和4.9倍。① 二是跨境电商出口包机业务提级扩能。常态化运营郑州至列日、巴黎、伊斯坦布尔、苏黎世、达拉斯的跨境电商货运包机航线。2024年，在郑运营全货运航空公司29家，开通全货机航线57条，郑州航空港跨境电商进出口业务完成1.66亿单，货值258.5亿元，同比增长55.6%。② 三是“跨境电商+中欧班列”服务拓展。2024年全省中欧班列开行突破28.9万标箱，郑州开行突破26.75万标箱，同比增长14.18%；2023年中欧班列（郑州）运输跨境电商包裹2125.99吨。四是“无水港”建设取得新突破。河南省共开通铁海联运线路23条，内河航运集装箱国内航线22条、国际航线8条，高效融入“海上丝绸之路”。五是随着“四路协同”战略的深入推进，郑州将交通枢纽优势转化为物流枢纽，吸引了中国物流集团国际速递供应链管理有限公司将总部设在郑州，2024年8月中国邮政航空枢纽项目也落地郑州。

---

① 王歌、晋梦云:《跨里海直达快运线路新年首跑》,《河南日报》2025年1月26日。

② 杨凌、杨亚坤:《郑州航空港区2024年跨境电商产业出口翻番》,《河南日报》2025年1月25日。

（四）载体平台日益丰富，资源要素集聚发展

河南省对外开放载体和平台众多，截至 2024 年底，先后获批 5 个跨境电商综试区、7 个跨境电商零售进口试点、1 个跨境电商零售进口药品试点，承担着国家跨境电商监管新模式、产业新方向、行业新标准的创新改革使命。同时，河南拥有 3 个国家一类口岸、9 个功能性口岸、5 个综合保税区、4 个保税物流中心，2022 年郑州获批全国重要国际邮件枢纽口岸，为全省跨境电商全产业链集聚发展构建了全方位对外开放基础设施和政策保障（见表 2）。

表 2　河南省各种开放平台和载体

单位：个

类型	数量	名称
一类口岸	3	郑州新郑机场航空口岸、郑州国际陆港、洛阳北郊机场航空口岸
功能性口岸（指定监管场所）	9	进境水果、肉类、冰鲜水产品、食用水生动物、澳洲活牛、汽车整车、国际邮件、进境粮食、进口药品
综合保税区	5	新郑综保区、郑州经开综保区、南阳卧龙综保区、洛阳综保区、开封综保区
保税物流中心	4	焦作德众保税物流中心、商丘保税物流中心、许昌保税物流中心、民权保税物流中心
跨境电商综试区	5	郑州、洛阳、南阳、焦作、许昌
跨境电商零售进口试点	7	郑州、洛阳、南阳、商丘、许昌、开封、焦作
跨境电商零售进口药品试点	1	河南跨境电商零售进口药品试点
市场采购贸易方式试点	1	许昌假发批发市场
国家进口贸易促进创新示范区	1	郑州航空港经济综合实验区

资料来源：作者汇总整理。

（五）市场主体逐渐壮大，产业生态日渐完善

近年来，河南不断优化完善跨境电商产业生态，从政策环境优化、平台

载体建设、服务体系搭建、产业集群培育等方面，加速推动各类跨境电商主体成长壮大。河南吸引亚马逊、eBay、阿里巴巴、字节跳动、唯品会等境内外知名跨境电商企业相继落户并开展业务；本土跨境电商企业也不断成长壮大，亚马逊数据公司 SmartScout 发布的亚马逊卖家所在城市 20 强榜单中，郑州以 8764 名卖家名列榜单第 8 位，[①] 并培育出河南本土首家跨境电商上市企业——致欧科技。全省跨境电商产业链条日益完善，形成了发制品、机械制造、现代家居、户外用品等诸多跨境电商产业集群，形成了线上线下、跨界融合、互补共生的跨境电商产业生态。

（六）发展环境持续优化，行业影响显著提升

河南将发展跨境电商纳入全省对外开放总体布局谋划推进，出台多项扶持政策，认定省级跨境电商示范园区、人才培训暨企业孵化平台，从政策层面上确立了跨境电商高质量发展的目标、路径及措施。2017~2024 年，郑州连续 8 年成功举办全球跨境电子商务大会，“网上丝绸之路”城市品牌和行业影响力持续提升。跨境电商已经成为河南对外开放的一张“亮丽名片”，为河南省深度融入“一带一路”建设增添新动能。

四　再立题：长远可持续发展之路在何方

面对全国 165 个跨境电商综试区的资源竞争和“后浪”猛烈的赶超势头，河南省跨境电商发展的先发优势逐步弱化，巩固全国领先地位压力陡增。在新的发展起点上，河南省跨境电商发展面临哪些瓶颈和短板？如何保持跨境电商先发优势、突出重围走出一条长远可持续发展之路呢？面临“标兵渐远、追兵已近”的发展情况，河南省需要再立题、再出发。

（一）产业带动作用有待提升

现阶段我国跨境电商出口商品以日用消费品为主，海关总署《2024

---

① 陈盈珊：《深圳卖家数居榜首，超过第 2 至 8 名总和》，《南方都市报》2024 年 10 月 30 日。

年上半年中国跨境电商进出口情况》的统计数据显示，在跨境电商出口商品中，消费品占 97.6%，主要为服饰鞋包及珠宝配饰、手机电脑等各类数码产品及配件、家居家纺及厨卫用具等。[①] 上述 3C 数码、服装鞋帽等跨境电商热销出口品类主要集中在长三角、珠三角等传统外贸制造基地，而河南省优势产业以电子信息、装备制造、汽车、铝加工、农产品等为主，与目前跨境电商“日用消费品”的匹配度较低，跨境电商 B2B 出口增量尚不显著。跨境电商带动本土优势产业数字化转型和国际化发展的效用尚未充分发挥，二者的融合发展和双向渗透还需要较长时间的产业培育期。

（二）产业生态体系尚需优化

与广东、浙江、福建等富有生机的跨境电商产业生态相比，河南跨境电商产业仍存在平台、人才、供应链、配套服务等方面的短板。本土跨境电商交易平台规模和影响力较小，缺少本土跨境支付平台和具有全球服务能力的物流集成商。国际税务、涉外法律、视觉设计、跨境直播、数字营销、SaaS 服务、会议会展等服务需求不能满足行业发展需要，复合型、专业型人才培养体系也亟须完善。缺少专业化运营的跨境电商公共服务中心、商协会等服务平台，亟须健全产业公共服务体系。

（三）跨境电商发展增速减缓

目前，河南省跨境电商依然保持较高发展增速，但与广东、浙江等省份相比，全省跨境电商增速趋缓。2020 年，河南、广东、浙江三省跨境电商进出口额差距并不大，分别为 1745 亿元、1726.5 亿元、2527.1 亿元；2021 年，三省分别为 2018.3 亿元（增长 15.7%）、3310.6 亿元（增长 91.8%）、3302.9 亿元（增长 30.7%）；2022 年，三省分别为 2209.2

① 《2024 年上半年中国跨境电商进出口情况》，海关总署网站，http：//www.customs.gov.cn/eportal/fileDir/customs/resource/cms/article/333551/6194385/2024 年上半年中国跨境电商进出口情况 .doc。

亿元（增长9.5%）、6454亿元（94.9%）、4222.8亿元（增长18.7%）；2023年，三省分别为2371.2亿元（增长7.3%）、8433亿元（增长25.2%）、5129.3亿元（增长18.9%）（见表3）。河南省与广东省、浙江省的差距逐渐拉大，后续持续增长压力较大，亟须全省以时不我待的精神奋力追赶。

表3　河南、广东、浙江三省跨境电商发展规模及增速

单位：亿元，%

省份	2020年	2021年		2022年		2023年	
	跨境电商进出口额	跨境电商进出口额	增速	跨境电商进出口额	增速	跨境电商进出口额	增速
河南	1745	2018.3	15.7	2209.2	9.5	2371.2	7.3
广东	1726.5	3310.6	91.8	6454	94.9	8433	25.2
浙江	2527.1	3302.9	30.7	4222.8	18.7	5129.3	18.9

注：表中增速与计算数据存在一定出入。

资料来源：三省新闻报道中使用的官方数据。

（四）跨境电商市场主体数量较少

河南省各类跨境电商市场主体数量虽增长较快，但本土跨境电商企业的规模和影响力还有较大提升空间，鲜有知名的大型跨境电商“链主型”企业，与先进地区相比，无论是发展数量还是发展规模仍有较大差距。通过查询中国海关企业进出口信用信息公示平台得知，河南省现有海关备案跨境电商企业1291家，与广东省（15754家）、浙江省（12820家）、山东省（12290家）存在较大差距，也低于四川省（2030家）、河北省（1908家）、江西省（1736家）、辽宁省（1576家）、安徽省（1495家）、湖南省（1471家），跨境电商市场主体的孵化培育工作任重道远（见表4）。

表 4　各省跨境电商企业海关备案数量

单位：家

省份	跨境电商企业	跨境电商平台企业	跨境电商物流企业	跨境电商支付企业	跨境电商监管场所运营人	合计
广东	15385	3755	402	16	228	15754
浙江	12624	1116	109	6	98	12820
山东	12154	719	107	4	69	12290
江苏	6340	482	47	4	42	6418
福建	3637	722	60	3	66	3763
上海	2426	631	54	14	128	2643
四川	1960	409	36	3	37	2030
河北	1878	113	24	2	19	1908
江西	1704	262	9	0	15	1736
辽宁	1491	491	42	2	65	1576
安徽	1471	147	11	0	14	1495
北京	1388	387	29	23	29	1482
湖南	1440	245	14	0	13	1471
河南	1192	321	34	3	18	1291
海南	1110	457	12	1	12	1136
湖北	942	58	20	3	9	974
天津	916	151	19	2	24	950
陕西	757	183	17	2	13	804
重庆	661	192	21	5	18	734
广西	528	55	9	0	21	558
山西	533	12	0	0	7	538
云南	467	135	15	2	11	491
新疆	472	126	47	0	26	487
贵州	343	50	7	0	6	349
黑龙江	299	77	19	0	27	312
内蒙古	291	59	16	1	10	309
吉林	266	91	13	2	8	268
甘肃	261	16	6	0	2	267
宁夏	159	15	2	0	3	168
青海	49	8	7	0	0	54
西藏	51	9	3	0	1	43

注：由于同一家企业可以兼具不同的海关资质，各项相加数据并不等同于合计数据。

资料来源：中国海关企业进出口信用信息公示平台，数据统计时间为 2025 年 1 月 9 日。

五 答题：河南省跨境电商高质量发展的新答卷

河南省跨境电商发展仍存在一些短板和不足，但只要坚持补短板锻长板，坚持长期价值主义，终将验证量变到质变的力量，必定书写河南跨境电商构建新发展格局、实现高质量发展的新答卷。

（一）加强顶层设计，形成全省联动协同发展新格局

全国跨境电商综试区竞争格局正在发生深刻变化，“抱团”发展已成大势所趋。一方面，全省 5 个跨境电商综试区和 7 个跨境电商零售进口试点要结合自身城市定位、产业特色和资源禀赋，探索特色化和差异化的跨境电商发展路径，形成全省跨境电商产业差异竞争、错位发展的新格局。另一方面，建立全省跨境电商综试区长效沟通机制，促进全省综试区之间加强学习交流与合作帮扶，引导先发综试区向后续批复综试区输出管理经验和产业发展模式，最终实现全省跨境电商的区域协同、政策协同和贸易产业协同。

（二）提升公共服务能力，加速推进产业扬帆出海

充分发挥政府、协会、市场的各自优势，共同构建支撑产业快速发展的公共服务体系，开展“跨境电商+产业带”赋能行动，助力“河南制造”实现“卖全球”。

一是编制出海产业地图和源头工厂名录。立足河南装备制造、电子信息、现代食品、汽车制造等优势产业，深入挖掘适合发展跨境电商的特色产业，编制河南跨境电商产业带地图和源头工厂名录，制定适应不同产业带的出海方案。

二是常态化开展产业出海培育活动。充分发挥商协会和平台企业作用，面对有意向通过跨境电商开拓海外市场的生产型企业和传统外贸企业，举办线上开店、市场营销、仓储物流和财税合规等专项培训，以及资源对接和产

业带调研走访活动，降低企业转型跨境电商的门槛，激发企业转型发展活力。

三是支持企业打造自主国际品牌。鼓励有条件的企业通过平台、独立站、直播等渠道，培育自主品牌、自有渠道、自有用户群，支持跨境电商企业开展自主品牌境外商标注册、国际认证和申请专利，加快培育一批出海知名品牌。

（三）培育三大市场主体，全面提升跨境电商主体能级

积极培育壮大跨境电商主体，是完善跨境电商产业链、生态圈的重要环节和主攻方向。

一是推动生产型企业触网经营。通过各种专项行动和培训活动，引导传统制造企业加快商业模式创新，拓展销售渠道，使更多传统生产企业转型为产研销一体化企业，通过自营、托管和半托管等形式，开拓跨境电商业务或者参与跨境供应链。

二是培育产业出海标杆企业。挑选有意愿、有条件转型的外贸企业，以及想拓展海外市场的国内传统品牌、“淘品牌”等，着力培育一批具有规模效益和品牌效应、引领带动作用强的标杆企业，为其他企业提供产业出海的样本和路径。

三是招引更多跨境电商服务企业。加速集聚平台、物流、支付、营销、合规、培训、外综服等生态服务资源，以及国际税务、涉外法律、视觉设计、跨境直播、数字营销、SaaS 服务等新兴服务机构，通过增强服务资源供给解决企业在跨境电商转型过程中遇到的难点痛点，为跨境电商企业发展搭桥铺路。

（四）加快“全球汇”总部基地港建设，打造新经济发展样板

“全球汇”总部基地港通过叠加跨境电商综试区、自由贸易试验区等国家平台制度开放优势，集成中欧班列、经开综保区、铁路口岸、邮政口岸等多种优质资源要素平台，打造“一港、两中心、一窗口”（数字贸易港、全

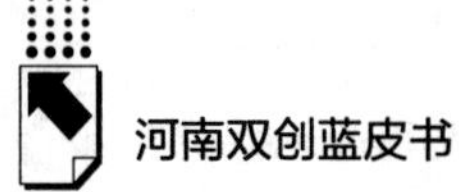

球商品消费中心、国际物流枢纽中心、内陆对外开放窗口），最大限度吸引全球经贸领域的业态、企业、品牌、贸易、物流、资本、数据、人才汇聚河南。

一是优化提升中大门跨境消费商圈，依托化妆品、保健品、食品、医药等特色商品，建成国际化的复合业态综合商业体、时尚消费体验区和新消费集聚区，助力郑州国际消费中心城市建设。

二是吸引国内外数字经济知名企业设立企业总部、区域总部、采购中心、运营中心、研发中心和结算中心等，多领域引进孵化一批独角兽、准独角兽企业，打造集跨境电商、国际物流、数字贸易、行业研究、教育培训等于一体的总部基地区。

三是大力发展直播经济，依托中国（郑州）直播电商基地、河南省信息消费产业园、郑州新消费产业园等特色园区，形成年交易额超百亿元的直播产业集群。

（五）着力提升产业生态环境，打造最优跨境电商生态圈

立足河南省的产业特色和资源禀赋，坚持目标导向和问题导向相结合，坚持锻长板和补短板相结合，坚持加大支持力度和激发内生动力相结合，加快形成“企业集聚、要素集约、服务集中”的跨境电商产业生态。

一是全面提升服务效能。河南要将跨境电商纳入全省对外开放总体布局谋划推进，通过出台支持政策、提高公共服务能力、加大宣传力度等，在政策和服务方面双管齐下，在全省营造良好的跨境电商发展环境。

二是构建海外综合服务体系。伴随更多河南企业“走出去”本土化运营，亟须将国内的服务生态延伸到海外市场，利用行业商协会、跨境电商龙头企业整合海外合作园区、海外仓、售后服务中心、侨联等资源，共建跨境电商海外服务中心，为跨境电商出海企业提供知识产权、金融财税、合规管理、资源对接等全方位的海外本土化服务。

三是整合资源实现协同效应。河南省跨境电商产业发展要坚持系统理念，进行整体性思考、全面性安排、系统性部署，全面整合、系统集成跨境

电商产业的各要素和各环节，通过制造链、贸易链、消费链、信息链、物流链、金融链、管理链、创新链、衍生服务链九链融合，最大限度发挥各链条的协同效应，实现跨境电商高质量发展。

参考文献

齐爽：《河南跨境电商“买全球、卖全球”高质量发展研究》，《中共郑州市委党校学报》2024年第6期。

朱利利、武海波、常广庶：《河南省跨境电商助推国内国际双循环新发展格局研究》，《商场现代化》2024年第18期。

于晴：《跨境电商，河南为什么行?》，《河南日报》2024年5月11日。

B.20

河南省深化农文旅融合创新发展路径研究

张志娟*

摘　要：　农文旅融合是现代农业发展的重要途径，也是推进乡村全面振兴的重要举措。河南省深化农文旅融合发展在区位交通、农业资源、自然资源、文化底蕴和政策支持等方面具有得天独厚的优势，已探索形成多种具有地方特色的农文旅融合发展模式，让乡村焕发出了新活力，但仍然存在基础设施建设有待完善、产业融合程度不深、专业人才短缺、品牌建设滞后和生态环境压力增大等问题。通过完善农村基础设施建设、深化产业融合机制、加大人才培养和引进力度、强化品牌塑造与营销和加强生态环境保护等措施，能够有效推动河南农文旅深度融合发展，进而提升河南农业、文化和旅游的整体实力和竞争力。

关键词：　农文旅融合　乡村振兴　创新发展　河南省

在新时代的背景下，农文旅融合作为一种现代乡村产业创新的发展模式，已成为激活乡村经济、提升乡村活力、促进农民增收的重要途径。2024年中央一号文件提出，加快构建农文旅融合的现代乡村产业体系，实施乡村文旅深度融合工程。① 2025年中央一号文件再次提出“推进乡村文化和旅游深度融合，开展文化产业赋能乡村振兴试点，提升乡村旅游特色化、精品

* 张志娟，黄河科技学院河南中原创新发展研究院教授，主要研究方向为区域经济、产业创新。

① 《中共中央 国务院关于学习运用“千村示范、万村整治”工程经验有力有效推进乡村全面振兴的意见》，中国政府网，https：//www.gov.cn/zhengce/202402/content_6929934.htm。

化、规范化水平”①。新一届河南省委也明确提出“在推动城乡融合发展和乡村全面振兴上奋勇争先”，这一战略目标为河南农文旅深度融合发展提供了重要方向。

一　河南省农文旅融合发展的基础条件

农文旅融合不是“农业+文化+旅游”的简单叠加，而是以农业为根基、以文化为灵魂、以旅游休闲为形态，通过深度挖掘农业资源和文化资源，开发乡村农业旅游新业态，形成多元化产业融合和协同发展，打造特色旅游产品，吸引城市居民体验乡村生活，从而带动乡村产业升级和经济多元化发展。河南作为农业大省和文化大省，在加快推进农文旅深度融合助力乡村振兴的背景下，具有得天独厚的优势。

（一）区位交通优势

河南省位于我国的中东部、黄河的中下游，素有“九州腹地，十省通衢”之称，有着承东启西、连通南北的地理区位优势，也形成了以高速铁路、高速公路为动脉，以普速铁路、普通干线为主干，以农村公路、内河水运为脉络，以民航网络为补充的综合交通运输网络，为农产品输出及旅游业发展提供了较为便利的交通条件。高铁建设方面，河南走在全国前列。2022 年 6 月，随着济郑高铁濮郑段的开通，河南在全国率先建成“米”字形高铁网，成为全国第 7 个实现所有省辖地市“市市通高铁”的省份，极大地改善了人民的出行条件。全省形成了以郑州为中心，1 小时辐射全省省辖市、2 小时高效连接周边省会城市、4~6 小时通达全国主要大中城市的经济圈。截至 2024 年 11 月，全省高铁总里程约为 2217 公里，位居全国前列，时速 350 公里的高铁居全国

① 《中共中央 国务院关于进一步深化农村改革 扎实推进乡村全面振兴的意见》，中国政府网，https：//www. gov. cn/zhengce/202502/content_7005158. htm。

第一位。[①] 公路建设方面，2023 年，全省完成公路客运量 3.8 亿人次、同比增长 101.1%，旅客周转量 371.1 亿人公里、同比增长 119.5%；2024 年高速公路网持续扩展，全省高速公路通车总里程接近 9000 公里，年投资完成约 800 亿元，继续保持全国第一方阵。2024 年，信阳、南阳、平顶山、安阳、商丘、周口 6 个省辖市境内有 11 个高速公路项目建成通车，新增通车里程 643 公里，成功打通连接河北、安徽、湖北、山东等 8 条省际大通道，进一步巩固提升了河南的交通区位优势。同时，省道 304 黄河大桥建成通车，国道 230、240 黄河大桥完工，大通道格局进一步强化。

目前，河南已基本实现了“县县双高速、乡镇全覆盖”，全省 4A 级以上景区高速公路直达的良好发展局面。新时代，河南便捷的交通区位优势正在向枢纽经济优势转变，这为河南农文旅融合创新发展奠定了更加坚实的基础，为推动乡村全面振兴和地方经济发展提供了强有力的支撑，注入了新的活力，赋予了新的竞争优势。

（二）农业资源优势

河南作为农业大省和全国重要的粮食生产基地，粮食总产量已连续 8 年稳定在 1300 亿斤以上。国家统计局河南调查总队调查数据显示，2024 年河南粮食总产量达到 1343.9 亿斤，居全国第 2 位，较上年增加 19 亿斤，增长 1.4%。河南省四季气候分明，非常适宜多种农作物的生长，农产品种类非常丰富，除了盛产小麦、玉米、水稻、花生等粮油作物，还培育形成了灵宝苹果、新郑大枣、中牟西瓜、临颍辣椒等 50 多种地方特色农产品品牌，且在国内外市场具有较高的知名度。2023 年，临颍县、新安县分别荣获“河南省特色产业发展强县”称号。与此同时，河南省内还分布着众多特色农业产区，如信阳毛尖茶区、灵宝苹果产区、西峡猕猴桃产区、卢氏中药材产区等。这些丰富的农业资源为农业观光、采摘体

① 《山东首个跨省环线高铁开行！山东和河南步入高铁“圈时代”》，腾讯网，https：//news.qq.com/rain/a/20241227A06NRJ00。

验、科普教育、农产品加工旅游等农文旅融合发展提供了良好基础，带动了田园观光、农事体验等乡村旅游的吸引力。

（三）自然资源优势

河南自然景观非常丰富，涵盖了河流、山脉等多种类型。黄河作为中华民族的母亲河，在河南境内形成了壮观的黄河湿地等景观；拥有豫北太行山脉、豫西伏牛山脉、豫南大别山脉等丰富的山地资源，还有广袤的农田、果园、茶园、花园等独特的农业景观。这些优美的生态环境和田园风光为河南农文旅融合发展提供了独特的自然景观资源，促进了乡村振兴战略的实施。近年来，河南各地围绕省委提出的“农业强省”建设目标，统筹推进乡村发展、乡村建设等重点任务，加快推进国家乡村振兴示范县建设。其中，舞钢市、清丰县、兰考县、光山县、长垣市成功入选2022年国家乡村振兴示范县创建名单，灵宝市、遂平县、林州市、临颍县、新安县入选了2023年国家乡村振兴示范县创建名单。

（四）文化底蕴优势

河南作为华夏文明的重要发祥地之一，中原文化底蕴非常深厚，拥有大量的历史文化遗迹和非物质文化遗产。除了裴李岗文化、贾湖文化、仰韶文化、二里头文化等文化元素外，还有焦裕禄精神、红旗渠精神、大禹治水、愚公移山等历史文化精神，也有以嵩山少林寺、龙门石窟等为代表的历史古迹遗址。历史文化名城洛阳、开封、安阳、郑州也各具特色，其中，洛阳作为十三朝古都，保存了洛阳古城等大量的古建筑和历史街区；开封作为八朝古都，孕育了上承汉唐、下启明清、影响深远的“宋文化”，拥有以宋文化为主题的清明上河园和万岁山武侠城等旅游景区；安阳作为七朝古都，也是甲骨文的发源地，拥有颛顼帝喾二帝陵、羑里城、汉代三杨庄遗址、岳飞庙等历史文化遗址；郑州作为河南省会，拥有裴李岗文化遗址、大河村文化遗址、轩辕黄帝故里、商代城墙遗址等不可移动历史文化古迹文物上万处。这些历史文化遗址蕴含着丰富的历史、艺术和科学价值，是河南文化旅游的核心吸引物。河南丰富的历史文化资源与乡村旅游资源相互交融，为河南农文旅融合奠定了坚实的基础，注入了深厚的文化内涵。

（五）政策支持优势

近年来，河南省委省政府为深入实施乡村振兴战略，不断加强顶层设计，以政策赋能农文旅融合创新发展，先后制定出台《关于进一步激发文化和旅游消费潜力的通知》《河南省“十四五”乡村振兴和农业农村现代化规划》等一系列相关支持政策文件（见表1）。2023年，河南省财政投入21.12亿元专项资金，推进乡村旅游产业发展。其中，16.26亿元支持“美丽乡村游”，3600万元支持“红色乡村游”，4.5亿元支持“乡村产业游”。[①] 在农业方面，加大对休闲农业的扶持力度，鼓励农民发展特色农业，建立农业观光园区和农业综合体项目等。在文化方面，加强对文化遗产的传承与保护，推动文化创意产业与旅游、农业的融合发展。在旅游方面，加大对农村交通、通信等乡村旅游基础设施建设的投入，一些地方政府通过发放旅游消费券、补贴旅游企业等方式，刺激农文旅市场消费。这一系列措施为河南推动农文旅融合创新发展提供了良好的政策环境，河南农文旅融合发展进入了提质增效阶段。

表1　2020~2024年河南省政府出台的相关政策文件

政策文件	发文字号	成文日期
《关于进一步激发文化和旅游消费潜力的通知》	豫政办〔2020〕17号	2020年5月10日
《关于加快乡村旅游发展的意见》	豫政办〔2020〕18号	2020年5月10日
《关于进一步扩大消费的若干意见》	豫政办〔2021〕21号	2021年5月9日
《河南省“十四五”文化旅游融合发展规划》	豫政〔2021〕39号	2021年12月31日
《河南省“十四五”乡村振兴和农业农村现代化规划》	豫政〔2021〕56号	2021年12月31日
《关于持续增加农民收入的指导意见》	豫政〔2022〕17号	2022年5月17日

① 《今年以来河南省筹措资金21.12亿元支持乡村旅游发展》，大河网，https://news.dahe.cn/2023/10-27/1324237.html。

续表

政策文件	发文字号	成文日期
《河南省进一步释放消费潜力促进消费持续恢复实施方案》	豫政办〔2022〕63 号	2022 年 7 月 10 日
《河南省旅游公路网规划(2022~2030 年)》	豫政〔2022〕36 号	2022 年 11 月 10 日
《进一步促进消费若干政策措施》	豫政〔2023〕15 号	2023 年 4 月 9 日
《进一步促进文化和旅游消费若干政策措施》	豫政办〔2023〕20 号	2023 年 5 月 11 日
《关于加快推进旅游公路建设的实施意见》	豫政〔2023〕24 号	2023 年 6 月 16 日
《河南省实施扩大内需战略三年行动方案(2023~2025 年)》	豫政办〔2023〕30 号	2023 年 6 月 30 日
《关于推动金融支持文旅产业发展的意见》	豫政办〔2024〕28 号	2024 年 6 月 7 日
《扎实推进 2024 年下半年经济稳进向好若干措施》	豫政办〔2024〕37 号	2024 年 7 月 17 日
《河南省实施外国人 144 小时过境免签政策工作方案》	豫政办〔2024〕52 号	2024 年 8 月 30 日
《加快服务业高质量发展若干政策措施》	豫政〔2024〕24 号	2024 年 12 月 19 日

资料来源：根据河南省人民政府网站等资料整理而得。

二　河南省农文旅融合发展的典型模式与成效

河南各地立足本土乡村文化旅游资源，探索和创新出了多种具有地方特色的农文旅融合发展模式。这些模式不仅促进了农产品销售，提高了农业附加值，而且让乡村文化得到保护和传承，为乡村带来了持续的经济收益和社会影响力。有关数据显示，2023 年河南省旅游接待量达到 9.95 亿人次，旅游综合收入 9645.6 亿元；其中，乡村旅游人数 7234.98 万人次，旅游收入 360.71 亿元。[①]

（一）文化特色型模式

文化特色型农文旅融合发展模式是以当地独特的历史文化、民俗风情为

① 《2023 年河南接待游客 9.95 亿人次，力争 2024 年突破 10 亿》，正观新闻，https://wap.zhengguannews.cn/html/news/349330.html。

核心，将文化元素深度融入农业和旅游项目中，打造具有文化内涵和体验性的农文旅产品。如河南兰考县以焦裕禄纪念园等红色文化景区为核心，通过整合焦裕禄精神体验基地、梦里张庄、1952 小火车等红色旅游资源，大力实施红色文化游、绿色生态游、特色乡村游融合发展，打造了“红色旅游+体育”“红色旅游+乡村”“红色旅游+体验”模式。① 平顶山郏县作为一代谋圣张良故里，拥有郏县大铜器、姚庄回族乡金镶玉 2 个国家级非物质文化遗产项目，以及三苏园、郏县文庙、郏县山陕会馆、临沣寨 4 个国家级重点文物保护单位，通过依托三苏文化、唐钧瓷文化、红色文化等旅游资源，形成了三苏园、文庙、山陕会馆文化游，曹沟八路军豫西抗日纪念馆、知青园红色游等特色品牌，已建成省市研学旅行基地 7 家，河南省乡村旅游特色村 15 个和特色生态旅游示范镇 3 个。② 可见，文化特色型的农文旅融合发展模式通过开发独特的文化旅游产品，让乡村文化底蕴得到进一步的挖掘和传承。

（二）产业支撑型模式

产业支撑型农文旅融合发展模式是通过充分挖掘农产品特色，拓展特色产业的链条，进而推动农业与文化旅游产业的深度融合与协同发展。如以盛产西瓜、大蒜闻名的中牟县，通过举办西瓜节、草莓文化节、雁鸣湖大闸蟹美食节等活动，多方位促进了农业与文旅的融合，不仅丰富了游客体验，而且扩大了中牟的知名度。新郑红枣产业园区在红枣种植、加工、销售等传统产业的基础上，通过建设红枣文化博物馆、开发红枣采摘园、打造红枣主题的休闲广场和餐饮街区等方式，将红枣产业园区升级成集农业生产、文化展示、旅游休闲于一体的综合性园区。新乡平原示范区推出文旅消费季、举办凤湖帐篷露营节、中原农谷捕鱼节等特色活动，构建了特色化、品质化、现

① 《河南兰考：开拓农文旅融合发展》，河南省文化和旅游厅网站，https：//hct. henan. gov. cn/2022/07-15/2488161. html。

② 《河南郏县：农文旅融合让乡村焕发新活力》，中国经济网，http：//www. ce. cn/xwzx/gnsz/gdxw/202311/01/t20231101_38774216. shtml。

代化的“农业+文旅”产业融合消费格局。据不完全统计，2024 年“五一”假期期间，平原示范区客流量达到 18.86 万人次，综合收入 2300 多万元。[①] 驻马店驿城区诸市镇魏庄村围绕“菊花+农文旅”产业建设，种植金丝皇菊、茶菊、药菊、观赏菊等各类菊花 300 多亩，打造出了农文旅融合发展的菊乡样板。2024 年 11 月举办菊花节期间，每天接待游客上千人，双休日吸引游客近 3 万人次[②]，同时也带动了茶菊、药菊、红薯、花生等农产品的销量。可见，借助产业支撑型的农文旅融合发展模式，不仅带动了乡村产业发展，而且也增加了农民收入，取得了良好的社会效益和经济效益。

（三）民宿带动型模式

民宿带动型农文旅融合发展模式是依托当地优美的自然风光和民俗文化，开发特色民宿和高端民宿，吸引大量游客前来观光度假和体验乡村生活，进而带动周边地区农文旅融合发展。河南通过制定《乡村民宿设施和服务质量要求》省级地方标准，已建设“红旗渠人家”等 5 个民宿集群，建成运营 758 家精品民宿，认定 28 家星级旅游民宿，推动更多村宅变为精品民宿、更多村民升级为“民宿主人”。[③] 洛阳栾川县借助“乡村旅游+民宿”发展模式，做好农文旅融合“文章”。2023 年栾川县已建成 124 家精品民宿，提供 1763 间客房和 3401 张床位，直接从业人员达 1098 人。[④] 焦作云台山作为河南著名的旅游景点，景区周边的农村大力发展农家乐、民宿和农业观光项目，增加了当地农民的收入并带动了周边地区的经济发展。开封祥符区将民宿康养作为全域旅游的重要内容，打造了木院、竹院等各有特色的高品质民宿，培育了沈楼、胡寨等一批特色旅游村，2023 年接待游客达 35

---

① 《河南新乡平原示范区：乡村“网红”加速农文旅融合》，中国经济网，http：//www.ce.cn/xwzx/gnsz/gdxw/202405/07/t20240507_38994134.shtml。

② 《河南驻马店市驿城区：农文旅融合促小菊花成大产业》，中国网，http：//www.china.com.cn/txt/2024-11/15/content_117547768.shtml。

③ 《河南：激活乡村旅游 助力乡村振兴》，新浪财经，https：//finance.sina.com.cn/jjxw/2023-04-19/doc-imyqxfeh8275202.shtml。

④ 《栾川民宿经济案例入选全国生态产品价值实现典型模式》，《洛阳日报》2023 年 12 月 26 日。

万人次。信阳商城县将农村与休闲、农业与旅游、自然与人文融合起来，积极打造“红色旅游+民宿”“农耕体验+民宿”“山水田园+民宿”等特色产业，全县已拥有农家乐、民宿上百家，规模星级民宿20余家，商城县的乡村旅游名片越擦越亮。[①] 可见，民宿带动型农文旅融合发展模式作为推动乡村振兴的重要抓手之一，通过发展精品民宿，不仅为游客提供了更加舒适的居住体验，还成为当地农民就业和创业的重要渠道。

（四）民俗文化村模式

民俗文化村农文旅融合发展模式是将乡村民俗文化作为核心吸引力，通过打造民俗文化村，吸引游客深入了解乡村民俗文化，同时带动当地相关产业发展。河南以豫剧、民间工艺、庙会、传统节日等为代表的民俗文化活动丰富多样。例如，开封朱仙镇依托木版年画等民俗文化资源，建设了木版年画工作室、民俗文化街区、传统手工艺品作坊等特色项目，让游客亲身参与木版年画的制作过程，感受传统民俗文化的魅力；鹤壁浚县围绕社火表演举办民俗文化节，同时结合当地的农业特色进行特色农产品展销、农事体验等活动，吸引了大量游客了解和传承民俗文化；三门峡陕州区的民间社火、剪纸、地坑院等民俗文化被评为河南省非物质文化遗产，游客不仅可以入住地坑院，还可以体验当地的剪纸、庙会、十碗席等民俗文化，感受独特的居住文化和生活方式；郑州登封市垌头村以“咱村有戏”戏曲文化活动为依托，大力弘扬中华优秀传统戏曲文化，探索戏曲文化与乡村旅游、节庆旅游融合发展的新产品、新业态、新模式，2023年，全市休闲农业与乡村旅游游客接待量达480万人次，实现营收23亿元。[②] 可见，民俗文化村农文旅融合发展模式不仅吸引了大量游客深入了解当地乡村民俗文化风情，而且带动了当地农业和旅游业的发展。

---

① 《河南商城：民宿经济激活乡村旅游》，商城县人民政府网，http://www.hnsc.gov.cn/xwdt/scyw/500741.html。

② 《登封入选“2024年全国休闲农业重点县”》，中国城市建设网河南频道，https://henan.zgcsjs.org.cn/2024/xiangcun_1227/15634.html。

（五）“互联网+”模式

“互联网+”农文旅融合模式是通过利用互联网线上平台展示乡村的旅游资源、农产品信息、民俗文化活动等，以实现农文旅线上预订、线上营销推广等活动。河南为推动农文旅融合发展，坚持营销引流，实现从“流量”到“留量”的实质性转化。如在中央电视台投放“行走河南·读懂中国”文化旅游广告宣传片，通过文化和旅游部向全国推介“乡村四时好风光”乡村旅游线路；河南广播电视台推出“奇妙游”“中国节日”系列出圈出彩作品。启动“河南 DOU 是好风光”乡村游助农专项活动，利用网红主播现场展示和销售农产品。“与辉同行”河南行专场直播首日商品交易总额超 7000 万元，香油、牛肉、莲花味精、白象方便面、逍遥镇胡辣汤、焦作铁棍山药等河南特色农产品被抢购一空。可见，“互联网+”农文旅融合发展模式不仅为河南特色农产品的销售打开了新的局面，而且提升了河南的文化软实力，为河南乡村振兴注入了新的动力。

三　河南省农文旅融合发展面临的主要困境

近年来，河南农文旅融合发展进入了快车道，因地制宜探索出了多种农文旅融合发展模式，带动了全省休闲农业和乡村旅游业的蓬勃发展，进而有效促进了乡村振兴发展。但与此同时，河南农文旅融合发展仍受制于基础设施建设、人才等因素，主要表现在以下几个方面。

（一）基础设施建设有待完善

完善的基础设施是乡村旅游发展的基础，也是推动农文旅融合发展的重要保障。近年来，河南不断加大对农村基础设施建设的投入并取得了显著成就，但部分农村地区的基础设施建设仍然比较薄弱，如部分乡村的交通条件不够便利，通往旅游景区的道路狭窄、路况较差；景区附近的停车场、厕

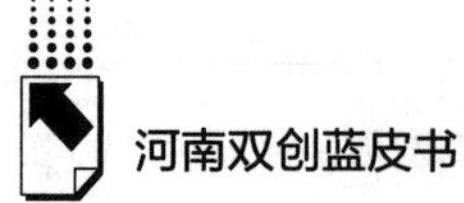

所、住宿和餐饮等配套设施有限且比较简陋，卫生状况和服务质量难以得到保障，不能有效满足游客对舒适住宿和安全饮食的需求，在一定程度上影响了游客的出行体验和旅游信息的传播，进而影响了农文旅融合项目的吸引力和可持续发展能力。

（二）产业融合程度不高

虽然河南已经探索形成了多种农文旅融合模式，但总体来看，农文旅产业融合的程度还不够深入，多数农文旅融合项目只是农业、文化和旅游的简单叠加。农业与文化、旅游产业涉及多个部门和领域，各部门之间缺乏有效的沟通和协调机制，政策措施还没有完全形成合力，有时会存在各自为政、单打独斗的现象，使得农文旅之间的产业关联度和协同性不够强。如一些农业观光园项目仅提供简单的、基础的农产品种植展示、采摘活动和餐饮服务，对农产品的开发利用不足，没有形成完整的产业链；一些文化旅游景区缺乏对当地文化元素内涵的深度挖掘和旅游体验项目的创新，未能形成具有独特文化内涵和市场竞争力的旅游产品体系，难以满足游客多样化、个性化的需求，造成游客停留时间短、消费潜力未充分释放的现象出现，影响了农文旅融合发展的协同效应和整体效益。

（三）专业人才短缺

农文旅融合发展需要既懂农业，又熟悉文化旅游产业运营管理、市场营销、创意策划等方面知识和技能的复合型人才。河南在新型职业农民培训计划、农村实用人才培训等方面提高了乡村旅游人才培训的比例，并鼓励高校和旅游研究机构开展乡村旅游人才培训，对旅游企业引进的高层次旅游管理人才和专业技术人才给予一定的政策补贴。然而，目前河南这方面的专业人才短缺问题仍比较突出。在农村地区，大部分从事农文旅项目经营管理的工作人员仍以文化水平偏低的当地农民为主，由于缺乏专业的培训和系统的知识体系，在旅游管理的专业性、旅游产品开发、服务质量提升、文化传承创新等方面还存在不足，难以适应农文旅融合发展的新要求。同时，高校和职业院校培养的相关专业人才数量有限，且部分人才流向了经济发达地区，在一定程度上制约了农文旅融合向更高水平发展。

（四）品牌建设滞后

河南拥有众多优质的农文旅资源和知名的文化旅游品牌，但在农文旅融合品牌建设方面仍相对薄弱，缺乏具有全国乃至国际影响力的农文旅融合品牌。河南部分乡村文旅发展存在缺少行业专业指导和服务，地方特色与文化元素融入不够，缺乏系统性的品牌策划，宣传与推广力度不足等问题，造成品牌形象不够鲜明突出。另外，全省各地区农文旅项目分散经营，未能形成合力，难以在市场上形成强大的品牌效应，导致河南农文旅产品在市场上的辨识度、知名度和美誉度有待提高，不利于吸引远程游客和开发高端旅游市场。

（五）生态环境压力增大

随着河南农文旅深度融合发展，乡村旅游游客数量不断增加，在一定程度上也给当地的生态环境带来了不小的压力。一些乡村旅游景区乱扔垃圾、践踏植被的现象非常普遍，生态环境遭到破坏。部分农业旅游项目在开发过程中没有充分考虑生态保护，对土地资源和水资源等进行了过度的开发利用，影响了当地的生态环境平衡，这也给当地农文旅融合项目的可持续发展带来了一定的威胁。

四　河南省深化农文旅融合创新发展的路径

为有效推动河南农文旅产业实现深度融合发展，进一步提升河南乡村文化旅游的竞争力和促进乡村全面振兴，针对上述存在的问题提出以下相关建议。

（一）完善农村基础设施建设

一是进一步加大对农村地区道路建设和改造的资金投入力度，对乡村道路进行必要的拓宽和硬化，完善通往乡村旅游景点的道路标识，提高游客前往农文旅融合项目的通达性和安全性。同时，对景区附近的停车场进行合理的规划布局，增加停车位数量以满足旅游旺季游客的停车需求。

二是建设高标准的公共厕所、游客服务中心等旅游配套设施，提高其服务功能和环境卫生水平；在游客服务中心提供旅游咨询、导游讲解、医疗救助等一站式服务。

三是加强对农家乐、民宿等住宿餐饮设施的规范管理，加强对相关服务人员的培训，提高服务意识和服务水平；改善乡村旅游景区的餐饮和住宿设施的卫生条件，为游客提供优质的住宿和餐饮体验。

（二）深化产业融合机制

一是制定科学合理的农文旅融合发展规划，明确各产业在融合发展中的定位和功能，加强农业、文化、旅游产业之间的协同发展。加强农业农村、文化旅游、自然资源、交通运输等相关部门之间的沟通与协作，建立各产业融合发展协调机制，促进资源共享、信息互通、优势互补，形成农文旅融合发展的强大合力。

二是充分挖掘河南丰富的乡村文化内涵，将文化元素融入农业旅游项目中，推动农业、文化与旅游的深度融合，形成完整的产业链条。如在特色农产品种植区，结合当地农耕文化和民俗风情，打造集农业生产、民俗文化展示、农事体验、休闲度假于一体的农文旅综合体，增加旅游项目的趣味性、文化性，进一步提升农文旅产业融合的综合效益。

三是河南作为农业大省，可围绕特色农产品加工销售、文化创意产品开发和旅游服务等环节，延伸与拓展产业链。如开发新郑大枣、灵宝苹果等特色农产品加工品，打造更多以河南历史文化为主题的纪念品、手工艺品等地方特色文化创意产品，开展乡村旅游定制服务、丰富旅游服务内容、拓展旅游购物市场等，以提高农业、文化和旅游产业的附加值。

（三）加大人才培养与引进力度

一是河南省高校和职业院校应根据农文旅融合发展的现实需求，调整和优化专业设置，增加乡村旅游管理、文化创意设计、农业旅游规划等与农文旅融合相关的课程比重，培养更多适应农文旅融合发展需求的复合型人才；同时，加强与农文旅企业的校企合作，提高实践教学环节比重，建立更多的实习实训基地，让学生在实践中提高相应的专业技能。

二是政府和企业应加大对河南农文旅融合项目从业人员的职业技能培训力度，通过举办专题培训班、专家讲座以及现场指导等形式，提高从业人员的经营管理能力、服务意识和服务水平，规范服务流程和标准，确保游客能够享受到优质、高效、满意的旅游服务。

三是加大创业补贴、项目扶持、税收优惠等人才引进优惠政策支持力度，吸引更多国内外知名的文化创意团队、旅游规划专家、经营管理人才等投身河南农文旅项目的策划、设计和运营管理，避免人才流失，以促进农文旅融合发展创新升级。

（四）强化品牌塑造与营销

一是深入挖掘河南各地农文旅融合项目的核心价值和特色资源，打造具有鲜明地域特色和文化内涵的品牌形象。如以“老家河南·生态田园”为主题，设计具有辨识度和吸引力的品牌标识、宣传口号和形象广告，提升品牌的市场影响力和竞争力。

二是综合运用新媒体、网络直播、短视频平台等多种传播渠道，加大对河南农文旅品牌的宣传推广力度，开展全方位、多层次的品牌宣传活动，展示河南农文旅融合发展的成果和特色品牌产品；加强与在线旅游平台、旅行社等机构的合作，推出河南农文旅特色线路和产品套餐，拓展客源市场，进而提高河南农文旅品牌的市场知名度和美誉度，吸引更多游客前来消费体验。

三是整合各地的农文旅品牌资源，提升品牌集合效应。如以“黄河农耕·古都风情游”等为主题，推动文化和旅游的深度融合，实现资源互补和优势叠加，共同塑造河南农文旅融合品牌的整体形象，打造更多精品民宿和特色乡村旅游品牌。

（五）加强生态环境保护

一是加强对游客的生态环境保护宣传教育，通过在旅游景区设置醒目的宣传牌、发放宣传资料、利用新媒体平台宣传等多种渠道，提高游客的环保意识，引导游客文明旅游。同时，对当地居民和从业人员进行生态环保知识培训，增强工作人员保护生态环境的责任感。

二是在农文旅融合项目开发过程中需合理规划旅游景区和农业项目的布局，避免过度开发和破坏。加强对水、土地等生态资源的保护和管理，推广生态农业技术和旅游环保技术，减少对环境的污染。

三是建立健全生态环境监管机制，加大对农文旅融合发展区域的环境监测和执法力度。对一切破坏生态环境的行为要依法进行严厉打击，对不符合环保要求的项目立即责令整改或关停。同时，鼓励游客和当地居民对环境违法行为进行监督举报，形成全社会共同参与生态环境保护的良好氛围。

参考文献

秦亚岚：《农文旅融合发展赋能乡村振兴》，《中卫日报》2023 年 6 月 27 日。

张小玲、木宗香：《白沙镇农文旅产业深度融合发展的困境及其路径研究》，《山西农经》2024 年第 23 期。

姜岩：《推动新时代农文旅深度融合发展的对策研究》，《农业经济》2023 年第 10 期。

高鹏怀、周雅琳、刘继为：《产业振兴背景下农文旅融合发展的典型模式与优化路径》，《三晋基层治理》2024 年第 4 期。

张清波：《新质生产力背景下农文旅融合赋能乡村振兴发展模式研究》，《江西农业》2024 年第 17 期。

主体篇

B.21

河南省加强以企业为主导的产学研深度融合机制研究

郭　岭*

摘　要： 本文深入探讨了河南省加强以企业为主导的产学研深度融合机制，详细总结了河南省在产学研深度融合政策支撑、主体培育、合作模式、载体建设、融通创新、能力提升等方面的实践成果，对当前存在的创新链条衔接不畅、政策协调机制不完善、人才交流渠道不畅等问题进行了分析，借鉴北京、上海、江苏、安徽、浙江等省市的先进经验，针对相关问题提出了解决方案：加快构建产业主导的紧密型融合机制，构建统筹协同的政策推进机制，畅通高校院所和企业人才流动机制，构建大中小企业协同的要素集聚融通机制，以及建立需求导向的关键核心技术攻关机制，为进一步推动河南省产学研深度融合发展提供智力支撑。

* 郭岭，郑州大学硕士生导师，副高级职称，郑州市科技发展战略研究所创新发展部部长，中国人民政治协商会议第十四届、十五届郑州市委员会委员，主要研究方向为科技创新。

关键词： 企业主导　产学研融合机制　科技创新

党的二十大报告指出，加强企业主导的产学研深度融合，强化目标导向，提高科技成果转化和产业化水平。河南省委十一届七次全会提出，加强企业主导的产学研深度融合。当前，河南省正深入实施创新驱动、科教兴省、人才强省战略，加快建立健全以企业为主导的产学研深度融合机制，有利于引导河南企业与高校、科研机构各类创新资源系统集成，提升全省创新体系整体效能，为推进中国式现代化建设河南实践提供强大动力。

一　产学研深度融合的河南实践

近年来，河南省把创新摆在发展的逻辑起点、现代化建设的核心位置，以“推进科技成果从平台到中试再到产业化、工程化，形成完整创新链条”为导向，持续强化政策支撑、主体培育、合作模式、载体建设、融通创新、能力提升等方面产学研深度融合的河南实践，以企业为主导的产学研深度融合呈现出上中下游衔接、创新主体协同的创新格局。

（一）持续构建产学研政策支撑体系

河南省把促进产学研合作摆在重要位置进行谋划部署，近年来相继出台了一系列政策法规，为产学研深度合作提供了有力的政策支撑与保障。这些政策包括《河南省产业技术创新战略联盟构建与发展实施办法》《河南省促进科技成果转化条例》《河南省技术转移体系建设实施方案》《河南省扶持新型研发机构发展若干政策》《关于推动高校与规上工业企业共建研发中心（平台）高质量发展的意见》《研发中心（平台）建设指引》《科技助企惠企政策新十条（试行）》等。这些政策的出台，初步构建了较为完备的政策支撑体系，为推进产学研融通创新提供了良好的制度环境。

（二）持续培育“雁阵式”创新梯队

近年来，河南省委省政府全面对标制造强国战略，作为推进新型工业化的主要抓手，全省上下聚力培育“7+28+N”产业链群，持续完善“微成长、小升规、高变强”创新型企业梯次培育机制，组织实施创新龙头企业树标引领行动、高新技术企业提质增效和科技型中小企业“春笋计划”，搭建形成全省创新型企业“百千万”梯次培育格局。目前，全省共有创新龙头企业116家、“瞪羚”企业454家、高新技术企业1.2万余家、科技型中小企业2.6万家。①

（三）持续深化产学研合作模式

在政策引导和市场驱动下，河南省企业、高校、科研院所把深化合作作为弥补自主创新能力不足的重要抓手，全方位、多领域、高层次的纵深一体化协同新格局正在加速形成。截至2024年底，聚焦国家重大需求和河南省部分重点产业集群遴选布局了两批次共28家创新联合体，涵盖电子信息、先进制造等8大河南省重点支持产业领域，联合高校、科研院所65家，带动产业链上下游企业151家，承担省级以上科技项目136项。② 2024年创新联合体布局基本覆盖全省28个重点产业链。河南省规上工业企业开展研发活动的数量持续增长，产学研合作项目不断增加，与高校、科研院所的合作日益紧密。

（四）持续建设协同创新载体

河南省采取政府引导、以企业为投资主体、以高校和科研院所为技术依托的方式，建成了一批协同创新载体。平台方面，支持创新领军企业牵头组

① 《河南“一揽子”惠企措施支持民营企业科技创新》，中国新闻网，http：//www.chinanews.com.cn/cj/2024/11-01/10312204.shtml。

② 《河南“一揽子”惠企措施支持民营企业科技创新》，中国新闻网，http：//www.chinanews.com.cn/cj/2024/11-01/10312204.shtml。

建全国重点实验室、省级中试基地、省级技术创新中心等高层级创新平台，强化重点产业创新能力和核心竞争力，全面提升企业技术创新和成果转化能力。截至 2023 年 11 月底，全省共建有 1503 个校企共建研发中心，17 个高校科技成果转化和技术转移基地。截至 2024 年 11 月底，全省依托各个领域的龙头企业累计命名 5 批 61 家省中试基地。① 协同创新载体的建设，形成了高效强大的共性技术供给体系和成果转移转化体系，有力有效地助力了全省规上企业研发活动全覆盖进程。

（五）持续推进产学研融通创新

河南省产学研合作形式逐渐由以成果转移转化为主，向共同承担高水平科研计划项目、培养高层次创新创业人才、建设高水平机构等多个方向发展。2024 年度河南省“院校企业面对面”科技成果转移转化对接系列活动在郑州、洛阳、新乡、信阳、三门峡 5 个省辖市落地，组织现场调研及技术供需双方面对面对接 141 次，征集企业技术需求 364 项，路演发布优质科技成果 70 项，签约合作项目 51 项。② 这次活动搭建起了河南省高校院所和企业面对面精准对接、产学研用融通创新的桥梁纽带，为河南省加速科技成果向现实生产力转化探索了新路径，通过活动形成了一套行之有效的院校企业供需对接新模式。

（六）持续提升服务国家重大战略需求能力

通过产学研深度合作，河南省不断创造和转移转化新技术、新工艺、新材料、新产品等，服务国家重大战略需求能力大幅提升。据统计，近年来河南省作为主持单位获得的国家科技成果奖项中，企业与高校、科研院所共同完成的占比持续提高。2023 年度获得 1 项国家科技进步奖特等奖和 2 项国

---

① 《关于发布第五批河南省中试基地服务清单的公告》，河南省科学技术厅网站，https：//wap. kjt. henan. gov. cn/2024/11-28/3092369. html。

② 《院校企业开启“面对面”成果对接新模式》，河南省人民政府网，https：//www. henan. gov. cn/2024/11-28/3091848. html。

家科技进步奖一等奖①，其中，中国铁路郑州局集团有限公司参与“复兴号高速列车”项目荣获国家科技进步奖特等奖，许继电气股份有限公司参与国家技术发明奖二等奖项目，为国家科技发展战略提供了创新支持。根据《中国区域创新能力评价报告 2023》，河南省区域创新能力综合排名居全国第 13。

二 存在的问题

尽管河南省深化产学研合作工作取得了较大成绩，但向纵深发展还存在贯通产学研用创新链条衔接不顺畅，政策协调落实机制不完善，高层次人才交流渠道不顺畅，合作组织形式不适应重大技术创新需要，企业、高校和科研院所创新作用不突出等一些深层次的问题，制约了产学研融合的进一步深化。

（一）贯通产学研用创新链条衔接不顺畅

高校、科研院所和企业在“基础研究—技术攻关—技术应用—成果产业化”创新链条中往往各做一段，没能实现贯通式的创新。2023 年，河南省高校技术合同成交额为 28 亿元，占全省技术合同成交额的比重不足 6%，② 在前沿科技和成果支撑方面存在不足，特别是高成长型和未来产业发展所需的技术尤为欠缺。企业与高校的目标导向和诉求存在差异，企业在深度融合中的主体地位没有得到彰显，缺乏主导作用与话语权，企业不愿被动地参与没有利益捆绑的产学研合作或技术创新联盟。高校、科研院所难以从企业中提炼问题，导致创造的成果与市场需求存在差距。

① 《河南 15 个项目获国家级大奖！7 个主持项目“量质齐升”实现新突破》，河南省人民政府网，https：//www. henan. gov. cn/2024/06-24/3012520. html。

② 《河南 2023 年技术合同成交额达到 1367 亿元，同比增长 33%》，《河南日报》2024 年 2 月 25 日。

（二）政策协调落实机制不完善

河南省针对产学研出台的政策文件多，负责的政府部门多，涉及的各种平台、载体、称号多，服务产业的科技创新管理职能和相关资金分散在多个政府部门，企业和政府机构“不知谁来管、不知如何管”倾向明显，跟不上新技术、新业态、新模式的发展步伐。政策“先达直达”制度设计不到位，导致政策获取路径庞杂、政策文件相互冲突、政策落实难度较大、管理协调不够等问题。河南省科技服务综合体工作机制对创新主体的分层分类管理不足，缺少对战略性新兴产业和未来产业的精准把脉，导致政策迭代升级不及时，传统政策与新质生产力相关产业发展不匹配等问题开始显现。

（三）高层次人才交流渠道不顺畅

河南省的创新型人才总量增长缓慢，高层次人才相对不足。河南省两院院士仅占全国的1%，国家杰青仅占全国的0.3%，[①] 对企业研发活动支撑不足。河南省企业对人才的吸引力明显不足，不但难以吸引高层次的创新人才和创新团队，而且导致长期以来本土高端人才外流严重。在与高校、科研院所的人才竞争中处于劣势。尽管相关政策规定允许高校和科研院所设立一定比例的流动岗位，吸引有创新实践经验的企业家和企业科技人才兼职，但由于事业性质的高等学校、科研院所岗位设置、编制管理政策以及单位内部固有的思想观念、不合理的管理制度的制约，相关政策基本没有落实。

（四）合作组织形式不适应重大技术创新需要

面向产业化应用的重大技术创新一般跨领域、跨学科，研发周期长、投资大，需要产学研各方紧密配合。河南省“企业出题、校企共答、市场阅卷”的产学研协同机制仍然不通畅，科技成果转化、收益分配合作机制不

---

① 《积极构建新质生产力发展新体制　着力营造科技产业协同创新生态》，河南政协网，https：//m. hnzx. gov. cn/2024/07-09/4340571. html。

成熟，科技成果有效供给和有效需求不匹配等问题仍然存在。河南省高校、科研院所和企业较多选择“短平快”项目和以短期合作为主，传统的“甲乙双方、一纸合同、一个项目、一笔经费”的简单校企合作模式难以适应重大技术创新的需要。

（五）企业、高校和科研院所创新作用不突出

河南省企业研发投入仍然偏低，以2024年河南省企业100强为例，全年共投入研发费用454.23亿元，平均研发强度为1.90%，虽比上年有所增长，但与2023年全国、全省研发投入强度分别为2.64%、2.05%相比还有一定差距。① 高校和科研院所作为科技成果的重要供给端，省内大学院所的科技研发成果数量不多、质量不高，与发展新质生产力存在较大差距。

三　相关省市经验做法

（一）北京市：推进有组织产学研融合新范式

北京市积极探索企业主导的产学研深度融合北京路径，加快构建一批由领军企业等牵头、高校院所支撑的创新联合体，推动开展关键核心技术、基础前沿技术攻关。聚焦科研成果转化，推进有组织科研和有效的人才培养。支持高校与中芯国际等企业紧密合作，开展“大线出题、小线开题、高校答题、产线考核”的有组织科研，将研究生、本科生培养全周期推进到产业一线，推动创新资源向企业集聚，提高了企业的创新能力和市场竞争力。

（二）上海市：建设培育产教融合型企业

近年来，上海市持续推进校企合作工作。2024年出台《上海市建设产教融合型城市试点方案》《上海产教融合型企业建设培育政策指引》，发挥

① 《2024河南民营企业100强榜单发布》，河南省人民政府网，https://www.henan.gov.cn/2024/10-16/3073921.html。

重点企业和院校培育的主体作用，聚焦战略性新兴产业、先进制造业、社会服务业等本市重点产业领域，建设培育一批产教融合型企业，引导企业积极服务区域重大发展战略，深入参与“引企入教”改革，以教助产，以产助教，产教育才，支持企业深度参与产业人才培育。支持中小企业建立院士专家工作站，开展联合攻关，解决了企业关键的技术难题。

（三）江苏省：构建新型科研组织机制

江苏以产业科技创新中心建设为主攻方向，加快构建高水平技术供给体系，为发展新型工业化提供了有力支撑。鼓励企业牵头联合高校、科研院所组建产业技术创新战略联盟，统筹推进基础研究和应用研究、科技重大攻关和前沿技术研发，完善“揭榜挂帅”、“赛马机制”、创新联合体、人才攻关联合体等组织形式，构建新型科研组织机制，力争在高端芯片、工业母机、关键零部件等领域突破一批“卡脖子”技术、取得原创性颠覆性科技成果，实现更多的“从 0 到 1”“从 1 到 100”的创新突破。

（四）安徽省：推动“政产学研金服用”融合贯通

安徽把推动“政产学研金服用”融合贯通作为“四链”融合的探索实践。以科技创新引领产业创新，加快构建政府推动、产业主导、人才支撑、科技引领、金融赋能、服务提升、应用牵引的紧密型融合机制，提高全要素生产率，因地制宜发展新质生产力。以“产研”融合互动为主轴，从“政产学研金服用”7 个维度，实施“产学研”“产研用”“产研金”“产研服”融合等六大行动。

（五）浙江省：探索关键核心技术攻关新机制

浙江省按照习近平总书记“科技攻关要坚持问题导向，奔着最紧急、最紧迫的问题去”① 的要求，以市场需求为导向，以打造“科技攻关在线”

① 中共中央文献编辑委员会编《习近平著作选读》（第二卷），人民出版社，2023，第 470 页。

重大应用为抓手，建立关键核心技术攻关“四张清单”机制，推行“寻榜、挂榜、揭榜、攻榜、验榜”全过程在线闭环管理，实现技术需求“一键发”、揭榜申请“一掌办”、攻榜资源“一键配”、验榜成果“一键达”，形成了关键核心技术攻关新型举国体制的浙江路径。

四　对策建议

针对河南省产学研合作存在的问题，结合相关省市的经验做法，提出以下对策建议。

（一）加快构建产业主导的紧密型融合机制，打造产学研用协同创新体系

聚焦产业发展的产学研融合是创新成果转化为推动经济社会发展现实生产力的关键，河南省需要加快构建产业需求导向的紧密型融合机制。

一是强化企业主导地位，推动产学研融通创新。鼓励和支持比亚迪、中铁盾构、宇通集团、郑煤机集团等领军企业发挥龙头作用，不仅要在自身领域内进行技术创新，还要积极引领产业链上下游企业的技术创新活动。

二是建立健全产业技术创新联盟合作机制，通过联盟平台，加强企业、高校和科研院所之间的信息交流与合作，共同攻克产业关键技术难题，形成一批具有自主知识产权和核心竞争力的关键技术。

三是建立培育壮大科技领军企业机制。加大对领军企业在科技创新方面投入的政策支持和资金补贴，激励其加大研发投入，提升技术创新能力。引导领军企业参与制定产业技术标准，推动产业技术升级和转型，增强产业整体竞争力。

四是构建创新链与产业链协同联动的产学研融合发展机制。加快培优建强一流大学研究院、国家企业技术中心、工程技术研究中心等创新平台，打造产学研合作的核心载体，促进创新资源的集聚和高效利用。推动创新平台与产业链各环节的紧密对接，确保创新成果能够快速转化为实际生产力，满

足市场需求。

五是建设环大学创新创业生态圈。围绕高校和科研院所，打造创新创业生态圈，为科技型企业提供技术研发、成果转化、融资支持等全方位服务。鼓励生态圈内的企业、高校和科研院所开展深度合作，共同申报科研项目，共享科研成果，形成产学研深度融合的创新体系。

六是支持高校院所通过作价入股等方式孵化设立企业。制定相关政策，鼓励郑州大学、河南大学等一流高校和科研院所将科技成果作价入股，与企业家合作创办科技企业，实现科技成果的就地转化。提供必要的资金、场地和政策支持，帮助孵化企业快速成长，成为产业发展的新动力。

（二）构建统筹协同的政策推进机制，打造市场化、法治化、国际化的营商环境

构建以企业为主导的产学研统筹协同的政策推进机制，需要政府、企业、高校和科研机构的共同努力。

一是建立产学研合作联席会议制度。由省科技厅或工信厅作为产学研合作的牵头部门，负责整体协调和推进产学研合作工作。定期召开联席会议，讨论产学研合作的重大问题，协调各方利益，制订合作计划和政策措施。

二是优化政策获取和传播渠道。依托河南省政府服务网，由省科技厅牵头，建立产学研合作政策信息平台，整合各类政策文件、科研计划项目、资金扶持信息等，方便企业快速查找政策信息。

三是加强政策宣传和培训。定期组织政策宣讲会、培训班等活动，向企业、高校、科研机构普及产学研合作政策。利用新媒体渠道（如微信公众号、微博等）发布政策信息，提高政策的知晓率和影响力。

四是建立政策反馈机制。畅通线上线下政策反馈渠道，鼓励企业、高校、科研机构对政策提出意见和建议，以便调整和完善政策，确保政策的针对性和有效性。

五是加强先进地区政策借鉴学习。对标北京、上海、深圳等地，围绕主体培育、人才引育、科研平台、金融服务、政策扶持等创新要素发力，推广

发达省市在技术移民、人才评价机制方面成功的改革经验，加快打造市场化、法治化、国际化的营商环境。

（三）畅通高校院所和企业人才流动机制，打造富有竞争力的人才发展共同体

畅通高校院所和企业人才流动机制是提升河南省创新软环境、增强企业竞争力的关键举措，需要在政策引导、制度改革、产教融合、人才培养等多方面发力。

一是进一步完善人才流动机制。应出台更具吸引力的政策，提供税收优惠、住房补贴、科研经费等激励措施。鼓励和支持高校、科研院所与企业之间的人才流动。改革高校和科研院所的岗位设置和编制管理制度，为流动岗位的设置提供更大灵活性，以人才为纽带，畅通教育、科技、人才良性循环，破除人才培养与技术研发、工程实践脱节，人才供给与产业需求不匹配等问题。

二是深化产教融合和科教融汇。建立学科专业与产业发展相适配的机制，确保人才培养与市场需求紧密对接。加强产教融合和科教融汇的协同机制建设，促进教育、科技、人才三者的良性循环。建立“产业教授”“科技副总”等选聘制度，邀请有实践经验的企业家和科技人才到高校任教或兼职，同时鼓励高校教师到企业挂职锻炼。

三是依托产学研合作项目培养人才。支持哈尔滨工业大学郑州研究院等一流大学研究院开展工程硕博士招生工作，依托产学研合作项目培养产业所需人才。通过产学研合作项目的实施，构建产教融合和科教融汇的新模式，使人才在实践中得到锻炼和成长。

（四）构建大中小企业协同的要素集聚融通机制，打造“以大带小、以小托大”产业生态

构建大中小企业协同创新机制是激发大中小企业创新活力、提升全产业链创新效率、发展新质生产力的重要举措。要以创新为引领，构建大中小企

业协同的要素集聚融通机制，推动大中小企业在核心技术、产品质量和品牌价值上实现协同提升，增强各类企业的核心竞争力。支持链主企业发挥引领作用，组建“企业+联盟”协同创新中心，带动上下游企业共同攻克技术难关，提升自主研发能力。同时，鼓励大中小企业在工业设计方面展开合作，发挥各自优势，提高产品附加值，推动产业向微笑曲线两端延伸。支持大中小企业协同开展品牌工程，通过品牌提升、质量创新和技术标准制定等举措，打造地域名牌和专业品牌，提升整体品牌形象和市场竞争力。鼓励大企业牵头打造全周期的数字化管理平台，运用数字技术拓展大中小企业对接通道，打破创新要素和资源流通壁垒，实现全产业链条的数字化管理。引导大企业向中小企业发布更多采购需求，提升大中小企业供需匹配度。支持大企业将业务和服务向供应链上下游延伸，为中小企业提供全方位的支持和解决方案。鼓励大中小企业协同推进科技成果转化产业化，加强与北京、上海、深圳等创新资源发达地区的协同创新和产业协作，探索以企业为主导的产学研深度融合新模式，培养更多专精特新“小巨人”企业。

（五）建立需求导向的关键核心技术攻关机制，打造高质量关键技术成果供给体系

推进关键核心技术协同攻关是一项系统工程，应建立需求导向的关键核心技术攻关机制，在科学选题、协同融通、资源保障和评价引导等方面形成合力。借鉴浙江、安徽等地成功经验，在科学选题方面强化市场需求导向。加强产学研合作中的需求导向和问题导向。聚焦河南省高端装备制造、新材料、新能源等主导产业和数字经济、生物医药等新兴产业，通过政府引导、企业主体、市场运作的方式，引导企业主动将市场需求转化为科学技术问题，形成科研项目需求清单，与高校和科研院所进行联合攻关。鼓励高校和科研院所深入企业一线，了解企业实际需求，从企业生产中提炼科学问题，开展针对性研究，确保科研成果与市场需求紧密对接。加强省市县联动，组建由龙头企业、科研机构、投资机构等参与的最终用户联合委员会，确保技术需求来源的广泛性和准确性。在协同融通方面优化揭榜挂榜制度。根据市

场需求清单，凝练形成关键核心技术攻关榜单，明确攻关目标、时间节点和奖惩措施。鼓励头部企业联合上下游企业、高校和科研机构组建创新联合体，共同出资、出题、选帅、评价和应用推广，形成产学研用紧密合作的攻关机制。在资源保障方面创新数字赋能攻榜。利用数字化手段，建立关键核心技术攻关在线平台，实现攻关需求与创新资源的智能匹配和高效配置。整合省内高层次专家、科研仪器设备、创新平台等资源，为攻关团队提供全方位支持。在评价引导方面完善评价验榜机制。实行全程跟踪管理，落实“里程碑节点考核制”，加强项目实施期和验证期的评价。充分发挥联合委员会、龙头企业等的作用，以成果质量、实际贡献、成果转化与经济效益为评价标准，确保攻关成果的有效性和实用性。

参考文献

河南省委改革办：《河南省区域创新体系建设与创新能力评价分析报告》，2023年12月。

李斌：《推动企业主导的产学研深度融合的五个着力点》，大河网，https：//4g. dahe. cn/theory/202401261705770。

方斌斌：《加速推动企业主导的产学研深度融合》，《群众》2024年第22期。

杨君：《构建大中小企业协同创新机制》，《河北日报》2025年1月14日。

袁金星：《河南省加强企业主导的产学研深度融合对策研究》，《河南科技》2024年第21期。

吴军：《加强企业主导的产学研深度融合》，《江淮时报》2024年3月8日。

鹿嘉惠：《创新机制推动“政产学研金服用”融合发展》，《安徽日报》2025年1月3日。

B.22 河南省提升专精特新“小巨人”企业创新能力研究

蒋　睿*

摘　要：　专精特新“小巨人”企业以聚焦细分领域、技术领先、深耕产业链关键环节为核心特点，具备专业化、精细化、特色化、创新能力强的高成长性优势。2024 年以来河南省持续发力，深入开展专精特新“小巨人”企业培育工作，为带动河南经济高质量发展作出了重要贡献。在产业布局体系优化、数字技术赋能转型升级、政策体系强力支持的发展机遇面前，应该从提升研发投入强度、构建多层次创新平台体系、完善科技金融支持体系、优化制度促进协同、加速推动数字化转型等方面释放专精特新“小巨人”企业的创新活力，全面提升企业创新能力，推动河南省在深化改革和创业创新创造上奋勇争先。

关键词：　专精特新“小巨人”企业　创新能力　产业链协同

企业是最具创新活力的主体单位，专精特新“小巨人”企业显著拥有创新的特征，成为中小企业发展的核心力量。2011 年，国务院印发《工业转型升级规划（2011～2015 年）》，指出要促进中小企业走“专精特新”发展道路。2016 年，由工业和信息化部牵头，会同国家发展改革委、科技部等七部门联合印发《工业强基工程实施指南（2016～2020

* 蒋睿，黄河科技学院河南中原创新发展研究院讲师，主要研究方向为数字经济、区域经济、创新创业。

年）》，提出培育一批专精特新“小巨人”企业。截至目前，我国已经形成了“创新型中小企业—‘专精特新’中小企业—专精特新‘小巨人’企业—制造业单项冠军企业”的梯度培养模式，培育规模稳步扩大，激励政策不断完善。习近平总书记高度重视促进中小企业发展，支持“专精特新”企业发展，强调中小企业能办大事，要求激发涌现更多“专精特新”中小企业。当今国际形势仍然复杂多变，贸易限制措施显著增多，仍有技术壁垒亟待突破，我国新质生产力发展也需要激发企业创新的内生动力，推动中国式现代化建设。在这样的背景下，专精特新“小巨人”企业创新能力的提升显得愈发重要且尤为迫切。

一　专精特新“小巨人”企业创新能力的重要作用

专精特新“小巨人”企业是中小企业创新发展的突出代表，其创新能力影响着我国产业链供应链稳定，是促进全省产业结构升级、助推经济高质量发展的关键因素，也为企业自身核心竞争力的提升起到了关键作用。

（一）强链稳链固链的主力军

立足国际视野，世界经济复苏动力不强，以技术创新和产业突破为引领的新增长点短期内仍难以形成。全球产业链供应链呈现“本土化”“圈子化”“同盟化”态势，美欧等发达国家和地区持续加强对本国或本地区制造业核心链的干预，引导战略性产业回流，试图削弱中国制造优势。中国作为全球工业体系最完整、配套最齐全的国家，制造业增加值占全球的大约30%，是全球产业链供应链的重要一环。截至2024年11月，我国累计培育出的1.46万家专精特新“小巨人”企业中，制造业企业占总数的90%左右。超过80%的企业分布在集成电路、航空航天等战略性新兴产业链上，更有超过90%的企业为国内外知名大企业提供配套供应业务。可以看出，专精特新“小巨人”企业是我国融入全球产业链供应链体系的主力军，为我国抵抗外部压力，保障产业链供应链韧性、安全发挥了重要作用。

（二）助力区域经济高质量发展的生力军

专精特新“小巨人”企业在经济发展中扮演着重要的角色，对于区域经济高质量发展产生全方位的影响。专精特新“小巨人”企业拥有较强的科技创新能力引领行业的技术创新和产业升级，推动产业向高端化、智能化、绿色化方向发展，优化区域产业结构转型升级，提升区域经济韧性。专精特新“小巨人”企业的创新能力也深刻影响着区域创新体系的建设和完善，进一步促进区域创新生态的形成。作为中小企业中的“优等生”，专精特新“小巨人”企业能够以“链主”企业身份带动相关产业链上下游企业的协同发展，打造出极具地方特色的产业集群，所形成的集群效应有助于降低生产成本，提高生产效率，从而推动区域经济的整体发展。

（三）增强企业核心竞争力的先行军

专精特新“小巨人”企业作为国家创新体系中的“隐形冠军”，对于企业自身来说，创新能力是提升核心竞争力的核心引擎。2024 年“专精特新”中小企业发展大会上发布的《中小企业专精特新发展评价指标体系》针对企业自身专精特新发展确定了专业化、精细化、特色化、创新能力、成长性 5 项指标。将创新能力作为重要指标纳入评价体系，反映出创新能力对于“专精特新”中小企业的重要性。创新是企业可持续发展的不竭动力，专精特新“小巨人”企业专注自身细分赛道，通过持续不断的技术创新、产品创新、市场创新、管理创新，能够帮助企业形成独特的竞争优势，提升产品市场占有率。依据指标体系评价出的结果将与“真金白银”挂钩，成为支持专精特新高质量发展资金安排的重要参考，同时也为企业冲击“制造业单项冠军”做好了铺垫。

二　河南省专精特新“小巨人”企业发展现状

河南省积极响应国家政策，大力培育专精特新“小巨人”企业，形成了逐级提升、特色鲜明、梯度发展的企业培育体系。培育出了包括郑州三磨所、汉威科技在内的多家优秀企业，呈现出规模持续扩大、创新驱动突出、集群效应显著、政策赋能强劲的发展态势，为河南省经济增长作出了巨大的贡献。

（一）数量与梯度培育：形成多层次创新梯队

河南省通过梯度培育体系，持续扩大专精特新“小巨人”企业规模。截至2024年底，全省国家级专精特新“小巨人”企业达414家①，居全国第10位、中部六省第4位；省级“专精特新”中小企业4098家，省级以上“专精特新”企业数量占全省规上工业企业总数的17.3%；创新型中小企业1.82万家；国家制造业单项冠军51家，占全国总数的3.3%，总体上形成了“头部引领、腰部支撑、底部蓄能”的梯队格局。头部企业表现突出，7家专精特新“小巨人”企业年营收超百亿元，占全省超百亿制造业企业的18.9%。

（二）质量与创新能力：技术突破与转型升级并进

河南省“专精特新”企业以高研发投入支撑技术突破。整体省级“专精特新”企业研发经费占营收的比重达7.7%，户均发明专利4.44项，省级及以上“专精特新”企业累计持有有效发明专利10674项，牵头制定各类标准4414项，平顶山平芝高压开关等2360家“专精特新”企业近两年主营业务收入平均增长达10%，新乡豫氢动力等838家“专精特新”企业近两年研发投入强度超过10%，远超全省规上工业企业平均水平。②

具体到2024年入选第六批专精特新“小巨人”的41家企业，累计拥有有效知识产权共4290件，其中有效发明专利871件、实用新型专利3232件。平均每家企业申请了有效知识产权105件，包括有效发明专利21件和

---

① 王凯：《政府工作报告——2025年1月18日在河南省第十四届人民代表大会第三次会议上》，河南省人民政府网，https://www.henan.gov.cn/2025/02-05/3119670.html。

② 2024年12月河南省工业和信息化厅党组书记、厅长李健涛在河南省工业和信息化工作会议上所作主题报告《加快新型工业化 壮大新质生产力 坚定推进制造业立省强省》。

有效实用新型专利79件。

数字化转型与绿色化发展成效显著。“专精特新”企业建成智能工厂860个，占全省的78%，绿色工厂275个，占全省的61%，在全省高端化、智能化、绿色化各类试点示范培育企业中，“专精特新”企业占全省培育企业总量的57%。

（三）行业与区域分布：聚焦战略产业与集群发展

从行业分布来看，89%的省级以上“专精特新”企业分布于新能源、新材料、高端装备等战略性新兴产业，推动河南超硬材料、现代农机装备等集群跻身国家先进制造业行列。79.7%的专精特新“小巨人”企业深耕工业“四基”领域，包括关键基础材料、核心基础零部件等，重点解决“卡脖子”问题。郑州磨料磨具磨削研究所有限公司、汉威科技集团股份有限公司等5家企业成为28条重点产业链中的链主企业，带动产业链整体升级。

从区域布局来看，国家级专精特新“小巨人”企业高度集聚于郑州、新乡、洛阳，形成以郑州为中心的创新高地。郑州市将“专精特新”企业培育纳入全市绩效考核指标体系，进行月汇报、季通报、年排名，形成上下联动、部门协作，共同支持“专精特新”企业发展的良好氛围，目前已累计培育135家专精特新“小巨人”企业，位居河南省榜首；新乡市高度重视专精特新重点“小巨人”培育工作，坚持“一企一策”，加强企业培训和业务指导，取得明显成效，已累计培育67家专精特新“小巨人”企业，居全省第二位；紧随其后的是洛阳市，洛阳市通过持续开展中小企业“六化”建设提升活动和月度入企诊断服务，加速形成头雁企业引领、专精特新“小巨人”企业不断壮大的高成长性企业雁阵，目前已累计培育专精特新“小巨人”企业57家。

三　河南省专精特新“小巨人”企业发展机遇

河南省依托“四高四争先”战略，以科技创新驱动产业升级，持续优化创新生态，为专精特新“小巨人”企业提供了生态协同、技术赋能与政策支持，使其拥有良好的发展机遇。

（一）产业布局体系优化

近年来，河南省委省政府坚定不移推动制造强省建设，积极实施重点产业链高质量发展行动，聚力新型工业化，取得了显著的成效，产业布局的优化为专精特新“小巨人”企业提供了结构性机遇。通过“链式思维”和“集群效应”，企业可深度融入区域创新网络，实现技术溢出与协同创新。

河南省聚焦培育壮大“7+28+N”产业链群，推动“专精特新”企业向产业链“卡脖子”环节渗透，纵向补链强链；依托郑州智能传感器、洛阳轴承、许昌电力装备等国家级产业集群，“专精特新”企业通过共享研发平台、检测中心等资源，降低创新成本，实现了横向集群协同；通过规划建设“郑洛新国家自主创新示范区”“中原科技城”等创新载体，重点布局氢能、量子信息、生物医药等未来产业，通过推动科研机构与企业共建联合实验室，加速技术成果转化，优化创新生态建设。

（二）数字经济基础良好

河南省重视数字经济发展，着力推动企业数字化转型，使数字技术赋能创新全过程，为重构专精特新“小巨人”企业竞争力打下了坚实的基础。河南省推动“5G+工业互联网”融合应用，支持企业构建数字化车间和智能工厂，实现工业互联网与智能制造的深度应用；通过建立“产业大脑”数据平台，汇集海量工业数据，促进产业链上下游企业数字融通发展。截至2023年，累计上云企业22万家，完成5000家规上制造业企业数字化转型诊断，全省“1+50”工业互联网平台体系接入设备883万台次、部署工业App超3600个。河南省专精特新“小巨人”企业可以通过“数据驱动+智能技术”双轮驱动，实现从“经验创新”向“算法创新”的跃迁。

（三）政策体系强力支持

河南省通过“政策工具组合拳”，覆盖企业创新链的“研发—转化—产业化”全流程，构建了“财政引导+金融支撑+制度保障”的政策体系，为专精特新“小巨人”企业的成长提供了沃土。2022 年 3 月，河南省政府联合财政、金融等部门，共同推出“专精特新贷”，通过整合银行、担保、天使风投创投基金等机构力量，采取“银行直贷、银担合作、投贷联动”等融资模式，满足“专精特新”中小企业资金需求。《河南省专精特新企业培育支持办法（试行）》自 2024 年 5 月 1 日起施行。其中，对于处于有效期内的专精特新“小巨人”企业，在年度投资计算区间内用于提升企业创新能力和专业化水平而购置设备、软件的，按照实际投资给予一定比例的后补助，最高不超过 500 万元。支持银行业金融机构向专精特新“小巨人”企业发放授信额度达到 5000 万元的“专精特新贷”信用类贷款。除此以外，《河南省中小微企业发展促进条例》《河南省支持个体工商户和小微企业发展若干措施》《支持中小企业发展财政政策》等政策也为“专精特新”企业进行了精准滴灌，在多重政策的支持下，河南省于 2024 年 12 月 23 日发行了全省第一单知识产权证券化产品——“华泰—洛阳国宏产融知识产权资产支持专项计划（专精特新）”。加之《中共河南省委河南省人民政府关于促进民营经济发展壮大的实施意见》《河南省民营经济促进条例》等政策，共同构建起促进市场经营主体发展壮大的一揽子政策体系，全力推动民营经济和专精特新企业高质量发展。

四　河南省专精特新“小巨人”企业创新能力提升的制约因素

专精特新“小巨人”企业是制造业创新体系中的关键主体，其创新能力直接决定区域产业链的韧性和竞争力。河南省作为中部经济大省，在中小企业培育方面取得了一定的成效，但在全国创新版图中仍处于追赶地位。

（一）研发投入强度不高

R&D 经费投入强度是衡量区域科技创新能力的关键指标之一，深刻影响着区域创新能力的提升。2023 年河南省 R&D 经费投入占 GDP 比重达到 2.05%，低于全国 2.65%的平均水平，与北京的 6.73%、上海的 4.34%等存在显著差距，与中部六省中的安徽、湖南、湖北相比依然不具备优势（见表 1）。站在全省创新投入角度来看，创新土壤不够肥沃。

表 1　2023 年中部六省 R&D 经费投入强度对比

单位：%

省份	安徽	湖南	湖北	河南	江西	山西
强度	2.69	2.57	2.52	2.05	1.88	1.16

科技创新是坐冷板凳、啃硬骨头，需要持续不懈地投入，且具有一定的风险性。从微观角度出发，企业创新能力提升的一个关键因素就是创新资金的投入，河南省地方经济社会调查队 2023 年在河南省范围内开展的“专精特新”企业创新情况专题调研数据显示，45.4%的企业认为资金匮乏是企业创新发展的障碍性因素①，中小型企业由于融资渠道受限等原因，科研资金缺口较大。

（二）创新平台能级与协同失效

创新平台数量不多。截至 2024 年底，河南省拥有国家重点实验室 22 家，占全国总数的比重不到 4%。② 已有实验室主要集中于粮食安全、生物医药、先进制造等传统领域，与“专精特新”企业需求错配。科技创新链

① 赵杨等：《河南省“专精特新”企业创新发展研究》，载李迎伟主编《2024 年河南经济形势分析与预测》，社会科学文献出版社，2024。

② 重组后全国总数量尚未完全公布，以《关于加强国家重点实验室建设发展的若干意见》中提出的“实验室经优化调整和新建，数量稳中有增，总量保持在 700 个左右”为总量参考。

条存在结构性断层，既缺少聚焦“从 0 到 1”基础研究的重大基础研究平台，也缺乏支撑“卡脖子”技术攻关的集成化创新载体，导致区域创新体系呈现“中端突出、两端薄弱”的特征，对现代化产业体系的战略支撑作用尚未充分释放。

产学研协同面临双向困境。一方面，高校科研成果转化率低，成果以课题为导向，缺乏围绕产业发展开展针对性的成果研究，与企业实际产品需求匹配度低。另一方面，企业与高校、科研院所之间未建立起有效的沟通桥梁，导致企业参与积极性不高。

（三）金融资源约束与渠道单一化

专精特新“小巨人”企业依托专利集群构建技术壁垒，却深陷研发高投入与资产低抵押的融资矛盾。目前，河南省专精特新“小巨人”企业面临金融资源约束问题，中小企业因财务透明度低，面临更高的信贷配给。《2024 年股权投资年度白皮书》显示，河南省专精特新“小巨人”上市企业 IPO 数量 2023 年为 3 件，2024 年为 2 件，领先湖北省和湖南省，居全国第 10 位，非上市企业融资件数 2023 年为 16 件，2024 年为 10 件，居中部地区第 4 位，与第一梯队存在明显差距（见图 1、图 2）。

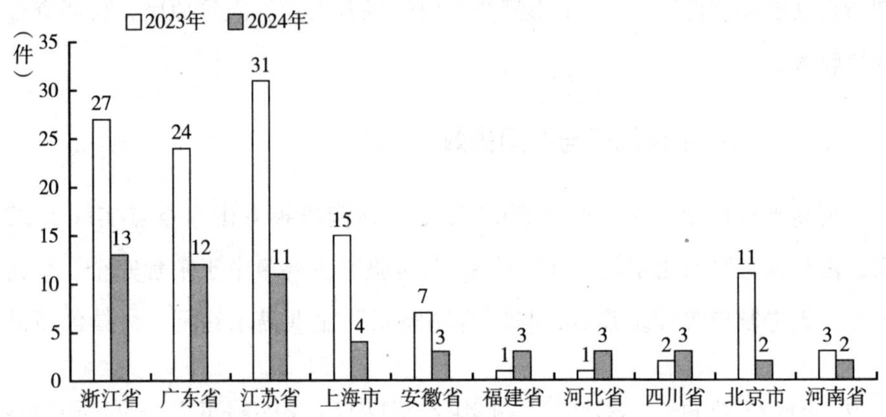

图 1　2023 年、2024 年专精特新“小巨人”IPO 数量地区分布 TOP10

资料来源：鲸准数据（cloud. JINGDATA. com）。

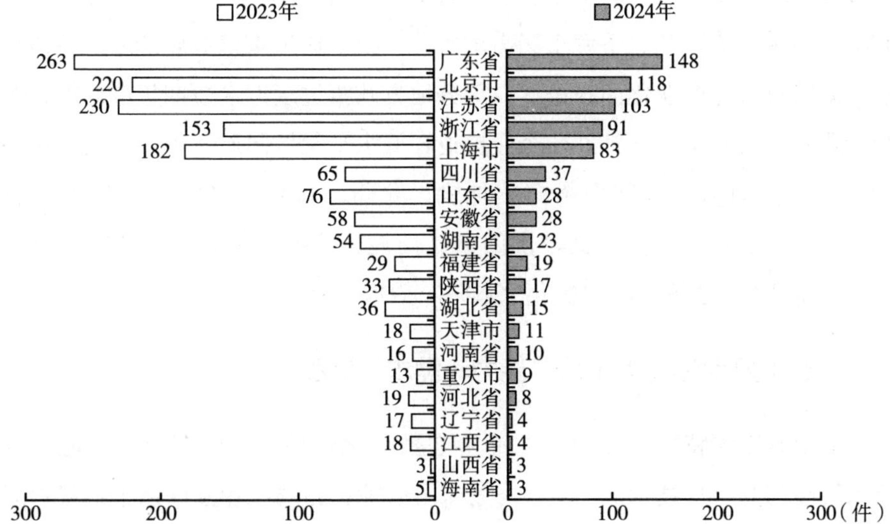

图 2　2023 年、2024 年专精特新“小巨人”非上市企业融资件数地域分布 TOP20

资料来源：鲸准数据（cloud. JINGDATA. com）。

专精特新“小巨人”企业多数拥有丰富的专利技术，利用知识产权进行融资是科技型中小企业破解资产困局的核心突破口，与广东、浙江、上海等地知识产权融资情况相比，河南存在融资总量少、融资形式单一等问题。近年来，我国知识产权证券化呈有序发展态势，在资产类型、业务模式、风险管理、参与范围等多个方面取得显著进展，知识产权融资活力逐步释放，领跑全国的深圳市截至 2024 年共发行 98 单总计 217. 41 亿元的知识产权证券化产品，但是河南省在 2024 年 12 月 23 日才发行全省第一单知识产权证券化产品。

（四）产业链协同存在“孤岛效应”

河南省“7+28+N”产业链群中，仅 5 家专精特新“小巨人”企业担任链主，且多集中于传统装备制造领域。以超硬材料产业链为例，郑州磨料磨具磨削研究所有限公司虽为链主，但其上下游中小企业技术协同度不高。产业链各环节的碎片化与割裂性，导致技术、资源、信息等要素流动受阻，难以形成系统性创新合力。专精特新“小巨人”企业聚焦细分领域的技术突破常与中游制造工艺、下游市场需求脱节，技术成果难以适配产业链整体需求，研发投入与产业化回报失衡。部分地方政策过度追求短期集群规模，忽视产业链纵向分工的互补性，企业被迫在低水平领域同质竞争，削弱了协同创新的内生动力。区域失衡持续加剧，郑州、新乡、洛阳三市集聚全省62%的“小巨人”企业，而黄淮四市（商丘、信阳、周口、驻马店）合计占比不足7%，区域创新“极化—塌陷”效应显著。

（五）数字化转型出现“能力—需求”错配

河南省专精特新“小巨人”企业在数字化转型中面临多维度的能力与需求脱节问题。从技术能力看，尽管部分企业已布局工业互联网平台或智能设备，但超过一半的企业仍停留在单点信息化阶段，核心生产环节的数字化覆盖率不高，且系统间数据接口标准缺失导致“数据孤岛”现象普遍。人才层面则面临着“技术—产业”复合型人才短缺的问题，数字化团队对生产工艺的理解不足，导致技术方案与业务场景适配性差。资源投入上，企业偏好硬件设备采购，但忽视数据治理与流程重构，设备采集数据利用率不高，形成“高投入低效能”陷阱。

五　河南省专精特新“小巨人”企业创新能力提升对策建议

河南省专精特新“小巨人”企业作为区域创新体系的核心载体，其能力提升需突破资源约束、制度摩擦与生态失衡的多重瓶颈，需持续跟踪政策效果，动态优化实施路径，最终形成具有河南特色的“专精特新”企业培育范式，为中部地区创新驱动发展提供实践样板。

（一）提升研发投入强度，激发企业创新活力

以全国平均研发投入强度水平为目标，制订短期与长期计划，提升河南

省整体研发投入强度。借鉴内蒙古自治区科技投入刚性增长机制，强化政府财政引导，加大财政科技支出比重，设立省级研发专项基金，落实企业研发费用加计扣除、研发后补助等政策，激励企业增加研发投入。

推动规上工业企业研发活动全覆盖，支持链主企业牵头组建创新联合体，建立研发准备金制度。强化企业创新主体地位，提升其在科技项目中的话语权，彻底激发企业主体创新活力。

（二）构建多层次创新平台体系，满足企业创新需求

从塔尖、塔身、塔基三个层次推进，打造“金字塔”形创新载体：塔尖——争创国家重点实验室、国家技术创新中心等国家级平台，联合省内外顶尖科研力量攻关“卡脖子”技术；塔身——依托中原科技城、中原农谷等“三足鼎立”创新格局，布局更多省实验室，升级中试基地功能，集聚高端资源，进一步优化资源配置以支撑研发转化，持续深化产业创新联合体建设，在河南全省实现主导产业、战略性新兴产业和未来产业优势领域创新联合体建设全覆盖；塔基——支持专精特新“小巨人”企业建设工程技术研究中心、重点实验室，覆盖企业创新需求。

借鉴安徽省“政产学研金服用”融合贯通机制，推动更多科技成果从“实验室”走向“应用场”，引导创新资源与市场需求高效对接，促进创新主体高效协同，以科技创新协同赋能专精特新“小巨人”企业成长。

（三）完善科技金融支持体系，破解企业融资约束

通过创新金融产品与服务，推广“专精特新贷”升级版，借鉴广东省“政府贴息+银行让利+保险增信+租赁补贴+风险共担”的技改金融政策，调整单户贷款上限。湖北省推出“专精特新贷”“小巨人贷”等专属信贷产品，国家级“专精特新”企业贷款加权平均利率为 3.44%，河南省可参考湖北省平均利率水平，适当下浮利率。借鉴深圳知识产权证券化模式和上海知识产权融资租赁模式，通过知识产权质押、证券化、融资租赁等工具，将技术成果转化为可量化的信用资产，突破传统信贷依赖有形担保的桎梏，激

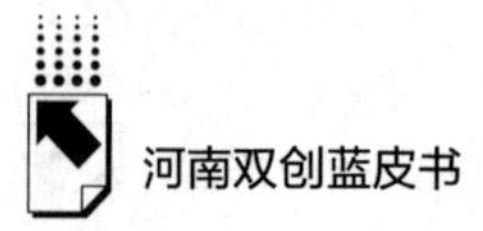

活专精特新“小巨人”企业“沉睡”的无形资产，同时倒逼企业完善知识产权管理体系，形成“技术确权—价值释放—资本反哺”的良性循环。利用好中原股权交易中心专精特新专板，提供股权登记、质押融资、并购重组一站式服务，吸引社会资本参与早期投资。

（四）优化制度促进协同，构建优质创新生态

提升政策执行精准度是激发河南省专精特新“小巨人”企业创新活力的关键。精准识别企业需求，分类制定政策，对研发投入高但资金紧张的企业提前预拨一定比例的研发补贴，缓解企业压力，对产品技术先进但市场难打开的企业，政府优先采购产品，或帮助对接上下游企业；打通数据“孤岛”，针对重点产业链，把研发补贴、技改支持、市场推广等政策“打包”成“政策套餐”；定期“体检”政策效果，根据企业需求对政策进行动态调整。实施“区域差异化考核”机制，对于郑州、洛阳等创新高地侧重创新质量指标上的考核，对黄淮四市侧重创新增量指标上的考核，避免“一刀切”，最大限度调动各地市专精特新“小巨人”企业提高创新能力的积极性。

强化产业链协同创新。实施“链主企业培优计划”，遴选30家专精特新“小巨人”企业给予“链主”资格，赋予其产业链技术标准制定权、创新联合体组建权。支持链主企业牵头制定产业链技术标准，推动行业规范化发展；每年给予链主企业专项经费，用于组建“创新联合体”，联合上下游企业、高校院所开展“卡脖子”技术攻关，优先支持联合体申报省级重大专项；链主企业通过技术授权、订单分包等方式带动100家配套中小企业升级，政府按技术交易额10%给予链主奖励。

（五）加速推动数字化转型，技术赋能创新能力提升

降低数字化转型门槛，实施数字化普惠工程，开展数字化转型试点补助工作，对汽车零部件、新型高端装备等细分行业专精特新“小巨人”企业，按改造费用的适当比例给予补助，优先支持有技术基础或获省级以上荣誉的

企业。搭建公共服务平台与行业协同生态，依托行业级数字化平台推动工业软件云化，降低企业技术部署门槛。持续开展数字化转型辅导，联合科技评估机构、电信企业等提供数字化解决方案定制服务，提升专精特新“小巨人”企业技术应用能力。

参考文献

丁华：《知识产权金融赋能科技型中小企业创新发展：作用机理、现实困境与政策建议》，《管理学刊》2024 年第 5 期。

牛雪妍：《河南专精特新“小巨人”企业发展对策研究》，《生产力研究》2024 年第 9 期。

王彦林、王莉：《新发展格局下“专精特新”企业创新能力提升的困境与出路》，《当代经济管理》2023 年第 9 期。

杨袆、杨艳萍：《专精特新“小巨人”企业发展质量研究：内涵框架、评价体系与改进策略》，《宏观质量研究》2024 年第 6 期。

B.23

河南省深化高校科技创新体制机制改革研究*

宋　瑜**

摘　要：　高校作为国家战略科技力量的重要组成部分，要不断深化科技创新体制机制改革，为国家和区域经济高质量发展提供坚实基础。河南高校科技创新发展不断加速，但存在投入不足、经费利用效率低、高端人才不足、组织机制不健全等制约因素。河南高校体制机制改革应从加大科研投入、提高投入效率、引育高端人才、健全组织机制、完善评价机制和成果转化机制等方面进行路径探索，持续深入推进河南高校科技创新体制机制改革，将河南高校深度融入河南“三足鼎立”科技创新大格局，这也是当前河南高校发展的重中之重。

关键词：　河南高校　科技创新　体制机制改革

党的二十大报告强调要完善科技创新体系，加强科技基础能力建设、深化科技体制改革，提升国家创新体系整体效能。《中共中央关于进一步全面深化改革 推进中国式现代化的决定》中指出要完善高校科技创新机制，提高成果转化效能，优化重大科技创新组织机制。2024 年 12 月的中央经济工作会议再次强调要用科技创新引领新质生产力发展。

---

* 本文系 2025 年度河南省哲学社会科学教育强省研究项目“河南省高校科创生态优化驱动科教兴省的实现路径研究”（项目编号：2025JYQS0417）、2025 年度河南省高等学校重点科研项目“新质生产力视域下河南高校科技创新效率提升路径研究”（项目编号：25B790012）的阶段性研究成果。

** 宋瑜，黄河科技学院河南中原创新发展研究院高级经济师，主要研究方向为区域经济、高等教育、创新发展。

2024年8月河南省委十一届七次全会召开，强调要创新突破、蓄势增能。加强产学研深度融合，深化高校“三个调整优化”，持续优化创新生态，完善提升“三足鼎立”科技创新大格局。2024年12月，省委经济工作会议上进一步提出要深入实施创新驱动、科教兴省、人才强省战略，开展高校科技助企赋能行动、高价值科技成果转化行动。

一 河南高校科技创新体制机制改革的重大意义

高校作为基础研究和前沿技术原始创新的主要源头，是推动科技创新，提升国家创新体系整体效能的重要力量。在中央和省委持续强调科技创新的大背景下，推动河南深化高校科技创新体制机制改革，提升高校科技创新效率刻不容缓，意义重大。

（一）发挥高校在科技创新中重要作用的内在要求

高校是国家战略科技力量的重要组成部分，是基础研究的主力军和重大科技突破的策源地。高校是教育、科技、人才有效融合的枢纽，是培育创新技术和未来产业的源头活水。高校科技创新可以前沿技术领域研究促进特色学科建设，以高水平科研反哺高素质人才培养，以高质量的科研推动高效益的成果转化。高校作为国家创新体系的重要组成部分，取得了一批重大科技成果，但还存在着诸多不足，面临着不少困难和问题。不断深化高校科技创新体制机制改革，充分发挥高等院校在区域创新体系中的重要作用，增强高校科技创新能力，对河南经济社会发展具有十分重要的意义。

（二）发展新质生产力的迫切需要

2023年9月，习近平总书记在黑龙江考察时首次提出“新质生产力”。后又多次强调，“发展新质生产力是推动高质量发展的内在要求和重要着力点”“新质生产力已经在实践中形成并展示出对高质量发展的强劲推动力、支撑力”。[①] 新质生产力具有高科技、高效能、高质量特征，其核心要素就是科技创新。高校的科技创新能力是发展新质生产力的重要基础，可为新质生产力发展提供持续动力，打通束缚新质生产力发展的堵点卡点。深化高校科技创新体制机制改革有助于为新质生产力形成提供原创性科技，深化高校科技创新体制机制改革有助于培育新产业新业态推动新质生产力发展，深化高校科技创新体制机制改革有助于为新质生产力形成提供高层次科技人才，深化高校科技创新体制机制改革有助于搭建创新创业平台推动新质生产力形成和发展。

（三）河南深入实施十大战略的必然路径

河南省委省政府以前瞻30年的眼光想问题、作决策、抓发展，将创新驱动、科教兴省、人才强省战略摆在全省“十大战略”之首，确立了建设国家创新高地和重要人才中心的奋斗目标。河南出台了《关于加快构建一流创新生态建设国家创新高地的意见》等重要文件，聚焦全链条打造一流创新生态，科技创新的活力被不断激发。河南深入实施十大战略要求深化河南高校科技创新体制机制改革，提升高校创新源头供给能力。河南建设国家创新高地的一个关键点在于“科技人才”的培养，这需要高校发挥在教育、科技、人才“三位一体”中的战略支点作用。只有不断深化河南高校科技创新体制机制改革，提升高校创新效率，做强创新平台，壮大创新主体，集聚创新人才，充分发挥高校在区域创新体系中的重要作用，才能完善河南创新体系，做强创新平台，壮大创新主体，集聚创新人才，才能为高质量建设现代化河南、高水平实现现代化河南提供强大智力支撑。

二　河南高校科技创新体制机制建设现状

河南十分重视科技创新，科技创新已经成为河南现代化发展的主旋律和

① 《习近平在中共中央政治局第十一次集体学习时强调 加快发展新质生产力 扎实推进高质量发展》，共产党员网，https://www.12371.cn/2024/02/01/ARTI1706757756489793.shtml。

最强音。近年来，在创新驱动、科教兴省、人才强省战略的持续实施下，河南科技创新体系不断完善，河南高校科技创新体制机制建设取得长足进步，高校科技创新效率不断提升。

（一）河南高校科技创新基础不断夯实

截至 2024 年 6 月 20 日，全国普通高等学校共计 2868 所，河南普通高校达 174 所，超过江苏的 172 所，首次成为全国普通高校数量第一的省份。过去 10 年，河南新增高校 45 所，也是此阶段全国新增高校数量最多的省份。[①] 2023 年底，全省普通高等学校专任教师 15.71 万人，比 2022 年增加 0.72 万人；在校生人数 295.62 万人，比 2022 年增加 13.29 万人；中副高级及以上专业技术职务 4.71 万人（其中，正高级 1.05 万人），占总数的 30.85%；硕士研究生及以上学历 9.74 万人（其中，博士研究生 2.80 万人），占总数的 63.71%；研究生毕业生 2.75 万人（其中，博士研究生 771 人），招生 3.52 万人（其中，博士研究生 1588 人），在学研究生 9.90 万人（其中，博士研究生 6088 人）。2023 年河南全省共投入研究与试验发展（R&D）经费 1211.66 亿元，比上年增加 68.41 亿元，增长 6.0%。其中，高等学校经费支出 68.19 亿元，高等学校经费支出所占比重为 5.6%。[②] 河南高校数量、教师数量、研究生数量以及 R&D 经费投入的不断增加，为河南高校科技创新提供了必要的基础。

（二）河南高校科技创新支持政策不断完善

近年来，河南为推动创新驱动、科教兴省、人才强省战略实施，加快构建一流创新生态、建设国家创新高地，进一步提升高校科技创新能力和服务经济社会发展水平，不断完善推动河南高校科技创新的政策制度，为河南高校科技创新体制机制改革提供了指引。

---

① 《有变化！河南晋级全国“高校数量第一省”》，大河网，https：//news.dahe.cn/2024/06-23/1775422.html。

② 河南省统计局：《2023 年河南省研究与试验发展（R&D）经费投入统计公报》。

2020 年 5 月，河南省教育厅印发《河南省高校科技创新团队支持计划实施办法》和《河南省高校科技创新人才支持计划实施办法》，以期加快高校高层次创新人才的培养步伐，有效提升高校基础研究和科技创新能力。2020 年 10 月，河南省教育厅、河南省财政厅等部门联合发布《关于进一步促进高等学校科技成果转移转化的实施意见》，提出要创新管理，建立健全高校科技成果转移转化体制机制。2021 年 11 月，河南省人民政府办公厅发布《关于提升高校科技创新能力的实施意见》，提出了河南高校 2035 年的发展目标和实施提质增能计划等主要任务以及强化机制改革等保障措施。2022 年 1 月，河南省人民政府办公厅印发《河南省支持科技创新发展若干财政政策措施》，提出实施“双一流”创建工程，推动更多高校进入“双一流”建设行列，支持打造一流人才政策体系等措施。新修订的《河南省科学技术奖励办法》自 2025 年 3 月 1 日起施行，将进一步调动高校等科技工作者的积极性和创造性。

（三）河南高校科技创新体制机制改革取得一些成果

河南通过实施提质增能计划、战略支撑计划、产业对接计划、团队引育计划、协同发展计划等措施，助推高校科技创新体制机制改革，河南高校科技创新能力不断提升。2021 年以来，全省高校本科专业点新增 503 个、撤销 164 个；聚焦集成电路、量子信息、氢能与储能等未来产业，布局建设 7 个省级未来技术学院；对接新型材料、先进装备、新能源汽车、电子信息等重点培育产业链，立项建设 58 个现代产业学院、100 个特色行业学院。2024 年前 9 个月，全省省属高校有 89 个学科进入 ESI 全球前 1%、5 个学科进入 ESI 全球前 1‰，分居全国各省份省属高校的第 5 位和第 4 位；博士硕士高校和学位点立项建设取得历史性突破，新增 2 所博士高校、4 所硕士高校、44 个博士点、210 个硕士点。①

① 《积极推进“三个调整优化”河南高等教育起高峰》，河南省人民政府网，https：//www. henan. gov. cn/2024/09-20/3065018. html。

2023 年河南省三种专利申请总数为 176579 项，比 2022 年增长 4.4%，其中大专院校专利申请数量为 14029 项，占比 7.94%。2022 年河南省三种专利申请总数为 169106 项，其中大专院校专利申请数量为 17464 项，占比 10.33%；2021 年河南省三种专利申请总数为 167550 项，其中大专院校专利申请数量为 21391 项，占比 12.77%（见图 1）。

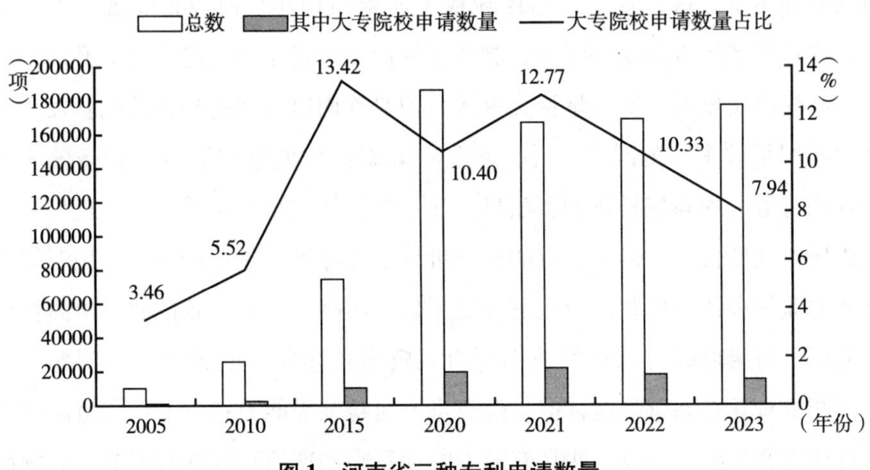

图 1　河南省三种专利申请数量

资料来源：《河南统计年鉴（2024）》。

三　河南高校科技创新体制机制改革的制约因素

河南高校科技创新体制机制改革取得了可喜的成绩，但仍面临高校科研经费投入不足、效率不高，高校科技创新高端人才不足，高校科技创新组织机制不健全，高校科技创新评价机制不完整，高校科技创新成果转化机制需进一步优化等制约因素。这些因素很大程度上制约了河南高校科技创新能力的发挥和整体效能的提升，需要持续深化河南高校科技创新体制机制改革，打通河南高校科技创新体制机制改革的痛点、堵点。

（一）河南高校科研经费投入不足、效率不高

2023年，中国高校R&D经费支出总量为2753.3亿元，比上年增长12.1%；河南高等学校研究与试验发展（R&D）经费支出68.19亿元，比上年下降2.8%。[①] 相比全国高校R&D经费支出总量的快速增长，河南高校R&D经费投入明显不足，这也直接或间接导致了河南高校在科研设备购置、人才引进、项目开展等方面受到限制，制约了河南高校科技创新能力的提升。

高校科技创新需要大量资金投入，但是河南财政对高校科技创新投入资金存在“低效率”的问题。财政资金决策流程烦琐导致资金不能高效率地配置到有潜力的高校科技创新项目，使一些科技项目进展缓慢，甚至导致科技成果时效性丧失，错失应有的商业价值；部分财政支持资金在使用时缺乏有效的监管和评估机制，导致资金使用效率不高，不能有效推动河南高校科技创新。河南财政对高校科技创新投入资金还存在“低容错”的问题。科技创新本身具有高风险性，但是财政资金风险承受能力相对不足，对高风险项目缺乏宽容度，导致一些具有潜力的项目在初期遇到困难时因资金问题而失败；决策者为了降低资金损失的可能性，更倾向于选择相对保守的项目进行投资，而这些项目往往缺乏创新性，这种保守的决策方式导致了投入高校科技创新的财政资金使用效率偏低。

2023年河南省三种专利授权总数为109957项，比2022年下降近20%；其中大专院校专利申请数量为9248项，占比8.41%，比2022年减少2926项，占比下降0.54个百分点。且自2021年以来连续下降，并低于2020年的授权数量和占比。专利授权数量的连年下降也在一定程度上反映出河南高校科研投入的不足以及河南高校科技创新质量提升能力的不足（见图2）。

（二）高校科技创新高端人才不足

截至2023年底，河南每万人就业人员中R&D人员为29.2人，仅相当

---

① 《河南统计年鉴（2024）》。

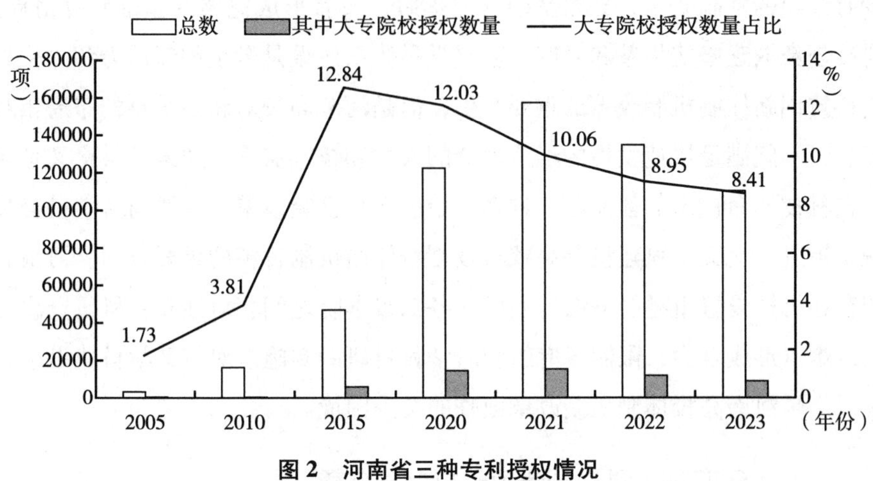

图 2　河南省三种专利授权情况

资料来源：《河南统计年鉴（2024）》。

于全国平均水平的 47.2%；且河南 R&D 人员中硕博人数的占比偏低。在豫全职两院院士仅 24 名，占全国总数的 1.4%，远低于湖北等省份的数量（湖北 80 名、安徽 38 名、湖南 35 名、陕西 66 名）。[①] 河南高水平高校数量少，直接导致本土培育的高端人才数量不足，也造成对高端人才的吸引力不足，高层次人才和团队的引育能力都不佳。高学历人才的缺乏，影响了河南高校在科研和教学方面的质量。高素质科技创新人才数量不足，尤其是“高精尖缺”高层次创新领军人才严重不足，不能满足河南高校科技创新的需求，制约了河南高校科技创新效率的提升。

（三）高校科技创新组织机制不健全

河南普通高校数量已跃居全国第一，但是“双一流”高校只有郑州大学和河南大学，缺乏高质量大学是制约河南高校科技创新能力提升的重要因素。办学水平不足造成诸多河南高校的科技创新组织机制落后，对科研工作缺乏高站位的战略布局和系统性的规划。对基础学科的投入和重视不足，缺

① 《中国统计年鉴（2024）》。

少有组织的基础研究，导致基础研究落后，没有形成完整的基础研究格局，科技创新缺乏坚实根基和底座。新兴学科体系建设是激发创新活力和深化高校科技创新体制机制改革的重要牵引，但是河南高校对新兴学科的布局相对滞后，不能满足快速发展的经济社会的人才和技术需求。加强学科交叉是新一轮科技革命提出的新命题，许多原始创新早已突破单一学科向多学科交叉融合迈进，交叉学科建设是高校科技创新体制机制改革的重要方向。河南高校存在机构设置重叠、分散等问题，各二级学院之间相对独立，科研资源分散，难以形成合力，限制了有组织跨学科科研的实施。对交叉学科建设推进缓慢，是河南高校体制机制改革面临的又一困境。

（四）河南高校科技创新评价机制不完善

河南高校科技创新评价机制还不够完善，部分高校存在评价机制简单化和绝对化的问题，“五唯”倾向没有完全破除。以数量为导向而忽视成果质量和创新性，导致高校科研人员追求成果数量而淡化了成果的深度和广度；以个人成果为导向而忽视高校科研人员在教学、学生培养、团队协作等方面的贡献，导致科研人员对科研活动缺乏长远规划，降低科研团队的凝聚力，不利于科技创新能力的提升；以结果为导向而忽视过程评价，评价机制单一，没有充分考虑不同学科之间的差异性，导致对跨学科科研成果的评价不够科学，降低了高校科研人员进行跨学科科技创新的积极性。在高校人才评价机制上还存在“唯学历”“唯职称”的倾向，缺乏对综合素质、创新能力等软实力的评价标准。河南高校中的人才评价以校内评价为主，缺乏更为公正全面的社会评价。评价机制中注重的评价结果与人才实际应用存在偏差，有些有实际应用价值的科研成果却不纳入科研评价体系，降低了高校科研人员在这些领域的创新积极性。

（五）河南高校科技创新成果转化机制需进一步优化

河南高校科技创新成果转化的激励机制不完善，高校科研人员存在“不想转”“不敢转”的问题，缺乏将成果转化为现实生产力的意识和动力，他们更关注学术研究和个人职业发展，而忽视了成果转化的社会价值和经济效益；转化渠道不畅导致科研成果难以有效对接市场，缺乏技术经理人等中介机构和人员的帮助，导致高校科技成果转化困难，高校科研团队缺乏转化动力。

产学研深度融合是高校科技创新成果转化为经济效益的重要途径。河南大力推动产学研协同创新，已累计投入财政专项经费 9 亿元，引导规上企业与高校共建 1503 家研发中心，河南产学研合作取得一定成绩，但是仍存在“不稳定、不持续”的问题。部分产学研合作机制不完善，合作目标、责任分工、利益分配、知识产权归属、经费投入等方面缺乏长期稳定的合作框架，合作各方易出现摩擦和分歧，造成合作的不稳定、不持续，进而影响高校科技创新成果转化效率。

四　河南高校科技创新体制机制改革的路径探索

面对河南高校科技创新体制机制改革中的诸多制约因素，河南高校体制机制改革应从加大科研投入、提高投入效率、引育高端人才、健全组织机制、完善评价机制和成果转化机制等方面进行路径探索，持续深入推进河南高校科技创新体制机制改革，将河南高校深度融入河南“三足鼎立”科技创新大格局，这也是当前河南高校发展的重中之重。

（一）加大高校科技创新经费投入，提升经费使用效率

高校科技创新难度大、周期长，需要大量资金支持，政府应加大对河南高校科技创新的财政支持力度，为河南高校科技创新活动提供长期、充足、稳定的资金保障。

一是充分整合政府、金融机构、企业、科研机构等多方资源，建立联合支持机制，拓展多元化的河南高校科技创新资金筹措方式和渠道，通过设立专项基金、种子基金、风险投资、科技贷款等鼓励国内外企业、社会团体和个人投资高校科技创新活动。

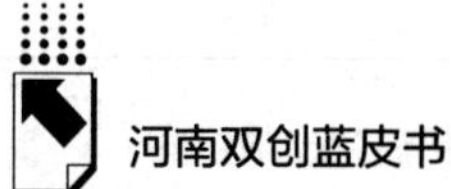

二是加强金融对河南高校科技创新活动的赋能，探索科技金融结合的新模式，提供供应链金融、知识价值信用贷款、预期收益质押、知识产权证券化、科技保险等方式，推动河南高校科技创新。

三是合理配置经费资源，简化财政资金审批拨付流程，建立经费使用动态调整机制，加强经费使用审计监督，提高经费使用效率。提升财政资金对高校科技创新活动的容错度，探索更加合理有效的风险承担机制，大胆支持创新型项目。

（二）加强高校科技创新高层次人才和团队引育

一是加强“双一流”高校建设，提升河南高校整体办学水平，同时创建高水平创新平台、院士工作站、高端科研院所等平台，为吸纳更多高层次人才提供沃土。

二是构建人才、团队一体引育机制，为留在河南高校和引入河南高校的高层次人才提供优惠政策，解决其家属就业、子女入学、家庭居住等后顾之忧。优化创新人才队伍结构，建立创新人才梯次培育机制，持续实施河南高校创新团队和创新人才支持计划，为河南高校持续培养高层次创新团队和创新人才，尤其是对“高精尖缺”高层次创新领军人才实行一人一议，给予最大限度的政策扶持和经济支持。加大对本土硕士、博士研究生的培养力度，增加创新型学科的招生人数，选拔优秀硕博生进行重点培养。设立河南高校人才引育专项资金，完善人才培养、引进、使用、评价、流动、激励等机制，加快构建具有吸引力和竞争力的人才制度体系，吸引更多高层次人才加入河南高校，激发河南高校创新活力。

（三）健全高校科技创新组织机制

河南高校要深化科技创新体制机制改革，就要优化科技创新组织机制，破除体制机制障碍，持续激发高校科技创新潜能。

一是要强化基础研究，基础研究是科技创新的基础和起点，基础研究做扎实，才能为高水平科技创新提供不竭动力。

二是要重视有组织的科研，提高高校科研活动的组织程度，搭建科研平台、组建科研团队，提供科研信息和软硬件设施便利，通过有组织的科研，提升高校科技创新能力。

三是要加强常态化学科动态调整机制，加快新兴学科布局。河南高校要从河南的实际产业需求出发，培养更加适应河南经济产业发展需要的新兴技术人才，积极推进新兴学科、特色专业的设置，对不适应经济社会发展需要的专业果断转型或裁撤，提升高校资源利用效率。

四是要推动交叉学科建设，通过学科交叉融合推动科技创新改革，加强顶层设计，改革机构设置和科研组织制度，完善科研人员在不同单位、不同学科进行科研活动的考核机制，为交叉学科科技创新提供体制机制保障。

（四）探索更加灵活的高校科技创新评价机制

建立科学灵活的科技创新评价机制是河南高校科技创新体制机制改革的关键环节，河南高校要加强全局性全面性灵活性设计。

一是构建科技创新成果纳入岗位聘任、职称评审、绩效考核、评优评先等综合评价体系。破除“五唯”倾向，在重视科研成果数量的同时更要重视科研成果的质量和创新性，强化团队协作，重视对团队贡献的评价，增强科研团队凝聚力。

二是制定完善的过程评价、综合素质评价、软实力评价标准，完善高校人才多单位多岗位科研成果互认机制，实行“双聘用、双考核、双绩效”，鼓励高端人才在多领域进行科技创新。建立以创新能力、质量、实效、贡献为导向的科技人才分类评价体系。在校内评价的基础上增加更为全面的社会评价，保证河南高校科技创新评价的公正性。注重评价结果与实际应用的紧密结合，提升高校科研人员的创新积极性。

（五）优化高校科技创新成果转化机制

一是优化河南高校科技创新成果转化激励机制，对职务科技成果转化增加强制时效性要求，明确科研团队的转化目标和责任；明确成果转化收益分配机制，明晰科技成果转化后的权益归属，让高校科研人员能够享有应有的所有权或长期使用权。

二是在涉及国有资产管理的科研成果转化上，还要破除国有资产管理机制的限制，为高校科技创新成果转化“松绑”。

三是在思想上强化高校科研人员对科技成果转化重要性和紧迫性的认识；畅通科技成果转化渠道，完善中介机构和人员等配套机制，激发高校科研人员对科技成果转化的原动力。

四是完善产学研合作机制，充分发挥高校优势，推进产学研深度融合，提升高校科技成果转化效率。制定产学研长期稳定合作的框架机制，减少合作各方的摩擦和分歧。探索多样化的产学研合作模式，如美国威斯康星校友研究基金会模式、第三方模式、技术转移办公室模式等，日本的共同研究制度和委托研究制度等；探索实施财政资金支持成果转化的“先投后股”模式、存量专利成果“先用后转”模式、科研团队“技术入股+现金入股”模式、职务科技成果“限时转化”模式。通过制度模式创新为产学研合作提供优质基础；同时，建立健全相关法律机制，为产学研深度融合提供有力保障，从而推动高校科技成果转化机制改革优化。

参考文献

《中共中央关于进一步全面深化改革 推进中国式现代化的决定》，2024 年 7 月 18 日中国共产党第二十届中央委员会第三次全体会议通过。

中共河南省委、河南省人民政府：《关于加快构建一流创新生态建设国家创新高地的意见》，2021 年 12 月 26 日。

宋保维：《以支持全面创新为引领 深化高校科技体制改革》，《中国高等教育》2024 年第 17 期。

孙友宏：《行业特色高校统筹推进教育科技人才体制机制一体改革的优势与实践》，

《中国高等教育》2024 年第 17 期。

戴爱国:《在统筹推进教育科技人才体制机制一体改革上展现高校作为》,《新湘评论》2024 年第 18 期。

王娟、姚丽苹、张园:《高校全面深化改革支撑河南一流创新生态建设路径探析——以河南科技大学为例》,《河南教育》(高等教育)2023 年第 11 期。

曹萍、冯军福:《我省高校科技创新蓄力再出发》,《河南日报》2024 年 2 月 8 日。

B.24 河南省完善"两城一谷"和科创平台高质量运行体制机制研究

郭志远*

摘　要： 科创平台作为现代科技创新体系的重要组成部分，在集聚创新资源、汇聚创新资本、凝聚创新人才、孵化创新企业以及促进科技成果转化落地等方面具有至关重要的作用。近年来，河南不断加大科技创新投入，全面深化创新发展综合配套改革，科创平台建设取得了显著成效，但仍存在投入主体单一、高能级平台数量不足、成果转化率偏低等问题。必须以进一步全面深化改革为动力，切实完善"两城一谷"和科创平台高质量运行体制机制，为现代化河南建设、为谱写新时代中原更加出彩的绚丽篇章注入强大的动力支撑。

关键词： 两城一谷　科创平台　体制机制

在全球新一轮科技革命与产业变革的浪潮中，科技创新平台正在日益成为各国及地区争夺科技创新乃至未来发展战略制高点的关键支撑。近年来，河南全面落实创新驱动发展战略，将创新置于现代化建设的核心地位和发展的首要逻辑起点，持续加大创新投入力度，加速推进科技创新平台建设，中原科技城、中原医学科学城、中原农谷"三足鼎立"科技创新大格局初步形成，越来越多的科创平台正在成为现代化河南建设的重要支撑和动力源泉。但是，河南一些科技创新平台发展仍面临着投入主体单一、高能级平台

* 郭志远，河南省社会科学院城市与生态文明研究所副研究员，主要研究方向为城市与区域经济。

数量不足、成果转化率偏低等问题和挑战。2024 年 4 月 26 日，河南省委改革办印发《2024 年全面深化改革重点任务》，重点提出“完善‘两城一谷’和科创平台高质量运行体制机制”。

一　河南省“两城一谷”和科创平台建设的最新进展

近年来，河南将创新置于现代化建设的核心地位和发展的首要逻辑起点，持续加大创新投入力度，加速推进科技创新平台建设，全面深化创新发展综合配套改革。中原科技城、中原医学科学城和中原农谷“三足鼎立”的科技创新格局已经初步形成，科创平台正在逐渐成为河南创新的主要动力源泉，推动全省高质量发展的关键力量。

（一）“三足鼎立”科技创新大格局全面起势

“两城一谷”和众多的科创平台已经成为河南实施创新驱动战略的重要抓手，成为孕育创新成果、培育和发展新质生产力的重要载体。截至 2024 年 9 月，中原科技城累计招引各类高层次人才 3300 余人、高新技术企业 664 家、科技型企业 1233 家。① 赛迪顾问城市经济研究中心发布的《科技城百强榜（2024）》中，郑州中原科技城综合评价在全国 348 个科技城（科学城）中跃升至第 15 位，两年提升 16 个位次，排名实现“撑杆跳”。② 成立于 2023 年 7 月 15 日的中原医学科学城，仅用一年多的时间，就已引进高层次人才 54 人、产业拔尖人才 2565 人、教育医疗人才 6481 人，聘任院士 6 人，引聚长江学者、国家杰青 33 人，组建 PI 团队 66 个；入驻企业 1068 家，其中生物医药企业 205 家，占航空港区的 15.8%；已建成省级实验室 1 所（中原纳米酶实验室），入驻 10 个临床研究所，在建 5 个产业研究院，

① 《创新为要起高峰（礼赞新中国 出彩大中原 · 郑州篇）》，《河南日报》2024 年 10 月 1 日。

② 《全国第 15 位！中原科技城最新排名，两年提升 16 位次实现“撑杆跳”》，《郑州晚报》2025 年 1 月 10 日。

整合了新建新药筛选检测、大分子药物 CDMO 等 10 大公共平台。[①] 中原农谷聚焦“全种业”发力，集聚了国家级创新平台 14 家、省级创新平台 44 家，拥有国家重点实验室 2 家、省实验室 2 家；引育种企 82 家，其中，全球 10 强种企 2 家、国内 10 强种企 5 家；161 个优质新品种通过国家、省审定，110 个新品种在全国推广种植。[②]

（二）高能级科创平台集群日益发展壮大

近年来，河南省深入实施创新驱动战略，按照“政府引导、企业为主、省市联动、部门协同”的总体思路，充分发挥财政资金的导向作用，激励企业加大科技创新投入，引导社会资源参与科技创新建设，多渠道、全方位的科技创新平台投入体系不断完善。短短两年，河南省实验室就实现了“从 0 到 20”的历史性跨越，2024 年重组入列 7 家、新建 6 家全国重点实验室，布局 41 家产业研究院，全省高新技术企业超 1.2 万家。[③] 截至 2024 年 10 月，河南已建设国家级创新平台 172 家、全国重点实验室 13 家、国家级工程技术中心 10 家、省实验室 20 家、省级重点实验室 255 家、省级新型研发机构 156 家、省级工程技术研究中心 3842 个、省技术创新中心 24 家。[④]

（三）教育科技人才“三位一体”改革持续深化

党的二十届三中全会明确提出，“教育、科技、人才是中国式现代化的基础性、战略性支撑”。对于河南省而言，统筹推进教育科技人才体制机制一体改革，不仅是响应国家号召、落实党中央决策部署的具体行动，更是推

---

① 《建设一周年 中原这座“城”有何新面貌?》，大河财立方，https：//app. dahecube. com/nweb/news/20240715/205503n808ef124996. htm。

② 《以农为本 以谷为核 中原农谷奋力打造现代种业“硅谷”和农科“芯”城观察》，河南省人民政府网，https：//www. henan. gov. cn/2024/12-09/3096458. html。

③ 《河南之变 悄然有成》，河南省人民政府网，https：//www. henan. gov. cn/2024/07 - 29/3028030. html。

④ 王玲杰、袁金星等：《以科技创新培育和发展新质生产力》，载王玲杰、杨东风主编《河南创新发展报告（2024）》，社会科学文献出版社，2024。

动自身高质量发展、实现教育强省目标的内在要求。

2024 年 9 月 18 日召开的全省教育大会，强调深入推进高校“三个调整优化”，积极实现河南高等教育起高峰。截至 2024 年上半年，全省省属高校的 89 个和 5 个学科分别进入 ES 全球前 1%和 1‰，分别位居全国各省份省属高校的第 5 位和第 4 位，博士硕士高校和学位点立项建设取得历史性突破，新增 2 所博士高校、4 所硕士高校和 44 个博士点、210 个硕士点，并加强学科专业与产业需求对接，对接“7+28+N”产业链群培育。[①] 河南积极推进科技管理体制改革，在全国率先成立科技创新委员会，机构改革后调整为省委科技委；在全国率先为科研机构“量身立法”，出台《河南省科学院发展促进条例》《河南省医学科学院发展促进条例》。持续深化人才发展体制机制改革，聚焦人才管理、集聚评价和激励机制等重要领域和关键环节精准施策，不断增强对海内外人才的吸引力，释放人才发展活力。

（四）标志性成果不断涌现

近年来，河南勇攀科技创新高峰，在多个领域涌现出一大批具有国际领先水平的关键技术成果。截至 2023 年底，全省共有 78 项省重大科技专项通过验收，研制开发的集成电路用超纯化学品、多波长数字光刻照明及曝光系统等，打破国外长期垄断；研制出世界首台硬岩泥水平衡顶盾机，巩固了河南在盾构领域的领先优势；研制出世界首台 252 千伏真空环保断路器，核心技术国际领先；芝麻新品种“豫芝 NS610”填补了国内宜机收芝麻品种的空白，有望实现我国芝麻主推品种更新换代。[②] 2024 年 6 月召开的全省科技大会上，对 2023 年度全省获得的 15 项国家科学技术奖进行表彰，标志着河南关键技术取得历史性重大突破。

① 《积极推进“三个调整优化”河南高等教育起高峰》，河南省人民政府网，https：//www.henan.gov.cn/2024/09-20/3065074.html。

② 《中国人民政治协商会议第十三届河南省委员会第二次会议第 1320360 号提案及答复》，河南省科学技术厅网站，https：//kjt.henan.gov.cn/2024/09-05/3059154.html。

二　河南省“两城一谷”和科创平台高质量运行面临的问题和挑战

尽管河南在科创平台建设和运行管理方面进行了多方探索，但是由于基础薄弱、建设时间短、思想不够解放等因素的制约，难以跳出传统的科研管理体制机制约束。一些科创平台面临资金来源渠道单一、运行效率低下、成果转化渠道不畅等问题，亟待在未来加以解决。

（一）投入体系仍需完善，资金来源渠道单一

科技创新平台的建设、科技创新活动的开展都需要大量的资金投入和支持，与发达地区相比，河南在科技投入方面还存在一些不足，如财政科技投入占 GDP 比重较低、企业研发投入积极性不高、社会资本参与度不够等，导致科技创新的资金来源相对单一，难以满足科技创新的多元化需求，影响了科创平台建设和运行。虽然河南近年不断加大科技创新的投入，全省研究与试验发展经费投入强度总体呈上升趋势，但与东部发达地区，甚至和中部省份相比，仍存在较大差距。2023 年，全省研究与试验发展经费 1211.66 亿元，投入强度为 2.05%，居全国第 11 位、中部六省第 4 位，明显低于湖北（2.52%）、湖南（2.57%）和安徽（2.69%），远低于江苏（3.29%）、浙江（3.20%）、广东（3.54%）。由于缺乏有效的激励机制和风险分担机制，科技创新的资金来源主要依赖政府投入，难以满足科技创新的多元化需求。特别是河南的科技金融体系还不够完善，社会资本参与科技创新的积极性不高。此外，部分企业对科技创新的重要性认识不足，更注重短期经济效益，不愿意投入大量资金进行研发。

（二）高能级科创平台数量依然不足，科技创新驱动能力有待加强

河南现有各类国家级创新平台 172 个，低于山东、安徽等周边省份，大科学装置、综合性国家科学中心、交叉研究平台等尚属空白。省实验室、产

业技术研究院、产业研究院、中试基地、创新联合体数量仍然较少，难以支撑高质量发展的需求。企业创新主体数量不足，2023 年河南高新技术企业 1.2 万家，占全国总数的 2.6%，仅为湖北的 48%、安徽的 60%，与广东、浙江、江苏等沿海省份相比数量更少，而且企业多为“腰部”企业，这就造成依托企业建设的重点实验室、工程技术研发中心、工程实验室等科研平台数量严重不足。[①] 从地区分布上看，全省科创平台分布严重不均，主要集中布局在郑州、洛阳、新乡、焦作等城市，其他城市尤其是豫东、豫南的传统农业城市，无论是从拥有的科创平台数量还是从能级来看，都有较大差距。此外，依托传统事业单位建设的国家重点实验室、省级重点实验室等高能级科创平台，往往受限于依托单位的既有研究方向和规定，难以在前沿交叉学科创新、现代工程技术创新方面取得突破，创新能级提升受阻。而独立建设的高能级科创平台，尽管拥有更灵活的管理制度，却因创新基础薄弱、创新资源高度依赖外部输入等问题，面临“自我造血”能力不足的挑战，社会对其发展信心不足，进而影响了其通过高端人才引进、顶尖科研机构合作、产业联盟建立等手段整合创新资源、提升创新能级的能力。

（三）教育科技人才一体化管理体系仍需健全，“三位一体”改革活力有待全面激发

虽然从中央到地方都在提倡教育、科技、人才“三位一体”改革，但是，教育、科技、人才在政府的管理体制中分属不同的部门，部门之间又由于缺乏常态化协调议事机制，信息共享和资源整合不足，容易造成政策制定与实施过程中的“执行鸿沟”难题，降低各类改革政策的整体效能。当前，河南教育、科技、人才领域仍存在一些长期性、体制性矛盾没有得到根本解决，制约了教育、科技、人才“三位一体”改革成效的发挥。这些矛盾和问题主要体现为教育、科技、人才一体化推进的体制机制创新不足、资源配

① 河南省社会科学院课题组：《河南加快科技创新平台建设对策研究》，载王玲杰、杨东风主编《河南创新发展报告（2024）》，社会科学文献出版社，2024。

置效率不高，产教融合、科教融合的制度性障碍依然存在。尤其是河南高等教育整体发展水平不高，缺乏高水平的大学和国家重点科学，人才供需不匹配的结构性矛盾依然突出，高等教育对科技创新平台的支撑作用亟待加强。此外，教育、科技、人才领域拥有各自独立的评价考核体系，全面衡量三者一体化发展的成效存在一定困难。教育、科技、人才一体化发展还面临着产业与教育融合发展的难题，缺乏互利共赢的合作机制、灵活多样的管理体制和合理高效的资源配置机制。

（四）科技成果转化率相对偏低，转化渠道仍需优化

科技成果转化是科技创新的关键环节，目前河南在科技成果转化方面还存在一些问题，如科技成果转化渠道不畅、中介机构服务不完善、企业承接能力不足等，导致大量科技成果无法及时转化为现实生产力，科技创新对经济高质量发展的支撑作用远远不够。

一是科技成果转化渠道不畅，缺乏有效的科技成果转化平台和机制。由于信息不对称，一些高校和科研机构的科研成果信息未能及时向企业和社会公开，企业对高校和科研机构的科研需求也难以有效传达，科技成果转化的效率低下。

二是中介机构服务不完善，河南科技中介服务机构的数量和质量不足，服务功能不完善，难以满足科技成果转化的需求。当前，河南技术转移机构、科技评估机构、知识产权服务机构等的数量较少，专业水平和服务质量参差不齐，无法为科技成果转化提供全方位、高质量的服务。

三是企业承接能力不足，河南省多数企业的科技承接能力相对较弱，缺乏对科技成果的消化吸收和再创新能力。一些中小企业甚至是大型企业由于缺乏专业的技术人才和先进的生产设备，无法有效承接和应用高校和科研机构的科研成果，科技成果转化的难度增大。

（五）平台治理碎片化，“政产学研”深层互动不充分

“两城一谷”和众多科创平台的建设与运行涉及多个地区、多个部门和

多个领域。目前，在协同创新方面还存在一些问题，如部门间协调难度大、信息共享不充分、利益分配不明确等，导致创新资源无法有效整合，创新效率不高，影响了科技创新的整体效果。科创平台间的协同合作尚不充分，缺乏有效的扬长避短、错位互补机制。各个创新平台资源之间共建共享不充分，信息孤岛、数据闭塞现象仍然存在。跨区域、跨部门、跨平台间的科研数据共享机制尚未建立，科技数据库建设欠缺，严重制约了科技创新平台间数据共享、合作交流与效率提升。当前，河南出台的政产学研政策多以宏观为主，政策细化不足，而且各政策之间互补性不强，政策实施效果有待提升。加之受知识产权保护以及科技成果转化服务体系建设滞后等因素的影响，产学研协同创新效率偏低，作用发挥不充分。一些产学研合作还存在形式化问题，仅进行了各种“签约”“挂牌”活动，缺乏实际的合作项目。在科学研究日益向极宏观、极微观、极端条件及极综合交叉方向发展的背景下，单打独斗的科研模式已难以适应需求，科创平台之间、政产学研之间的协同创新问题亟待解决。

三　完善“两城一谷”和科创平台高质量运行体制机制的对策建议

河南科创平台基础薄弱和运行质量不高，其根源在于体制机制障碍依然存在。必须以进一步全面深化改革为动力，以提升科创平台“引领力、爆发力、创造力、支撑力、协作力”为主攻方向，以整合、重塑、改造、提升为主要路径，切实完善“两城一谷”和科创平台高质量运行机制，为现代化河南建设、为谱写新时代中原更加出彩的绚丽篇章注入强大的科技动力。

（一）完善投入机制，增强科创平台资金支持

“两城一谷”和科创平台的建设与高质量运行，需要大量资金投入，仅靠政府投入远远不够，需要加快构建以政府财政投入为引领，以企业投资为

主体，以社会资本、创投资金等市场化支持为补充的多元化投入体系。发挥好政府投资的带动放大效应，通过设立专项基金、财政补贴等方式，吸引社会资本、金融资本参与科创平台建设。河南的许多科创平台建设时间短，基础薄弱，自我造血能力不足，要发挥好财政资金的扶持作用。一方面，制订财政科技投入年度增长计划，确保财政科技投入的增长速度高于财政支出的增长速度，提高全社会研发投入强度，加大财政资金对科创平台建设和运行的支持力度。另一方面，优化财政资金投入方式，加大对基础研究、前沿技术研究和关键核心技术攻关的支持力度。积极引导企业增加研发投入，发挥好企业创新主体的作用。加强企业和重大科创平台的合作，支持企业参与重大科技创新项目，聚焦新一代信息技术、人工智能、新能源等关键核心技术领域，引导企业加大研发投入，提升企业创新能力。加快创新资源的整合，推动创新要素更多向企业需求集聚，培育科技型领军企业。鼓励领军企业和科创平台共同组建创新联合体，支持产业链上下游主体协同创新，形成融通创新的生态。建立企业研发投入奖励机制，对研发投入强度高的企业给予资金奖励或政策支持。加强金融机构与高校、科研院所、科技中介服务机构的交流合作，加快科技金融发展，增强科技创新平台的支撑能力，为科创平台高质量运行供有力的资金保障。

（二）创新运行管理机制，提升科创平台管理效能

加快构建省委省政府主导，跨区域、跨部门、跨行业联动的科技创新平台综合管理系统，推动实现“数据直报、信息共享、决策联动、攻关协同”。加快科创平台运行管理体制机制创新，创新科研任务设置和管理方式，完善科学规范的管理运行制度，促进产学研深度融合，提高运行活力。完善绩效评价管理制度，强化评价结果管理。从科技创新平台组建、使用、维护、评估等多维度入手健全政策保障体系。构建科创平台的长期分类考核与评估体系，把关键核心技术的突破作为核心考核指标，加强评估结果的应用，并将其作为决定是否持续支持平台建设的关键依据，优化平台考核的激励约束机制。加强对各科技创新平台依托单位的投入监督与考核，健全奖惩

办法，鼓励企业、高校和科研院所通过自身努力不断增加建设投入，探索实施“前期重政策引导、中期靠财政资金辅助、后期靠自我造血循环”的阶梯式培育模式。以平台运行绩效评价为导向，动态调整各创新平台的预算基准。完善绩效评价管理办法，明确绩效评价实施细则；积极探索第三方评估常态化机制建设，逐步完善绩效评价公开制度。

（三）探索混合治理机制，释放科创平台创新创造活力

从国内外先进地区的经验来看，混合治理在科技创新活动中具有明显的优势。发达国家的许多重大科创平台早已从一体化治理转变为混合治理。为持续提升科创平台的创新效能，可从以下几个方面入手。一是优化决策机制。构建融合民主决策与集中决策的复合决策模式，打造成员多元且动态流动的决策团队，确保平台重大事务决策的科学性与高效性。二是完善激励机制。建立稳定保障与适度竞争相结合的激励体系，探索分级分类的人员管理模式，打破传统编制限制，采用聘任制与合同制，激发科研人员研发动力和活力。三是强化监督约束。构建多主体参与的监督机制，充分发挥政府、学术界、产业界等多主体的监督作用，确保科创平台的规范运行。四是健全适应机制。在自发适应方面，结合纵向型项目任务组织与横向型学科领域组织的优势，推行扁平化管理，快速响应重大创新任务。在协作适应方面，以任务为导向，通过桥接、外溢、增值等机制的协同作用，加强与中央及地方政府、企业、社区、高校等多主体的互动，推动平台网络化发展。①

（四）优化成果转化机制，促进科技与经济深度融合

党的二十届三中全会通过的《中共中央关于进一步全面深化改革 推进中国式现代化的决定》明确提出“深化科技成果转化机制改革”。一是理顺政府与科创平台的关系，在科技创新平台建设和科技创新过程中，减少政府对科创平台运行的过度干预，简化审批流程，减少审批环节，更多依靠市场

① 吴伟：《探索混合治理机制 激发重大科技创新平台活力》，《科技日报》2019 年 10 月 18 日。

机制组织科技创新活动。二是深入推进职务科技成果赋权改革，不断让利于科技人员，让职务科技成果赋权更加符合市场规律。三是加快构建政府、科创平台、金融机构、企业多方参与的风险分担机制，降低科创平台和企业技术转化失败的后顾之忧。四是优化科技成果产权归属，允许高校和科研机构拥有政府资助科研成果的专利权，并自主决定转化方式，加强对科技人员在成果转化过程中的正向激励。五是加快构建“成果产生—孵化培育—熟化落地—发展壮大”的全链条转化体系，完善从基础研究到产业化的全流程服务，推动科技成果从实验室走向市场，促进科技与经济深度融合，推动全省高质量发展。

（五）打造全周期服务体系，助推科创平台高质量运行

加快构建符合科技创新规律、产业发展规律的科创平台服务体系，有效提升科创平台运行效率和服务质量。打造涵盖从基础研究、技术研发、中试熟化到产业化的全过程、全周期服务链条。在基础研究阶段，主要是通过建设高品质的科研基础设施，为研发人员提供良好的实验环境和高水平的实验设备；在技术研发阶段，通过搭建产学研合作平台，促进高校、科研院所与企业之间的深度合作，加速技术突破；在中试熟化阶段，通过打造中试基地和概念验证中心，为科技成果提供小试、中试和二次开发的条件；在产业化阶段，通过建立创新创业孵化基地和产业园区，为科技成果转化企业提供场地、资金、政策等全方位支持。积极引进和培育国际化、全方位的技术转移机构，打造集研发、转化、孵化、服务、产业、资本等功能于一体的高能级科技创新服务平台，加快建设国家技术转移郑州中心网络平台，并提升其运行质效。此外，还应进一步健全公共服务体系，为科创平台运行提供良好的外部环境服务。积极培育市场化新型研发组织、研发中介和研发服务外包新业态。支持高校、科研院所等牵头建设大学生创业中心、创业园等创新创业服务平台。支持有条件的高新区、专业镇、产业园区建设创新创业服务中心，支持创新创业服务中心运用“互联网+”提升入孵企业、创业团队、创客空间等创新主体的公共服务水平。加快发

展“互联网+创新创业”新模式，培育建设一批符合企业创新需求的科研众包平台。

参考文献

王玲杰、袁金星等：《以科技创新培育和发展新质生产力》，载王玲杰、杨东风主编《河南创新发展报告（2024）》，社会科学文献出版社，2024。

吴伟：《探索混合治理机制 激发重大科技创新平台活力》，《科技日报》2019 年 10 月 18 日。

卿剑：《加快广东科技创新平台体系建设 助力科技自立自强》，《科技中国》2024 年第 6 期。

尹江勇、师喆：《河南高能级创新平台建设走出加速度》，《河南日报》2024 年 2 月 29 日。

B.25

河南省打通高校、科研院所和企业人才交流通道的路径研究*

李 宁　于长立　于佳宁　于海龙**

摘　要： 打通高校、科研院所和企业人才交流是提升科技成果转化的"加速器"，是激发全社会创新活力的"催化剂"，更是加快发展新质生产力的"驱动力"。近年来，河南省加快创新平台体系建设，畅通人才交流通道，完善交流政策机制，人才活力效应显著。研究发现，河南省人才交流通道仍然存在产业层级偏低、发展基础薄弱、创新平台匮乏、人才分布不均、经费投入不足、人才评价机制不完善等问题。建议围绕加强政策支持引导、加快主体模式创新、推进产学研用深度发展、优化人才保障机制等方面补齐短板，全力打造国家创新高地和重要人才中心。

关键词： 高校、科研院所和企业　人才交流　河南省

人才是第一资源。党的二十届三中全会对深化人才发展体制机制改革作

* 本文为河南省软科学研究重点计划项目"河南省高能级科研机构（平台）高层次科技创新人才引进培养使用研究"（项目编号：252400411026）、河南兴文化工程文化研究专项项目"新时代青年河南非遗文化认同影响机理及提升策略研究"（项目编号：2024XWH197）、河南兴文化工程文化研究专项项目"文化地理视角的河南省非物质文化遗产时空特征、影响机理及传承路径研究"（项目编号：2023XWH259）、2025年度河南省高等学校智库研究项目"河南生物医药产业高质量发展路径与对策研究"（项目编号：2025ZKYJ23）的阶段性成果。

** 李宁，博士，平顶山学院伏牛山文化圈研究中心副主任，副教授，主要研究方向为人力资源管理；于长立，平顶山学院副院长，二级教授，主要研究方向为区域经济管理；于佳宁，博士，平顶山学院马拉加工程学院教学科研办公室主任，讲师，主要研究方向为企业管理；于海龙，博士，平顶山学院旅游与规划学院教学科研办公室主任，讲师，主要研究方向为经济地理学。

出重要部署，提出要“打通高校、科研院所和企业人才交流通道”[①]。河南省委十一届七次全会提出“深化科技管理体制改革，加强企业主导的产学研深度融合，完善科技成果转移转化机制，深化人才发展体制机制改革，提升创新体系整体效能”[②]。高校是知识创新的摇篮，科研院所是科技攻关的前沿阵地，企业是技术转化与市场应用的主体，三者之间的人才高效交流是提升国家创新体系整体效能的关键所在。

一　发展现状

近年来，河南省深入实施科教兴国战略、人才强国战略、创新驱动发展战略，通过建设创新平台体系，搭建人才交流平台，打通人才交流通道，完善人才交流政策，逐步从“全国人才大省”发展成“国家创新高地”和“全国重要人才中心”。

（一）创新平台体系建设初见格局

近三年来，河南着力打造“高能级研发机构+中试基地+成果转化示范区+技术转移转化中心”创新体系，形成了以中原科技城、中原医学科学城和中原农谷“两城一谷”三足鼎立的科技创新大格局。截至目前，河南共建设省级实验室 26 家，辐射到省内 13 个省辖市；[③] 新建省级产业技术研究院 6 家，布局省级产业研究院 41 家，建设省级中试基地 50 家，设立省级创新联合体 28 家。[④] 高能级创新平台从无到有、从有到全、加速成团，形成

① 《中共中央关于进一步全面深化改革 推进中国式现代化的决定》，中国政府网，https：//www. gov. cn/zhengce/202407/content_6963770. htm。

② 《省委十一届七次全会召开》，河南省人民政府网，https：//www. henan. gov. cn/2024/07-31/3029770. html。

③ 《河南再添 6 家省实验室，总数达 26 家 高能级平台助力河南向新而行》，河南省人民政府网，https：//www. henan. gov. cn/2024/10-18/3075198. html。

④ 《河南：聚“链”成群 产业跃升》，河南省发展和改革委员会网站，https：//fgw. henan. gov. cn/2024/08-13/3035656. html。

了“以重大需求为牵引、产业链出题、实验室答题”的创新模式，在电子信息、新材料、先进制造与自动化、生物与新医药等领域注入了创新发展的“源头活水”。

（二）人才交流平台搭建成效显著

近年来，河南聚焦重大战略、新兴产业、重点行业等人才需求，坚持“走出去”与“引进来”相结合、刚性引才与柔性引智相结合、线下引才与线上招聘相结合，拓宽高端人才引进渠道，面向海内外大力延揽高层次、创新型、引领型人才（团队），走出了一条中部地区提升引才规模质量、强化创新引领发展的聚才汇智之路。截至目前，河南省成功举行了七届中国·河南招才引智创新发展大会，其中，2024 年度，河南先后在哈尔滨、西安、长沙、北京、上海、武汉、南京举办了 7 场省外专场活动，参加招聘用人单位 1000 余家，累计超过 2 万人参加招聘，场均企业对人才的需求量达万人，招才引智成效显著。[①] 此外，河南省开展了高校院所河南科技成果博览会等活动，联合新乡、洛阳、漯河、南阳等地市，相继举办了六届高校院所河南科技成果博览会、承办多场科技部火炬成果直通车、知名高校院所走进河南等系列成果转移转化对接活动，促进了高校院所科技成果与企业技术需求常态化精准对接。全省技术合同交易额从 2020 年的 384. 5 亿元增至 2023 年的 1367. 4 亿元，2024 年前三季度，全省技术合同交易额达 1150. 2 亿元，同比增长 32. 7%。[②]

（三）科技副总打通人才交流通道

“科技副总”是河南首次推行的一项人才交流机制，聚焦河南省“7+28+N”产业链群，选派来自全省各地高校教师、专家带着技术、团队到企业兼任技术副总或副总工程师等职务，以促进科技和产业创新深度融合，形

① 《礼敬才之意 赴未来之约 河南如何迈向人才“智”高点》，河南省人民政府网，https：//www. henan. gov. cn/2025/01-02/3106924. html。

② 张锐：《河南：加快科技成果向新质生产力转化》，《科技日报》2024 年 10 月 18 日。

成人才优势互补和技术协同创新，为企业突破科技创新瓶颈精准“把脉下药”。2024 年 12 月，首批从郑州大学、河南省科学院材料研究所等 60 余家高校和科研院所选派出 626 名“科技副总”，分别到 626 家企业兼任技术副总、副总工程师等职务，[①] 这标志着河南省推动人才服务现代化产业体系和产业强省建设迈出了重要一步。“科技副总”作为桥梁纽带，将高校和科研院所的人才资源与企业的实际需求紧密对接，不仅能够提高产学研合作成果的转化率，而且能够推动企业的技术升级和产业发展。

（四）创新资源汇聚能力明显提升

近年来，河南省坚持把人才引育作为基础性、战略性工程，以《关于加快建设全国重要人才中心的实施方案》为引领，出台“1+20”一揽子人才引进政策，全面推行“一站式”“一条龙”服务模式；加速打造人才发展“大生态”，全力改善用人单位“小气候”。截至 2023 年底，河南省累计引进首席科学家、特聘教授等 80 人，其中，在豫两院院士 46 人、国家级人才 35 人。依托“两城一谷”，引进高新技术企业、科技型中小企业的数量分别由 2020 年的 6310 家、1.1 万家，增至 2023 年的 1.2 万家、2.6 万家，总量居中西部地区首位。[②] 同时，省级以上科技创新平台通过建立博士后流动站、研究生培养基地、高校合作联合培养等形式，强化了科研人才的引进与培育，培养了一大批高层次、高学历的科学研究人员。

（五）人才发展政策体系日益完善

河南省政府围绕建设国家创新高地和重要人才中心工作，加快推动产学研用深度融合、创新产学研用组织模式，明确了人才在高校、科研院所和企业交流的路径，从人才引进、培养、使用、评价、流动、激励、保障等方面

① 《河南省公布首批“科技副总”名单》，河南省人民政府网，https：//www.henan.gov.cn/2024/12-25/3103399.html。

② 《加强科技创新平台体系建设 锻造新质生产力科研尖兵》，河南政协网，https：//www.hnzx.gov.cn/2024/07-09/4340566.html。

对现有人才政策进行系统升级、全面优化，形成涵盖各领域、全周期的人才政策闭环链条。在营造一流人才生态方面，河南省纵深推进“放管服”改革，从打通政策制度供给“最先一公里”和落实政策服务“最后一公里”两端发力（见表1）。

表1 近年来河南省政府出台的人才发展相关政策

政策类型	政策名称
人才引进	《河南省“十四五”人才发展人力资源开发和就业促进规划》《关于加快建设全国重要人才中心的实施方案》
人才使用	《进一步放权赋能激发事业单位活力若干政策》
人才评价	《河南省职称评审监督管理试行办法》《河南省职称评审专家管理暂行办法》《关于全省职称互认互通有关工作的通知》《关于加强和改进优秀青年专业技术人才队伍建设的若干举措》《关于加强和改进基层专业技术人才队伍建设的若干举措》《关于进一步做好民营企业职称工作的通知》
人才流动	《关于促进劳动力和人才社会性流动体制机制改革的实施意见》
人才服务	《吸引博士后等青年人才来豫留豫工作行动方案》《潜力人才筑基行动实施方案》《河南省支持引进高层次人才配偶就业安置实施细则》《河南省事业单位招才引智“绿色通道”实施细则》《河南省高层次和急需紧缺人才职称评聘“绿色通道”实施细则》
成果转化	《河南省促进科技成果转化条例》《关于推进科技成果转移转化的若干意见》《河南省技术转移体系建设实施方案》《关于构建更加完善的要素市场化配置体制机制的实施意见》《河南省高等学校科技成果转化和技术转移基地认定办法（试行）》

资料来源：根据河南省人民政府等网站资料整理。

二 存在的问题

当前，河南省人才交流通道仍然存在产业层级偏低、发展基础薄弱、创新平台匮乏、人才分布不均、经费投入不足、人才评价机制不完善等问题。

（一）产业层级有待提升

高技术制造业是区域高质量发展和传统产业转型升级的重要支撑。目前，河南省制造业中的传统产业占比仍高达46%，而新兴产业占比仅24%，制造业企业多为行业配套企业和末端企业，拥有产业链和供应链的龙头企业数量、规上企业利润总额等与先进省份相比有较大差距。[①] 高技术制造业普遍缺乏关键核心技术，在促进产业向数字化、智能化、绿色化转型发展方面供给不足。制造业高层次人才匮乏，人才培养难、引进难、留住难的困境长期存在。

（二）创新发展基础薄弱

在发展数量上，河南省新型研发机构数量偏少，2024年全省新型研发机构备案数量只有140家[②]，相比之下，2024年江苏省新型研发机构达到555家，居全国第一位；[③] 2024年湖北省达到525家，居中部第一位，仅武汉市就达到了96家。[④] 在区域分布上，河南省新型研发机构主要集中在郑州、洛阳和新乡，三地新型研发机构备案数量在全省占比超过六成，其他地区新型研发机构分布相对较少，全域覆盖率和均衡率较低。从高校角度分析，高校的科研能力强、技术设备先进，但对企业技术发展方面存在的堵点、痛点和难点了解不够，科研成果走不出实验室、落不到生产线、变不成现实生产力，难以“适销对路”。

（三）高能级创新平台匮乏

在全国，已经布局建设国家重大科技基础设施即大科学装置77个，[⑤]

---

① 单新民、贾梁、李璐等：《河南省深入实施创新驱动、科教兴省、人才强省战略研究和展望》，载李迎伟主编《2024年河南经济形势分析与预测》，社会科学文献出版社，2024。

② 《河南科技概况》，河南省人民政府网，https：//www. henan. gov. cn/2024/04-08/2974850. html。

③ 《2024年度湖北省新型研发机构备案公示》，湖北省科学技术厅网站，https：//kjt. hubei. gov. cn/zfxxgk_GK2020/zc2020/qtzdgk/gsgg/202411/t20241126_5428451. shtml。

④ 《湖北向着国家科技创新高地攀登》，湖北省经济和信息化厅网站，http：//jxt. hubei. gov. cn/bmdt/cyfz/202501/t20250106_5491470. shtml。

⑤ 《我国重大科技基础设施建设助力科技强国》，光明网，https：//m. gmw. cn/baijia/2023-02/06/1303274445. html。

而河南省大科学装置布局建设起步晚、数量少、规模小，极大地制约了基础研究能力和原始创新能力的提升。目前，河南省共有国家重点实验室 13 家，仅占全国总数的 3%，仅相当于北京的 17%（77 家）、上海的 37%（35 家）、江苏的 42%（31 家），在中部六省不及湖北（35 家）、湖南（19 家）。[①] 河南省高考报名人数连续多年稳居全国第一位，而全省只有郑州大学和河南大学两所“双一流”高校，优质高等教育资源与科研院所偏少，大量优质生源外流。

（四）人才分布不够均衡

河南省人才区域分布仍不均衡，从事科研工作的人员主要集中在郑州、洛阳、新乡、南阳等地，其他地区偏少（见图 1）。《河南统计年鉴 2024》数据显示，2023 年度，全省参加 R&D 的活动人员为 37.5 万人，其中，研究人员为 14.2 万人，占比 38%。

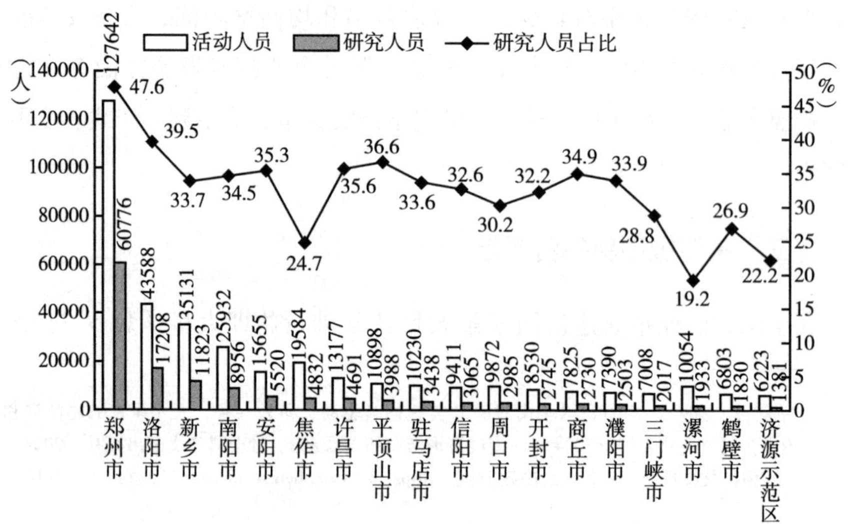

图 1　2023 年河南省各地参加 R&D 活动人员和研究人员

资料来源：《河南统计年鉴 2024》。

① 《河南科技概况》，河南省人民政府网，https：//www.henan.gov.cn/2024/04-08/2974850.html。

（五）研发经费投入不足

《河南统计年鉴 2024》数据显示，2023 年，河南省研发经费投入 1211.7 亿元，居全国第 11 位；研发经费投入强度为 2.05%，居全国第 17 位，落后全国平均水平 0.6 个百分点。研发投入强度在全国的中游方阵与河南省 GDP 位列全国经济大省地位不匹配，与全国研发实力较强地区相比差距较大。

（六）人才评价机制不完善

在评价标准合理性方面，河南省现有的人才评价机制仍然采用传统的考核制度，在人才评价过程中围绕“课题—论文—获奖—职称”形成单一循环[①]，导致评价指标缺乏差异化，难以激发人才创新活力。在评价主体健全性方面，评审专家资源匮乏，对地方情况把握不精准，加上评价管理人员专业性较低，缺乏专业性培训，极易导致评价结果不准确，在一定程度上挫伤了人才创新的积极性。

三　对策建议

为了进一步畅通人才在高校、科研院所和企业之间的交流通道，针对存在的问题提出以下对策及建议。

（一）加强政策支持引导

一是深化体制机制改革创新。要破除体制机制障碍，推动高校、科研院所和企业“共育、共引、共享”创新型人才，共同探索建立更加灵活的人才培养、引进和配置机制。深入把握区域之间在空间位置、产业联动、高校

① 邢宇辉、王长林：《河南省科技人才发展现状分析》，载王玲杰、杨东风主编《河南创新发展报告（2024）》，社会科学文献出版社，2024。

合作等方面的便利条件与阻滞因素，挖掘人才优势互补的潜力，推动区域间人才流通政策支持，实现政务服务跨区通办、数据资源开放共享，促进区域间人才有序竞争、良性竞争、合理流动，形成合理的人才空间格局。在高校、科研院所和企业之间实施“双岗互聘制”“双聘双跨”“双首席制”等人才共享机制，持续开展“科技副总”计划，支持将人才在企业的实践经历和科技成果转化作为职称评定、岗位竞聘、绩效考核等重要依据。

二是强化人才交流资金保障。省、市、县三级做好人才经费保障工作，坚持“以财助才”，用财政“活水”激发人才“活力”，及时兑现在人才引进、培养和奖励等方面的承诺。鼓励金融机构提供低息贷款、增加信用贷款和中长期贷款等支持，建立科技成果转化贷款风险补偿资金、知识产权质押融资补偿基金等多样化的金融支持措施。加大培育中长期投资者和“耐心资本”力度，加快培养组建专业化投资团队，用好产业发展基金，对优质研发成果和潜力企业项目管线予以投资支持。

三是优化人才交流生态环境。完善创新生态系统，发挥科技园区、概念验证中心和中试平台等载体作用，提供研究开发、技术转移、创业孵化、知识产权保护及融资投资等服务，帮助高校、科研院所和企业将“概念”变成“产品”，跨越科研成果转化的“死亡之谷”。强化数字化技术支持，利用大数据技术和AI算法，编制“一图六库”（产业链全景图、重点企业库、重大项目库、关键技术库、创新资源库、客商信息库和创新人才库），精准、智能实现人才和项目匹配。支持高校、科研院所和企业参与国际科研项目和合作研究，提升技术创新能力和科技成果国际影响力。

（二）加快主体模式创新

一是加强高校人才实践培养。聚焦河南省“7+28+N”重点产业链发展需求，对接河南省高能级科研平台，推动产业链、教育链、人才链和创新链的深度融合，根据企业需求制定培养方案和课程体系，开展“定制+实践”培养。定期组织学术论坛，促进高校、科研院所和企业之间的交流与合作，分享经验和技术成果。参加国内外行业展会和研讨会议，了解最新行业动态和发展趋势，为人才“充电续航”。

二是加深企业实践应用资源。鼓励企业为高校、科研院所提供市场需求验证和技术测试场景，在“技术化—商业化—产业化”动态演进过程中检验科研成果应用的可行性和可靠性。打造由高校和科研院所专家教授与企业专业技术人员组成的授课团队，分享实践经验和成功案例。加强高校、科研院所与企业共建的实训平台、实习和就业基地的联系，提高学生解决实际问题的能力，实现从学校到企业的“无缝衔接”。

三是加快打造联合创新平台。坚持开放合作、互利共赢，打造“名高校+名科研院所+名企业+技术中介”联合创新平台、人才供给平台，引导创新主体广泛参与科研活动和人才培养，共建联合创新平台，共用实验室和研发中心，共研产业关键技术难题。

（三）推进产学研用深度发展

一是探索逆向产学研用新路径。发挥“两城一谷”创新竞进之势，以“链式”思维破解产学研用难题。按照高校与企业“同题共答”、人才与产业“同频共振”、研发与应用“同向发展”理念，建立科技创新问题台账、需求台账，加强供需对接匹配，打通产学研用深度融合的痛点和堵点，推动河南省重点产业链“市场需求→生产瓶颈研判→关键技术攻关→匹配技术团队→针对性研究与产业化”发展路径。

二是探索产学研用合作新模式。通过共建经济实体、委托研发、合作开发等灵活多样的合作模式，实现各方创新人才资源的高效整合和优势互补。高校、科研院所和企业要共建联合实验室、技术创新中心等平台，促进创新人才知识共享与技术交流。鼓励企业委托高校和科研院所进行项目研发，联合申报科研项目，通过合同方式明确双方权益，形成稳定的创新人才合作关系。

三是搭建科研成果转化新体系。倡导高校和科研院所以市场需求引导研发，以“用”来指导“学”和“研”，来提升研发的可用性和科研效率，解决制约企业发展的技术问题。构建产业链、创新链、人才链、科技链等完整创新链条，有效打通科技成果转化的“最后一公里”，实现从成果研发到成果转化的顺利衔接。鼓励高校和科研院所产出的科研成果优先在企业转化，实现与企业相互滋养、相互赋能。

（四）优化人才保障机制

一是加强知识产权和法律支持。持续打通知识产权创造、运用、保护的服务全链条，不断强化知识产权保护体系建设，保护人才科研成果和知识产权。充分发挥省级高校知识产权运营管理中心作用，在提升高校专利供给质量的同时，加快专利转化运用速度。用好“万人助万企”律师服务团，为人才提供信息查询、维权咨询、司法救济等方面的支持，降低维权经济成本和时间成本。完善信用评价机制，科学构建符合本地实际的信用评价指标体系，加强承诺后期监管，对失信行为进行记录和惩戒，营造尊重科技创新和保护科技创新的良好氛围。

二是健全人才评价和激励机制。构建人才差异化评价体系，对科研成果、技术转化能力和实践经历等指标进行“平替”，落实《关于全省职称互认互通有关工作的通知》，实现全省职称互认互通。完善重点科研项目“揭榜挂帅”“赛马”等制度，实施 PI 制，赋予首席专家决策权和经费支配权，有效保障科研人员进行攻关研究。构建“以引才为重点、以育才为基础、以用才为根本、以服才为关键”的“引、育、用、服”四位一体内部循环人才培养机制；搭建以产业链、教育链、创新链、政策链、人才链、生态链“六链”协同的外部循环赋能体系，设计一套适合本地企业发展的人才流通机制，形成“河南方案”。

三是完善人才服务和保障体系。深化国家发展改革委印发的《全国统一大市场建设指引（试行）》，摆脱户籍“枷锁”，取消参保限制，保障社保顺利转移和接续，提升人才和人力资源流动意愿。最大限度激发和释放科技人才活力，对“顶尖人才”实行“一人一策”个性化服务，聚焦解决高层次人才关注的重点难点问题，完善医疗、住房、子女、配偶、养老等方面的保障措施，帮助引进人才解除后顾之忧，让他们安心安身安业。

参考文献

《省委十一届七次全会召开》，河南省人民政府网，https://www.henan.gov.cn/2024/07-31/3029770.html。

《河南统计年鉴 2024》，河南省统计局网站，https://oss.henan.gov.cn/sbgt-wztipt/attachment/hntjj/hntj/lib/tjnj/2024nj/zk/indexch.htm。

戚湧：《打通高校、科研院所和企业人才交流通道》，《群众》2024 年第 22 期。

白海琦、魏娟：《推进中国式现代化人才强国建设研究》，《河北民族师范学院学报》2024 年第 3 期。

单新民、贾梁、李璐等：《河南省深入实施创新驱动、科教兴省、人才强省战略研究和展望》，载李迎伟主编《2024 年河南经济形势分析与预测》，社会科学文献出版社，2024。

邢宇辉、王长林：《河南省科技人才发展现状分析》，载王玲杰、杨东风主编《河南创新发展报告（2024）》，社会科学文献出版社，2024。

赵晶晶：《河南省构建产学研用深度融合创新体系研究》，载王玲杰、杨东风主编《河南创新发展报告（2024）》，社会科学文献出版社，2024。

B.26

以制度创新推动河南自贸试验区高水平发展研究

温佳楠*

摘　要： 自贸试验区是实现更高水平对外开放的战略抓手。河南自贸试验区自成立以来，坚持大胆试、大胆闯、自主改，制度创新成果显著，市场活力加速释放，营商环境持续优化，综合枢纽地位得到强化，产业集群效应显现，但在发展过程中仍面临思想观念不够解放、制度创新力度不足、管理体制机制有待健全、联动机制有待完善、专业人才队伍不足等问题制约。新形势下，为了提升自贸试验区发展水平、推进更高水平对外开放，河南自贸试验区需要持续深化制度创新、推动管理体制机制改革、积极提升产业国际竞争力、统筹推动开放试验区联动创新、强化人才队伍支撑。

关键词： 自贸试验区　制度创新　河南省

设立自贸试验区是党中央在新时代推进改革开放的重要战略举措。党的二十大报告提出“实施自由贸易试验区提升战略”①。党的二十届三中全会明确提出“实施自由贸易试验区提升战略，鼓励首创性、集成式探索”②。2024年中央经济工作会议强调“稳步扩大制度型开放，推动自由贸易试验

* 温佳楠，经济学博士，中共河南省委党校经济管理教研部讲师，主要研究方向为城市经济。

① 习近平：《高举中国特色社会主义伟大旗帜 为全面建设社会主义现代化国家而团结奋斗》，《人民日报》2022年10月26日。

② 《中共中央关于进一步全面深化改革 推进中国式现代化的决定》，《人民日报》2024年7月22日。

区提质增效和扩大改革任务授权”，这为自贸试验区高水平发展指明了前进方向。河南自贸试验区（以下简称“河南自贸区”）为我国第三批自贸区，于2017年4月1日挂牌成立，由郑州、洛阳、开封三个片区组成，战略定位为“两体系、一枢纽”，即加快建设贯通南北、连接东西的现代立体交通体系和现代物流体系，将自贸试验区建设成为服务于“一带一路”建设的现代综合交通枢纽、全面改革开放试验田和内陆开放型经济示范区。

挂牌以来，河南自贸区始终将制度创新置于核心位置，遵循可复制、可推广的基本要求，加快构建现代产业体系，已成为全省制度型开放高地和产业集聚地。为进一步推进河南自贸区高水平发展，2023年2月，河南省印发《中国（河南）自由贸易试验区2.0版建设实施方案》，强化拓展“两体系、一枢纽”功能。同年12月，河南省政府批准在10市设立全省首批中国（河南）自由贸易试验区联动创新区。2024年5月，中国（河南）自由贸易试验区郑州联动创新区举行授牌仪式，自贸试验区联动创新区的设立，为全省持续深入实施制度型开放战略，推动自贸区高水平发展注入了新动能、提供了新支撑。

一 河南自贸区高水平发展现状

（一）制度创新成果显著

制度创新是自贸试验区的核心和生命力所在。河南自贸区成立以来，坚持大胆试、大胆闯、自主改，发挥制度创新“头雁效应”，完成国务院印发的总体方案规定的160项试点任务，构建政务、监管、金融、法律、多式联运等服务体系。截至2023年末，河南自贸区已累计形成559项制度创新成果[①]，尤其是在跨境电商、商事制度改革、多式联运等领域制度创新成果处

① 《开放高地红利释放 河南自贸试验区第五批最佳实践案例出炉》，河南省人民政府网，https：//www. henan. gov. cn/2024/01-05/2879682. html。

于全国领先地位。分区域来看，郑州片区已累计形成 360 项制度创新成果，其中全国首创 52 项、全省首创 87 项，有 12 项成果被采纳在全国推广。尤其是郑州首创的“1210”跨境电商监管服务模式不仅在全国推广，还被国际海关组织确定为拟在全球推广的监管样板。洛阳片区聚焦推进差异化集成性改革创新，累计形成 221 项改革创新成果，其中 14 项成果为全国首创。开封片区累计探索出 181 项改革创新经验，其中 10 项改革措施在全国复制推广，38 项创新经验在全省复制推广。开封片区创新推出的“22 证合一”改革拉开了全国“多证合一”改革的序幕，为全国商事制度改革奠定了坚实基础。

（二）市场活力加速释放

挂牌以来，河南自贸区建设稳步推进，市场活力持续释放。截至 2023 年底，河南自贸区累计新设立 13.2 万家企业，为挂牌前的 4.9 倍，注册资本达 1.8 万亿元，为挂牌前的 6.6 倍，[①] 市场活力得到极大激发。郑州片区累计新注册企业 9.3 万家，占郑州全市新注册企业数的 13%，是挂牌前的 5 倍，累计实际利用外资 9.43 亿美元，外贸进出口额突破 2400 亿元，总投资突破 5000 亿元。[②] 开封片区累计入驻 7076 家企业，是挂牌前的 39.3 倍，其中，有 25 家企业市值过 10 亿元，197 家企业市值过亿元。[③] 洛阳片区累计入驻各类市场主体 4.38 万家，是挂牌前的 1.99 倍。其中，企业 2.43 万家，是挂牌前的 5.54 倍。2023 年，洛阳片区实现工业总产值 770 亿元、进出口值 69.8 亿元，实际使用外资 1767 万美元，占洛阳市的 84%。[④]

（三）营商环境持续优化

围绕打造市场化、法治化和国际化的营商环境，河南自贸区持续发力，

---

① 王彦利：《自贸试验区制度创新路径研究——以河南自贸试验区为例》，《科技和产业》2024 年第 19 期。

② 《郑州片区全力打造“丝路自贸区”》，《郑州日报》2024 年 4 月 2 日。

③ 《改革潮涌逐浪高》，《开封日报》2024 年 4 月 1 日。

④ 《开放高地红利释放 河南自贸试验区第五批最佳实践案例出炉》，河南省人民政府网，https：//www.henan.gov.cn/2024/01-05/2879682.html。

深入推进“证照分离”改革。郑州片区全面梳理市区级审批事项，在经开区、郑东新区、金水区全域实施取消 48 项事项审批、审批改备案、实行告知承诺改革。实施“企业开办一站通”服务，企业只需一次提交材料，便可一次性领取营业执照等企业开办相关手续。设立 RCEP 企业服务中心、移民事务服务中心，为企业提供原产地证书签发、商事证明、出口退税、商事法律等“一站式”涉外综合服务。① 洛阳片区深化“综合窗口”改革，将专科受理转变为全科受理，将一事跑多窗转变为一窗办多事，将反复提交材料转变为材料共享获取，大幅减少企业办事审批材料，大幅压缩窗口服务办理等待时间，大幅降低行政成本。加强片区联动，实施“郑开同城 自贸通办”，首批 255 项事项在郑州、开封两片区实现跨片区通办，减少两片区企业往返跑趟成本。河南设立自贸区法院、法庭和国际商事仲裁院，出台《河南自贸试验区仲裁规则》，建立多元化纠纷解决机制②，持续优化营商环境。

（四）综合枢纽地位强化

聚焦“空陆网海”四条丝路，河南自贸区持续打造开放高地。在空中丝路方面，郑州机场已形成横跨欧美亚三大经济区，覆盖全球主要经济体的客货运航线网络，货邮吞吐量持续攀升，连续 4 年居于全国机场国际货邮吞吐量第 5 位。2024 年郑州机场货邮吞吐量突破 80 万吨，创下 1997 年通航以来年货邮吞吐量历史新高。③ 在陆上丝路方面，中欧班列（中豫号）累计开行班列突破 1 万班次，构建起覆盖欧洲、俄罗斯、中亚、东盟等国家和地区在内的“二十一站点、八口岸”的国际物流网络体系，并且实现全线双向运邮贯通，整体通关时间较 2017 年压缩一半。在网上丝路方面，河南首创

① 申卫峰：《河南自贸区：以“制”取胜，打造对外开放新高地》，《深圳特区报》2024 年 9 月 20 日。

② 郑广建、柴方：《新形势下河南自贸试验区制度创新发展研究》，《郑州航空工业管理学院学报》2020 年第 5 期。

③ 《创纪录！郑州机场年货邮吞吐量突破 80 万吨》，澎湃网，https：//www.thepaper.cn/newsDetail_forward_29722965。

的跨境电商保税备货监管（1210 模式），业务覆盖全球近 200 个国家和地区。2023 年郑州片区跨境电商交易额超过 1200 亿元，同比增长 6.69%。[①] 在海上丝路方面，河南加快开通与青岛港、连云港港、舟山港等港口的铁海联运班列，实现铁海联运。

（五）产业集群效应显现

聚焦片区功能定位，河南自贸区强化规划引领，相继出台郑州片区多式联运国际性物流中心建设方案、开封片区文化产业对外开放与创新发展示范区建设方案、洛阳片区国际智能制造合作示范区建设方案。[②] 郑州片区初步形成高端装备、汽车制造、现代物流 3 个千亿级产业集群，以保税集团、昇阳跨境电商产业园、凯越邮政跨境电商产业园为代表的跨境电商产业进一步集聚发展。新兴产业发展壮大，以中源协和干细胞、金域医学检测等为代表的新兴生物医药产业已在郑州经开区块初步形成集聚。开封片区在特色文化产业上持续发力，国际文化艺术品交易初显规模。洛阳片区集聚了一批高端制造和高成长性企业，片区高新技术企业数量较挂牌前实现了 4 倍增长，成为带动洛阳经济高质量发展的重要力量。

二　制约河南自贸区高水平发展的主要问题

（一）思想观念不够解放

河南长期受农耕文明影响，思想相对保守。部分领导干部认为河南作为内陆省份基本不具备进行自主性、前瞻性、集成性开放规则机制创新的能力，能够比较好地完成国家下达的创新试验任务，及时推广复制沿海发达地区的创新经验就足够。这些思想认识误区导致河南开放创新积极性不够，重

---

① 《郑州片区全力打造“丝路自贸区”》，《郑州日报》2024 年 4 月 2 日。

② 孙静：《河南自贸试验区迈向“全面推进、提质跃升”新阶段》，《河南日报》2022 年 3 月 31 日。

大制度创新意愿不强。制度创新是自贸试验区的主要任务，但是在自贸区考核评估中，由于制度创新成效难以量化，“唯 GDP”论仍然明显，GDP、新设企业数量、实际利用外资等指标权重大，各片区在考核压力之下把重点放在经济指标上，而非制度创新质量上，片面追求经济效益。[①]

（二）制度创新力度不足

自贸试验区成立以来，往往是先开展对已有自贸试验区改革试点经验的复制推广工作，并在此基础上展开改革创新，导致改革大多集中于某些特定领域，创新也往往只涉及某一部门改革或效率提升等方面，改革举措局限于流程优化改进，“小修小补”式改革较多，并且同质化、碎片化现象明显，重大突破性改革成果偏少。近年来，国务院先后发布了 7 批累计 226 个要求在全国范围复制推广的自贸试验区改革试点经验，其中来自河南自贸区的经验只有 3 个。[②] 商务部也先后发布过 5 批累计 84 项自贸试验区最佳实践案例，河南入选的也只有 3 个。[③] 从成果独创性上看，首创性成果占比偏低。郑州片区有 52 项全国首创制度创新成果，占片区成果总量的 14.4%。开封片区 10 项改革措施在全国复制推广，占片区成果总量的 5.52%。洛阳片区有 14 项制度创新成果全国首创，占片区成果总量的 6.33%。

（三）管理体制机制有待健全

管理体制机制是自贸试验区发展的重要保障。河南自贸区采用管委会模式，由地方政府在片区内设派出机构进行管理，为三级管理结构。在这

① 王彦利：《自贸试验区制度创新路径研究——以河南自贸试验区为例》，《科技和产业》2024 年第 19 期。

② “建设项目水、电、气、暖现场一次联办模式”和“跨境电商零售进口退货中心仓模式”入选国务院第六批自贸试验区改革试点经验，“航空货运电子信息化”入选第七批自贸试验区改革试点经验。

③ “跨境电商零售进口正面监管模式”“一码集成服务”入选商务部发布的全国自由贸易试验区第三批“最佳实践案例”，“‘四链融合’促进洛阳老工业基地转型升级”入选第四批“最佳实践案例”。

种管理模式中，片区管委会既直接接受省级自贸区建设领导小组的领导，也要接受所在地市级政府的领导，多重领导使片区管委会与省直部门统筹协调能力有限，与地市相关部门之间存在权责不明的问题，导致政策执行和成果落地难以有效推进。此外，管委会内部层级复杂，机构设置不够完备，部门间协调难度大，沟通成本高。在郑州片区管委会与郑州市商务局合署办公后，虽然人员进行了重新配置，但职责分工并未得到明确，再加上管委会与商务局在待遇上存在差异，进一步影响了工作人员的积极性和稳定性。开封片区管委会的人员构成更为复杂，隶属于多个不同部门和层级，专职领导及核心工作人员数量不足，派遣制员工占比偏高，一定程度上制约了工作的高效开展。[①]

（四）联动机制有待完善

近年来，一系列国家层面的开放战略叠加为河南发展带来了良好机遇，但是战略叠加效应并不显著。河南自贸区与郑州航空港、郑洛新国家自主创新示范区三大战略关系密切，均是要发挥先试先行制度优势，虽然河南自贸区在顶层设计中强调要实现“3+15”“三区一群”联动发展，但目前省级层面战略联动进展缓慢，[②] 缺少相关协同机制和联动发展平台支撑，尚未全面构建自贸试验区与省内其他开发开放载体的协同合作机制。其中，洛阳片区是集自贸试验区、自主创新示范区、国家高新区、综合保税区、跨境电商综试区五区于一体的区域，具有良好的政策叠加机遇，但是片区内科技创新与制度创新存在耦合度不高、匹配性不强问题，综合保税区尚未封关运营，跨境电商综试区进展较慢，联动优势没有发挥，一定程度制约了洛阳片区的发展。

---

① 王彦利：《自贸试验区制度创新路径研究——以河南自贸试验区为例》，《科技和产业》2024年第19期。

② 齐爽：《高水平建设中国（河南）自由贸易试验区的痛点与对策》，《创新科技》2019年第9期。

（五）专业人才队伍不足

人才是支撑自贸试验区发展的关键要素，自贸区的发展离不开国际贸易、法律、金融、物流等专业化技术人才，但是河南地处内陆，与东部沿海地区相比，金融、国际贸易等行业发展不具备优势，相关专业人才严重不足。本地人才供给与自贸区需求不匹配。河南高校教育资源基础相对薄弱，创新创业教育相对不足，与自贸区产业结构贴近的专业较少，导致自贸区难以从省内高校中获取符合需求的人才，人才资源不足难以满足自贸区快速发展的需求。高层次人才引进比较困难，虽然自贸区借助招才引智大会、洽谈会等平台积极引进海内外优秀人才，但是由于对当前国际国内高端人才流动的趋势和规律研究不够，再加上河南工资水平偏低，用人机制不够灵活，高端人才引不进、留不住，引进的高端人才作用发挥不充分。

三　推动河南自贸区高水平发展的对策建议

（一）持续深化制度创新

高标准对接现有国际经贸规则，实现规则、规制、管理、标准相通相容。重点研究 RCEP、CPTPP、DEPA 等一系列国际高水平经贸规则，在开放试验区率先与相关规则接轨，条件成熟时及时在全省推广运用。高标准对接《中华人民共和国外商投资法》《中华人民共和国反垄断法》《中华人民共和国反不正当竞争法》等涉及投资、市场准入与监管等的法律法规，对相关地方性法规、政府规章、行政规范性文件以及管理措施中不合理、不相容的内容进行专项清理。强化与国内其他区域自贸区规则的对接，如上海、广东区域联动发展机制以及利益共享机制等，探索区域之间的合作模式。加大“证照分离”改革和自贸区涉企经营许可事项改革力度，简化企业注册流程，降低企业设立成本，提高市场准入效率，探索在更多涉企政务服务领域实行告知承诺。持续推进贸易投资便利化，加强金融领域创新，创新账户体系管理，积极争取开展本外币合一银行账户体系试点，为企业开展跨境贸易、投融资结算等业务提供便利服务。适时开展融资租赁公司外债便利化试点，引导融资租赁公司集聚发展。①

（二）推动管理体制机制改革

理顺自贸区管理体制，科学合理界定各片区管委会与所在地政府、省级自贸办的职责，合理下放管理权限，赋予各片区委员会与事权相对应的权限，② 更好地发挥自贸区制度创新“排头兵”的作用。推动自贸区考核机制改革，突出制度创新的重要性，合理调整经济指标在考核中的权重。完善投资管理制度，深入实施外商投资准入前国民待遇和负面清单管理制度，适当放宽外商投资准入门槛，对符合条件的外资创业投资企业和股权投资企业开展境内投资项目，探索实施管理新模式。推进公共服务领域市场开放机制改革，逐渐引导社会资本进入垄断行业和特许经营领域。提升贸易便利化水平，推进通关一体化改革，强化新技术手段应用，开展贸易全链条信息共享和业务协同，实现一点接入、共享共用、监管互认。深化监管制度改革，加强信息化手段应用推广，整合工商、海关等多部门信息资源，完善各片区信息系统，分类监管进出口货物，实现全省自贸区监管信息的互通共享。转变监管思路和理念，持续减少和放开审批事项，加强事中事后监管，确保不发生系统性重大风险。

（三）积极提升产业国际竞争力

围绕“7+28+N”产业链培育，精准推进产业招商。聚焦三个片区主导产业，系统梳理产业链图谱，编制产业招商图谱，出台重点产业培育发展专项方案和配套支持政策，重点引进开放型项目。大力发展先进制造业，依托

① 梁洪有：《推进河南自贸试验区 2.0 版高水平建设的七点建议》，大河网，https：//4g.dahe.cn/theory/20230207182624。

② 王彦利：《自贸试验区制度创新路径研究——以河南自贸试验区为例》，《科技和产业》2024 年第 19 期。

自贸区的政策优势和郑州良好的产业基础，吸引国内外高端制造业企业入驻，加强产业链上下游协同，推动智能制造、绿色制造等先进制造业集群发展。积极培育战略性新兴产业，加大对新能源、新材料、生物医药等战略性新兴产业的支持力度，通过政策引导、资金扶持等方式，培育一批具有核心竞争力的新兴产业企业。加快现代服务业发展，顺应新产业、新业态、新模式发展趋势，推进数字基础设施建设，积极发展数字经济。充分发挥河南区位优势，吸引大型物流集成商在豫建设区域总部、区域分拨中心、专属货站。积极搭建产业合作平台，加快河南中日（开封）国际合作产业园建设，推动与德国、泰国等国际合作产业园区建设。

（四）统筹推动开放试验区联动创新

以打造河南自贸区 2.0 版为契机，推动自贸试验区与航空港、综合保税区、跨境电商综试区等融合发展，形成自贸试验区开放创新联动区。加快推进自贸区片区管委会与综合保税区管理机构整合，统筹两类区域规划建设，实现同一机构统一负责两类区域产业发展、制度创新、招商引资及人才引进等事项，[①] 出台支持政策，促进保税维修业务发展，推动自贸区内企业按照综合保税区维修产品目录开展“两头在外”保税维修业务。积极申建河南自贸区空港新片区。鼓励引导国家级经济技术开发区积极申建海关特殊监管区，共享自贸试验区改革成果，形成自贸试验区与国家级经济技术开发区联动发展的新局面。[②] 强化片区之间的产业合作和资源共享，以产业链为支撑，建立片区之间的信息、技术、人才等资源共享机制，推动郑州、洛阳、开封三个自贸片区在产业链上下游之间的协同合作，形成优势互补、联动发展的产业格局，共同打造具有国际竞争力的产业集群和产业链。

---

① 河南省委编办市县处课题组：《河南自贸试验区各片区管理体制问题研究》，《行政科学论坛》2022 年第 2 期。

② 陈红瑜主编《2023 年河南经济形势分析与预测》，社会科学文献出版社，2023。

（五）强化人才队伍支撑

加强人才培养，依托省内高校、职业院校等资源，加强自贸试验区所需人才的培养。强化校企合作，支持自贸区内企业与高校、科研院所等相关机构采取订单式以及委托、共同培养等方式培育专业技能型人才。[①] 加大人才引进力度，系统梳理自贸区所需的高端人才和紧缺人才，制定人才引进目录，精准引才。创新人才引进机制，在高端人才和市场急需人才引进的自主决策、归口管理、程序优化等方面率先进行改革。出台优惠政策，强化对人才住房、医疗、子女教育等方面的保障，为人才解决后顾之忧，让人才真正落下来。加强国际交流与合作，积极搭建人才论坛、创业大赛等平台，为人才提供创新创业、国际交流合作的机会，探索有利于形成国际人才竞争优势，促进人才流动、海外人才集聚、优秀人才输出的国际人才交流合作机制。推动自贸区选人用人机制改革，增强片区管委会选人用人的自主权，健全人才激励机制，采用市场化手段引才，通过年薪制、一人一策等方式引进高端人才，通过股权激励、奖金奖励等方式，对作出突出贡献的人才给予表彰和奖励，增强自贸区对人才的吸引力。

参考文献

习近平：《高举中国特色社会主义伟大旗帜 为全面建设社会主义现代化国家而团结奋斗》，《人民日报》2022 年 10 月 26 日。

《中共中央关于进一步全面深化改革 推进中国式现代化的决定》，《人民日报》2024 年 7 月 22 日。

王彦利：《自贸试验区制度创新路径研究——以河南自贸试验区为例》，《科技和产业》2024 年第 19 期。

申卫峰：《河南自贸区：以“制”取胜，打造对外开放新高地》，《深圳特区报》

① 陈志祥、李全伟：《全国碳市场运行一周年：成效显著 挑战犹存》，《中国财政》2022 年第 15 期。

2024 年 9 月 20 日。

郑广建、柴方:《新形势下河南自贸试验区制度创新发展研究》,《郑州航空工业管理学院学报》2020 年第 5 期。

孙静:《河南自贸试验区迈向“全面推进、提质跃升”新阶段》,《河南日报》2022 年 3 月 31 日。

齐爽:《高水平建设中国(河南)自由贸易试验区的痛点与对策》,《创新科技》2019 年第 9 期。

梁洪有:《推进河南自贸试验区 2.0 版高水平建设的七点建议》,大河网,https://4g.dahe.cn/theory/202302071182624。

河南省委编办市县处课题组:《河南自贸试验区各片区管理体制问题研究》,《行政科学论坛》2022 年第 2 期。

陈红瑜主编《2023 年河南经济形势分析与预测》,社会科学文献出版社,2023。

B.27

河南上市企业科技创新能力提升研究

赵中华*

摘　要：　河南省作为中部地区的重要经济体，近年来积极推动企业尤其是上市企业创新发展，不断激发上市企业创新活力，在研发投入、技术创新、成果转化等方面取得了显著成效。新形势下，科技革命和产业变革空前密集活跃，产业竞争压力不断加大，区域发展差异不容乐观，对企业的科技创新能力也提出了新的要求。为此，河南上市企业需要加快弥补提升短板弱项，推动高质量创新。最后，从强化政策引导与支持、推动上市企业加大创新投入与资源整合力度以及建立良好的创新生态和社会支持体系等方面提出了政策建议。

关键词：　上市企业　科技创新　高质量发展　河南省

一　河南上市企业的总体特征

近年来，河南省上市公司数量不断增长。2022 年以来，伴随着华兰疫苗、科创新材、中钢洛耐、惠丰钻石、天力锂能等企业的陆续上市，河南仅 A 股上市公司数量就已突破了 100 家大关。这些新增上市公司为河南资本市场注入了新活力，也为企业的创新发展提供了更多资金支持。

从上市目的地看，不同企业可以选择到境外上市和国内上市，而国内上市又分为港股上市和内地上市。由于不同上市目的地企业的数据信息披露规

---

* 赵中华，博士，河南省社会科学院副研究员，主要研究方向为区域经济、产业经济。

则和统计口径等不同，本研究只考虑在中国内地上市的河南企业，具体而言，主要包括在北交所、上交所和深交所挂牌上市的企业（见表 1）。同时，由于 ST 或者 *ST 上市企业经营属于连续亏损或者存在重大问题，将这些股票予以剔除。

表 1　河南省上市企业总体情况

单位：家

分类		数量	行业分类	数量
上市地	上海证券交易所	34	农林牧渔业	3
			采矿业	4
	深圳证券交易所	63	制造业	81
			电力、热力、燃气及水生产和供应业	4
	北京证券交易所	11	建筑业	1
			批发和零售业	1
企业性质	国有企业	35	交通运输、仓储和邮政业	2
			信息传输、软件和信息技术服务业	5
	民营企业	72	金融业	3
			科学研究和技术服务业	2
	外资企业	1	水利、环境和公共设施管理业	1
			文化、体育和娱乐业	1

资料来源：根据 Wind 和 ifind 同花顺金融数据库资料整理得到。

截至 2023 年底，河南共有 108 家上市企业（剔除 ST 和 *ST），在全国省和直辖市中排名第 12 位。从上市地来看，河南 108 家上市企业中超过一半在深交所上市。具体而言，有 63 家在深交所上市，34 家在上交所上市，还有 11 家在北交所上市。这是因为深交所的创业板和原中小板主要服务于成长型、科技型中小企业，而河南作为制造业和农业大省，拥有大量传统产业升级企业和中小型制造业企业，这类企业的规模和发展阶段更符合深交所的上市门槛。同时，从企业性质来看，河南 108 家上市企业中民营企业占绝对主导地位（72 家，占比 67%），国有企业次之（35 家），外资企业极少（1 家），这是河南大力发展经济市场的结果。改革开放以来，河南民营经济逐步活跃，民营资本在制造业、消费、农业等领域的活力较强，一批优秀企业得以诞生和快速成长。这与河南作为农业大省、人口大省的传统产业基础（如食品加工、装备制造、轻工业）密切相关，民营企业更适应灵活的市场竞争。

河南上市企业的行业分布呈现显著的“制造业绝对主导、传统产业集中、新兴产业相对薄弱”的特征。在108家上市企业中，制造业占比高达75%（81家），主要集中在食品加工（如双汇发展）、装备制造（如宇通客车）、有色金属（如洛阳钼业）等传统领域，这与河南工业大省的产业基础相匹配。但同时，信息传输、软件和信息技术服务业（5家），科学研究和技术服务业（2家）等高新技术产业占比不足7%，现代服务业（如金融、文化）及农业现代化企业规模较小，反映出产业结构仍依赖传统制造业，新兴动能培育和产业升级进程亟待加速。同时，作为农业大省，河南农业上市公司仅3家（农林牧渔业），虽培育了牧原股份、秋乐种业等龙头，但整体现代化程度不足。此外，郑州集聚了多数上市企业，而100个县级行政区尚无上市公司，在县域经济越发重要的当下阶段，河南还需进一步努力，大力提升县域企业发展水平，加速提升县域经济的资本化能力。

二　近年来河南上市企业科技创新取得的成就

创新是推动企业发展的核心动力，也是提升区域经济竞争力的关键因素。河南省作为中部地区的重要经济体，近年来积极推动企业尤其是上市企业创新发展，通过政策引导、资金支持、人才培养等多方面举措，不断激发上市企业创新活力，在研发投入、技术创新、成果转化等方面取得了显著成效，不仅提升了自身的市场竞争力，也为河南省经济的高质量发展注入了强大动力。

（一）研发投入强度不断提升，推动创新能力显著增强

近年来，河南省研发经费投入持续增长，企业作为创新的主体，研发经

费投入逐年提升。2023 年，根据公布年报的 A 股上市公司数据，河南上市企业共投入研发费用超过 200 亿元，其中，国机精工、飞龙股份、华兰生物等 25 只豫股的研发投入超过 2 亿元，龙佰集团、明泰铝业、郑煤机、安阳钢铁、宇通客车、牧原股份、中航光电 7 只豫股的研发投入超 10 亿元。[①]这些企业通过不断加大研发投入，推动了自身创新能力的显著增强，为企业的长远发展奠定了坚实基础。

（二）创新主体地位持续强化，龙头企业引领行业实现突破

河南省上市企业作为创新要素集成、科技成果转化的生力军，创新主体地位进一步稳固。一些龙头企业在各自领域取得了显著突破，如郑煤机每年投入大量的研发经费，建立多个创新平台，加强关键核心技术创新和储备，成为全球煤机行业第一家灯塔工厂；宇通客车凭借强劲的研发实力和产品品质，在市场上立于不败之地。这些龙头企业通过持续创新，引领了行业的发展，提升了河南在全国乃至全球的产业竞争力。

（三）重点领域技术攻关逐步突破，创新质量不断提高

河南省上市企业在一些重点领域实现了技术攻关的逐步突破，企业创新质量不断提高。例如，在高端装备制造领域，中信重工的半自磨机代表了全球矿业装备的先进水平，多项核心技术创造世界之最；在功能性新材料领域，多氟多生产的 PPT 级电子级氢氟酸，成功打入美国、韩国市场，并正式进入台积电合格供应商体系；在新能源汽车领域，由宇通客车牵头建设的河南省新能源商用车产业创新中心，聚焦新能源商用车关键核心技术研发和全产业链建设，推动了新能源汽车领域的发展。

（四）成果转化与产业化加快推进，技术交易规模出现跃升

河南省上市企业积极推进科技成果转化与产业化，技术交易规模不断扩

① 各个上市企业 2023 年年度报告。

大。企业通过建立创新平台、加强产学研合作等方式，加速了科技成果的转化和产业化进程，使技术成果能够更快地转化为实际生产力，为经济发展注入了新动力。

三　河南上市企业科技创新面临的新形势和新任务

当前，新一轮科技革命和产业变革深入发展，科技创新进入前所未有的密集活跃期，同时，河南也进入现代化建设的关键时期。这些新形势对企业的科技创新能力也提出了新的要求。必须厘清当前河南上市企业科技创新面临的新形势和新任务，方能更好地推动上市企业高质量发展，有力支撑河南省的现代化建设。

（一）科技革命和产业变革空前密集活跃

近年来，科技变革正在深刻改变全球产业格局，尤其是人工智能、大数据、云计算、新材料、5G 通信、物联网等新兴技术的快速发展，给各行业带来了前所未有的机遇和挑战。一方面，新兴技术的诞生驱动产业深层次变革。人工智能、物联网、大数据等技术不仅是提升传统产业智能化、自动化水平的关键，也是孕育新兴产业（如智能制造、智慧物流、智能医疗等）的核心技术。这些技术的成熟应用已经开始深刻改变产业链和商业模式。在河南，尽管一些传统行业（如装备制造、化肥生产、钢铁等）有较强的产业基础，但如何利用新兴技术推动传统产业的转型升级，进而提升企业的竞争力，是河南企业在科技创新中面临的重要任务。另一方面，技术多元融合也在加速产业升级。随着跨领域技术的融合，传统行业和新兴产业之间的界限逐渐模糊。例如，新能源、智能制造、数字化工厂等领域，通过信息技术与传统生产技术的结合，能够极大地提升效率并降低成本。河南企业需要具备敏锐的技术眼光，抓住新兴技术带来的产业升级机会，快速进行技术整合和产业模式创新。

（二）产业竞争压力不断加大

当前，中国经济发展进入新常态，包括上市企业在内的所有企业均面临日益加剧的竞争格局。

一是全球化竞争压力不断加大。随着全球市场的进一步开放，河南上市企业不仅要面对国内企业的竞争，还需要与国际化企业竞争。跨国公司往往在技术研发、资本投入、人才引进等方面具备强大优势。在这种情况下，河南企业的科技创新能力如果不能快速提升，将很难在全球竞争中占据一席之地。

二是国内市场竞争持续加剧。在国内市场，许多传统产业和新兴产业的竞争正在加剧。尤其是与东部沿海地区企业相比，河南在技术、产业链配套、资金和人才等方面存在一定差距，许多企业在科技创新上的投入不足，导致其核心竞争力下降。因此，河南上市企业必须通过增强自身的研发能力和提高技术创新水平，来保持或提升市场份额。

三是技术壁垒的建立越发重要。随着全球科技水平的提升，企业间的竞争越来越依赖于技术壁垒的建立。对于河南企业而言，在科技创新方面建立自有的技术壁垒，不仅能避免竞争对手的追赶，还能提升企业的市场定价能力和议价能力。例如，在高端制造业、电子信息技术、新能源等领域，河南企业应加大研发投入，抢占关键技术，并通过专利等方式保护核心技术成果。

（三）区域发展差异不容乐观

河南省作为中部地区的经济大省，面临与东部发达地区（如北京、上海、广东等）的区域经济竞争。如何在这种区域竞争中提升科技创新能力，逐步缩小与东部发达地区的差距，是新阶段河南上市企业面临的重大任务。虽然近年来河南省的经济发展取得了显著进展，但与东部地区的经济差距仍然较大，尤其是在高技术产业、创新资源的集聚和高端人才的引进等方面。河南的创新能力较弱，一些高端技术和先进管理经验难以及时引入，导致科

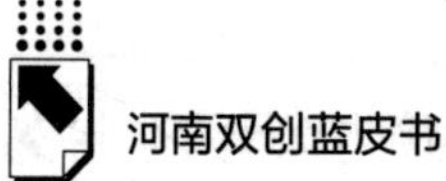

技创新的步伐滞后。当然，随着国家推进中部崛起战略，河南也迎来了新的发展机遇。在此过程中，河南上市企业需要充分利用政策红利，借助中部地区的资源禀赋，提升科技创新能力。例如，在能源、装备制造、新材料等领域，河南具有一定的基础，企业可以通过创新和技术升级，逐步缩小与东部地区的差距。

（四）河南高度重视创新驱动发展

面对愈发激烈的区域竞争，近年来，河南省委省政府高度重视科技创新引领、驱动区域发展，坚持把创新摆在发展的逻辑起点和河南现代化建设的核心位置，并将实施创新驱动、科教兴省、人才强省战略作为“十大战略”之首，不断加力，持续发力。为此，河南省政府加强了对科技创新的政策支持，包括科技项目资金、税收优惠、研发补贴等多方面措施。例如，政府通过设立科技创新专项基金，支持高新技术企业的培育和发展，推动企业与高校、科研院所的深度合作等手段，促进科技创新资源的整合。河南上市企业应充分利用这些政策优势，加大研发投入，提升创新能力。此外，在河南的发展战略中，科技创新并非单独推动，而是与区域、产业、企业等多方面的协同发展相结合。河南省将通过建立跨行业、跨区域的科技创新平台和合作机制，推动资源共享和技术联合创新，帮助企业打破技术瓶颈，加速创新成果转化。河南的上市企业应积极响应这些政策，深化技术创新，推动传统产业向高附加值、高技术含量的产业链上游延伸，同时培育新兴产业，如新能源、新材料、生命科学等，助力经济高质量发展。

四 河南上市企业高质量创新的短板与弱项

尽管近些年河南上市企业的科技创新能力明显提升，也取得了突出的成绩，但仍面临较大的挑战，尤其是在资金投入、人才培养、技术转化和产业升级等方面的弱项亟待补齐。如果这些短板能够得到有效补齐，河南的科技创新能力有望得到显著提升，进一步推动产业转型升级。

（一）企业的技术转化能力有待提升

河南的上市企业在技术转化方面仍然存显著短板。

一是研发与市场脱节。尽管一些企业在技术研发方面取得了一定成绩，但往往面临着将科研成果转化为实际生产力的困难。科研人员和市场需求之间缺乏紧密联系，企业的技术创新往往停留在实验室阶段，无法有效地实现产业化。

二是技术转化平台不足。技术转化不仅依赖企业自身的努力，还需要有完善的技术转移平台和市场化机制。然而，河南的技术转移平台相对匮乏，企业在将技术成果推向市场时，缺少有效的渠道和合作伙伴。尤其是在高新技术领域，河南企业与行业上下游的连接相对薄弱，缺乏完善的技术服务体系和对接平台。

三是市场化应用机制薄弱。技术转化不仅仅是将科研成果应用到生产中，更涉及如何通过市场机制推向消费者。河南的一些企业缺乏相关的市场化思维和经验，科技成果转化的商业模式和市场推广渠道较为薄弱，导致创新产品的市场认可度低，无法迅速占领市场。

（二）高端创新人才数量相对偏少

河南省上市企业的科技创新在很大程度上受到人才短缺的制约，特别是高端科研和技术创新人才的缺乏。一方面，人才流失现象严重。由于河南的科技创新生态环境和薪酬待遇相对滞后，许多优秀的科技人才选择前往沿海经济发达地区或国外发展，尤其是在新兴技术领域（如人工智能、纳米技术、新能源等），河南企业的科研团队常常缺乏具有国际视野的高端人才，这使得企业的技术创新能力难以提升。另一方面，人才引进机制不完善。河南在高端人才的引进上缺少有效的政策和激励机制。虽然近年来政府推出了一些人才引进政策，但在具体落实过程中，往往面临人才待遇、住房、科研资源等配套支持不足的问题。因此，河南企业难以吸引更多的技术精英，影响了企业的创新动力和核心竞争力。此外，企业的创新文化氛围不浓。河南的部分企业，特别是传统行业的企业，管理层的创新意识相对薄弱，未能充分认识到高端技术人才对企业长远发展的重要性。没有建立起吸引和留住创新人才的有效机制，创新文化的氛围相对缺乏，也导致人才的流失。

（三）产业创新生态还有待优化

河南的产业创新生态体系尚不成熟，也是制约上市企业科技创新能力提升的另外一个重要因素。虽然河南省内有大量的高校和科研院所，但由于这些科研资源与企业的结合不够紧密，形成不了有效的创新合力。科研成果往往集中在学术界，企业难以及时获悉并应用这些科研成果。同时，河南的创新资源在地理和产业领域上也存在分散现象，导致企业的创新需求无法及时获得有效支持。不仅如此，河南产业链条缺乏足够的协同。许多上市企业仍处于传统产业领域，尤其是煤炭、钢铁等重工业领域，这些产业的创新能力较弱，且缺少向高技术、绿色低碳方向转型的动力。而河南在新兴产业（如信息技术、生物医药、智能制造等）方面的布局较为薄弱，创新生态的纵深性和广度不足。创新链条上下游之间缺乏有效的协同，企业难以通过整合资源实现产业升级。此外，尽管河南省政府对创新的支持力度不断加大，但由于市场机制不健全，部分政策的落实效果不显著。政策的支持面向传统产业多，而对新兴产业的扶持力度相对较小，导致新兴产业的创新生态未能得到充分培养。

五　提升河南上市企业科技创新能力的对策与建议

当今，河南的上市企业要在激烈的市场竞争和科技变革中脱颖而出，提升科技创新能力是关键所在。为此，必须从政府、企业和社会三个层面入手，采取一系列针对性的对策。

（一）强化政策引导与支持

一是加大科技创新政策支持力度。一方面，要强化财政补贴和税收优惠。政府应通过财政补贴和税收优惠等方式，为河南上市企业提供资金支持，特别是对创新项目和高新技术企业进行资金扶持。财政补贴可以用来降低企业研发成本，激励企业增加创新投入；税收优惠政策可以通过降低企业税负，释放更多的资金用于技术研发和创新项目。另一方面，要增加科技项目资金支持。政府应建立更为完善的科技项目资金支持机制，重点扶持那些具有战略性、前瞻性和高潜力的科技创新项目，尤其是在新能源、智能制造、人工智能、大数据等领域。通过专项资金支持，有助于推动河南企业在这些领域的技术突破和产品创新。

二是完善科技创新服务体系。一方面，要高水平建设创新平台和技术转移中心。为促进科技成果转化，政府需要加强创新平台建设，推动企业、科研院所、高校之间的合作。具体而言，可以通过设立技术转移中心，促进科技成果的市场化应用，帮助企业快速把科研成果转化为生产力。此外，政府可以搭建技术共享平台，让更多企业能够借用创新资源，降低技术研发的门槛。另一方面，支持创新型企业孵化器的建设和发展。政府可以进一步支持创新型企业孵化器的发展，提供资金、场地、技术等一揽子支持措施。孵化器可以为早期创新型企业提供技术指导、市场推广、资金支持等服务，帮助其更好地成长与发展。

三是优化人才引进政策。一方面，要吸引高端科技人才。河南需要加大人才引进力度，特别是针对高端科技人才、研发专家和技术创新领军人物。政府可以出台优惠政策，提供薪酬、税收优惠、住房等方面的支持，以吸引国内外优秀人才来河南创新创业。另一方面，深入实施“高层次人才计划”。政府可通过制订符合地方特色的“高层次人才计划”，加大人才引进的力度。对于企业特别紧缺的高端科研人才，政府可提供专项补贴、税收优惠以及研究支持，以推动这些人才在河南的长期发展。

（二）推动上市企业加大创新投入与资源整合力度

一是推动企业增加研发投入，特别是战略性新兴产业上的资金投入。河南上市企业亟须增加研发预算。上市企业应当提高研发预算的比例，尤其是在战略性新兴产业（如人工智能、新能源、高端制造、智能医疗等）上的资金投入。为了确保企业长期的创新能力，建议企业将不低于5%的年度收入投入研发，特别是在关键技术领域的研发。上市企业还可以通过设立专项研发基金，推动创新发展。大企业可以通过设立专项研发基金来集中力量攻克技术难题，推动产品和技术创新。资金的集中投入有助于提高创新效率，特别是在初期阶段资金短缺时，专项基金可以缓解企业的资金压力。

二是持续提高研发人员比例，培养技术专家。河南上市企业应进一步增加研发人员的比例，特别是高技术领域的研发人员。企业可以通过提供更高的薪酬、更好的研究环境和更广阔的职业发展空间来吸引顶尖人才加入。同时，健全技术专家培养机制。上市企业应建立一套完整的技术专家培养机制，不仅依赖外部引进，还应注重内部人才的成长与培养。通过内外部培训、技术交流和跨行业合作等方式，培养一批具有国际视野和创新能力的技术专家。

三是加强产学研合作，促进技术创新。一方面，要推动产学研深度融合。上市企业应与高校、科研院所建立更加紧密的合作关系，共同开展技术攻关、创新研发和技术转化。特别是对于中小型企业，可以通过与高校科研团队合作，降低研发成本、提高研发效率。另一方面，推动上市企业牵头建立联合研发中心。上市企业可与高校、科研机构联合成立研发中心，将资源、技术和人才整合，促进产学研合作模式的创新。这样的合作能够将企业的实际需求与科研院所的技术研究相结合，提高创新成果的市场化应用效率。

（三）建立良好的创新生态和社会支持体系

一方面，建立健全创新创业生态，鼓励社会资本投资创新型企业。政府可以出台激励政策，吸引社会资本（如风险投资、私募基金、天使投资等）进入创新型企业的融资环节。社会资本是创新型企业成长的重要支撑，尤其是初创企业需要外部资金的支持来开展研发、拓展市场等。同时，可以建设更多的创新产业园区和孵化器。社会资本可以参与建设创新产业园区和孵化器，为创新型企业提供良好的工作环境、配套服务和资金支持。通过形成产业集聚效应，提高资源的共享与创新效率。

另一方面，提升全社会的创新意识，培养企业家和员工的创新思维。全社会需要增强创新意识，尤其是企业家和企业员工的创新思维。企业应通过组织创新培训、开展创新文化活动等方式，激励员工提出创新思路，提升整个企业的创新能力。社会各界特别是教育部门，应当注重培养创新型人才。从基础教育到高等教育阶段，都应注重培养学生的创新思维和动手能力，鼓励学生主动参与科研项目和创新实践。社会应当建立一个宽容失败的创新环境，鼓励更多的企业家和技术人员进行大胆尝试和试验，失败是创新过程中不可避免的结果，社会的宽容度直接影响创新的深度和广度。

参考文献

郑明、崔笛、李岩等：《龙头上市企业技术创新路径及影响因素研究》，《科技管理研究》2022 年第 19 期。

何丽娜：《我国中小企业板上市公司融资有效性分析——基于河南及其与江苏、浙江的比较》，《中州学刊》2016 年第 9 期。

喻新安：《大力发展河南上市公司的思考与对策》，《河南社会科学》2007 年第 3 期。

孙锦萍、董志勇：《大企业引领了创新发展吗？——基于中国上市公司示范效应的研究》，《经济与管理研究》2024 年第 11 期。

王煜昊、马野青：《新质生产力、企业创新与供应链韧性：来自中国上市公司的微观证据》，《新疆社会科学》2024 年第 3 期。

Abstract

This book is the ninth annual blue book tracking the development of innovation and entrepreneurship in Henan Province, jointly researched and produced by Huanghe University of Science and Technology and the Henan Zhongyuan Innovation and Development Research Institute. Centered on the theme of "Deepening Reforms in Innovation and Entrepreneurship Mechanisms and Systems", the book is organized into four key sections: General Report, Environment, Industry, and Entities. It aims to provide a multi-dimensional and comprehensive overview of the overall trends and significant achievements in Henan's innovation and entrepreneurship mechanism reforms since 2024. By doing so, it seeks to further stimulate new momentum for innovation and entrepreneurship, accelerate the cultivation of new quality productivity, and contribute theoretical and intellectual support to the realization of Chinese-style modernization in Henan. The book is structured into four parts as follows.

Part Ⅰ: General Report. This section consists of two sub-reports. The Situation Analysis and Policy Orientation of Innovation and Entrepreneurship Mechanism Reform in Henan Province provides an in-depth analysis of the major achievements and pressing issues in Henan's innovation and entrepreneurship mechanism reforms. From a forward-looking perspective, it outlines the prospects of these reforms and proposes a series of forward-looking and actionable policy recommendations, offering directional guidance for Henan's innovation and entrepreneurship reforms. The Henan Province Urban Innovation Capability Evaluation Report (2025) conducts a comprehensive and detailed assessment of the innovation capabilities of 18 prefecture-level cities in Henan through empirical analysis across five dimensions: innovation input, innovation output, enterprise innovation, innovation environment, and innovation performance. The report reveals the strengths and weaknesses in innovation for these cities and provids a scientific basis for formulating differentiated urban innovation development strategies.

Part Ⅱ: Environment Section. This section focuses on the environmental factors influencing Henan's innovation and entrepreneurship mechanism reforms. It systematicallyexamines key areas such as comprehensive business environment reforms, market-oriented reforms of production factors, deepening institutional openness, improving urban-rural integrated development mechanisms, and reforming scientific and technological achievement transformation mechanisms. By analysing the facilitating and constraining effects of these environmental factors on innovation and entrepreneurship, the section proposes targeted countermeasures and suggestions to further optimize Henan's external environment for innovation and entrepreneurship, stimulate market vitality, and promote the efficient allocation and utilization of innovation resources.

Part Ⅲ: Industry Section. As a core driver of high-quality economic development in Henan, this section explores key industries such as green and low-carbon industries, strategic emerging industries, future industries, traditional industries, and modern agriculture. It delves into the highlights, challenges, and development pathways of these industries within the context of innovation and entrepreneurship mechanism reforms, aiming to promote the optimization and upgrading of Henan's industrial structure and accelerate the construction of a modern industrial system.

Part Ⅳ: Entity Section. This section takes enterprises, universities, and research institutes in Henan as its focal points, providing an in-depth analysis of critical issues such as the enterprise-led industry-academia-research integration mechanism, the enhancement of innovation capabilities of specialized, sophisticated, and novel "Little Giant" enterprises, the reform of scientific and technological innovation mechanisms in universities, and the improvement of innovation capabilities of listed enterprises. It not only reveals the practical explorations and successful experiences of these entities in innovation and entrepreneurship mechanism reforms but also proposes a series of targeted and actionable countermeasures and suggestions, offering valuable references for deepening innovation and entrepreneurship mechanism reforms in Henan.

Keywords: Scientific and Technological Innovation; Deep Integration Mechanisms; Coordination Mechanisms; Modernization of Henan

Contents

I General Reports

Abstract: Deepening the reform of the innovation and entrepreneurship system and mechanisms holds significant importance for driving high-quality economic and social development, enhancing the overall efficiency of the national innovation system, addressing global scientific and technological competition and challenges, and promoting social equity, justice, and the improvement of people's livelihoods. In recent years, the Henan Provincial Party Committee and Provincial Government have thoroughly implemented the decisions and directives of the Central Committee of the Communist Party of China, vigorouslyadvanced the reform of innovation and entrepreneurship mechanisms, continuously improved the policy and regulatory framework for innovation and entrepreneurship, significantly strengthened scientific and technological innovation capabilities, expanded the base of innovation entities, upgraded the capacity of innovation and entrepreneurship platforms, and optimized the innovation and entrepreneurship ecosystem. Facing the accelerated evolution of a new round of technological revolution and industrial transformation, Henan Province still faces numerous challenges in deepening the mechanisms for cultivating innovation entities, nurturing high-end talent, supporting platform carriers, transforming scientific and technological achievements, and reforming the innovation ecosystem. In light of this, it is essential to align with the new circumstances and requirements, seize emerging directions and opportunities, and further deepen the reform of Henan Province's innovation and entrepreneurship mechanisms. This can be achieved by focusing on the following areas: establishing a tripartite innovation structure, improving the mechanisms of scientific and technological innovation platforms, strengthening the leading role of enterprises in innovation, optimizing talent introduction and cultivation mechanisms, enhancing achievement transformation mechanisms, and refining science and technology finance mechanisms. These efforts will invigorate the innovative vitality of the entire society, drive high-quality economic and social development, and provide robust support for advancing the practice of Chinese-style modernization in Henan.

Keywords: Innovation and Entrepreneurship; Mechanism Reform; Henan Province

Abstract: Henan Province anchors writting Henan chapter of Chinese-style modernization, and deeply implements the innovation driving, science and education revitalizing, and talents strengthening strategy. The scientific and technological innovation capability of Henan has been continuously improved, and the cultivation of new quality productivity has been significantly accelerated. Our research group has constructed an evaluation index systemfor city innovation capability in Henan Province, consisting of 5 categories and 30 indicators, and used statistical data to evaluate city innovation capacity. Zhengzhou, Luoyang, and Xinxiang maintain the forefront of city innovation capability in Henan Province. The research group suggests that cities in Henan Province should continue to optimize the distribution of the innovation system, consolidate the position of enterprises as the main body of innovation, accelerate the cultivation of new industries, smooth the channel for the transformation of innovations, continuously strengthen the team of scientific and technological innovation talents, and create a first-class innovation development ecology.

Keywords: Innovation Capability; Innovation Ecosystem; Industry Upgrading

Ⅱ Environment Section

Abstract: The business environment plays a pivotal rolein shaping the growth, innovation, and development of enterprises, serving as a key determinant of a region's overall competitiveness. In recent years, Henan has made significant strides in advancing comprehensive reforms to improve its business environment, achieving notable progress. However, challenges remain. The complex and evolving economic landscape has created operational difficulties for some businesses, while gaps in institutional frameworks have hindered the full impact of pro-enterprise policies. Systemic and structural issues continue to introduce uncertainties and risks for business development, and the demand for a more optimized business environment is growing in both complexity and diversity. Henan can draw valuable lessons from the successful practices of developed regions such as Beijing, Shanghai, Guangdong, and Zhejiang. Moving forward, Henan must strengthen organizational leadership and accountability, benchmark against best practices to enhance key indicators, ensure effective policy implementation, refine mechanisms to boost adaptability, and prioritize innovation through pilot initiatives. By deepening comprehensive reforms to the business environment through these multifaceted efforts, Henan can achieve new milestones in high-quality development.

Keywords: Business Environment; Comprehensive Reforms; Henan Province

Abstract: This report systematically examines the background, status, challenges, and pathways for advancing market-oriented reforms of production factors in Henan Province. It begins by analysing the driving forces behind these reforms, including national top-level policy design, the Rise of Central China Strategy, and Henan's imperative for economic transformation. Next, it provides a comprehensive review of Henan's progress in market-oriented allocation reforms across five key production factors: land, labor, capital, technology, and data. The study then highlights persistent challenges, such as gaps in top-level design, underdeveloped market mechanisms, and barriers to the free flow of production factors, which hinder the reform process. To address these issues, the paper proposes five strategic pathways: enhancing top-level policy design, improving market mechanisms, creating a more conducive environment for factor mobility, strengthening policy support systems, and boosting digital governance capabilities. These measures aim to achieve more efficient and rational allocation of production factors, thereby fostering high-quality economic development in Henan.

Keywords: New Quality Productivity; Market-oriented Allocation of Production Factors; Supporting Reforms; High-quality Economic Development

B.5 Research on Pathways for Accelerating Institutional Opening-Up in Henan Province

Guo Junfeng / 077

Abstract: China has now entered a new stage of institutional opening-up, and accelerating this process is both an essential step for Henan to integrate into the new development paradigm and build a unified national market, as well as a critical driver for achieving its "Four Highs and Four Priorities" strategic goals. Through sustained efforts, Henan has made notable progress in institutional opening-up, including the elevation of open platforms, enhanced advantages in international connectivity, anddeeper alignment with international rules. Nevertheless, challenges persist, such as limited tangible outcomes from opening-up, an incomplete policy framework, weakened developmental factors, and insufficient platforms for opening-up in the service sector. To address these issues, Henan should focus on advancing high-quality opening-up in commodity and factor flows, proactively aligning with high-standard international economic and trade rules, deepening "behind-the-border" regulatory reforms, and fostering institutional innovation within pilot free trade zones. These measures will elevate the quality and competitiveness of Henan's open economy.

Keywords: Institutional Opening-Up; Open Economy; Henan Province

B.6 Research on Establishing and Improving Mechanisms for Integrated Urban-Rural Development in Henan Province

Dou Xiaoli, *Ouyang Yanrong* / 089

Abstract: In the new era and on the new journey, refining the mechanisms for integrated urban-rural development is a fundamental requirement for achieving Chinese-style modernization, holding profound contemporary significance. In recent years, Henan Province has made significant strides in deepening institutional reforms across key areas, including the urbanization of rural migrants, facilitating two-way flows of urban and rural resources, establishing systems to benefit and enrich farmers, and integrating urban and rural infrastructure and public services. However, challenges persist, such as limited comprehensive carrying capacity at the county level, inadequate provision of urban and rural infrastructure and public services, and underdeveloped mechanisms for the two-way flow and exchange of resources between urban and rural areas. To address these issues, future efforts should focus on strengthening county-level carrying capacity, reducing urban-rural disparities, promoting the two-way flow of resources, and increasing farmers' incomes. By doing so, Henan can pioneer a distinctive model for urban-rural integration, reflecting its unique characteristics and contributing to broader national goals.

Keywords: Urban-Rural Integration; Institutional Mechanisms; Henan Province

B.7 Research on Improving the Mechanism for Independent Talent Cultivation in Henan Province

Abstract: Education, science and technology, and talent development serve as pivotal strategic pillars for achieving Chinese-style modernization. Strengthening the capacity for independent talent cultivation is not only a crucial strategic measure but also a response to the evolving demands of the new era. Henan Province has established clear objectives for independent talent cultivation and has achieved notable progress. However, challenges remain in areas such as educational philosophy, discipline and program design, cultivation models, and collaborative education mechanisms. To address these issues, it is essential to refine the independent talent cultivation framework by focusing on dynamic alignment between talent supply and demand, diversifying cultivation stakeholders, adopting a categorized and tiered approach, ensuring high-quality processes throughout, and implementing multi-layered support systems. These efforts will comprehensively enhance the level of independent talent cultivation in Henan.

Keywords: Independent Talent Cultivation; Cultivation Models; Talent Development Models

B.8 Research on Building a Science and Technology Finance System Aligned with Technological Innovation in Henan Province *Zhang Bing* / 114

Abstract: The synergistic development of science and technology finance and technological innovation serves as a core driver of sustained national economic growth. This report investigates the current state of science and technology finance in Henan Province, explores its development landscape in depth, and analyses local practical experiences, with Zhengzhou Bank and the Science and Technology Finance Plaza as case studies. The study identifies several shortcomings in Henan's science and technology finance system. Building on these findings, the report proposes a series of strategic recommendations to establish a science and technology finance system that aligns with the demands of technological innovation. Key measures include expanding the investment scale of government funds, enhancing the policy support framework for government funds, improving financial services for technology enterprises, reinforcing the central role of state-owned banks in creditprovision, and optimizing the ecosystem for science and technology finance. These efforts will enable Henan to refine its science and technology finance system more effectively, fostering a leap in regional technological innovation capabilities and advancing the economy toward high-quality development.

Keywords: Science and Technology Finance; Technological Innovation; Zhengzhou Bank

B.9 Research on Deepening the Reform of the Scientific and Technological Achievement Transformation Mechanism in Henan Province

Wei Yajie / 127

Abstract: In advancing the reform of its scientific and technological achievement transformation mechanism, Henan Province has strategically prioritized multiple dimensions, including industrial upgrading, resource allocation, the quality of achievement transactions, and alignment with national strategic priorities, highlighting its profound significance. In recent years, Henan has achieved remarkable progress by optimizing policies for scientific and technological achievement transformation, revitalizingtechnology transaction activities, enhancing service efficiency, improving the innovation ecosystem, and deepening the transformation of scientific and technological achievements. However, challenges remain, such as gaps in policy implementation, insufficient financial support, underperforming transformation platforms, and inadequate talent incentive mechanisms. To address these issues, it is crucial to strengthen policy coordination, increase funding while attracting social capital, establish a unified provincial market for application scenarios, and refine talent incentive systems. These measures will further advance the reform of the scientific and technological achievement transformation mechanism in Henan, enhance its competitiveness in scientific and technological innovation, and provide robust momentum for the high-quality development of Henan's economy.

Keywords: Scientific and Technological Achievement Transformation; Mechanism Reform; Technology Transactions

B.10 Ideas and Measures for Improving the Planning System and Policy Coordination Mechanism in Henan Province

Yu Shanfu / 139

Abstract: As a region intersecting multiple national strategies, including the

Rise of Central China and the ecological protection and high-quality development of the Yellow River Basin, Henan Province has made significant strides in reforming its planning system and policy coordination mechanism. However, challenges persist, such as insufficient integration of strategic plans, misaligned policy tools, and ineffective policy transmission mechanisms. There is an urgent need to enhance the planning system and policy coordination mechanism through systematic thinking, standardized processes, and institutional safeguards to ensure the effective implementation of Henan's various plans and policies. By reinforcing the overarching role of development plans, prioritizing coordinated development and collaborative governance in key areas, rigorously implementing the "integration of multiple plans", continuously improving macro-control policy design, and strengthening consistency assessments of policy orientations, Henan can further refine its planning system and policy coordination mechanism. These efforts will provide robust systemic support for high-quality development.

Keywords: Planning System; Policy Coordination Mechanism; Henan Province

Abstract: This study synthesizes relevant research on the scientific and technological innovation ecosystem, summarizing the key achievements and experiences of Henan Province in deepening reforms to its science and technology system. It highlights a series of reform initiatives, including the reconstruction and revitalization of the Provincial Academy of Sciences, the restructuring and reshaping of the provincial laboratory system, achieving full coverage of R&D activities in industrial enterprises above a designated size, pilot reforms to empower scientific and technological achievements, reforms in the organization of research projects, and reforms in research funding management. The study also identifies and analyses existing challenges in Henan's science and technology system reform, proposing targeted countermeasures for further innovationsystem reforms. Across the entire chain of science and technology management in Henan—from resource allocation and utilization to talent evaluation and incentives, and to fostering an innovation ecosystem—new institutional norms are being established. The capacity of scientific and technological innovation to support high-quality economic and social development has significantly strengthened, the overall level of scientific and technological development in the province has steadily improved, and the innovation vitality of the entire society has been continuously unleashed. The innovation ecosystem is rapidly optimizing, creating a new paradigm where reforms drive innovation and innovation fuels development.

Keywords: Innovation Ecosystem; Reform of Institutions and Mechanisms; Henan Province

Ⅲ Industry Section

Abstract: As the construction of an ecological civilization enters a critical phase with carbon reductionas its strategic focus, Henan Province faces multifaceted challenges in transitioning from "dual control of energy consumption" to "dual control of carbon emissions". These challenges include constraints in technological supply, industrial support, financial guarantees, and policy coordination, underscoring the urgent need to refine the green and low-carbon development mechanism. In this new era and on this new journey, efforts must prioritize five key areas: enhancing the mechanism for green and low-carbon energy transition, strengthening the framework for building a green and low-carbon industrial system, improving incentive mechanisms for green and low-carbon consumption, advancing social governance mechanisms for green and low-carbon development, and optimizing factor guarantee mechanisms for green and low-carbon development. These measures are essential for driving the green and low-carbon transition strategy, advancing the construction of a Beautiful Henan, and deepening reforms to the ecological civilization system. They also represent a critical task in realizing the practice of Chinese-style modernization in Henan.

Keywords: Green and Low-Carbon; Green Transformation; Henan Province

Abstract: Strategic emerging industries, rooted in major technological breakthroughs and significant development needs, represent a pivotal direction for scientific and technological innovation and industrial advancement. The development of these industries has become a vital engine for high-quality economic growth and a key driver of regional competitiveness. Henan Province has actively pursued the qualitative enhancement and quantitative expansion of strategic emerging industries, achieving significant progress. However, compared to more developed regions, challenges persist, including weaker innovation capabilities, a lack of leading enterprises, limited financing channels, and insufficient industrial coordination. To address these issues, Henan should focus on four strategic areas: enhancing independent innovation capabilities and improving the technological innovation system; fostering the growth of industry leaders and optimizing the industrial developmentecosystem; strengthening the role of industrial funds and refining the financial service system; and promoting strategic innovation collaboration to drive the development of industrial clusters. These measures will enable Henan to cultivate and strengthen its strategic emerging industries effectively.

Keywords: Strategic Emerging Industries; Industrial Chain; Industrial Clusters

B.14 Research on Accelerating Future Industrial Development through Scientific and Technological Innovation in Henan Province

Li Yuan / 201

Abstract: Against the backdrop of the accelerating global technological revolution and industrial transformation, scientific and technological innovation has emerged as a central driver of high-quality regional economic development. As a leading economic province in central China, Henan has achieved significant breakthroughs in areas such as smart terminals, new energy, and new materials in recent years by deepening its innovation-driven strategy, optimizing its industrial structure, and enhancing policy support. Theseefforts have laid a solid foundation for the development of future industries. Drawing on Henan's economic data, industrial policies, and innovation practices, this report systematically examines the status, challenges, pathways, and strategies for leveraging scientific and technological innovation to propel future industrial development. The findings aim to provide valuable insights for the transformation and upgrading of regional economies.

Keywords: Scientific and Technological Innovation; Future Industries; New Quality Productivity

B.15 Research on Promoting the Transformation and Upgrading of Traditional Industries through Scientific and Technological Innovation in Henan Province

Wei Zheng / 216

Abstract: As a major economic province in China, Henan faces challenges such as an industrial structure heavily reliant on traditional sectors, insufficient innovation capacity, and low resource utilization efficiency. To address these issues, Henan has actively leveraged scientific and technological innovation to drive the transformation and upgrading of its traditional industries. This report examines the specific measures implemented by Henan, the progress achieved, and the challenges encountered in this process, while offering strategic recommendations for future development. The study reveals that through policy support, the development of science parks and innovation platforms, university-enterprise collaboration and industry-academia-research integration, digital transformation, and intelligent manufacturing, Henan has made strides in optimizing its industrial structure, enhancing resource utilization efficiency, and advancing product innovation and market expansion. Nevertheless, challenges persist, including a shortage of innovative talent, funding and financing difficulties, and the need to further optimize the innovation environment. To achieve high-quality development of traditional industries, Henan should intensify efforts to attract and cultivate talent, improve the financing ecosystem for innovation, strengthen policy implementation and oversight, and accelerate digital and intelligent upgrading.

Keywords: Scientific and Technological Innovation; Transformation and Upgrading of Traditional Industries; Policy Support; Henan Province

Abstract: At this new historical juncture, advancing the deep integration of culture and technology in Henan Province carries profound significance for bolstering cultural confidence, showcasing Henan's proactive role, and supporting the practice of Chinese-style modernization in the region. In recent years, Henan has made notable progress in integrating culture and technology; however, challenges persist, including underdeveloped mechanisms for integrated collaboration, limited success in building exemplary platforms, insufficient levels of collaborative innovation among leading enterprises, and a shortage of interdisciplinary talent in culture and technology. To address these issues, this study proposes practical pathways for Henan, focusing on establishing robust integrated collaborative mechanisms, vigorously supporting the expansion and strengthening of exemplary platforms, leveraging the leadership of key enterprises in collaborativeinnovation, and accelerating the cultivation of interdisciplinary talent in culture and technology. These measures aim to provide essential intellectual support and developmental momentum for achieving Henan's modernization goals.

Keywords: Culture and Technology; Cultural Innovation; Technology Empowerment; Henan Province

B.17 Research on Accelerating the Construction of a Modern Agricultural Industry System in Henan Province

Zhang Shun, Xu Jun'an and Chen Huanli / 243

Abstract: The modern agricultural industry system emphasizes the comprehensive development of the agricultural sector, focusing on all stages of agricultural production, extending the industrial chain, and integrating the primary, secondary, and tertiary industries to enhance overall agricultural efficiency. The construction of such a system represents a critical initiative in the reform of the agricultural science and technology system. As a leading agricultural province in China, Henan is actively working to accelerate the development of a modern agricultural industry system. This paper outlines the concept of themodern agricultural industry system, analyses its significance, existing foundations, and development opportunities in Henan, and proposes actionable pathways for its construction. Henan's modern agricultural industry system will leverage its existing agricultural bases, optimize the regional layout of specialty and high-value agricultural products, integrate diverse resources, clarify research priorities, deepen industry-academia-research collaboration, and establish medium- and long-term development plans. These efforts will significantly drive the high-quality and modernized development of Henan's agricultural sector, accelerating its transformation into a leading agricultural powerhouse.

Keywords: Modern Agricultural Industry System; Three Industrial Integration; Henan Province

Abstract: The green transformation of the manufacturing sector is a pivotal component of high-quality economicdevelopment. In 2024, the Central Committee of the Communist Party of China and the State Council issued the Opinions on Accelerating the Comprehensive Green Transformation of Economic and Social Development, which for the first time systematically outlined a strategy for achieving comprehensive green transformation, setting higher and more urgent demands for advancing the green and low-carbon transformation of the manufacturing sector. As part of the strategy for ecological protection and high-quality development in the Yellow River Basin, Henan has identified manufacturing as a key area for green and low-carbon transformation. Through multifaceted measures of the policy, infrastructure, resource, and environmental levels, Henan has increased its green transformation rate and reduced energy consumption intensity. However, in pursuit of carbon peaking and carbon neutrality goals, challenges persist in areas such as industrial structure, energy conservation and carbon reduction, the green manufacturing system, the resource recycling system, and green and low-carbon technologies. To address these challenges, Henan must accelerate the development of green manufacturing and service systems, intensify efforts in energy conservation and carbon reduction, vigorously foster new quality productivity in manufacturing, promote green development across the entire industrial chain, and advance the construction of remanufacturing industrial clusters. These efforts will help forge a distinctive Henan pathway that synergistically integrates carbon reduction, pollution control, green expansion, and economic growth.

Keywords: Manufacturing; Green and Low-Carbon Transformation; Green Manufacturing; Carbon Peaking and Carbon Neutrality

B.19 Research on Rebuilding the Competitive Advantages of Cross-Border E-Commerce in Henan Province

Wang Xiaoyan / 266

Abstract: In recent years, Henan Province has actively pursued initiatives to rebuild the competitive advantages of cross-border e-commerce, advancing the high-level construction of comprehensive pilot zones for cross-border e-commerce and fostering the integrated development of cross-border e-commerce with local specialty industries. By continuously improving the cross-border e-commerce industrial ecosystem, Henan has gradually established cross-border e-commerce as a "shining emblem" of its opening-up efforts. However, at this new stage of development, Henan faces challenges such as the need to enhance the industrial driving effect, optimize the industrial ecosystem, address the slowdown in cross-border e-commerce growth, and increase the number of market players. There is an urgent need to redefine priorities and embark on a renewed journey for cross-border e-commerce development. To this end, this paper recommends that Henan strengthen top-level design, enhance public service capabilities, cultivate three major market entities, build a "Global Hub" headquarters base, and improve the industrial ecosystem. These measures will enable Henan to chart a new course for building a modern development paradigm and achieving high-quality development in cross-border e-commerce.

Keywords: Cross-Border E-Commerce; Cross-Border E-Commerce Comprehensive Pilot Zone; International Logistics Hub Construction; High-quality Development

Abstract: The integration of agriculture, culture, and tourism represents a crucial pathway for modern agricultural development and a key strategy for advancing comprehensive rural revitalization. Henan Province boasts unique advantages in deepening this integration, including its strategic location and transportation networks, abundant agricultural and natural resources, rich cultural heritage, and robust policy support. It has successfully developed various locally distinctive models of integrated development, breathing new life into rural areas. However, challenges persist, such as inadequate infrastructure, insufficient depth of industrial integration, a shortage of professional talent, lagging brand development, and mounting environmental pressures. To address these issues, measures such as upgrading rural infrastructure, deepening industrial integration mechanisms, enhancing talent cultivation and recruitment, strengthening brand building and marketing, and reinforcing ecological protection can effectively drive the deep integration of agriculture, culture, and tourism in Henan. These efforts will elevate the overall strength and competitiveness of Henan's agriculture, culture, andtourism sectors.

Keywords: Integration of Agriculture, Culture and Tourism; Rural Revitalization; Innovative Development; Henan Province

Ⅳ Entity Section

Abstract: This study investigates the mechanisms for deepening the integration of industry, academia, and research in Henan Province, emphasizing the pivotal role of enterprises. It offers a detailed analysis of Henan's progress in policy support, entity development, collaborative models, platform construction, integrated innovation, and capacity enhancement within the framework of industry-academia-research integration. The research highlights critical challenges, including disjointed innovation chains, inadequate policy coordination, and obstacles to talent mobility. Leveraging successful practices from regions such as Beijing, Shanghai, Jiangsu, Anhui, and Zhejiang, the paper proposes targeted solutions to these issues. The recommendations focus on establishing a robust enterprise-driven integration mechanism, a harmonized policy implementation framework, a fluid talent exchange system, a synergistic resource integration mechanism, and a demand-oriented strategy for addressing key technological challenges. These insights aim to provide intellectual support for further promoting the deep integration of industry, academia, and research in Henan Province.

Keywords: Enterprise-Led; Industry-Academia-Research Integration Mechanism; Scientific and Technological Innovation

Abstract: Specialized, sophisticated, and novel "Little Giant" enterprises are distinguished by their focus on niche markets, technological leadership, and deep integration into critical segments of the industrial chain. They exhibit high-growth potential, characterized by specialization, refinement, uniqueness, and robust innovation capabilities. In recent years, Henan Province has made sustained efforts to cultivate these "Little Giant" enterprises, significantly contributing to the region's high-quality economic development. Amid opportunities such as optimized industrial layouts, digital technology-driven transformation and upgrading, and strong policy support, Henan should prioritize increasing R&D investment intensity, building a multi-tiered innovation platform system, enhancing the science and technology financial support framework, optimizing institutional mechanisms to foster collaboration, and accelerating digital transformation. These measures will unlock the innovative potential of "Little Giant" enterprises, comprehensively elevate their innovation capabilities, and position Henan as a leader in deepening reforms and advancing innovation and entrepreneurship.

Keywords: Specialized, Sophisticated and Novel "Little Giant" Enterprises; Innovation Capabilities; Industrial Chain Collaboration

Abstract: As a pivotal component of the national strategic scientific and technological force, universities must continuously deepen reforms to their scientific and technological innovation mechanisms to establish a robust foundation for high-quality development at both national and regional levels. While scientific and technological innovation in Henan's universities has gained momentum, significant challenges persist, including insufficient investment, low efficiency in fund utilization, a shortage of high-end talent, and inadequate organizational mechanisms. To address these issues, Henan's universities should pursue reform pathways by increasing research investment, enhancing investment efficiency, attracting and cultivating high-end talent, improving organizational mechanisms, and refining evaluation and achievement transformation mechanisms. These efforts will further advance the reform of scientific and technological innovation mechanisms in Henan's universities, enabling their deep integration into Henan's "tripartite" scientific and technological innovation framework. This integration represents a top priority for the current development of Henan's universities.

Keywords: Universities in Henan; Scientific and Technological Innovation; Mechanisms and Systems Reformation

Abstract: As a pivotal component of the modern scientific and technological innovation system, science and technology innovation platforms play a crucial role in aggregating innovation resources, attracting investment capital, gathering top-tier talent, incubating innovative enterprises, and facilitating the transformation and commercialization of scientific and technological achievements. In recent years, Henan has significantly increased its investment in scientific and technological innovation, comprehensively deepened reforms to support innovation-driven development, and achieved remarkable progress in building science and technology innovation platforms. However, challenges persist, including a lack of diversified funding sources, an insufficient number of high-energy-level platforms, and low rates of achievement transformation. To address these issues, it is imperative to leverage further comprehensive reforms as a driving force to enhance the high-quality operational mechanisms of the "Two Cities and One Valley" and science and technology innovation platforms. These efforts will provide robust momentum for Henan's modernization and contribute to crafting a more brilliant chapter for the Central Plains in the new era.

Keywords: Two Cities and One Valley; Science and Technology Innovation Platforms; Mechanisms and Systems

Abstract: Facilitating talent exchange among universities, research institutes, and enterprises acts as an "accelerator" for enhancing the transformation of scientific and technological achievements, a "catalyst" for stimulating innovation across society, and a "driving force" for accelerating the development of new quality productivity. In recent years, Henan Province has accelerated the construction of its innovation platform system, streamlinedtalent exchange channels, and improved exchange policy mechanisms, resulting in a significant boost to talent vitality. However, research reveals persistent challenges in Henan's talent exchange channels, including a low industrial level, weak development foundations, a lack of innovation platforms, uneven talent distribution, insufficient capital investment, and imperfect talent evaluation mechanisms. To address these shortcomings, this paper recommends strengthening policy support and guidance, accelerating innovation in the main model, promoting the in-depth integration of industry, academia, research, and application, and optimizing talent guarantee mechanisms. These efforts aim to build Henan into a national innovation hub and a key talent center.

Keywords: Universities, Research Institutes and Enterprises; Talent Exchange; Henan Province

Abstract: Pilot Free Trade Zones (FTZs) serve asstrategic tools for achieving higher levels of openness to the global market. Since its establishment, the Henan Pilot Free Trade Zone has adhered to the principles of bold experimentation, daring exploration, and independent reform, achieving remarkable results in institutional innovation. Market vitality has been rapidly unleashed, the business environment has been continuously optimized, its status as a comprehensive hub has been strengthened, and industrial clustering effects have emerged. However, challenges persist, including a lack of emancipated thinking, inadequate institutional innovation efforts, incomplete management systems and mechanisms, underdeveloped coordination mechanisms, and a shortage of professional talent. In the new context, to enhance the development level of the Pilot Free Trade Zone and advance higher-level openness, the Henan Pilot Free Trade Zone must deepen institutional innovation, promote reforms in management systems and mechanisms, actively enhance the international competitiveness of its industries, coordinate and drive interconnected innovation across open experimental zones, and strengthen talent support.

Keywords: Pilot Free Trade Zone; Institutional Innovation; Henan Province

B.27 Research on Enhancing the Scientific and Technological Innovation Capabilities of Listed Enterprises in Henan Province

Zhao Zhonghua / 372

Abstract: As a pivotal economic hub in central China, Henan Province has actively fostered the innovative development of enterprises, particularly listed companies, in recent years. Efforts to stimulate the innovation vitality of listed enterprises have yielded significant achievements in areas such as R&D investment, technological innovation, and the transformation of scientific and technological achievements. In the current context, the unprecedented intensity and dynamism of the technological revolution and industrial transformation, combined with escalating industrial competition and regional development disparities, have imposed new demands on the scientific and technological innovation capabilities of enterprises. To address these challenges, listed enterprises in Henan must accelerate efforts to address their weaknesses and shortcomings, driving high-quality innovation. This paper concludes with policy recommendations, including strengthening policy guidance and support, encouraging listed enterprises to increase innovation investment and resource integration, and establishing a robust innovation ecosystem and social support system.

Keywords: Listed Enterprises; Scientific and Technological Innovation; High-quality Development; Henan Province

皮书

智库成果出版与传播平台

皮书定义

皮书是对中国与世界发展状况和热点问题进行年度监测，以专业的角度、专家的视野和实证研究方法，针对某一领域或区域现状与发展态势展开分析和预测，具备前沿性、原创性、实证性、连续性、时效性等特点的公开出版物，由一系列权威研究报告组成。

皮书作者

皮书系列报告作者以国内外一流研究机构、知名高校等重点智库的研究人员为主，多为相关领域一流专家学者，他们的观点代表了当下学界对中国与世界的现实和未来最高水平的解读与分析。

皮书荣誉

皮书作为中国社会科学院基础理论研究与应用对策研究融合发展的代表性成果，不仅是哲学社会科学工作者服务中国特色社会主义现代化建设的重要成果，更是助力中国特色新型智库建设、构建中国特色哲学社会科学“三大体系”的重要平台。皮书系列先后被列入“十二五”“十三五”“十四五”时期国家重点出版物出版专项规划项目；自 2013 年起，重点皮书被列入中国社会科学院国家哲学社会科学创新工程项目。

权威报告·连续出版·独家资源

皮书数据库

ANNUAL REPORT(YEARBOOK) DATABASE

分析解读当下中国发展变迁的高端智库平台

所获荣誉

- 2022年，入选技术赋能“新闻+”推荐案例
- 2020年，入选全国新闻出版深度融合发展创新案例
- 2019年，入选国家新闻出版署数字出版精品遴选推荐计划
- 2016年，入选“十三五”国家重点电子出版物出版规划骨干工程
- 2013年，荣获“中国出版政府奖·网络出版物奖”提名奖

皮书数据库

“社科数托邦”
微信公众号

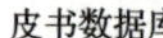

成为用户

登录网址www.pishu.com.cn访问皮书数据库网站或下载皮书数据库APP，通过手机号码验证或邮箱验证即可成为皮书数据库用户。

用户福利

- 已注册用户购书后可免费获赠100元皮书数据库充值卡。刮开充值卡涂层获取充值密码，登录并进入“会员中心”—“在线充值”—“充值卡充值”，充值成功即可购买和查看数据库内容。
- 用户福利最终解释权归社会科学文献出版社所有。

社会科学文献出版社 皮书系列
SOCIAL SCIENCES ACADEMIC PRESS (CHINA)
卡号：776965225142
密码：

数据库服务热线：010-59367265
数据库服务QQ：2475522410
数据库服务邮箱：database@ssap.cn
图书销售热线：010-59367070/7028
图书服务QQ：1265056568
图书服务邮箱：duzhe@ssap.cn

中国社会发展数据库（下设 12 个专题子库）

紧扣人口、政治、外交、法律、教育、医疗卫生、资源环境等 12 个社会发展领域的前沿和热点，全面整合专业著作、智库报告、学术资讯、调研数据等类型资源，帮助用户追踪中国社会发展动态、研究社会发展战略与政策、了解社会热点问题、分析社会发展趋势。

中国经济发展数据库（下设 12 专题子库）

内容涵盖宏观经济、产业经济、工业经济、农业经济、财政金融、房地产经济、城市经济、商业贸易等12个重点经济领域，为把握经济运行态势、洞察经济发展规律、研判经济发展趋势、进行经济调控决策提供参考和依据。

中国行业发展数据库（下设 17 个专题子库）

以中国国民经济行业分类为依据，覆盖金融业、旅游业、交通运输业、能源矿产业、制造业等 100 多个行业，跟踪分析国民经济相关行业市场运行状况和政策导向，汇集行业发展前沿资讯，为投资、从业及各种经济决策提供理论支撑和实践指导。

中国区域发展数据库（下设 4 个专题子库）

对中国特定区域内的经济、社会、文化等领域现状与发展情况进行深度分析和预测，涉及省级行政区、城市群、城市、农村等不同维度，研究层级至县及县以下行政区，为学者研究地方经济社会宏观态势、经验模式、发展案例提供支撑，为地方政府决策提供参考。

中国文化传媒数据库（下设 18 个专题子库）

内容覆盖文化产业、新闻传播、电影娱乐、文学艺术、群众文化、图书情报等 18 个重点研究领域，聚焦文化传媒领域发展前沿、热点话题、行业实践，服务用户的教学科研、文化投资、企业规划等需要。

世界经济与国际关系数据库（下设 6 个专题子库）

整合世界经济、国际政治、世界文化与科技、全球性问题、国际组织与国际法、区域研究 6 大领域研究成果，对世界经济形势、国际形势进行连续性深度分析，对年度热点问题进行专题解读，为研判全球发展趋势提供事实和数据支持。

法律声明

“皮书系列”（含蓝皮书、绿皮书、黄皮书）之品牌由社会科学文献出版社最早使用并持续至今，现已被中国图书行业所熟知。“皮书系列”的相关商标已在国家商标管理部门商标局注册，包括但不限于LOGO（ ）、皮书、Pishu、经济蓝皮书、社会蓝皮书等。“皮书系列”图书的注册商标专用权及封面设计、版式设计的著作权均为社会科学文献出版社所有。未经社会科学文献出版社书面授权许可，任何使用与“皮书系列”图书注册商标、封面设计、版式设计相同或者近似的文字、图形或其组合的行为均系侵权行为。

经作者授权，本书的专有出版权及信息网络传播权等为社会科学文献出版社享有。未经社会科学文献出版社书面授权许可，任何就本书内容的复制、发行或以数字形式进行网络传播的行为均系侵权行为。

社会科学文献出版社将通过法律途径追究上述侵权行为的法律责任，维护自身合法权益。

欢迎社会各界人士对侵犯社会科学文献出版社上述权利的侵权行为进行举报。电话：010-59367121，电子邮箱：fawubu@ssap.cn。

社会科学文献出版社